2024 최신판 박문각 제[illegible]

KB065343

단숨에 끝 SERIES 단끝

숨에 내는

한국 실용글쓰기

주관 시행  사단법인 한국국어능력평가협회

한국 실용글쓰기 검정시험
공인급수 1급·2급·준2급·3급·준3급

영역별 최신 기출문제 완벽반영

부록 주관식 합격전략 ZIP

경찰·소방 기업체 채용·승진 가산점

유튜브 전 강의 동영상 제공

동영상 강의 www.pmg.co.kr

머리말

글쓰기에 대해서 연구하고 글쓰기를 가르쳐 온지 거의 20년이 되어 간다. 그동안 어떤 글이 좋은 글일까? 어떻게 하면 글을 더 잘 읽을 수 있을까? 그리고 어떻게 하면 더 좋은 글을 쓸 수 있을까에 대해서만 생각해 왔다. 하지만, 이제 와서는 어떻게 하면 더 잘 생각하는 것인지에 대해 더 많이 고민했어야 한다는 것을 깨닫게 되었다.

'글쓰기는 사고'다. 이 말은 내게 사명처럼 다가오는 말이다. 내가 생각하고 있다는 것을 알고, 지금 여기에서 내가 생각해야 할 것이 무엇인지를 아는 것이 먼저이고, 그다음에 이해한 것을 제대로 써 내는 과정이 글쓰기인 것이다. 그래서인지 몰라도 요즘 가장 많이 하는 말이 '글쓰기는 사고의 결과물'이라는 말이 되어 버렸다. 그 말 속에는 글을 잘 쓰고자 하는 사람들이 더 많이 생각하고 스스로 자신의 사고 패턴을 정확하게 이해하기를 바라기 때문이다.

이 책의 일차적 목적은 한국 실용글쓰기 검정 대비이다. 하지만 궁극적인 목적은 글을 쓰는 것 자체가 사고의 과정이라는 것을 알리는 것이다. 실용글쓰기 자격검정을 치르기 위해서도 '글쓰기가 사고'라는 명제는 중요하다.

먼저 글을 잘 쓰려면 사고를 조직화하는 방법을 배워야 한다. 특히 실용문을 잘 쓰려면 자신의 사고를 조직화할 수 있는 능력이 필수적이다. 이 사고의 조직화에는 Working Process에서 Pre-Process에 해당하는 홍보, 기획 단계 Main-Process에 해당하는 업무 수행 단계, Post-Process 단계의 보고 및 평가 등, 상황에 관련된 맥락을 읽고 이에 대처할 수 있는 능력이 요구된다.

그렇기에 이 글을 읽는 분들에게 실용문을 쓰게 되는 상황 분석을 기반으로 글의 목적과 구조를 설정하고, 글의 하위 구조들을 기술할 수 있게 될 수 있기를 필자는 기원한다. 이를 위해 ① **글쓰기를 위한 기본 이론들을 배울 것**이다. 그리고 ② **읽기를 통해 사고를 조직화하는 훈련**을 할 것이다. 그리고 ③ **글쓰기의 실제에서 다양한 글들**을 다루려 한다. 이러한 과정을 따라가다 보면, 강좌 전체에서 단어, 문장, 단락, 주제문 등의 범주를 조직화하는 과정을 계층적, 비판적, 구조적 사고의 중요성을 스스로 느낄 수 있을 것이라고 생각한다.

부족하나마, 현대 사회에서 필요한 글쓰기의 윤리와 관련된 예시가 될 만한 양서들을 마지막에 인용하는 바이니 이 작은 책이 여러 제현들에게 작으나마 도움이 되었으면 하는 것이 필자의 바람이다.

저자 김남미

구성 및 특징

6개 파트, 27개 챕터

실용글쓰기 영역별 출제 기준에 따라 학습하기 쉽도록 엄선하여 총 여섯 개의 파트와 27개의 챕터로 분류하였습니다. 각 챕터는 간단한 이론 설명과 다양한 예제들로 구성하였습니다. 또한, 중요 사항들은 그림과 도표를 활용하여 간결하게 정리하였습니다.

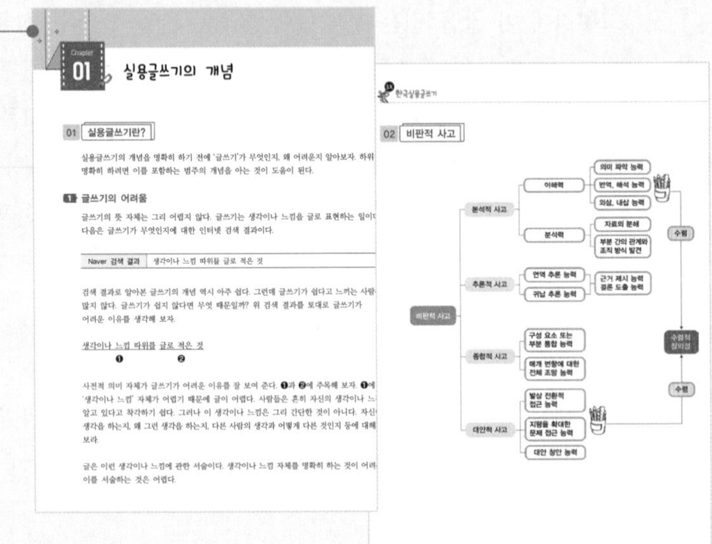

주관식 영역 완성

올해는 부록을 추가하여 주관식 문제나 원고지 작성법까지 완벽하게 대비할 수 있도록 구성하였습니다.

예시 답안은 물론, 꼼꼼한 해설이 목표 점수에 도달하는 데 큰 힘이 되어 줄 것입니다.

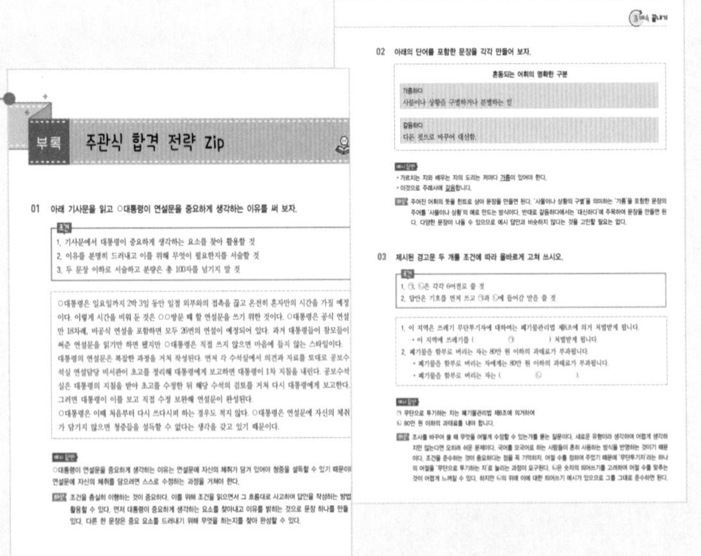

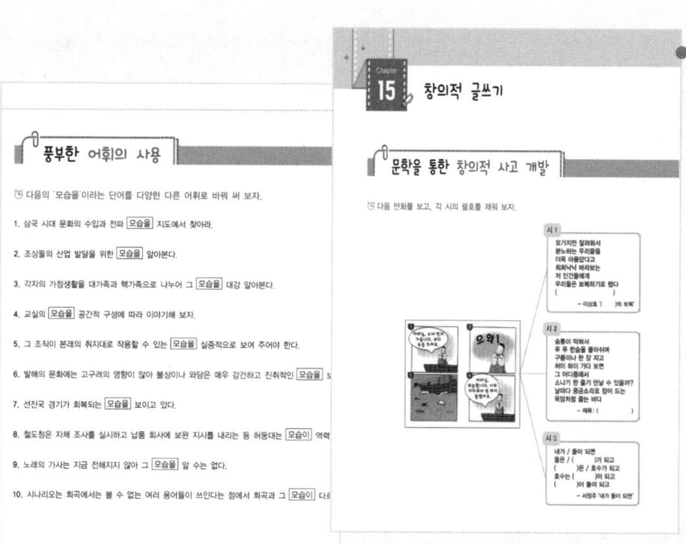

Chapter 15 창의적 글쓰기

풍부한 어휘의 사용

※ 다음의 '모습을'이라는 단어를 다양한 다른 어휘로 바꿔 써 보자.

1. 삼국 시대 문화의 수입과 전파 모습을 지도에서 찾아라.
2. 조상들의 산업 발달을 위한 모습을 알아본다.
3. 각자의 가정생활을 대가족과 핵가족으로 나누어 그 모습을 대강 알아본다.
4. 교실의 모습을 공간적 구성에 따라 이야기해 보자.
5. 그 조직이 본래의 취지대로 작용할 수 있는 모습을 실증적으로 보여 주어야 한다.
6. 발해의 문화에는 고구려의 영향이 많아 불상이나 와당은 매우 강건하고 진취적인 모습을
7. 선진국 경기가 회복되는 모습을 보이고 있다.
8. 철도청은 자체 조사를 실시하고 납품 회사에 보완 지시를 내리는 등 허둥대는 모습이
9. 노래의 가사는 지금 전해지지 않아 그 모습을 알 수는 없다.
10. 시나리오는 희곡에서는 볼 수 없는 여러 용어들이 쓰인다는 점에서 희곡과 그 모습이

문학을 통한 창의적 사고 개발

※ 다음 만화를 보고, 각 시의 괄호를 채워 보자.

다양한 예제

실용글쓰기 시험 특성에 맞게 다양한 방식으로 사고력·논리력·창의력 등을 기를 수 있도록 풍부한 예제를 수록하였습니다.

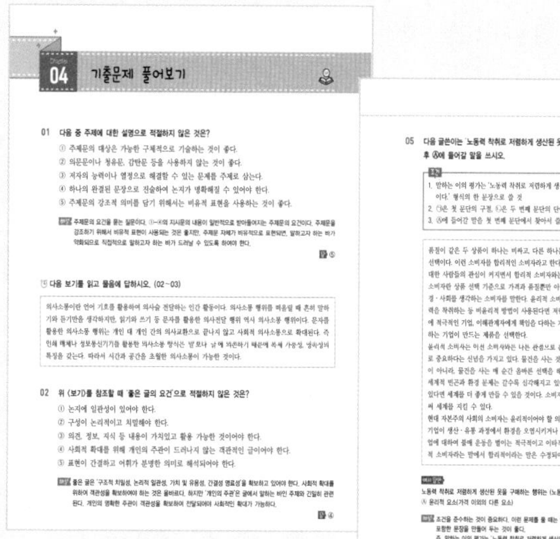

Chapter 04 기출문제 풀어보기

01 다음 중 주제에 대한 설명으로 적절하지 않은 것은?

※ 다음 보기를 읽고 물음에 답하시오. (02~03)

02 위 〈보기〉를 참조할 때 '좋은 글의 요건'으로 적절하지 않은 것은?

05 다음 글쓴이는 노동력 착취로 저렴하게 생산된 옷을 구매하는 행위를 어떻게 평가하고 있는지 존 후 ⓐ에 들어갈 말을 쓰시오.

실전 감각! 기출문제

이론 설명과 예제들을 통해 어느 정도 익숙해진 후엔 기출문제를 통해 실전 유형을 파악하고 시험에 대비할 수 있도록 하였습니다. 동형이 아닌 실제 시험문제로 누구보다도 확실하게 실전에 대비할 수 있습니다.

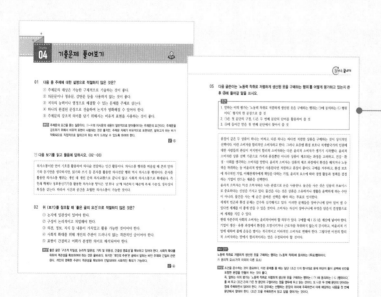

가이드

1 시험 개요

1 목적

자격기본법 제19조에 의거한 국가공인 '한국실용글쓰기' 검정은 국어사용능력을 바탕으로 한 전 국민의 '직무능력' 향상과 '의사소통능력' 증진을 목적으로 한다.
국가공인 '한국실용글쓰기' 검정은 국어기본법 제1조 '국어사용을 촉진하고 국어발전과 보전의 기본을 마련하여 국민의 창조적 사고력 증진'을 목적으로 한다.

2 성격

국가공인 '한국실용글쓰기' 검정시험은 자격기본법 제 5조(국가직무능력표준)에 따른 '직업기초능력'을 국어기본법 제14조에 따라 '공공기관 등의 문서는 어문규범에 맞추어 한글로 작성'하는 '직무능력'과 '국어사용능력', '의사소통능력'을 종합적으로 평가하는 시험이다.

3 실용글쓰기 검정에서 평가하는 직무 글쓰기 실력이란?

공공기관 및 기업체 등에서 직무와 관련하여 작성하는 글(문서작성)쓰기 능력이다.
(기안서, 품의서, 사내제안서, 보고서, 기획서, 사외제안서, 프레젠테이션, 홍보·광고문안, 거래·계약서, 기술문 등)

2 자격 정보

등급	응시자격 (나이, 학력, 경력 등)	면제사항	유효기간
1급 2급 준2급 3급 준3급	자격제한 없음	해당사항 없음	2년 (채택기관에 따라 다를 수 있음)

3 검정 기준

자격종목	등급	검정기준
한국 실용 글쓰기 검정	1급	• 글쓰기 의사소통 전문가로 자신이 속한 어떠한 직무 상황에서도 직무 관련 글과 문서를 막힘없이 작성할 수 있다. • 글쓰기 일반, 글쓰기 실제, 사고력, 글쓰기 윤리 등의 검정 과목을 막힘없이 수행할 수 있다.
	2급	• 자신이 속한 직무에 글쓰기 의사소통 관련 책임자로 관련 문서를 능숙하게 작성할 수 있다. • 글쓰기 실제, 사고력, 글쓰기 윤리 등의 검정 과목을 우수하게 수행할 수 있다.
	준2급	• 사무 및 기술 계통의 실무 책임자로 직무 관련 문서를 규범에 맞게 작성할 수 있다. • 글쓰기 실제, 사고력, 글쓰기 윤리 등의 검정 과목의 수행 방법을 설명할 수 있다.
	3급	• 현장 실무자로 직무 수행에 필요한 글쓰기 능력을 갖추고 있어 직무 문서를 규정에 맞게 작성할 수 있다. • 글쓰기 실제, 사고력, 글쓰기 윤리 등의 검정 과목의 수행 방법을 이해하고 있다.
	준3급	• 현장 실무자에게 요구되는 기본적인 의사소통 능력을 갖추고 있어 직무상 요구하는 문서를 작성할 수 있다. • 글쓰기 실제, 사고력, 글쓰기 윤리 등의 검정 과목의 수행 방법을 알고 있다.

가이드

4 과목별 출제기준 및 문항 구성

1 과목별 출제기준

과목	평가영역		출제영역
	대영역	중영역	
글쓰기 원리	글 구상과 표현 (어휘와 문장)	계획하기	• 의사소통의 과정을 이해하고 있는가? • 주제를 설정할 수 있는가? • 자료를 수집 및 선택할 수 있는가? • 구성 및 개요 작성을 할 수 있는가?
		표현하기	• 단어, 문장, 문단을 제대로 쓸 수 있는가? • 구성 및 전개 방식을 활용하여 쓸 수 있는가? • 표현 및 서술 방식을 활용하여 쓸 수 있는가?
		글다듬기	• 단어를 다듬을 수 있는가? • 문장을 다듬을 수 있는가? • 문단을 다듬을 수 있는가?
글쓰기 실제	직무 글쓰기	문서 이해	• 문서를 이해하고 있는가? • 문서를 분류할 수 있는가?
		공문서	• 공문서를 이해하고 있는가? • 공문서를 작성할 수 있는가?
		입사 문서	• 채용 공고문을 이해하고 있는가? • 직무능력 기술서를 작성할 수 있는가? • 직무중심 자기소개서를 작성할 수 있는가?
		기안서품의서사내 제안서사외 제안서	• 기안서를 이해하고 있는가? • 기안서를 작성할 수 있는가?
		보고서	• 보고서 이해를 이해하고 있는가? • 보고서를 작성할 수 있는가?
		기획서	• 기획서를 이해하고 있는가? • 기획서를 작성할 수 있는가?
		프레젠테이션	• 프레젠테이션을 이해하고 있는가? • 프레젠테이션을 작성할 수 있는가?
		홍보·광고	• 홍보·광고문을 이해하고 있는가? • 홍보·광고문을 작성할 수 있는가?
		기사문, 보도문	• 기사문, 보도문을 이해하고 있는가? • 기사문, 보도문을 작성할 수 있는가?
		거래 문서계약서	• 거래 관련 문서를 이해하고 있는가? • 계약서를 작성할 수 있는가?

<table>
<tr><td rowspan="4"></td><td rowspan="4">공학·
기술글
쓰기</td><td>공학·기술설명서</td><td>• 공학·기술 설명서
• 공학·기술 설명서 작성</td></tr>
<tr><td>공학·기술조사 보고서</td><td>• 공학·기술 보고서
• 공학·기술 보고서 작성</td></tr>
<tr><td>공학·기술실험 보고서</td><td>• 공학·기술 실험 보고서
• 공학·기술 실험 보고서 작성</td></tr>
<tr><td>특허 명세서</td><td>• 특허 출원서
• 명세서 작성</td></tr>
<tr><td rowspan="5">사고력</td><td rowspan="5">직업
기초
능력
(독해와
글쓰기,
화법과
글쓰기)</td><td>조직이해</td><td>경영이해, 업무이해 등 조직이해 관련 지문을 독해하고 관련 글을 쓰기 위해 사고할 수 있는가?</td></tr>
<tr><td>대인관계</td><td>팀워크, 리더십, 코칭, 갈등관리, 협상, 고객 서비스 등 대인관계 관련 지문을 독해하고 관련 글을 쓰기 위해 사고할 수 있는가?</td></tr>
<tr><td>자원관리</td><td>자원관리, 시간관리, 예산관리, 물적자원관리, 인적자원관리 등 자원관리 관련 지문을 독해하고 관련 글을 쓰기 위해 사고할 수 있는가?</td></tr>
<tr><td>수리·자료 활용</td><td>기초연산, 통계해석, 도표해석 등 수리·자료 관련 지문을 독해하고 관련 글을 쓰기 위해 사고할 수 있는가?</td></tr>
<tr><td>문제해결</td><td>문제유형, 사고전략, 문제해결과정 등 관련 지문을 독해하고 관련 글을 쓰기 위해 사고할 수 있는가?</td></tr>
<tr><td rowspan="2">글쓰기 윤리</td><td rowspan="2">직업
윤리
글쓰기
윤리</td><td>직업윤리</td><td>• 직업윤리의 기본 원칙을 이해하고 있는가?
• 직업인의 기본자세를 이해하고 있는가?</td></tr>
<tr><td>글쓰기 윤리</td><td>저작권과 표절, 인용 및 출처 등 글쓰기 윤리를 이해하고 있는가?</td></tr>
</table>

2 문항 구성

<table>
<tr><th rowspan="2">과목(분야)명</th><th colspan="3">출제 문항 수</th></tr>
<tr><th>객관식</th><th>서술형</th><th>합계</th></tr>
<tr><td>글쓰기 원리</td><td>14</td><td>2</td><td>16</td></tr>
<tr><td>글쓰기 실제</td><td>22</td><td>5</td><td>27</td></tr>
<tr><td>사고력</td><td>12</td><td>2</td><td>14</td></tr>
<tr><td>글쓰기 윤리</td><td>2</td><td>1</td><td>3</td></tr>
<tr><td>합계</td><td>50</td><td>10</td><td>60</td></tr>
</table>

가이드

5 시험

1 검정(응시)료 : 55,000원

2 자격증 발급비

❶ 종이자격증: 무료(홈페이지 출력)

❷ 카드자격증(선택): 8,000원(배송비 포함)

3 환불 규정

❶ 응시료

- 접수기간 내 취소: 응시료 전액(100%) 환불
- 접수기간 이후 취소 – 접수 마감 다음 날부터 시험일 5일전까지 응시료의 50% 금액에 해당되는 금액 환불 (55,000원 → 27,500원)
  – 시험일 4일전부터는 시험 진행 준비 완료로 시험 취소 및 환불 처리되지 않습니다.

❷ 카드자격증: 합격자에 한하며, 자격증 제작 전 취소 시 100% 환불되나, 이후 취소 시 환불 불가

4 준비물 및 입실시간

❶ 준비물: 수험표, 신분증, 컴퓨터용 사인펜, 검정색 볼펜, 수정테이프

❷ 입실시간: 원활한 검정 시험 진행을 위해 시험 시작 30분 전에 입실 완료하여야 한다.

5 시험시간

등급	시간	진행내용
1급, 2급, 준2급, 3급, 준3급(60문항)	09:10 ~ 09:30	수험자 입실(9:30분 이후 입실 금지)
	09:30 – 09:45	수험자 좌석 확인 및 특이사항 발생 시 처리
	09:45 – 09:50	감독관 입실 / 수험자 주의사항(신분증) 안내
	09:50 – 10:00	1교시 답안지 작성 / 1교시 문제지 배부
	10:00 – 11:30	1교시 시험 진행
	11:30 – 11:45	쉬는 시간
	11:45 – 11:50	2교시 답안지 작성 / 2교시 문제지 배부 및 파본 검사
	11:50 – 13:20	2교시 시험 진행

6 배점

교시	시간	진행내용	진행내용	진행내용
1교시	90분	객관식	50(각 8점)	400
		주관식(단답)	5(각 20점)	100
2교시	90분	서술형(문장)	2(각 50점)	100
		서술형(문단)	2(각 100점)	200
		서술형(논술)	1(200점)	200
합계	180분		60	1000

7 합격기준

등급	합격기준	응시자격	비고
1급	총 배점(1,000점) 중 870점 이상 득점	제한없음	공통 시험문제 출제 취득점수에 따라 급수 결정
2급	총 배점(1,000점) 중 790점 이상 득점		
준2급	총 배점(1,000점) 중 710점 이상 득점		
3급	총 배점(1,000점) 중 630점 이상 득점		
준3급	총 배점(1,000점) 중 550점 이상 득점		

가이드

6 시험일정

1 지면시험

회차	검정일시	접수기간	수험표출력	성적발표
제99회	2023. 1. 28(토)	2023. 2. 13(월) ~ 2023. 3. 6(월)	2023. 1. 24(화) ~ 2023. 1. 28(토)	2023. 2. 28(화)
제100회	2023. 3. 18(토)	2023. 2. 13(월) ~ 2023. 3. 6(월)	2023. 3. 14(화) ~ 2023. 3. 18(토)	2023. 4. 18(화)
제101회	2023. 5. 20(토)	2023. 4. 17(월) ~ 2023. 5. 8(월)	2023. 5. 16(화) ~ 2023. 5. 20(토)	2023. 6. 20(화)
제102회	2023. 7. 22(토)	2023. 6. 19(월) ~ 2023. 7. 10(월)	2023. 7. 18(화) ~ 2023. 7. 22(토)	2023. 8. 22(화)
제103회	2023. 9. 16(토)	2023. 8. 14(월) ~ 2023. 9. 4(월)	2023. 9. 12(화) ~ 2023. 9. 16(토)	2023. 10. 17(화)
제104회	2023. 11. 18(토)	2023. 10. 16(월) ~ 2023. 11. 6(월)	2023. 11. 14(화) ~ 2023. 11. 18(토)	2023. 12. 19(화)

2 CBT시험

회차	검정일시	접수기간	수험표출력	성적발표
PBT (지면시험)	2023. 2. 18.(토)10:00 ~ 13:20	2023. 1. 23(월) ~ 2023. 2. 6(월)	2023. 2. 14(화) ~ 2023. 2. 18(토)	2023. 3. 21(화)
PBT (지면시험)	2023. 4. 15.(토)10:00 ~ 13:20	2023. 3. 20(월) ~ 2023. 4. 3(월)	2023. 4. 11(화) ~ 2023. 4. 15(토)	2023. 5. 16(화)
PBT (지면시험)	2023. 6. 17.(토)10:00 ~ 13:20	2023. 5. 22(월) ~ 2023. 6. 5(월)	2023. 6. 13(화) ~ 2023. 6. 17(토)	2023. 7. 18(화)
CBT (시행 예정)	2023. 8. 19.(토)10:00 ~ 13:20	2023. 7. 24(월) ~ 2023. 8. 14(월)	2023. 8. 15(화) ~ 2023. 8. 19(토)	2023. 9. 19(화)
CBT (시행 예정)	2023. 10. 21.(토)10:00 ~ 13:20	2023. 9. 25(월) ~ 2023. 10. 16(월)	2023. 10. 17(화) ~ 2023. 10. 21(토)	2023. 11. 21(화)
CBT (시행 예정)	2023. 12. 16.(토)10:00 ~ 13:20	2023. 11. 20(월) ~ 2023. 12. 11(월)	2023. 12. 12(화) ~ 2023. 12. 16(토)	2024. 1. 16(화)

7 합격자 발표 안내

1 성적발표

❶ 검정 실시 30일 후 합격자 발표(지정일자)에 홈페이지를 통해 성적이 발표됩니다.
❷ 온라인시험센터 〉성적조회 페이지에서 성적을 확인할 수 있습니다.

2 자격증 발급 안내

❶ 자격증은 전자문서(PDF) 형태로 발급되며, 수수료는 본인 부담입니다.
❷ 자격증 발급은 자격취득 조회 및 발급신청 페이지에서 진행하실 수 있습니다.
❸ 자격증 발급은 결제 후 1일 이내에 전자우편(이메일)로 발송됩니다.
❹ 전자자격증은 결제 후 7일간 재발송 가능하며, 7일 이후에는 다시 신청 후 이용하셔야 합니다.

8 가산점 적용 범위

가산점 적용 범위	채택기관
임용 및 승진시 취득 점수별 가점	경찰청, 소방청(2023년부터 적용), 국민건강보험, 한국농어촌공사, 근로복지공단, 건강보험심사평가원
채용시 취득 점수별 가점	해양경찰청, 한국국토연구원, 한국원자력환경공단, 한국중부발전
취득 급수별 가점	한국체육산업개발주식회사, 중소기업기술정보진흥원
신규임용 가점 반영	제주특별자치도
승진 가점	부산광역시, 충청북도, 전라남도
준2급 이상 우대/가점	도로교통공단, 미래에셋증권(대우증권), 대한체육회
준3급 이상 우대/가점	육군3사관학교, 육군부사관학교, 군사안보지원사령부, 국군방첩사령부, 신한은행, 농협, 국민은행, 우리은행, 한국교육방송공사, 육군본부 부사관, ROTC
자격증 우대	KT, POSCO, 현대중공업, 현대엔지니어링
서류전형 가점반영(5점)	한국전력공사
채용기관 채용정보에 따라 반영비율 다름	한국수력원자력(주), 한국지역난방공사, KSPO국민체육진흥공단, 식품의약품안전처, 국토연구원, 한국서부발전, 한전엠씨에스㈜, 경기도체육회, 한전원자력연료, 건설근로자공제회, 한국남동발전, 농림수산식품교육문화정보원
채용 내부 규정	감사원, 한국항로표지기술원, 한국부동산원, 한국보건산업진흥원, 사학진흥재단, 강원랜드, 화성시산업진흥원, 여주시도시관리공단, 한국노인인력개발원
학점 인정	순천대학교, 국가평생교육진흥원
인사고과 반영	(주)바텍

※ 채택 및 세부적용 기준은 해당 기관에 문의바람

Contents

목차

제 1 편 실용글쓰기

제 2 편 글쓰기의 원리

제 3 편 글쓰기와 사고

제 4 편 글쓰기의 실제

제 5 편 취업 및 진학 글쓰기

제 6 편 글쓰기의 윤리

부 록

한국 실용글쓰기
3배속
끝내기

Part

1

실용글쓰기

Chapter 01 실용글쓰기의 개념

01 실용글쓰기란?

실용글쓰기의 개념을 명확히 하기 전에 '글쓰기'가 무엇인지, 왜 어려운지 알아보자. 하위 개념을 명확히 하려면 이를 포함하는 범주의 개념을 아는 것이 도움이 된다.

1 글쓰기의 어려움

글쓰기의 뜻 자체는 그리 어렵지 않다. 글쓰기는 생각이나 느낌을 글로 표현하는 일이다.
다음은 글쓰기가 무엇인지에 대한 인터넷 검색 결과이다.

Naver 검색 결과	생각이나 느낌 따위를 글로 적은 것

검색 결과로 알아본 글쓰기의 개념 역시 아주 쉽다. 그런데 글쓰기가 쉽다고 느끼는 사람은 그리 많지 않다. 글쓰기가 쉽지 않다면 무엇 때문일까? 위 검색 결과를 토대로 글쓰기가 어려운 이유를 생각해 보자.

<u>생각이나 느낌 따위를</u> <u>글로 적은 것</u>
❶ ❷

사전적 의미 자체가 글쓰기가 어려운 이유를 잘 보여 준다. ❶과 ❷에 주목해 보자. ❶에 나타난 '생각이나 느낌' 자체가 어렵기 때문에 글이 어렵다. 사람들은 흔히 자신의 생각이나 느낌을 잘 알고 있다고 착각하기 쉽다. 그러나 이 생각이나 느낌은 그리 간단한 것이 아니다. 자신이 어떤 생각을 하는지, 왜 그런 생각을 하는지, 다른 사람의 생각과 어떻게 다른 것인지 등에 대해 생각해 보라.

글은 이런 생각이나 느낌에 관한 서술이다. 생각이나 느낌 자체를 명확히 하는 것이 어려운 만큼 이를 서술하는 것은 어렵다.

생각이나 느낌을 제대로 잘 분석하였다 할지라도 이를 글로 옮기는 것은 쉽지 않다. 글이라는 것은 글 자체가 갖는 질서가 있다. 그 질서는 말하기의 질서와 다르다. 그 질서에 대해 잘 알고 이를 표현할 때 효과적인 글이 될 수 있는데 그것이 쉽지 않기 때문에 글이 어려운 것이다.

2 글쓰기의 필요성

생각이나 느낌 자체가 간단하지 않아서, 그리고 그것을 글로 옮기는 것이 쉽지 않아서 글이 어렵다면, 우리는 어떻게 하여야 할까? 가장 간단한 방법은 글을 쓰지 않는 것이다. 하지만 그것은 거의 불가능한 일이다.

글을 읽거나 쓰지 않고 살아갈 수 있을까? 자신의 집을 나서서 어딘가로 가는 잠깐의 시간에라도 다른 사람이 쓴 글을 읽지 않을 수 있는가? 그 목적지가 아무리 가까운 곳이라 할지라도 어떤 읽을거리도 만나지 않기를 기대하는 것은 불가능한 일이다. 아파트 경비실에 붙은 공고문에서부터, 홍보물에 이르기까지 말 그대로 읽을거리의 홍수 속에서 살아가는 우리들이다. 우리는 누군가가 끊임없이 만들어 내는 읽을거리를 수없이 만나고 있다. 읽을거리로부터 자유롭지 못한 만큼, 우리는 글쓰기로부터도 자유롭지 않다. 학생은 학교에서, 직장인은 직장에서 그것이 논술이든, 논문이든, 기획서이든, 보고서이든 끊임없이 글쓰기를 하고 있다. 말 그대로 글 속에서 글과 함께 살아가고 있는 것이다.

더 중요한 점은 글을 제대로 잘 써야 자신을 잘 표현할 수 있다는 것이다. 자신을 잘 표현한다는 것은 자신의 의도와 목적을 제대로 전달한다는 것이고, 자신이 바라는 점을 실현하는 데 도움을 준다는 것을 의미한다. 이것은 개인의 문제에 그치지 않는다. 사회적 삶에서도 역시 글을 통해서 자신의 의도와 목적을 전달한다. 그리고 이를 통해 자신이 바라는 바를 실현한다. 글을 쓴다는 것은 개인이든 사회든 자신의 존재를 밝히는 것이고 자신의 목적을 상대에게 전달하는 것이므로, 현대를 잘 살아가기 위해서는 글쓰기가 필요한 것이다.

3 실용글쓰기의 개념

그렇다면 실용글쓰기의 의미는 무엇일까? '실용(實用)'이라는 말은 수단이나 도구의 느낌이 강하다. 그래서 사람들은 무엇인가 낮고 천박한 것이라는 느낌을 갖는 듯하다. 실용글쓰기 하면 부동산 계약서나 구청의 서류와 같은 것을 떠올리는 사람이 많은 것도 그런 이유 때문이다. 하지만 실용글쓰기가 도구적인 의미만 가지는 것은 아니다. 실용글쓰기의 의미를 명확히 하기 위해서 '실용(實用)'이라는 단어를 '쓸모 있는'이라는 단어로 전환해 보자.

현대 사회는 '쓸모 있는 인재'를 요구한다고 한다. 그렇다면 '쓸모 있는 인재'란 무엇을 가리키는 것일까? 여기서 '쓸모 있는 인재'는 바로 현장에서 자신의 능력을 활용할 수 있는 인재를 가리킨다. 더 구체적으로 자신이나 자신이 속한 사회의 위치를 명확히 분석하고 자신이나 집단이 해야 할 일의 방향이나 방법을 구체적으로 아는 사람이다. 더 나아가 자신이 하는 일이 미래에 어떤 영향을 끼치는가를 명확히 알고 이를 대비하고 설계할 줄 아는 사람이 쓸모 있는 인재라 할 수 있다.

이제 이 '쓸모 있는'이라는 단어를 '실용글쓰기'에 적용해 보자. '실용적인 글'이란 글을 쓰는 의도와 목적을 명확히 실현할 수 있는 글을 가리킨다.

글을 쓰는 과정에 관여하는 요소는 아래와 같이 그릴 수 있다.

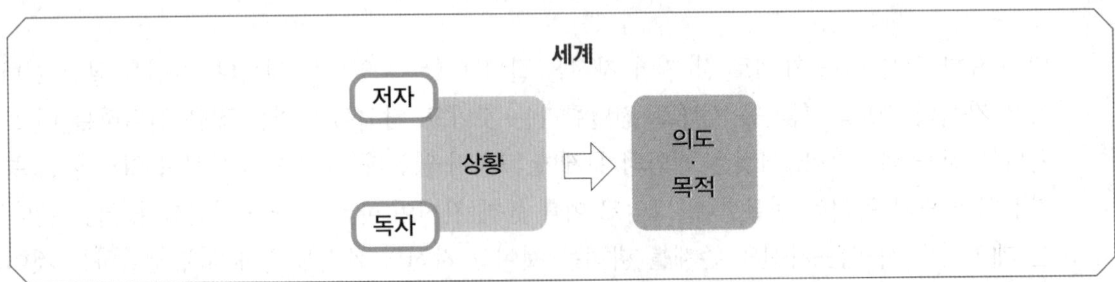

저자는 자신의 의도와 목적을 독자와 공유함으로써 자신의 의도와 목적이 실현될 수 있도록 글을 쓴다. 이를 위해서 저자는 자신의 목적이 무엇인지를 먼저 알아야 하고, 독자의 의도와 목적이 무엇인지를 잘 분석하여야 한다. 이러한 분석은 단지 독자와 자신에서 그치는 것이 아니라 관련된 상황과, 상황을 포함한 세계까지 확대되어야 한다. 그래야 의도와 목적을 실현할 수 있다. 이러한 목적을 성취할 수 있도록 쓰는 글이 '실용글쓰기'이다.

이런 개념에 주목한다면 실용글쓰기는 특정 종류의 글에 한정되는 글쓰기가 아니다. 일반적으로 글쓰기는 필자의 의도와 목적에 따라 두 가지로 나뉜다. 첫째는 전달 동기에 충실한 글이고 다른 하나는 표현 동기에 충실한 글이다. 전달 동기는 글을 읽을 독자들을 이성적인 측면에서 움직이려고 하는 동기이며, 표현 동기는 자신의 감정이나 느낌 등을 그려내고자 하는 동기이다. 전자는 우리가 일상적으로 논설문, 설명문 등으로 지칭하는 글이고, 후자는 소설이나 시와 같은 문학류의 글이다. 저자의 의도와 목적을 실현할 수 있는 글이 실용글쓰기라면, 각각의 동기에 충실한 글이 모두 실용글쓰기의 범주에 포함될 수 있다.

4 글쓰기에 관련된 오해

글쓰기에 대한 편견은 많은 오해들을 만들어 낸다. 본격적으로 글쓰기 이론을 배우기 전에 일반인들이 갖는 글쓰기에 대한 오해를 몇 가지 풀어 보기로 하자.

① 일기가 가장 쉬운 글이다.

가장 쉬운 글이 무엇이냐는 질문을 하면 언제나 '일기'라는 답이 상위를 차지한다. 과연 일기가 가장 쉬운 글일까? 이러한 우문(愚問)에 대한 가장 타당한 답은 '알 수 없다'일 것이다. 가장 쓰기 쉬운 일기란 '일지' 형식의 글이다. 예를 들어 7시 기상, 8시 출근, 9시 회의 2시간……. 이런 방식의 글은 생활의 객관적 기록이다.

기본적인 성실성과 기억력을 갖는다면(이 또한 메모를 통해 보충할 수 있다.) 쉽게 글을 쓸 수 있을 것이다. 그리고 이러한 형식을 갖는 일기의 목적은 자신의 생활을 기록하는 데 있을 것이다.

그런데 다른 목적이 있을 수도 있다. 예를 들어 일기를 쓰는 목적이 '자신에 대해 잘 알기 위해서'일 수도 있다. 자신에 대해 잘 아는 것은 그리 쉬운 일이 아니다. '자신이 누구라고 규정하는 것이 가능한가?' 어제의 나는 이미 오늘의 나와는 다른 존재일 수도 있다. 어제의 나와 오늘의 나, 미래의 나를 포괄하는 나라는 것을 규정하기 위해서 우리는 아주 많은 생각을 해야 한다. 즉, '자신에 대해 알기 위해서' 일기를 쓰는 것은 정말 어려운 일이다. 오늘 누군가에게 화가 났다면 그것이 나의 성격 때문인지, 상황 때문인지, 상대방의 특성 때문인지를 분석하는 것도 만만한 것이 아니다. 가장 쓰기 쉽다고 생각되는 '일기'조차도 그 글을 쓰는 목적과 의도가 무엇이냐에 따라 어려움의 정도가 달라진다. 글을 쓰는 사람은 이미 어떤 목적이나 의도를 성취하기 위해서 글을 쓴다는 점을 명심하자.

② 글은 내용이 중요하지 형식이 중요한 것은 아니다.

흔히 내용이 중요하지 형식이 중요한 것은 아니라는 말을 한다. 과연 그러한가? 우선 내용이나 형식은 간단하게 분리되는 것이 아니다. 그래서 글 속의 내용만을 간단히 분리해서 이것이 더 쉽다고 말할 수 없다. 글쓴이가 말하고자 하는 바인 '주제'는 글 속에서 내용만으로 구체화되는 것이 아니다. 글 속에는 주제를 표현하기 위한 전략이 들어 있다. 글쓴이의 전략과 방식을 이해하는 것 또한 글을 이해하는 방식의 하나다.

목적과 의도에 알맞게 글을 쓰기 위해서는 자신의 글에 필요한 전략을 짜는 방식을 알아야 한다. 이 전략은 글 속에서 구조로 나타난다. 글을 읽는 사람은 구조를 통해 글쓴이의 전략을 명확히 파악할 수 있어야 한다. 어떤 전략 속에서 각각의 내용이 어떻게 배치되었는지를 읽어 내는 것이 올바른 독서다. 이런 독서를 통해 독자는 내용을 습득하기도 하고, 전략을 이해하기도 한다. 이렇게 이해된 전략은 자신의 글을 쓰기 위한 방법 중의 하나가 되기도 한다는 것을 명심해야 한다.

③ 내가 쓰려고 하는 주제는 이미 남이 다 썼다.

글에는 새롭고 신선한 것만 들어 있어야 한다는 생각을 하는 사람이 많다. 새로운 주제를 발견할 수 없어서 글을 쓰기 어렵다는 것이다. 하지만 이 또한 우리가 풀어야 할 하나의 오해다. 글의 종류에 따라서는 새롭고 신선한 것이 중요한 것도 있다. 시나 소설, 광고와 같은 것들은 새로움이나 신선함이 중요한 글이라 할 것이다.

그러나 그런 글 또한 새롭고 신선한 것만으로 이루어질 수는 없다. 독자들에게 익숙한 것, 그래서 일반적인 사실이 된 것이 무엇인지를 알아야 독자와 새로운 것을 공감할 수 있기 때문이다.

우리는 창의성의 영역을 넓힐 필요가 있다. 먼저 주제가 새롭고 신선한 글은 창의적이라 할 수 있다. 그러나 이것에만 한정해서는 안 된다. 자료가 새롭고 신선한 글도 창의적이며, 접근 방식이 새롭고 신선한 것도 창의적이라는 점을 명심해야 한다. 창의성이란 새로운 것을 보는 눈이기도 하지만 대상을 깊고 넓게 살피는 눈을 의미하기도 한다.

④ 이 정도는 나도 쓸 수 있다.

'이 정도는 나도 쓰겠다'라는 말을 하면서 남의 글을 얕잡아 보는 태도를 갖는 경우가 많다. 이러한 태도는 자신이 글을 쓸 때 걸림돌이 된다. 한 편의 글을 쓰기 위해서는 많은 사고 과정이 관여한다. 주제를 설정하는 데까지만 해도 오랜 기간과 노력이 든다. 또 주제와 관련된 자료를 선정하고 배치하는 전략을 짜는 것도 만만한 일이 아니다. 설령 글이 저자의 처음 의도보다 낮은 수준으로 이루어졌다 할지라도 이 과정들까지 얕잡아 보아서는 안 된다. 글을 쓰는 사이에 저자는 자신이 쓴 글보다 더 나은 글을 쓸 수 있는 전략들에 한 걸음 접근하고 있을 수 있다.

하지만 자신은 글을 쓰지 않고 남의 글을 얕잡아 보는 사람들은 이에 관여한 전반의 과정까지 얕잡아 보는 일이 많아서 실제로 자기 글을 쓸 때에는 구체적인 방식을 잡지 못하는 경우가 많다. 또한 자신이 얕잡아 본 글보다 더 좋은 글을 써야 한다는 부담감이 글을 쓰기 어렵게 만든다. 글을 잘 쓰기 위해서는 남의 글에 대한 잘잘못을 평가하기보다 그 글 속에 들어 있는 전략이 어떤가를 분석하여 자신의 것으로 만들어 가는 연습이 더 필요하다. 이를 위해서는 일단 쓰는 것이 중요하다.

⑤ 많이 알면 잘 쓸 수 있다.

누군가가 자신이 써야 할 글의 대상에 대해 많이 안다면 그 사람이 글을 잘 쓸 수 있을 확률은 높아진다. 하지만 많이 안다고 해서 글이 항상 잘 써지는 것은 아니다. 한 편의 글에 자신이 아는 것을 모두 써야 하는 것은 아니기 때문이다. 글 속에서 나타내야 할 '주제'를 부각하기 위해서 때때로 자신이 아는 것들 중 더 중요한 것만을 몇 가지 골라 서술하는 경우가 많다. 그래야 자신의 의도와 목적을 표현할 수 있기 때문이다.

많이 아는 것이 중요한 것이 아니라 무엇이 필요한가를 알고 그것을 어떻게 배치할 것인가를 아는 것이 더 중요하다. 이 말은 지금 자신이 갖고 있지 않은 지식이라도 필요한 것을 알고 찾는 능력이 글을 쓰기 위해서 더 중요하다는 것을 의미한다. 어떤 정보가(무엇이) 얼마나 왜 필요한가를 알아서 찾아낼 수 있는 능력이 실용글쓰기를 위해 더 필요한 것이다.

⑥ 문장은 화려하고 세련되고 멋있어야 한다.

문장이 안 써진다며 고민을 하는 사람들이 많다. 하나의 문장을 멋지게 쓸 수 없는데 어떻게 글을 쓸 수 있겠느냐고 토로하는 사람도 많다. 실제로 우리 주변에는 매혹적인 문장들이 많다. 아래의 문장 세 개를 보자.

카피와 일반 문장

- 열심히 일한 당신 떠나라.
- 소리 없이 세상을 움직입니다.
- 먹지 마세요. 피부에 양보하세요.

귀에 쏙쏙 들어오고 기억에도 잘 남는 멋진 문장들이다. 하지만 이런 문장들이 실용글쓰기 전 영역에서 필요한 것은 아니다. 이런 글들은 '카피'라 하여 일반 문장과 구별해야 한다. 카피가 다른 문장과 다른 점에 주목해 보면 왜 그래야 하는가가 분명해진다.

먼저 이런 문장들은 대중에게 수백 번씩 노출되는 것들이다. 처음 계획의 단계에서 그러한 노출을 고려하고 만들어진다. 두 번째로 이러한 문장들은 문장 이외의 요소와 함께 나타난다. 일단 음향과 영상의 도움을 받는다. 위의 문장을 읽으면 광고 속의 배우가 떠오르고 음악이 떠오른다. 동시에 그림이 움직인다. 이런 여러 가지 요소들이 이러한 문장을 일상의 것과 달라지게 한다.

하지만 우리가 일상적으로 쓰게 되는 글은 그렇지 않다. 아무도 당신이 계획하고 있는 기획서의 한 문장을 그렇게 많이 읽어 주지 않으며 그 문장을 위한 음악이나 영상이 존재하지도 않는다. 좋은 문장은 저자의 의도와 목적에 부합하는 간결하고 명확한 문장이다. 또 각 문장이 전체 글 속에서 해야 하는 역할을 제대로 해내고 있을 때 좋은 문장이 된다. 화려하고 세련되고 멋진 문장들이 필요한 장르가 아니라면 어떤 의도로 이 문장을 쓰고 있는가에 관심을 기울이고 이를 제대로 표현할 수 있도록 힘써야 한다.

글쓰기에 대한 오해 풀기

1. 일기가 가장 쉬운 글이다. (×)

   ⇨ ______________________________ (○)

2. 내용이 중요한 것이지 형식이 중요한 것은 아니다. (×)

   ⇨ ______________________________ (○)

3. 내가 쓰려고 하는 주제는 이미 남이 다 썼다. (×)

   ⇨ ______________________________ (○)

4. 이 정도는 나도 쓸 수 있다. (×)

   ⇨ ______________________________ (○)

5. 많이 알면 잘 쓸 수 있다. (×)

   ⇨ ______________________________ (○)

6. 문장은 화려하고 세련되고 멋있어야 한다. (×)

   ⇨ ______________________________ (○)

좋은 글의 요건

❶ 충실성

– 내용이 알차고 밀도 있는 글
– 글 속의 정보 지식 등이 가치 있고 풍부하다는 의미

❷ 독창성

– 표현의 참신성
– 소재, 제재, 구성, 문체의 참신성

❸ 성실성

– 정성과 진실이 담긴 글
– 당위가 아니라 저자 스스로 실감하는 진실을 서술해야 한다는 의미

❹ 일관성

– 글 속의 부분과 부분이 긴밀한 연계를 이루어야 한다는 의미
– 접속어의 사용이나 지시어구의 사용을 긴밀성을 높일 수 있음.
– 문장과 문장 간의 일관성과 단락과 단락 간의 일관성으로 나뉨.

❺ 완결성

– 중심 화제와 그것을 뒷받침해 주는 근거가 치밀해야 함.
– 화제의 진술 → 화제의 상세화 → 화제의 정리
– 전달하려는 사실과 일치하는 정보성과 신빙성을 지닌 내용의 선택

❻ 명료성

– 표현이 간결하고 분명한 글

Chapter 02 실용글쓰기 검정의 개관

01 실용글쓰기 검정 시험 개관

실용글쓰기 검정 시험을 보려면 이 시험이 어떻게 구성되어 있는가를 면밀히 검토하는 것이 필요하다. 시험 시간, 문항 구성, 배점 예시 등을 꼼꼼히 분석해 놓는 것은 시험을 준비하는 출발점이 된다.

1 시험 시간 및 배점

교시	시간	문제
1교시	90분	객관식 50문항 / 단답형 5문항
2교시	90분	논술형 5문항
계	180분	60문항

2 실용글쓰기 검정 공인 급수 문항 구성

과목(분야)명	출제 문항 수		
	객관식	주관식	계
독해와 글쓰기	10	2	12
화법과 글쓰기	10	2	12
직무 글쓰기	25	5	30
어휘 및 규범	5	1	6
문항 합계	50	10	60
배점 합계	400점	600점	1000점

3 서술형 문항 배점 예시

구분	문항 종류	문항 수	배점	총점
예시 1(이전 경향)	문장형	5문제	각 20점	100점
	단락형	4문제	각 50점	200점
	논술형	1문제	300점	300점
예시 2(최근 경향)	문장형	5문제	각 20점	100점
	단락형	2문제	각 50점	100점
		2문제	각 100점	200점
	논술형	1문제	200점	200점

02 실용글쓰기 과목별 평가 영역

1 독해와 글쓰기

검정 과목	주요 내용		문항 수
	대영역	중영역	
독해와 글쓰기	비판적 사고	논리적 구조 파악	12
		분석적, 비판적 읽기	
		요약하기, 비판적 글쓰기	
		논증적 글쓰기	
	창의적 사고	심층적 읽기	
		다각적 읽기	
		창의적 글감 생성, 관계 모색	
		창의적 글쓰기	
	표현 능력	자료의 표현 이해	
		자료의 표현 및 전략 비판	
		전략적 글쓰기	
		매체 및 장르의 변용	

검정 과목	대영역	중영역	문항 수
	글쓰기 윤리	표절의 유형	
		저작권 침해의 유형	
		인용의 유형과 방법	
		참고 문헌의 활용	

2 화법과 글쓰기

검정 과목	주요 내용		문항 수
	대영역	중영역	
화법과 글쓰기	비판적 사고	청중 분석과 설득	12
		설득 논리와 화법	
		논리적 상황 분석과 글쓰기	
		논리적 화법을 위한 글쓰기	
	창의적 사고	청중 분석과 감동	
		감성 논리와 화법	
		창의적 아이디어 생성	
		창의적 화법을 위한 글쓰기	
	표현 능력	청중 분석과 메시지 전달	
		상황별 표현 방식	
		프레젠테이션과 글쓰기	
		매체 활용과 글쓰기	
	글쓰기 윤리	말하기에서의 인용	
		프레젠테이션과 저작권 침해	
		발표 매체에서의 인용	
		말하기에서 인용 방법	

3 직무 글쓰기

검정 과목	주요 내용		문항 수
	대영역	중영역	
직무 글쓰기	비판적 사고	논리적 기획서, 제안서	30
		논리적 보고서, 의뢰서, 계약서, 설명서	
		논리적 비평문, 건의문, 반박문	
		논리적 홍보문, 광고, 공지, 자기소개서	
	창의적 사고	창의적 기획서, 제안서	
		창의적 보고서, 의뢰서, 계약서, 설명서	
		창의적 비평문, 건의문, 반박문	
		창의적 홍보문, 광고, 공지, 자기소개서	
	표현 능력	설명 상황에서의 효과적 표현	
		설득 상황에서의 효과적 표현	
		홍보 상황에서의 효과적 표현	
		이메일, SNS 등에서의 효과적 표현	
	글쓰기 윤리	인용과 표절의 구분	
		저작권 침해 여부 확인	
		인용의 적절성 판단	
		참고 문헌 활용의 효과 및 방법	

4 어휘 및 규범

검정 과목	주요 내용		문항 수
	대영역	중영역	
어휘 및 규범	비판적 사고	어휘 사용의 정확성	30
		어휘 활용의 적절성	
		올바른 문장 판단하기	
		언어 규범 원리의 이해 및 비판	
	창의적 사고	적절하고 풍부한 어휘 사용	
		어휘 관계의 창의적 활용	
		사전적 의미와 문맥적 의미	
		관용구 이해와 창의적 활용	
	표현 능력	사전적 의미와 비유적 의미 활용	
		문장 성분 간의 호응	
		문장 변환과 효과의 이해 및 적용	
		표준어와 방언의 효과적 활용	
	글쓰기 윤리	맞춤법, 띄어쓰기 준수	
		문장 인용의 형식 준수	
		문서의 형식적 요건 준수	
		각주, 참고 문헌의 형식 준수	

03 글쓰기 원리 평가 영역

글쓰기의 원리는 전체 검정의 기반이 되는 이론이다. 글쓰기 원리의 하위 구성은 크게 계획하기, 표현하기, 고쳐쓰기의 세 부분으로 나뉜다. 이 구분은 글쓰기를 하는 과정에 따라 나눈 것이다. 각각의 하위 부분의 출제 경향은 어떤지를 개괄적으로 살피고 기출문제나 예상 문제를 통해 자신의 이해도를 확인하도록 하자.

개정되는 실용글쓰기 검정에서는 글쓰기의 원리 파트를 따로 두지 않고 있다. 이 말은 '화법과 글쓰기, 독해와 글쓰기, 직무 글쓰기'의 각각의 영역과의 연관선상에서 글쓰기의 원리를 물을 수 있다는 말이다. 각각의 글쓰기에서 계획하기와 표현하기, 고쳐쓰기가 어떻게 이루어질 수 있는가를 이해해 두는 과정이 필요하다. 예를 들어 '논술의 계획하기'는 어떻게 이루어지는지, 자기소개서의 고쳐쓰기는 무엇을 중심으로 이루어지는지를 묻는 문항이 출제될 수 있다. 이러한 유형은 이전 실용글쓰기 검정에서도 출제되는 방식이므로 크게 걱정할 것은 없다. 다만, 실제 글쓰기 문제를 다루면서 일반 원리와 특수 원리를 구분하는 과정을 지속할 필요가 있다.

개정되는 실용글쓰기 검정에서는 어휘 및 규범 부분을 구분하고 있다. 이는 이전에 수정하기 영역에서 다루었던 '언어 규범(맞춤법, 띄어쓰기), 올바른 문장'에 대한 문제를 별도로 다루겠다는 의도이다. 더불어 언어 규범을 규정하는 원리가 무엇인지를 이해하는 과정도 필요해졌다. 또 글의 종류에 따라 문장을 어떻게 전환하는지에 대한 훈련도 필요하다. 이 훈련은 이 책의 제3, 4, 5편에서 다루게 될 실제 글쓰기 영역에서 언어 규범을 어떻게 준수해야 하는가를 확인하는 데 유용할 것이다.

평가 영역	출제 경향 분석
계획하기	주제 설정하기 • 내용과 제재에 적합한 주제 설정 • 원칙에 맞는 주제문 작성 자료 수집 및 선택하기 • 주제, 장르, 상황에 알맞은 자료 선별 • 도표, 그림 등의 자료 해석, 활용 • 목적에 부합하는 내용 생성, 수정 구성 및 개요 작성하기 • 개요 작성 원리 이해와 활용

표현하기	단어, 문장, 문단 쓰기 • 적합한 단어 선택 • 정확하고 효과적인 문장 표현 • 주제를 부각하는 문단 전개 • 관계 및 구조를 고려한 글쓰기 구성 및 전개 방식 • 통일성, 일관성을 갖춘 내용 구성 • 내용 전개 방식의 활용 표현 및 진술 방식 • 표현 기법의 선택 및 활용 • 효과적이고 개성적인 표현 • 적합한 진술 방식의 선택 및 활용
글 다듬기	말 다듬기 • 어휘 다듬기 • 어휘 구사력 • 언어 사용 규범 준수 문장 다듬기 • 정확하고 적절한 문장 구조 선택 • 규범에 맞는 문장 문단 다듬기 • 문단 내 소주제문과 뒷받침 문장 관계 이해 • 문단 구조의 적절성 이해 • 문단 간의 관계 파악 • 구조의 적절성 파악

04 사고 능력 평가 영역

글쓰기는 사고다. 글쓰기를 하는 과정 자체가 차원 높은 사고력의 활용으로 구성되기 때문이다. 실용글쓰기 검정에서는 글쓰기와 사고의 연관 관계를 중요하게 생각한다. 글에 기술된 내용은 글을 쓴 사람의 실제적 사고를 반영하기 때문이다. 여기서 중요한 것은 글쓰기에 반영된 사고만이 아니라 글쓰기를 하는 과정에서 작동하는 사고도 중요하다는 점이다. 예를 들어 글을 쓰기 전에 주제문을 구성하기 위해서는 어떻게 사고해야 하는지, 초고를 개선하기 위해서는 무엇을 어떻게 해야 하는지에 관여하는 사고들이 글쓰기 과정에서 나타나는 사고다.

실용글쓰기에서 비판적 사고와 창의적 사고를 중시하는 이유는 앞서 말한 글쓰기 과정에서 관여하는 사고력 자체를 계발하여야 글쓰기의 질적 수준이 높아질 수 있기 때문이다. 실용글쓰기 검정에서는 응시자들의 사고력을 네 가지 범주에서 측정하려 한다. 독해, 화법, 직무 글쓰기, 어휘 및 규범이 그 네 가지다. 각각의 과정에서 관여하는 비판적 사고와 창의적 사고가 무엇인지, 그리고 그것이 글쓰기에서 어떻게 표현되어야 하는지를 검정을 통해 확인하려는 것이다.

이러한 실용글쓰기 검정의 목표에 부응하기 위해 이 책에서는 그 사고를 네 가지 범주로 나누고 있다. 사실적 사고, 추론적 사고, 비판적 사고, 창의적 사고가 그것이다. 여기서는 실제적인 독해의 방법이나 확장의 방법에 대한 논의가 충실히 이루어지고 있다. 응시자들이 주목해야 할 점은 독해를 통해 거시적 구조를 읽는 훈련이 글쓰기 능력과 긴밀히 관계된다는 점이다. 요약하기, 논증하기, 설명하기 등의 글쓰기를 할 때는 요약문을 작성하기 위해 어떤 전략이 필요한지를 제대로 알아야 하고, 논증을 위해 다른 저자들은 어떤 방식을 활용하는지를 알아야 한다. 객관적인 문체를 제대로 활용하기 위해서는 객관적 문체로 설명하는 글을 제대로 이해하고 허점을 찾아내는 훈련을 해야 한다.

평가 영역	출제 경향 분석
사실적 글쓰기	정보 내용 이해하기 • 중심 내용 파악(주제 파악, 제목 붙이기, 중심 화제 찾기, 요약하기 등) • 중심 내용과 뒷받침 내용의 구별 • 사실적 이해 및 활용 정보 간의 관계 파악하기 • 문장이나 단락 간의 논리적인 관계 이해 및 구조화 • 문장의 논리적 관계 이해, 단락 구분 원리 이해 • 내용 관계 파악 정보의 진술 방식의 이해 및 활용

추론적 글쓰기	문맥 파악하기 • 접속어, 지시어 등의 적절한 사용 • 어휘 구사력(단어, 사자성어, 관용 표현, 속담 등의 활용) • 문장과 문단의 논리적 배열 전체 및 부분 내용을 바탕으로 추론하기 • 내용의 진위 판단 • 중심 내용과 세부 내용 사이의 관계 추론 • 암시된 정보의 추론 및 예측 필자의 관점 및 독자의 반응 추론하기 • 글쓴이의 의도, 태도, 관점 이해 및 표현, 확장 • 필자의 궁극적 의도 및 목적 추론 • 독자 분석에 따른 글의 전개
비판적 글쓰기	논리적 비판하기 • 논리적 오류의 유형 식별 • 객관성, 정확성, 공정성, 적절성 판단 • 논리적 내용 전개 여부 판단 및 수정 논거의 적절성 비판하기 • 주장과 논거의 관계 분석 • 논거 제시 방식의 효과 분석 적용 논증의 타당성 비판하기 • 논리적 허점 분석 및 수정 • 대안의 마련, 개선 방향 제시
창의적 글쓰기	원리의 적용과 창의적 해석을 통한 글쓰기 • 창의적 접근 방식 이해 및 활용 • 주어진 정보의 재해석 및 활용 • 매체를 전환한 자료 생산 능력 구성상의 창의적 글쓰기 • 종류 및 장르에 글의 특징 이해 및 활용 • 글들의 공통점과 차이점 비교, 대조 표현상의 창의적 글쓰기 • 표현 효과의 이해 및 활용 • 제재에 적합한 표현 기법의 활용 • 보조 자료를 활용한 효과적 글쓰기

05 글쓰기의 실제 평가 영역

실용글쓰기 검정에서 가장 많은 문항이 출제되는 부분이다. 새로 개정된 실용글쓰기 검정에서는 직무 글쓰기라는 영역으로 이 부분에 접근한다. 그리고 직무 글쓰기를 위해 어떤 사고가 관여하는지에 대해서도 주목한다. 이 말은 직무 글쓰기 부분이 앞서 보았던 글쓰기의 원리 및 글쓰기의 사고 영역과 긴밀히 연관되어 출제된다는 것을 의미한다. 실제 영역에서 다루는 글의 종류가 어떤 것인지를 개관해 두는 것도 의미 있다.

평가 영역	출제 경향 분석
정보 전달 글쓰기	• 정보 전달하는 글쓰기의 기본 요건 이해 • 설명문 작성 방법 이해 • 상황 파악 및 대처 능력 • 정보 활용 능력(도표, 그림, 그래프 등의 활용)
제안, 설득하는 글쓰기	• 제안과 설득의 요소 이해 • 효과적인 제안과 설득 능력 • 발표 상황의 이해와 대처 • 효과적인 프레젠테이션 방법 • 설득력 있고 타당한 논거 활용
기획, 계획하는 글쓰기	• 계획서의 작성 방법 이해 • 상황에 적절한 구성 방안 제시 • 자료 활용 방법
직무 관련 글쓰기	• 직무 관련 글쓰기 양식과 요건 이해 • 목적과 요구에 맞는 직무 글쓰기 작성 방식 • 각종 공문서의 정확한 형식과 기능 이해 • 문제 상황을 해결할 수 있는 글쓰기
광고, 홍보 글쓰기	• 홍보 문안 선별 및 작성법 이해, 활용 • 자료 활용 능력 • 호소력이 강한 문안의 작성 • 공익 광고의 특징 이해, 메시지의 효과적 표현
계약, 거래 글쓰기	• 각종 계약서와 거래 서식 특징 이해 및 작성법 • 각종 계약서 및 거래 서식에 사용되는 용어
친교, 의례 글쓰기	• 친근감을 주는 표현의 선택, 구성 • 공감을 이끌어 낼 수 있는 표현 • 친교 및 사회적인 상황에 적절한 글쓰기 • 의례적 글쓰기 방안의 이해 및 활용
정서 표현, 생활문 쓰기	• 정보 요약하기 • 진솔하고 참신한 표현 • 창의적이고 개성적인 언어, 문체, 문장의 사용

06 진학 및 취업 글쓰기 평가 영역

이 책에서 진학 및 취업 글쓰기를 구분하여 다루는 이유는 이들 글쓰기가 응시자의 진로 선택에 중요하게 관여하는 요소이기 때문이다. 사회적으로도 중요하게 여겨지는 두 가지 유형의 글쓰기를 모아 구체적으로 다루었다. 이 부분 역시 비판적 사고, 창의적 사고, 표현 능력과의 관계에서 글쓰기에 주목하고 있다. 이 책에서 다루는 내용을 이론으로서만 이해하지 않고 실제 자신이 작성하는 논술이나 자기소개서에 반영할 수 있는 능력이 생기기를 바란다.

평가 영역	출제 경향 분석
자기소개서 쓰기	• 자기소개서의 양식과 요건 이해 • 목적과 요구에 맞는 자기소개서 작성 방식 • 진학이나 취업 대상에 적절한 구성 및 주제의 추출 • 효과적 설득의 요소 이해 • 진정성과 진실성이 돋보이는 자기소개서의 작성 • 차별성을 확보하는 자기소개서 • 수정을 통한 글의 개선 방안 • 효과를 염두에 둔 자신의 능력 선별 및 활용 • 경험적 사례의 활용 능력 • 진솔하고 참신한 표현 • 창의적이고 개성적인 언어, 문체, 문장의 사용
논술	• 논술의 개념 이해 • 논술의 유형적 특성 이해 • 제시문 분석 능력 • 질문 분석 능력 • 설득의 요소 이해 • 제시문의 핵심 논제의 이해 및 확장 능력 • 문제 제기의 타당성 분석 • 비판적 사고와 창의적 사고의 활용 • 설득력 있고 타당한 논거 활용 • 자료 활용 방법 • 객관적이고 논리적인 언어, 문체, 문장의 사용

07 글쓰기 윤리 평가 영역

문항 수는 적지만 인용의 방법이나 표절 문제 등에 대한 이론이나 방법을 제대로 알고있어야 대응할 수 있는 부분이다. 논문 작성법과 같은 학술적 글쓰기 영역도 이 부분에 포함된다. 역시 전체적 경향을 개관해 두자.

평가 영역	출제 경향 분석
글쓰기 윤리 일반	• 지적 재산권에 대한 이해 • 공공의 글쓰기에서 타인의 사생활을 보호할 필요성 이해 • 국민의 알 권리에 대한 이해
아날로그 글쓰기에서의 윤리	• 논문 작성법의 이해 • 인용의 표기 방법 이해 • 인용과 표절의 차이 이해 • 올바른 인용 사례 선별
디지털 글쓰기에서의 윤리	• 개인 미디어로서의 블로그의 특성 이해 • 블로그 글쓰기의 기본 요건 이해 • 인터넷 게시판 속의 답글, 덧글의 바람직한 사례 선별, 제시 • 인터넷 실명제의 시행 목적과 내용 이해 및 설명

08 시험 시간 및 배점이 주는 의미

지금 실용글쓰기 능력 검정 시험을 앞두고 있다면 어떤 자세로 이 시험에 임해야 할까? 이 질문을 더 구체화한다면, 시험에 합격하려면 이 책의 정보를 어떻게 활용하여야 할까? 누군가가 자신의 목표를 실현하고 싶다면, 그 목표를 실현하기 위하여 무엇을 어떻게 해야 하는가를 설계해야 하는 것이 당연하다. 그런데 그런 구체적 설계는 실은 시험과 관련된 각각의 부분과 연결하여 구체적으로 이루어지는 것이 실효성이 더 높다. 즉, 실용글쓰기 검정 시험을 코앞에 둔 여러분은 제1편에서 무엇을 얻어야 하는 것일까?

시험이 바로 앞이라면, 제1편에서 가장 중요한 정보는 19면의 아래와 같은 정보다.

교시	시간	문제
1교시	90분	객관식 50문항 / 주관식(단답형) 5문항
2교시	90분	논술형 5문항
계	180분	60문항

과목(분야)명	출제 문항 수		
	객관식	주관식	계
독해와 글쓰기	10	2	12
화법과 글쓰기	10	2	12
직무 글쓰기	25	5	30
어휘 및 규범	5	1	6
문항 합계	50	10	60
배점 합계	400점	600점	1000점

이것이 시험에 어떤 도움을 준다는 것일까? 이 두 개의 표는 여러분이 어떻게 해야 이 시험에 합격할 수 있는지에 대한 실마리를 준다. 어떤 실마리일까? 시험 시간 및 배점이 주는 의미가 무엇인지를 생각해 보자. 일단 여러분은 총 180분이라는 시간 안에 실용글쓰기 검정 시험을 연습해 본 일이 있는가? 이런 연습은 여러분이 이 시험의 목표를 달성하는 데 큰 도움을 준다. 먼저 자신이 1교시 90분이라는 시간 동안 어떤 일을 해야 하는가를 확인해 보자.

50문제의 객관식 문제를 풀어야 하고, 5문제의 주관식 단답형을 풀어야 한다. 주관식 문제의 일부가 1교시에 치러진다는 점이 낯선 사람들이 많을 수 있다. 시험에 들어가서야 주관식 다섯 문제가 1교시에 치러지는 것을 아는 응시생들이 많기 때문이다. 그런 일이 생기면 당황하게 된다. 이런 사소한 문제로 시험 성적에 영향이 생긴다면 낭패가 아닐 수 없다. 그렇다면 90분 동안에 객관식 50문제와 주관식 5문제의 분배를 어떻게 하려고 하는가? 많은 응시생들이 실제 시험에 들어가서 이를 실험하는 경우가 많다. 그 결과는 어떻겠는가? 자신이 갖는 능력을 십분 발휘하여야 할 시간에 시간 분배 등의 다른 것에 신경을 쓰게 된다는 말이다.

시험을 잘 보는 비결은 두 가지다.
❶ 내가 치를 시험에 대해 잘 아는 것
❷ 내가 치를 시험에서 내가 어떻게 해야 하는지 잘 아는 것

대부분의 응시생들은 흔히 ❶에 대해서 집중한다. 앞서 본 표의 내용들을 내가 치를 시험의 특성으로 이해하고 각각의 부분에 어떤 것이 포함되어 있는지를 공부하는 것이다. 전형적인 공부방식이고 그것이 그렇게 나쁘지는 않다. 문제는 ❷를 알아야 ❶을 더 효과적으로 할 수 있다는 것이다.

내가 치를 시험에서 내가 어떻게 해야 하는지를 잘 안다는 것은 어떤 의미일까? 질문을 몇 가지 해 보자. 이에 대해 답할 수 있는 것이 자신이 이 시험에서 어떻게 해야 하는지를 말해준다.

- 나는 독해와 글쓰기 영역의 객관식 문제 10개를 푸는 데 얼마나 걸리는가?
- 나는 독해와 글쓰기 영역의 객관식 문제의 맞춤법 문제를 어떤 방식으로 푸는가?
- 나는 독해와 글쓰기 영역의 주관식 50점짜리를 푸는 데 얼마나 걸리는가?
- 나는 독해와 글쓰기 영역의 주관식 50점짜리를 푸는 데 어떤 방식을 활용하는가?

이런 질문들은 얼마든지 늘어날 수 있다. 중요한 것은 시간이라든지, 행동 방식들을 염두에 두고 있는지 그렇지 않은가이다. 이런 생각들은 시험의 응시 시점과 남은 시간 내에 어떤 방식으로 시험을 준비할 수 있는지를 가르쳐 준다. 동시에 총 180분이라는 시간 안에 문제를 어떻게 풀어가야 하는가를 알려준다.

이런 질문 자체에 대해 전혀 생각해 본 적이 없을 수도 있다. 그렇다고 이 시험에 접근할 수 없는 것은 아니다. 시간이라든지 행동 방식을 생각해 본 적이 없다고 하여 그 사람이 그것을 할 수 있는 능력이 없다는 것이 아니기 때문이다. 우리는 이 장에서 이 문제에 대해서 좀 더 자세한 논의를 이어갈 것이다.

09 공인시험 합격 기준과 목표 설정

이왕 시험을 치르기로 했으면 자신이 목표로 하는 합격 기준을 명확히 설정해야 한다. 대개의 응시생들은 이렇게 생각한다. 일단 가산점이 가능한 점수를 목표로 하지만 이왕이면 높은 급수에 합격하면 좋겠다고. 이런 목표 자체가 잘못된 것은 아니다. 솔직히 그렇게 생각하는 것이 일반적인 방식이니까. 문제는 이런 목표가 시험에 임하는 자신의 행동 방식과 직접적인 관련을 맺지 못한다는 것이다. 행동 방식이란 자신이 시험과 관련된 각각의 부분에 대해 어떻게 하겠다와 같이 구체적으로 드러나야 한다. 그래야 목표를 달성할 수 있다.
행동 방식을 결정하기 위해 제일 먼저 무엇을 해야 하는가? 당연히 공인시험의 합격 기준을 확인하는 것이다. 이미 국가공인 실용글쓰기 협회의 홈페이지나 기타 문서를 통해 이를 확인한 사람은 칭찬받을 만하다. 목표 설정을 위한 첫 단추를 끼었으니까. 협회가 제공하는 공인시험 합격 기준을 살펴보자.

공인시험(1급~준3급) 합격 기준

등급	합격 기준
1급	총 배점(1,000점) 중 870점 이상 득점
2급	총 배점(1,000점) 중 790점 이상 득점
준2급	총 배점(1,000점) 중 710점 이상 득점
3급	총 배점(1,000점) 중 630점 이상 득점
준3급	총 배점(1,000점) 중 550점 이상 득점

한국 실용글쓰기 검정 기관의 홈페이지에 있는 합격 기준이다. 여러분이 이 시험에서 어느 정도의 점수를 받아야 하는지를 보여주는 정보다. 이제 이 그림과 19면에 제공된 정보를 함께 보자. 이제 이 시험에 합격할 수 있는 실마리가 보이는가? 시험 준비 시간이 한 달 이내라 가정해 보자. 시험이 얼마 남지 않으면 시험에 대한 자신감이 급락한다. 그래서 시험삼아 한 번 보겠다든지, 준3급이라도 따면 좋겠다든지 하고 목표를 수정하게 마련이다.

그렇게 하지 않기를 바란다. 목표는 자신에게 필요한 것으로 설정해야 한다. 그리고 자신에게 필요한 것은 이 표 바깥에 있다. 예를 들어 준3급으로도 자신이 원하는 바를 성취할 수 있다면 이를 목표로 설정하는 것도 괜찮다. 우리의 목표가 이 시험만은 아니므로. 하지만 준3급으로 자신이 원하는 바를 성취할 수 없는 경우는 자신이 원하는 바대로의 목표를 설정해야 한다. 자신이 원하는 바는 구체적으로 가산점일 수도 있지만 자신감, 성취감 등도 포함될 수 있다.

시험이 얼마 남지 않았다면 눈에 보이는 자신이 원하는 바를 기준으로 목표를 설정하는 것이 좋다. 얼른 그 다음 단계로 목표에 도달하기 위해 무엇을 할 것인가를 생각하여야 하기 때문이다. 이 무엇을 할 것인가와 시험 내에서 자신이 어떻게 행동해야 하는가가 긴밀히 관련된다. 이 페이지를 넘기기 전에 기준 목표를 설정하길 바란다. 그래야 그 목표를 염두에 두고 다음 단계의 활동들을 이어갈 수 있기 때문이다. 얼른 목표를 설정하고 아래의 표에 그 목표를 적어 두자. 적어 둔다는 것의 의미는 머릿속으로 생각만 하는 것과는 좀 다르니까.

응시일자	년 월 일
공인시험 목표	급
목표달성 기준	/1000점 만점

10 공인시험 합격기준 달성을 위한 세부 목표

여러분이 이 시험에서 준2급인 710점 이상을 받겠다는 목표를 세웠다고 가정해 보자. 물론 여러분이 더 높은 등급을 목표로 삼기를 바라지만 일단 710점이라는 점수를 가정해서 문제를 풀어보자. 이 목표를 달성하기 위해 어떤 방식으로 이 시험을 준비하겠는가? 이 시험을 준비하는 많은 사람들은 이렇게 생각한다. 주관식을 반만 맞고 객관식에 전념하여야 하겠다고. 주관식 서술형 시험에 익숙하지 않은 사람들이 많으니, 그렇게 생각하는 것도 당연하다.

하지만 이런 접근은 실현 가능할까? 목표 710점과 계획을 비교하면서 실현 가능성을 타진해 보자. 이 계획대로라면 객관식을 다 맞아야만 한다. 주관식은 총점이 600점이니 주관식을 계획보다 10점을 더 맞아서 310점을 맞아야 아슬아슬하게 실현할 수 있는 일이다. 가능할까? 이런 계획은 실현될 가능성이 전무하다. 여러분이 이런 계획을 세운 전제가 무엇일까? 주관식보다 객관식이 쉽다는 생각이다. 설령 객관식이 더 쉽다 할지라도 그 객관식 50문제를 다 맞는다는 것은 불가능하다. 애초에 실현 가능성이 없었던 계획이었다.

이 계획의 가장 큰 맹점은 무엇일까? 그것은 전제에 있다. 많은 사람들이 객관식이 주관식보다 쉽다고 생각한다. 과연 그럴까? 그런지 그렇지 않은지를 단적으로 대답하기는 어렵다. 어떤 시험인지, 각각의 난이도가 어떤지에 따라 다양한 답변이 나올 수 있기 때문이다. 그럼 문제를 좁혀 보자. 국가공인 실용글쓰기 시험 문제에서 객관식은 주관식보다 쉬운가? 역시 답하기 어려운 문제다. 이 문제 역시 난이도에 따라 다르게 나올 수 있기 때문이다. 그런데 왜 전제가 틀렸다는 것일까?

답하기 어렵다는 것은 주관식이 어려울 수도 있고 객관식이 어려울 수도 있다는 것이다. 심지어는 어떤 객관식은 주관식보다 쉬울 수 있고 어떤 주관식은 어떤 객관식보다 쉬울 수 있다. 진짜 문제는 이런 확률들을 모두 무시한 채, 객관식이 주관식보다 쉬울 것이라는 전제로 계획을 세웠다는 것이 문제라는 것이다. 싸움에 이기기 위해서는 어떻게 해야 할까? 상대방을 알고 나를 잘 알아야 이길 수 있다는 것은 아주 유명한 얘기다.

그런데 우리가 앞서 세운 계획은 어떠한가? 상대를 알고 나를 알 생각을 하지 않았다. 상대(주관식)를 살피지 않고 무턱대고 상대(주관식)에게 주눅이 들지 않았는가? 그것이 문제다. 시험은 기싸움이라는 말도 흔히 듣는 말이다. 그 기 싸움에서 진 사람은 승부를 점칠 수 없다. 싸워 보기도 전에, 아니 상대가 어떤 것인지를 파악하기도 전에 주관식은 반밖에 맞지 못할 것이라고 생각한 것이다. 앞서 우리가 세웠던 계획이 성공할 수 없는 이유이다.

그렇다면 이 시험에서 합격하고자 한다면 어떤 계획을 세워야 하는 것일까? 역시 준2급 합격 점수인 710점을 예로 계획을 수립해 보자. 우리는 먼저 주관식에서 확보해야 할 최소 점수를 객관적으로 판단해야 한다. 710점을 목표를 세운 사람은 주관식은 470점 이상 맞겠다고 계획해야 한다. 그리고 남은 240점을 객관식에서 충당해야 하는 것이다.

주관식 470점에 객관식 240점이라니. 어떻게 이런 산수가 나온 것일까? 먼저 객관식 240점이 산출된 이유를 살펴보자. 국가공인 실용글쓰기 시험은 100점 만점에 평균 60점 이상은 나올 수 있게 출제된다. 아무리 어렵게 출제된다 할지라도 마찬가지다. 시험의 공신력을 위해서라도 이런 원칙은 지킬 수밖에 없는 것이다. 이 시험의 객관식은 총점 400점이다. 100점 만점에 60점을 공인시험의 점수로 환산하면 240점이다. 그렇다면 주관식 470점이 산출된 이유도 알 수 있게 된다. 우리가 목표로 한 710점에서 최소 점수인 240점을 뺀 점수이다. 주관식 470점을 맞아야 준2급을 달성할 수 있다. 동시에 시험이 생각보다 쉽게 출제된다면 2급이나 1급을 넘볼 수도 있다.

당연히 여기서 몇 가지 반발이 생겨야 한다. 예측되는 반발 중 객관식 240점과 관련된 것부터 짚어 보자. 240점은 객관식 몇 문제가 맞아야 얻을 수 있는 문제일까? 객관식 한 문제가 8점이니 240점을 맞으려면 30문제만 맞으면 된다. 즉 20문제는 틀려도 확보할 수 있는 점수라는 것이다. 그렇게 어려운 것도 아니질 않은가? 여기서 여러분이 화를 내길 바란다. 우리를 너무 무시하는 것이 아닌가?

우리가 목표를 제대로 달성하려면, 최악의 상황을 점쳐야 한다. 그래서 아주 많이 양보하여 확보할 수 있는 점수로서의 객관식 점수를 계산한 것이다. 시험이 어렵다든지, 시간이 부족했다든지 등의 다양한 상황 때문에 객관식 20개를 틀린다 할지라도 준2급을 달성할 수 있는 최소한의 주관식 점수가 240점인 것이다. 그만큼 객관식 240점은 여러분이 충분히 감당할 수 있는 점수다.

그렇게 화를 낼 만큼 만만해야 그보다 더 높은 점수를 낼 수도 있다. 그래서 만만함을 바탕으로 조금만 더 틀린 개수를 줄이면 목표보다 더 높은 급수를 달성할 수도 있다. 앞서 말했듯이 국가공인 실용글쓰기 시험 문제가 240점을 맞기에 어려운 시험은 아니다. 우리가 앞서 목표로 했던 710점을 맞을 수 있는 가장 최소의 객관식 점수의 기준이 240점일 뿐이다. 이런 생각은 시험이 얼마 남지 않은 응시생들에게 특히 더 중요하다. 그 정도는 할 수 있다는 목표를 설정하여야 달성할 수 있다.

결국 이 시험에서 합격 기준을 달성하는가 그렇지 않은가는 사실 주관식 시험에 달려 있다. 이 말에 의아해 할 다수의 독자가 있을 것이다. 목표를 달성하기 위해서는 큰 산이 아직 남았다. 주관식 470점이다. 큰 산을 넘기 전 앞선 논의를 주관식의 입장에서 정리해 보자. 국가공인 실용글쓰기 시험에서 준2급인 710점은 확실히 달성하려면 주관식을 최소 470점을 맞아야 한다. 그래야 보장된 준2급을 달성할 수 있다. 주관식 470점이라니. 아무리 생각해도 무리가 아닌가?

앞선 방식 그대로 100점으로 환산해 보자. 자그마치 78.333..이다. 적어도 78점은 맞아야 한다는 말이다. 앞서 국가공인시험에서의 최소 점수는 평균 60점이라 하질 않았나? 목표가 너무 높다. 아무래도 이즈음에서 객관식의 목표 점수를 높이고 주관식 점수를 줄여야 하는 것은 아닌가? 그렇지 않다. 포기하기에는 주관식에 대한 정보가 너무 없다. 우리는 주관식 시험에서 78점이라는 것이 무엇을 의미하는지 정확히 알지 못한다.

주관식이 어렵다고 생각한 것은 주관식이 낯설기 때문이다. 주관식 점수가 의미하는 바가 무엇인지를 충분히 경험할 기회가 부족했다는 의미다. 실용글쓰기 검정 시험에서의 주관식 점수가 의미하는 바를 좀 더 알고 난 후에 계획을 검토해도 늦지 않는다. 여기서 실용글쓰기 검정 시험의 주관식 점수의 의미에 대해 더 살필 필요가 생긴다. 그 의미를 알기 위해 제일 먼저 짚어야 할 것이 이 시험의 목적인 '자격기본법 제 19조에 의거한 국가공인 한국 실용글쓰기 검정은 국어사용 능력을 바탕으로 한 전 국민의 직무 능력 향상과 의사소통 능력 증진을 목적으로 한다.'이다.

여기서 '의사소통 능력'이라는 말을 주목하고 이 말을 시험이라는 장르에 적용해 보자. 이 말은 무슨 뜻일까? 문자 그대로 문제를 제대로 이해하고 이에 준하여 답하라는 말이다. 주관식 시험에서 '문제를 제대로 이해하고 이에 답한다'는 것은 말 그대로 요구하는 바를 문제에서 찾아 그대로 글로 옮길 수 있다는 의미이다. 대부분의 응시생들은 처음에 이 말을 믿지 못한다. 문제에 답이 있으니 그것을 찾아 옮기라니. 시험에서 그런 것이 가능하다는 말인가? 가능하다. 거꾸로 그런 것이 가능해야 주관식 시험이다. 그래서 470점이 가능하다. 이 말이 어떤 의미인지를 다음 장에서 주관식 시험의 특성을 살펴보면서 알아보기로 하자.

Chapter 03 실용글쓰기 주관식 시험의 개관

01 국가공인 실용글쓰기의 주관식 시험의 특성

우리는 국가공인 실용글쓰기의 주관식 시험이 여러분이 생각하는 것보다 어렵지 않다는 것에 대해 논의하고 있다. 그래서 710점을 목표로 시험을 준비하는 사람에게 객관식 240점, 주관식 470점을 세부 목표로 삼을 것에 대해 조언하고 있다.

이렇게 주관식 시험이 객관식보다 더 접근하기 쉽다고 장담하는 이유가 무엇일까? 이 시험의 주관식은 두 가지 특성을 갖는다.

❶ 예문과 함께 문제가 주어진다.
❷ 문제풀이를 위한 단서조항인 조건이 주어진다.

이 두 가지는 응시생들이 주관식 시험에서 어떻게 해야 하는지에 대한 행동 방식을 보여준다. 어떤 행동 방식일까? 이 행동 방식을 이해하기 위해 글쓰기에 대한 두려움의 정체를 밝혀야 한다. 우리는 글쓰기를 두려워한다. 시험에서는 더 많이 두렵다. 왜 그럴까? 두려워하는 주관식 시험의 종류를 생각해 보자. 프랑스에는 대입을 위하여 바칼로레아라는 논술을 치른다. 이 시험의 논술 문제는 아래와 같은 방식이다.

[문제예시] 인간의 자유와 무의식의 존재를 동시에 가정할 수 있는가?

그리고 4시간이 주어진다. 우리는 지금 당장 이 문제를 풀 수 있을까? 없다. 제법 긴 시간인 4시간이 주어진다고 할지라도 '인간의 자유와 무의식의 존재'에 대한 이해와 가치가 없으면 쓸 수 없는 글이다. 이런 글을 쓰려면 자료를 수집하고 자신의 생각을 정리하는 활동이 필연적으로 필요하다. 그런 시간 없이 이에 대해 답할 수 있는 사람은 그리 많지 않다. 갑자기 왜 바칼로레아의 문제를 제시하는 것일까? 우리가 두려워하는 주관식 시험의 글쓰기는 이런 종류이기 때문이다. 우리가 주관식 글쓰기 시험을 치를 때 가지는 두려움을 구체화하면 아래와 같은 것들이다.

❶ 배경지식이 없어서 글을 쓸 수 없다. ⇨ 책을 많이 읽지 않았다.
❷ 글을 써 본 일이 별로 없다. ⇨ 글을 많이 쓰지 않았다.
❸ 논리적으로 생각하지 못한다. ⇨ 생각을 많이 하지 않았다.

그래서 책도 많이 읽지 않고, 글도 많이 쓰지 않았으며, 생각도 많이 하지 않은 자신은 글을 제대로 쓰지 못할 것이라고 단정하는 것이다. 이런 단정은 없애 버려야 한다. 자신에게 부정적 낙인을 찍는 것이기 때문이다. 특히 이런 단정은 '인간의 자유와 무의식의 존재를' 묻는 논술 문제로부터 생긴 것이다. 실용글쓰기 검정의 주관식이 이런 종류의 시험인지에 대한 결론은 아직 나지 않았다. 어떤 부분에서 생긴 편견을 또 다른 부분에도 그대로 적용해서 자신을 비하하는 일은 스스로에게 도움이 되지 않는다.

실용글쓰기의 주관식 시험은 언제나 '예문'과 함께 출제된다. 즉, 여러분의 머릿속에 있는 배경지식을 확인하는 시험이 아니라는 말이다. 여러분이 다양하게 만나는 직무 역시 마찬가지다. 배경지식을 확인하는 경우는 그리 많지 않다. 배경지식이 없더라도 과제를 해결할 수 있는 방식을 제공해 준다. 거기서 직무를 배우고 익히고 직무능력을 발전시키는 것이다. 예문이 주어지면 배경지식에 대한 부담을 떨쳐도 된다. 주어진 예문에서 중요 정보를 찾아 활용하면 답할 수 있기 때문이다.

주관식 문제에 포함되는 <조건> 역시 마찬가지다. 글쓰기에서 가장 어려운 것은 가치 있는 주제를 잡고 구조를 만들어 관련 내용을 배치하는 것이다. 바칼로레아와 같은 유형의 시험 역시 마찬가지다. 배경지식을 갖는 것도 중요하겠지만 더 중요한 것은 주어진 문제에 대해 가치 있는 주제를 잡는 것이다. 그리고 그 주제를 어떤 구조 안에서 녹여 내는가가 중요하다. 둘 모두 시간이 드는 일이다.

시험이라는 여건은 기본적으로 주제나 구조를 고민할 만큼의 시간을 줄 수가 없다. 그래서 주제나 구조에 대한 정보를 제공하는 것이 일반적이다. 대입논술이나, 취업논술 등의 시험이 예문과 함께 구조를 제시할 수밖에 없는 것은 이러한 사정 때문이다. (이에 대해서는 이 책의 제5편 '논술'을 참조할 것) 실용글쓰기의 주관식 시험 역시 마찬가지다. 시간 내에 여러분이 문제를 풀이할 수 있도록 관련 정보를 제시하고, 주제나 구조를 생각할 시간을 아낄 장치를 제공하는 것이다. 관련 정보를 제시하는 것이 '예문'의 기능이고 '주제나 구조를 생각할 시간'을 아끼기 위해 제공하는 것이 <조건>인 것이다.

실제 주관식 문제를 통해 이 말이 무슨 뜻인지를 정확히 알아보자. 그 과정에서 주관식 시험에서 470점을 획득할 수 있는 행동 방식도 함께 배울 것이다.

02 실용글쓰기 검정 주관식: 1교시 20점 문항

우리는 준2급인 710점 이상을 받겠다는 목표를 달성하기 위해 주관식과 객관식 시험 점수 비중에 대해 논의하는 중이다. 그리고 객관식 최소 점수를 240점으로 잡았다. 그리고 470점을 주관식에서 달성할 세부목표를 잡았다. 이 목표를 제대로 달성하려면 주관식의 유형에 대해서 더 잘 이해해야 한다. 19면에 제시된 표를 다시 보면서 1교시에 치러지는 20점짜리를 공략하는 방법을 살펴보자.

1 시험 시간 및 배점

교시	시간	문제
1교시	90분	객관식 50문항 / 단답형 5문항
2교시	90분	논술형 5문항
계	180분	60문항

여기서 1교시 마지막 칸의 단답형 5문항을 보자. 이 주관식 문제는 배점이 20점이다. 주관식 600점 중 100점이 1교시에 치러지는 것이다. 단답형이라는 말 그대로 이들 문제에서 제시되는 답안은 대개 50자 내외의 짧은 어구나 문장이다. 아무리 길어도 100자를 크게 넘지 않는다. 일반적으로 띄어쓰기를 포함한 100자는 문장 하나를 크게 넘어서지 않는다. 끽해야 짧은 문장 두 개다.

앞선 계획대로라면 여기서 78점은 맞아야 한다. 과연 그것이 가능할까? 가능하다. 아래는 실제로 출제된 20점짜리 문제의 단서 조항에 해당하는 <조건>이다.

조건

1. 본문 내용을 간단하고 명료하게 나타낼 것
2. 핵심어 두 개를 반드시 포함할 것
3. 50자 내외의 한 문장으로 작성할 것(띄어쓰기 포함)

<조건 1>을 보자. 이 말을 액면 그대로 풀이하면 본문 내용에서 찾아서 쓰라는 말이다. 2는 보다 직접적으로 핵심어를 찾으라는 말이다. 3은 여러분이 답안을 작성할 때 어떤 형식으로 작성해야 하는지를 보여 준다.

즉, 본문에서 핵심어를 제대로 찾아서 하나의 문장으로 완성한다면, 20점을 확보할 수 있다는 말이다. 20점짜리 주관식을 위해 제시하는 본문은 그렇게 긴 것도 아니다. 더 중요한 것은 채점 기준이다. 국가공인시험은 언제나 주관식의 채점 기준을 엄정히 관리한다. 그리고 이 채점 기준에 따라 감점하면서 채점한다. 조건을 따른다면 감점을 우려하지 않아도 된다는 말이다.

여기서 당연히 나올 질문이 있다. 본문 내용이 너무 어려우면 어떻게 하는가 하는 질문이다. 정당한 질문이다. 해석 가능성이 다양한 예문이 나오면 이를 간단하고 명료하게 나타내는 것이 어려울 수도 있다. 다양한 해석이 나올 수 있는 문학적인 글이라면 핵심어를 찾아내는 것이 그리 만만한 일이 아닐 것이기 때문이다. 하지만 애초에 그런 걱정을 할 필요가 없다.

이 책에서 다룬 기본 원칙을 생각해 보자. 실용글쓰기 검정에서 다루는 글은 '정보 전달을 목적으로 하는 글'이다. 애초에 해석이 다양하게 나오는 복잡한 예문이나 다의성을 본질로 하는 문학 작품은 대상이 아니다. 어떻게 그렇게 보장하는가? 위에서 보았던 실용글쓰기 검정의 목적을 확인하면 된다. 이 시험의 목적은 "전국민의 '직무능력' 향상과 '의사소통능력' 증진"이다. 이러한 목적을 수행하기 위해서 사용하는 글쓰기는 기본적으로 '정보 전달을 목적으로 하는 글'이다. 이 말을 주관식 시험에 그대로 적용하면 조건에 부합하는 예문 읽기를 통해 주관식에 쉽게 접근할 수 있다는 것이다.

그 다음 질문이 나와야 한다. 문제에 <조건>이 없는 경우는 어떻게 해야 하는가? 주관식 문제에는 <조건>이 제시되는 것이 일반적이다. 하지만 조건이 없다 할지라도 문제는 달라지지 않는다. 별도의 조건이 없더라도 주관식 문제 자체에서 조건을 제시하게 마련이다. 게다가 본문에서 답을 찾아야 한다는 점, 문제 안에서 답을 찾을 수 있다는 사실은 바뀌지 않는다.

여러분이 1교시 주관식 100점에서 78점을 맞아야 한다는 의미는 문제를 액면 그대로 읽고 그로부터 조건을 맞출 수 있다는 의미이다. 실제로 많은 응시 경험자들이 문제를 액면 그대로 읽으면 답을 찾아내는 것이 그렇게 어렵지 않았다고 증언한다. 시험에서 발휘되는 의사소통 능력이란 문제 안에서 답을 찾는 것이니 당연한 반응이다.

03 실용글쓰기 검정 주관식 – 분량과 논술

2교시의 주관식 시험은 어떨까? 1교시 주관식에서 78점을 맞았다고 친다면 2교시에서 적어도 392점은 맞아야 한다. 역시 가능하지 않아 보일 수도 있다. 하지만 조건에 준하여 답을 찾으면 된다는 말에 유념하자. 실제로 조건에 준하여 답안을 작성하면 점수를 받을 수 있다는 점은 2교시 주관식 문제풀이에서 더 많이 발휘된다. 어째서 그런지 2교시 주관식 시험을 좀 더 깊이 살펴보자.

아래의 표는 한국 실용글쓰기 검정 시험의 최근 시험 경향으로 살펴본 주관식 시험의 유형이다.

문항 수	배점	총점	유형
2	50	100	2~3문장 혹은 어구(200자 이내)
2	100	200	300±50(400자 미만)
1	200	200	800±50

2교시 90분에서는 단 5개의 문제만 출제된다. 한국 실용글쓰기 검정협회에서 주관식 시험을 얼마나 중요하게 생각하는지를 보여 주는 단면이다. 이 점은 우리가 주관식 시험을 포기하지 말아야 하는 중요한 이유가 되기도 한다. 출제자들은 이렇게 조언한다. 주관식 답지에 백지를 남겨서는 절대로 안 된다고. 백지를 남기면 0점이다. 예문에서 중요한 것을 찾아 쓰면 되는 문제에서 50점이나 100점을 감점 당한다는 것은 지레 자신의 목표를 포기하는 일이다.

먼저 가장 궁금해 해야 할 것이 무엇일까? 표의 가장 우측 칸에 놓인 분량의 의미다. (이 책의 278~279의 '논술과 분량' 참조) 한 문장은 몇 글자나 될까? 일반인의 경우 한 문장의 길이는 65자에서 70자인 경우가 많다. 하지만 이것은 어디까지나 평균이다. 직장인인 경우에는 이런 일반성을 벗어나는 경우가 많다. 직종에 따라 50자 이내의 문장을 구사하는 사람들이 있는가 하면 100자 아상의 문장을 구사하는 사람도 있다. 자신의 전문 분야에서 익숙해진 문장 유형 때문이다. 예를 들어 공공기관에서 문서작성을 하는 사람들은 문장이 길어지는 경우가 많다. 웬만하면 문장을 나누어야 하는 경우인데도 '~인데, ~이고'로 이어가는 경우가 많다.

일단 기출문제의 주관식을 쳐보고 자신의 글자 수 평균을 알아두어야 한다. 물론 띄어쓰기를 포함한 문장의 글자 수이다. 기출문제의 주관식으로 문장의 평균을 익히라는 것은 글의 종류에 따라 문장 길이가 달라지는 일이 많기 때문이다. 비슷한 종류의 글을 쓸 때 자신의 문장의 길이를 확인하는 일은 여러 모로 쓸모가 많다. 100점짜리 문제를 예로 들어 보자. 300자라는 분량은 얼마나 되는 양일까? 우리는 이런 단위에 익숙하지 않다. 우리에게 가장 익숙한 단위는 무엇일까?

당연히 문장이다. 여러분이 기출문제 풀이를 통해 확인한 문장의 평균 글자 수가 70자라 쳐보자. 300자는 이 사람의 문장을 기준으로 4문장이 된다. 네 문장으로 쓴다는 것이 기준이 되면 분량을 맞추는 것이 수월하다. 800자짜리 200점 문항 역시 마찬가지다. 800자라는 기준은 실감나는 단위가 아니지만 12문장이라는 것은 익숙한 단위다. 문장 단위로 생각하면 분량을 나누기도 쉽다. 4-4-4문장의 묶음으로 단락(문단)을 구성할지 3-3-3-3문장의 묶음으로 단락을 구성할지에 대한 가늠이 가능해진다.

단위에 대한 고려가 끝났다면 2교시의 각 문항별로 어떤 행동 방식을 갖고 시험에 임할지에 대해 논의해 보기로 하자.

04 실용글쓰기 검정 주관식 : 2교시 주관식 50점

지금까지의 논의를 정리하면 실용글쓰기 주관식 시험에서 470점을 받는 일이 그리 어려운 일이 아니라는 것이다. 20점짜리 문제가 그랬던 것처럼 50점짜리 문제 역시 문제에서 답을 찾아 해결하면 40점 이상 받는 것은 쉬운 일이다. 정말일까? 타당성을 높이기 위해 실용글쓰기 협회에서 제공하는 예시 문제를 확인해 보자.

다음 <자료 1>을 바탕으로 <자료 2>의 안내문을 완성하시오. [50점]

조건

1. 안내문에 <자료 1>의 내용 외에 다른 것을 쓰지 말 것
2. 간결하게 안내문을 쓰되 <자료 2>의 제목을 제외하고 ㉠~㉥의 내용만 모두 쓸 것

〈자료 1〉 사례

다음 달 4월 12일(목) 오후 5시 반부터 7시까지 제8회의실에서 홍길동님(비즈니스 스쿨 강사)의 「비즈니스 문서작성 방법에 관한 강좌」를 개최한다. 참가비용은 무료이다. 수강 희망자는 이번 달 20일까지 접수처인 총무부의 이순신(내선 234)에게 신청해 주십시오.

〈자료 2〉 안내문

세미나 개최 알림

일 시: 4월 12일(목) 17:30~19:00
장 소: (㉠)
강 사: (㉡)
내 용: (㉢)
비 용: (㉣)
신청기관: (㉤)
(㉥): 총무부, 이순신(내선 234)

http://www.klata.or.kr/test.html

<자료 1>과 <자료 2>로 안내문을 완성하는 것이 문제다. 실용글쓰기 문제가 우리가 생각하는 것보다 배경지식에 민감하지 않다는 것을 단적으로 보여주는 예이다. <조건 1>을 보자. <자료 1>의 내용 외에 다른 것을 쓰지 않도록 하라고 안내하고 있다. 철저하게 문항 내의 정보를 중심으로 문제를 풀이하라는 말이다. 문제에서 주관식으로 작성해야 할 ㉠, ㉡, ㉢, ㉣, ㉤, ㉥의 내용은 철저히 <자료 1>에서 찾아 문서를 완성하면 되는 것이다.

일단 50점짜리 문제는 주로 2문장 이내의 분량을 요구하는 문제다. 대개 200자 내외의 짧은 글이 요구된다. 특수한 경우에 300자 정도의 분량을 요구하는 경우도 있지만 이 정도 분량은 대개 100점짜리 문제로 출제된다. 심지어는 50자 내외의 어구를 요구하는 경우도 있다. 이런 문제는 주로 본문을 주고 제목을 만들라는 요구다. 정말 쉽지 않은가? 답은 <자료 1>의 내용을 그대로 추출하면 된다. 협회에서 제시한 답안이다.

㉠ 제 3회의실
㉡ 홍길동(비즈니스 스쿨 강사)
㉢ 「비즈니스 문서작성 방법」
㉣ 무료
㉤ 3월 20일
㉥ 접수처

우리는 앞서 보았던 출제자의 조언에 다시 귀를 기울이게 된다. 답안에 백지를 남기지 말라는 조언을. 50점 만점에 40점을 얻을 수 있는 것은 어쩌면 너무도 당연한 일인 것이다. 이즈음 되면 이렇게 쉬운 문제만 나올 리가 없다고 의문을 품는 사람이 생기게 마련이다. 하지만 거꾸로도 생각했으면 한다. 쉬운 문제만 나올 리 없다는 그 의심과 같은 확률로 생각보다 어려운 문제가 나올 확률도 적다는 것을 말이다. 그런 의심을 품기보다 50점짜리 문제들의 유형으로 어떤 것들이 있는지를 더 살피는 것이 자신에게 유리하다는 말이다.

때때로 50자 미만의 어구 단위의 문제에는 어떻게 대응하여야 할까? 이런 문제는 원문을 읽고 제목이나 부제를 만드는 문제인 경우가 많다. 역시 원문을 핵심어 위주로 정리하고 조건을 확인하면서 주관식 답안을 작성하면 된다. 50점짜리 문제 역시 20점짜리 문제와 마찬가지로 예문과 <조건>에 충실하면 충분히 풀 수 있는 문제들이라는 점을 기억하자. 응시 경험자들은 어려울 것이라는 생각이 오히려 방해가 되었다는 말을 전해 준다. 액면 그대로 해석하고 이를 주관식 답안에 반영하는 것이 중요하다. 이것이 간결한 글이 요구하는 명료성과 객관성이다.

05 실용글쓰기 검정 주관식 : 2교시 100점 문항

100점짜리 문제와 50점짜리 문제의 가장 큰 차이는 무엇일까? 분량이라고 답하는 사람이 많을 것이다. 물론 분량에서 가장 큰 차이를 보인다. 하지만 그보다 더 중요한 것이 있다. 300자 이상 400자 미만이라는 단위는 단락(문단)을 구성할 수 있는 분량이다. 글쓰기에서 단락은 아주 중요한 단위다. 하나의 생각을 중심으로 모인 문장들의 집합을 단락이라 한다. 이 책의 제2편 표현하기 (1)의 74면에서 단락의 의미와 종류를 다루고 있다.

100점짜리 문제에서는 소주제문과 뒷받침 문장으로 이루어진 단락을 구성해야 하는 경우가 많다는 의미다. 단락을 만든다는 것 자체가 부담스러울 수도 있다. 하지만 이 문제 역시 '예문'과 '조건'을 갖춘 문제로 제시된다. 전적으로 자신이 생각한 주제에 대해 단락을 구성하는 경우는 없다. '조건'을 맞추다 보면 단락을 완성하는 것이 수월하다는 의미다. 단락을 어떻게 만드는 것보다 더 중요하게 고려해야 할 것은 분량을 어떻게 맞추는가이다.

앞선 논의에서 여러분의 문장이 평균 몇 글자인가를 미리 측정해 두라고 했었다. 기출문제를 풀면서 확인하여야 유용한 정보가 된다는 말도 했었다. 여러분의 문장이 70자 내외라면 300자는 자신의 문장 단위로 4문장이다. 이를 활용하여 문제를 재해석하는 과정이 필요하다. ○○에 대한 논의 2문장, □□에 대한 논의 2문장. 이런 방식으로 조건과 문장 수를 분배해 두면 문제 풀이를 위한 정보를 정리하는 데 도움이 된다.

100점짜리 문제로 가장 많이 등장하는 문제가 요약하기다. 요약하기는 여러분이 의사소통 능력을 갖추고 있는가를 확인하는 중요한 활동이기 때문이다. 그래서 많게는 3배(900자 이상) 분량의 글이나 적어도 2배(600자) 분량의 예문을 제시하고 이를 분량에 맞게 요약하는 문제가 제시되는 것이다. 역시 조건에 맞추어 예문을 읽으면 요약하기에 접근하기 쉬운 경우가 많다.

요약을 위해서 글을 읽을 때 가장 중요한 점은 아래의 두 가지다.

❶ 중요한 부분의 선택

❷ 핵심 어구의 활용

글을 이루는 모든 부분을 동일한 비중으로 읽으려는 사람이 많다. 모든 문장을 꼼꼼히 읽어야 제대로 이해할 수 있다고 생각하는 것이다. 하지만 그렇지 않다. 어떤 문장은 다른 문장보다 더 중요하다. 무엇이 더 중요한지를 판별하고 그 부분을 중심으로 읽어야 요약을 제대로 할 수 있다. 그래서 중요한 부분을 선택하고 여기에 집중하는 것은 읽기를 위해 가장 중요한 활동이 된다.

글을 제대로 읽기 위해서 '핵심 어구'를 활용하는 능력 역시 중요하다. 글에서 키워드들을 찾고 이들의 관계를 설명하는 활동이 요약활동이기 때문이다. 핵심어구는 하나의 단어로 나타나는 경우보다 '○○○의 ○○'처럼 어구 단위로 나타나는 일이 더 많다. 또 '○○○의 ○○'와 대등한 짝을 이루거나 인과관계를 이루는 또 다른 '□□□의 ○○'를 찾아 그 관계를 보는 활동이 중요하다.

우리는 이 책의 제3편의 첫 부분인 124면부터 126면에 걸쳐 요약하기와 관련된 논의를 한 바 있다. 이 부분을 훑어 읽으면서 요약을 위한 기본에 익숙해질 필요가 있다. 그 기본이 주관식 문제를 풀 수 있는 행동 방식이 된다. 사실 요약을 위한 행동 방식은 주관식 문제만이 아니라 객관식 문제 풀이에서도 중요하다. 이에는 이 책의 제3편인 글쓰기와 사고에서 예문을 이해하는 방식을 참조할 수 있다.

요약 문제이든 다른 유형의 문제이든 결론적으로 100점짜리 문제 역시 20점짜리나 50점짜리 문제처럼 예문과 <조건>에 충실하면 충분히 풀 수 있는 문제들이다. 액면 그대로 해석하고 조건에 부응하는 정보들을 찾아 <조건>에 알맞게 주관식 답안에 반영하는 것이 중요하다. 이것이 실용글쓰기 검정이 요구하는 명료성과 객관성을 갖춘 실용적인 글이다.

06 실용글쓰기 검정 주관식 : 2교시 200점 문항

이제 주관식 한 문제가 남았다. 가장 배점이 높은 200점짜리 논술 문제다. 우리는 실제로 이 문제가 가장 두렵다. 대개의 응시생들은 자신이 긴 글을 쓰기에는 글솜씨가 없다고 말한다. 이미 가지고 있는 글솜씨에 따라 점수 차이가 많이 날 것이라는 생각을 하고 있는 것이다. 그렇지 않다.

글솜씨를 가졌다는 것은 무엇을 의미할까? 무엇인가 독특하고 신선한 관점을 가졌다든지, 문장을 멋지게 만든다든지, 비유를 잘 쓴다든지. 이런 것을 우리는 글솜씨가 좋다고 한다. 하지만 실용글쓰기 시험이 이런 솜씨를 요구하는가? 좀 더 크게 보아서 우리가 직무를 위해 쓰는 글들이 이런 신선한 관점, 비유, 문장의 수려함을 요구하는가? 그렇지 않다. 직무를 위한 글은 직무가 원활하게 이루어질 수 있도록 하기 위해 쓰는 것이다.

신선함이나 수려함, 비유보다 더 중요한 것이 객관성과 정확성, 명확성이다. 주관식 200점짜리 문제 역시 마찬가지다. 이 200점짜리 문제를 푸는 데 '신선한 관점을 가졌다든지', '비유를 잘 쓴다'라든지, '멋진 문장을 만든다'는 것이 그리 관여하지 않는다.

오히려 문제에서 제시하는 <조건>에 따라 구조를 만들고 그 구조 안에 정보를 분량에 맞게 채워 넣는 것이 훨씬 더 중요하다. 앞서 말한 문제 안에서 찾아 주관식 문제를 해결한다는 점은 이 200점짜리에서 더 많이 적용된다.

우리는 앞서 준2급 시험을 제대로 통과하는 목표에 대해 논의한 바 있다. 주관식에서 470점을 받아야 목표를 안정적으로 달성할 수 있다는 말도 했었다. 이를 200점짜리 문제에 적용해 보자. 적어도 157점은 받아야 한다. 우리는 제시된 예문을 제대로 읽고 문제의 조건에 따라 정보를 정리하면 이를 달성할 수 있다. 역시 실용글쓰기 협회에서 제시한 예시 문제로 이것이 왜 가능한가에 대해 논의해 보기로 하자. 아래는 실제 10번 문제의 하단에 놓인 개요이다.

〈글쓰기 계획〉

■ 첫 번째 문단
- <자료 1>의 표 2개를 모두 인용하되 구체적인 수치를 밝혀 작성함.
- '~에 의하면 ~가 오른 데 비해 ~나 떨어졌다.'로 씀.

■ 두 번째 문단
- 첫 번째 문장은 1인 가구 증가에 따른 문제점을 <자료 1>을 토대로 씀.
- 65세 이상 1인 가구의 문제점을 <자료 2>를 토대로 중요한 내용만 간추려 간결하게 씀.

■ 세 번째 문단
- <자료 3>을 토대로 30대 이해 청년층이 생각하는 1인 가구 증가 원인과 해결해야 할 사회 현상 3가지를 씀.
- 표를 인용할 때는 구체적인 수치를 밝혀 씀.

■ 네 번째 문단
- <자료 4>에 나오는 용어를 활용하여 씀.
- 세 번째 문단에서 드러난 문제를 해결하기 위해 정부 차원에서 해야 할 노력을 용어 중심으로 잡아 자신의 문장으로 간결하게 씀.

주의사항

1. 숫자는 한 칸에 두 자씩 쓸 것
2. 문단 나누기는 시작할 때 한 칸 들여쓰기로만 할 것(줄을 뛰거나 두 칸 이상 띄지 않음.)
3. 불필요한 교정부호를 써서 어지럽게 만들지 않도록 할 것
4. 자료를 인용할 때는 출처를 밝혀 쓸 것

http://www.klata.or.kr/test.html

일단 200점짜리 문제 자체에 제시된 글쓰기 계획의 세세함에 놀라야 한다. 4개의 단락을 구성하라는 점은 물론 각 단락(문단)에서 어떤 자료를 어떻게 다루라는 내용도 안내되어 있다. 심지어는 '~에 의하면 ~가 오른 데 비해 ~나 떨어졌다'와 같은 문장의 유형도 제시되었다. 최근 문제의 경향일수록 개요나 글쓰기 계획의 구체성이 확대되고 있다. 왜 그럴까?

국가공인시험에서 글쓰기의 채점기준은 중요하다. 그것이 평가기관의 공신력을 말해주는 것이기 때문이다. 문제에 제시된 구체성은 채점 기준의 구체성을 의미한다. 이 점이 우리가 명심하여야 지점이다. 여기서 기준에 맞추어 글을 쓴다는 것의 의미가 강조된다. 응시자들은 글쓰기의 계획에 준하여 800자 내외의 글을 작성해야 한다. 그러한 행동 방식이 감점을 막으면서 답안을 작성한다는 의미가 되기 때문이다.

여기서 우리가 생각하여야 할 점이 글솜씨가 있느냐 없느냐가 아니라 채점 기준에 맞추어 글을 쓸 수 있느냐 없느냐라는 점이 드러난다. 동시에 이러한 글쓰기의 계획은 이 계획에 앞서 제시되어 있을 예문을 읽는 기준이 되기도 한다는 점도 기억하여야 한다. 철저히 예문과 <조건>에 부합하는 행동 방식을 익히는 것이 주관식 시험의 성패를 결정하는 것이다.

또 다른 문제에 포함된 개요를 보자.

구분	개요 *실제 시험에서는 ○○○가 모두 실제 단어로 되어 있음.	분량(띄어쓰기 포함)
서론1	– <자료 2> 소개	120~150자 이내
본론1	– <자료 3>을 바탕으로 연도별 ○○추이 소개 – <자료 3>을 기준으로 2014년 ○○건수, ○○율 제시 – ○○율이 낮은 이유 제시 -본문에서 찾아 제시	270~300자 이내
본론2	– ○○○○를 막기 위한 근본적이고 강력한 대응책 • 현행 신고제 ⇨ 허가제로 강화: 건전, 투명한 ○○유통질서 • ○이 ○○○○에 ○○○도 ○○○○는 의미의 속담 활용 • <자료 4>를 활용한 근거 제시	
결론	우리의 책무 – ○○○가 사라지려면 국민의 관심, ○○○의 참다운 가치를 알기 위한 노력의 자발적 확산 필요	160~180자 이내

이 개요가 앞서 본 <글쓰기 계획>과 차이가 나는 지점을 확인해 보자. 각각의 단락에 어떤 내용이 나타나야 하는가에 대해 세세하게 보이고 있다는 점은 동일하다. 대신 우측 마지막 부분에 분량에 대한 제한을 가하고 있다는 점에서 차이를 보인다. 우리는 이 분량의 제한에 어떤 행동 방식을 보여야 하는가를 이미 배웠다. 자기 문장의 글자 수로 환산하여 비중을 결정하는 것이다. 서론1은 3문장, 본론2 3문장, 본론3 3문장, 결론 3문장 등으로 설계를 하면서 내용을 배치하는 방식을 활용할 수 있다는 의미다.

글쓰기 계획이나 개요를 제시하지 않고 <조건>을 제시하는 경우 역시 마찬가지다. 최근 시험에서 보인 주관식 문제의 <조건> 예시를 살펴보기로 하자.

조건

1. 800±50자 이내로 작성하시오.(띄어쓰기 포함)
2. 서론에 ○○○에 관련한 평가를 제시하시오.
3. 본론에 향후 ○○○의 동향 전망을 제시하시오.
4. 본론을 제시할 때 각 문단에 주어진 자료를 적어도 1개 이상 제시하시오.
5. 결론에 자신의 의견을 제시하시오.
6. 서론, 본론, 결론의 서술을 ○○○와 ○○○를 구분하거나 연계하여 기술하시오.

⏰ 실제 시험에서는 ○○○가 모두 실제 단어로 되어 있음.

우리는 이 문제가 ○○○과 관련된 예문과 함께 제시되었을 것이라는 점을 예측할 수 있다. 1번 문항은 분량을 제한 것이니 그렇다 치고 2~6번은 글의 각각의 부분에 무엇을 넣어야 하는지가 구체적으로 나타나 있다. 방식이 다르다 할지라도 앞서 예시 문제에서 보았던 경향을 그대로 따르고 있다.

위에서 보인 <글쓰기 계획>, <조건>, <개요>는 우리에게 무엇을 말해 주는가? 실용글쓰기 시험은 제시되는 예문을 조건이나 개요에 따라 읽어내면서 구성할 수 있다는 것을 확인한 것이다. 여기서 이미 형식과 내용이 주어진 이런 주관식 시험 유형은 객관식보다 훨씬 더 쉽게 접근할 수 있다는 점을 알 수 있다. 앞서 객관식의 최소 점수를 먼저 확정하고 나머지 점수를 주관식에 배점한 이유가 여기에 있는 것이다.

준2급을 달성하기 위한 주관식 470점은 문제가 말하는 조건들에 입각하여 예문을 정확히 이해하고 제시된 구조에 따라 작성할 수 있는가에 달렸다는 말이다. 그리고 여러분은 생각보다 이런 일을 잘 할 수 있다. 왜 그러한가? 우리의 실질적인 삶이나 직무의 방식이 이와 닮아 있기 때문이다. 상대방이 말하는 바를 정확히 이해하고, 그에 부응하여 대응할 수 있는 능력이 의사소통의 기초다.

07 시간 분배와 원고지 쓰기

이 시험의 2교시에는 다섯 문제밖에 치르지 않는다. 그 다섯 문제를 90분 안에 어떻게 분배할 것인가에 대한 행동 방침을 미리 결정해 두어야 한다. 50점짜리 문제부터 풀 것인가 200점짜리 문제부터 풀 것인가는 전적으로 개인적 특성과 기호에 달려 있다. 하지만 혹시 이에 대한 행동 방식이 전혀 잡히지 않았다면 50점짜리 문제부터 먼저 풀 것을 조언하고 싶다. 200점짜리 문제에 신경을 쓰다가 나머지 300점에서 낭패를 보는 일도 많다. 200점짜리를 60분 이상의 공을 들였다 하여도 300점이 되지는 않는다. 200점짜리 문제를 풀 최소한의 시간을 남기고 앞의 4문제를 푸는 것이 일반적으로 추천하는 방식이다.

그것이 40분(300):50분(200점)의 비중일지, 50분(300점):40분(200점)의 비중일지는 전적으로 자신의 속도에 달려 있다. 기출문제의 주관식을 풀면서 자신의 속도를 확인하고 시간 분배에 대한 전략을 수립해야 한다. 시간 속에서 자신이 얼마만큼의 속도를 낼 수 있는가를 아는 것은 자신을 이해하는 길 중의 하나다. 이 시험을 준비하는 과정에서 시간과 관련된 자기 이해 목록을 하나 늘리는 것도 의미 있는 일이다.

응시자들이 걱정하는 또 다른 문제가 원고지 사용법이다. 실용글쓰기 시험을 준비하는 응시자들이 궁금해 하는 것을 정리해 보면 다음과 같다.

❶ 제목을 쓸지 말지는 조건에 따를 것
❷ 문단 나누기는 시작할 때 한 칸 들여쓰기로만 할 것
(두 칸을 띄어 쓰거나 한 줄을 비우지 말 것)
❸ 쉼표, 마침표는 첫 칸에 쓰지 말 것
(이전 줄의 마지막에 쉼표, 마침표가 올 때도 이를 다음 줄의 첫 칸으로 옮겨 쓸 수 없음.)
❹ 숫자는 한 칸에 두 자씩 쓸 것
❺ 알파벳 소문자는 한 칸에 두 자씩 쓸 것(대문자는 한 칸에 한 자)
❻ 조건에서 요구하지 않는 한 1, 2, 3으로 적지 말고 줄글로 단락을 완성할 것

제목을 쓰지 말고 글을 시작하라는 요구를 하는 경우가 많다. 그 요구에 따라야 감점을 막을 수 있다. 입시나 취업을 위한 논술 문제의 경우는 제목을 쓰지 않는 것이 원칙이다. 그 이유는 분량 때문이다. 입시 논술의 원고지에는 요구하는 분량이 특별한 선으로 표시되어 있다. 제목이 추가되고 제목 다음을 한 줄 띄게 되면 이 분량을 확인하기 어렵다. 이에 별도의 제목을 쓰지 않도록 하는 것이다. 실용글쓰기 시험도 교수들이 출제하는 것이 원칙이므로 이 관행을 따를 가능성이 높다.

두 번째의 단락 첫 칸의 띄어쓰기는 생각보다 중요한 요건이다. 아래 그림에서 단락을 확인해 보자.

NO. 1

실용글쓰기의 주관식의 경우 숫자를 쓰는 경우
가 많으니 이를 익혀 두는 것이 유용하다. 이
이외에 다른 질문으로는 문장을 끝내고 마침표를
쓴 이후에 한 칸을 비우는지에 대한 것이다. 실
제로는 둘 다 허용된다고 말할 수 있다.
이런 문제가 발생하는 이유는 마침표가 반각
기호이고 마침표도 반각 기호라는 데 있다. 어떤
경우를 사용하든 다음의 원칙을 지켜야 한다. 자
신에게 익숙한 방식을 사용하여야 한다는 것이다.
이전에는 다른 방식을 썼는데 시험을 위해 새로
운 방식을 익히지 말라는 말이다. 시험장에서 자
신에게 익숙한 방식이 드러나게 되기 때문이다.
그러면 일관성을 해치게 된다. 이 일관성은 우리
가 지켜야 할 또 다른 원칙이다.
자신에게 익숙한 방식이 어떤 것인지 모르겠다
면 마침표 뒤에 띄어쓰기를 하지 않는 방식을
추천하고 싶다. 아래는 원고지 사용방식이다.

위의 그림의 동그라미 친 부분처럼 원고지에서는 첫 칸 띄어쓰기로 단락 구분이 되어야 한다. 단락이 아닌데 첫 칸을 띄우는 경우는 없다는 의미다. 이런 형식을 준수하지 않으면 감점의 요인이 된다.

마침표가 마지막에 올 경우는 원고지 마지막의 여백에 마침표를 찍으면 된다. 절대 다음 줄의 첫 칸에 마침표가 가게 해서는 안 된다. 쉼표도 마찬가지다. 마지막 칸 다음에 띄어쓰기가 있는 경우도 마찬가지다. 절대 다음 칸의 첫 줄에 띄어쓰기의 빈 칸을 만들지 않는다. 결국 앞서 확인한 대로 원고지에서 첫 칸을 띄우는 경우는 단락의 시작일 때뿐이다.

이를 원고지 그림을 통해 확인해 보자.

끝	난		경	우		마	침	표	를		원	고	지		바	깥	에		적	어	야		한	다.

예문의 기호를 원고지에 넣을 경우 괄호를 원고지에 어떻게 넣을 것인가를 고민하는 사람이 많다. 이 경우 아래 두 가지 방식을 모두 허용한다.

❶

	제	시	문		(	가	)	는

❷

	제	시	문		㈎	는

그런데 논술에서 ‘<조건>’과 같이 두 자 이상을 괄호로 묶는 경우는 ❶의 방식을 활용하는 것이 일반적이다.

원고지에서 숫자와 알파벳을 사용하는 방식을 예로 들어 보이면 아래와 같다.

A	C	E	는		20	11	년	에		시	작	된		ad	va	nc	ed

실용글쓰기의 주관식의 경우 숫자를 쓰는 경우가 많으니 이를 익혀 두는 것이 유용하다. 이 이외에 다른 질문으로는 문장을 끝내고 마침표를 쓴 이후에 한 칸을 비우는지에 대한 것이다. 실제로는 둘 다 허용된다고 말할 수 있다.

이런 문제가 발생하는 이유는 마침표가 반각 기호이고 마침표도 반각 기호라는 데 있다. 어떤 경우를 사용하든 다음의 원칙을 지켜야 한다. 자신에게 익숙한 방식을 사용하여야 한다는 것이다. 이전에는 다른 방식을 썼는데 시험을 위해 새로운 방식을 익히지 말라는 말이다. 시험장에서 자신에게 익숙한 방식이 드러나게 되기 때문이다. 그러면 일관성을 해치게 된다. 이 일관성은 우리가 지켜야 할 또 다른 원칙이다.

자신에게 익숙한 방식이 어떤 것인지 모르겠다면 마침표 뒤에 띄어쓰기를 하지 않는 방식을 추천하고 싶다. 아래는 원고지 사용방식이다.

	마	침	표	를		하	나	의		문	자	로		취	급	하	여		마	침	표	를		찍
고		다	음		칸	을		띄	우	는		경	우	도		있	으	나		최	근	에	는	
마	침	표	를		찍	은		후		다	음		칸	을		비	우	지		않	는		것	이
일	반	적	이	다	.	분	량	의		손	실	을		막	기		위	해	서	다.		이		역
시		전	체		글	에	서		일	관	된		형	식	으	로		나	타	나	야		한	다.

08 주관식에서 자주 틀리는 맞춤법

2교시 주관식 시험에서 꼭 고려하여야 할 것이 맞춤법이다. 맞춤법을 틀리는 경우 감점 항목으로 채점 기준에 있기 때문이다. 주관식 시험에서 맞춤법을 준수하려면 자신이 자주 틀리는 것이 어떤 것인지를 기억해 두는 것이 좋다. 일반적으로 공식적 문서에서 자주 틀리는 맞춤법을 소개하면 아래와 같다.

▶ 몇일(×) 며칠(○)

소리 나는 대로 적는 대표적 맞춤법 예가 며칠이다. '몇일'이라고 적지 않은 이유는 이 말이[며뒬]이나 [면닐]이라고 발음되지 않고 항상 [며칠]이라고 발음되기 때문이다. 몇월[며뒬]로 발음되는 것과 명확히 구분된다. 국어에서 단어와 단어가 결합되는 경우 [며뒬]과 같은 발음이 나는데 며칠은 그렇지 않다. 그래서 앞말의 받침을 유지하지 않고 소리 나는 대로 표기하는 것이다.

▶ 알맞는(×) 알맞은(○)

국어의 형용사에는 '-는'이 붙을 수 없다. 대표적 형용사 '예쁘다'에 실험을 해보면 금방 알 수 있다. '예쁘는(×) 중'과 같은 표현은 애초에 불가능하다. '알맞다'는 형용사이기 때문에 '-는'이 결합하지 못한다. '걸맞다' 역시 마찬가지다. 이 단어도 '걸맞은'으로 표기되어야 한다.

▶ 머릿속(○) 머리속(×)

이 단어를 문장 속에 넣어 빨리 발음해 보면 'ㅅ'을 넣어야 하는 이유를 알 수 있다. [머리쏙]이나 [머릳쏙]으로 발음된다. 명사와 명사의 관계인 동시에 '머리의 속'이다. 국어에서는 앞말에 'ㄴ,ㄹ,ㅁ,ㅇ' 이외의 받침이 오면 뒷말은 된소리가 되는 법칙이 있다. '법석'을 발음해 보면 [법썩]이 되는 이유가 그 때문이다. 이 세 가지 이유 때문에 이 단어는 '머릿속'이라 적어야 한다.

▶ **회수(×) 횟수(○)**

한자와 한자 사이에는 'ㅅ'을 넣지 않는 것이 원칙이다. 그래서 '대가(代價)', '개수(個數)'에도 'ㅅ'을 넣어 표기할 수 없다. 다만 예외 조항으로 'ㅅ'을 넣어 적기로 한 예가 횟수다. 맞춤법에서 한자와 한자 사이에 'ㅅ'을 넣어 표기하기로 되어 있는 단어는 아래 6개의 단어로 한정된다.

예 횟수, 곳간, 툇간, 찻간, 셋방, 숫자

▶ **-하다**

명사 뒤의 '-하다'는 앞 명사에 붙여 써야 한다. 퇴조하다, 명료하다, 명확하다, 공부하다 등은 모두 명사에 '-하다'가 붙어서 동사나 형용사가 된 새로운 단어이기 때문이다. '공부하다'나 '노래하다'를 띄어 쓰게 되는 이유는 이를 '공부를 하다'나 '노래를 하다'의 준말로 생각해서다. 하지만 '명료하다, 깨끗하다, 고요하다' 등의 단어들은 '을/를'이 사이에 끼여 있다고 설명할 수 없다. 국어에서 명사 뒤의 '-하다'는 생산력이 왕성하기 때문에 많은 단어들을 만들어 낸다. 이 생산성이 명사 뒤 '-하다'는 붙여 써도 좋은 이유 중 하나가 된다.

▶ **만큼, 뿐, 대로, 만**

'만큼, 뿐, 대로, 만'은 의존명사이면서 조사인데 두 품사의 모양이 같다. 그래서 자주 혼동된다. 명사인지 조사인지를 구분하면 띄어 쓸지 말지를 결정할 수 있다. 이를 결정해 주는 것이 앞말의 품사다.

❶ 글쓰기만큼, 글쓰기뿐, 글쓰기대로, 글쓰기만
❷ 쓸 만큼, 쓸 뿐, 쓰는 대로, 쓸 만

❶과 ❷의 차이는 앞에 온 말의 품사이다. ❶의 밑줄 친 말들의 앞에 놓인 '글쓰기'는 명사다. 명사가 뒤에 놓일 때 이 말들의 품사는 조사다. 반면 ❷의 경우 이 말들 앞에 놓인 단어 '쓰다'는 동사다. 여기서 주의할 점은 '쓰다'라는 동사 뒤에 놓인 '-ㄹ'과 '-는'이다. 이 말들은 뒤에 명사가 올 때 쓰이는 어미들이다. 즉 뒷말이 명사라는 말이다. 기본형을 잡고 '-ㄹ, -ㄴ, -는' 등을 확인할 수 있다면 띄어 쓰면 된다. 위의 문장에서 '쓸 만큼'을 띄어 쓴 것은 이런 원리다.

▶ **지, 데**

똑같이 동사 뒤에 오는데 어떤 경우에는 띄우고 어떤 경우에는 붙이는 말이 '지'와 '데'다.

❶ 동생이 공부를 하는지 노는지 알 수가 없다.
❷ 동생이 공부한 지 얼마 되지 않았다.

❷의 ‘지’에는 시간이 들어 있다. ‘공부를 한 시간이’의 의미에서 ‘시간’에 해당하는 ‘지’는 국어에서 의존명사이다. 그러니 띄어 써야 한다. 반면 ❶은 ‘-는지’가 함께 묶여 어미로 쓰인 것이므로 띄울 수 없다. 이런 방식으로 구분해야 하는 것으로 ‘데’가 있다.

❸ 공부를 하는데 친구가 왔다.
❹ 공부를 하는 데가 여기서 멀다.

❸, ❹의 구분은 ❶, ❷와 유사하다. ❸은 ‘-는데’가 묶여서 하나의 역할을 하는 어미다. 반면 ❹는 ‘장소’의 의미가 들어 있다. ‘공부를 하는 장소가 여기서 멀다’로 해석된다. ‘장소’의 의미를 가진 ‘데’가 의존명사여서 띄어 써야 하는 것이다.

일러두기

글쓰기의 원리에 반영된 이론이 직접적으로 시험 문제로 제시되는 경우는 점점 줄어들고 있다. 이론을 묻는 질문이라 하더라도 자신이 실제 글쓰기를 어떻게 하고 있는가를 생각하면서 주어진 선지를 비교 분석하면서 문제를 풀면 그렇게 어렵지 않다. 주의할 점은 현재 제시되어 있는 내용을 이론적으로 완전히 익힌다는 생각을 버려야 한다는 점이다. 이론 전체를 외울 수도 없고 외울 수 있다 할지라도 크게 도움이 되지 않는다. 따라서 전체적으로 이해가 되는지만 확인하면서 읽을 것을 제안한다. 이 부분이 갖는 의미는 일상적으로 글을 쓰는 단계가 어떤 것인지를 개관하는 것이다. 편안한 마음으로 전체를 훑어 본다는 느낌으로 이 장에 접근하는 것이 좋다.

실제 글쓰기에서 우리가 어떤 자세로 무엇을 어떻게 글쓰기에 임하는가를 보여주는 내용이라 생각하고 현장에서 문서를 작성할 때의 태도에 적용할 수 있다면 직무 현장을 살아가는 자신에게 도움이 될 것이다. 실제 시험에서는 실제 글쓰기 과정을 보이면서 계획 단계에 무엇이 필요한지를 객관식으로 묻거나 결과된 글을 수정하는 내용으로 출제되는 경우가 많다.

Part

2

글쓰기의 원리

Chapter 04

계획하기

글쓰기의 원리

- 어휘(어휘 체계, 어휘 관계)
- 문장(문장 구성, 문장 유형, 문장 관계)
- 구성(단락 구성, 개요 짜기)
- 진술 방식(설명, 설득, 묘사, 서사 등)
- 수정 : 고쳐쓰기(논의의 강점 · 약점의 파악, 대안 마련, 규범의 확인)

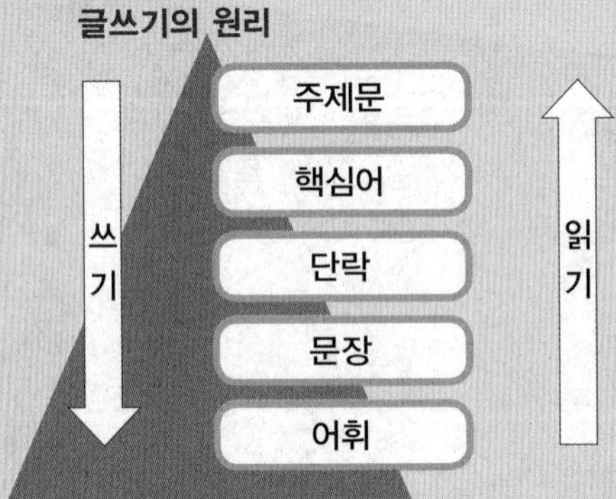

읽기를 통한 평가

- 주제문 찾기
- 핵심어 찾기와 핵심어 관계 파악
- 구조 읽기, 진술 방식 읽기
- 규범에 맞게 고치기

쓰기를 통한 평가

- 주제문 구성
- 구조 작성(개요 짜기)
- 진술 방식의 활용(설득, 묘사, 논증 등)

01 글쓰기의 과정

주제 설정 ⇨ 재료의 수집과 선택 ⇨ 구성 및 개요 작성 ⇨ 집필 ⇨ 퇴고(고쳐쓰기)

1 주제문 작성 과정

쓸거리 ⇨ 쓸거리 분석 ⇨ 범위의 한정 ⇨ 주제의 설정 ⇨ 주제문 작성

① **가주제의 설정**: 쓸거리를 생각하는 단계
② **가주제 범주 분석**: 쓸거리가 포함하고 있는 내용의 가치 의미 분석
③ **범위의 한정**: 자신의 능력, 열정, 주제의 의미 등을 고려해 범위 한정
④ **참주제의 설정**: 한정된 범위 내에 선택한 문제를 구체적 문구로 설정

2 주제문의 요건

① 하나의 완결된 문장으로 진술한다.
② 의문문을 사용하지 않는다.
③ 논의 대상을 가능한 한 한정한다.
④ 증명될 수 있는 것으로 한정한다.
⑤ 필자의 의견이나 태도를 분명히 나타낸다.
⑥ 두 개의 내용이 양립되지 않아야 한다.
⑦ 표현이 정확하고 구체적인 것이어야 한다.
⑧ 새롭고 신선한 것이어야 한다.

3 주제문을 설정하는 이유

① 글을 전개하는 방향을 명확히 하기 위해
② 각 부분 간의 역할과 의미를 명확히 하기 위해
③ 글이 주제에서 벗어나는 것을 막기 위해

02 구성 및 개요 작성

구상과 구성의 차이점

구상 : 착상, 주제 설정, 자료의 수집 · 정리, 줄거리 짜기 등 집필 직전의 모든 과정을 통틀어 일컬음.

구성 : 구상의 일부로 글 전체의 틀 짜기를 가리킴.

1 구성의 원리

① **단계성** : 글의 단계가 명확히 제시되어야 한다.

② **통일성** : 글의 뒷받침 요소들이 하나의 주제의 지배를 받는다.

③ **응집성** : 글의 각 단락이 서로 긴밀하게 관련되어야 한다.

④ **명료성** : 주 논점과 보조 논점들이 계층적으로 구분되어야 한다.

2 구성의 방법

① **자연적 구성** : 시간적 구성, 공간적 구성

② **논리적 구성** : 논리적 일관성을 고려한 구성

③ **단계식 구성** : 3단, 4단, 5단 등으로 구성

④ **인과적 구성** : 원인과 결과에 따른 구성

⑤ **열거식 구성** : 뒷받침하는 문장을 첫째, 둘째, 등으로 배열한 구성

3 개요의 개념

주제와 목적에 맞게 글감을 배치하거나 항목화한 것이 개요이다.

4 개요 작성의 필요성

① 글의 설계도 역할을 한다.
② 글의 통일성에 기여한다.
③ 글 전체의 균형과 긴밀성에 기여한다.
④ 글 전체의 요지를 미리 정리할 수 있다.
⑤ 글의 논리적 흐름을 미리 조절할 수 있다.

5 개요 작성과 상하 개념

개요는 종적 관계와 횡적 관계를 명확히 구분하여 작성하는 것이 중요하다.

6 개요 작성 과정

① 제목과 주제문을 쓴 후 작성한다.
② 글의 전개 방식을 고려하면서 작성한다.
③ 주요 논점을 설정한다.
④ 대항목과 소항목의 관계에 주목하면서 작성한다.
⑤ 소항목을 세부 항목으로 구분하면서 구체화하여 작성한다.
⑥ 문장식 개요나 항목식 개요 중 하나를 선정하여 작성한다.

7 개요 작성 시 유의점

① 자료의 배치를 염두하면서 작성한다.
② 논리적 질서를 고려하면서 작성한다.
③ 자세하게 쓸수록 글쓰기가 편하다.
④ 최하위 항목은 하나의 단락으로 구성된다는 점에 유의한다.
⑤ 글을 써 가는 과정에서 수정될 가능성이 있다.

8 개요의 종류

① **항목식 개요**: 핵심 어구로 간단히 서술하는 개요
- 글의 짜임새를 간단히 표현 가능
- 구체적 내용 파악은 어려움.

② **문장식 개요**: 구체적 문장으로 표현한 개요
- 내용 파악이 쉬움.
- 사고 과정을 일관되게 파악하기 어려움.

개요와 목차의 차이점

구분	개요	목차
목적	글의 설계	글의 안내
대상	필자	독자
작성 시기	글을 쓰기 전	글의 완성 후
수정 여부	글을 쓰면서 수정 가능	수정이 어려움.

03 자료의 수집

1 자료 수집 방법

① **관찰과 조사**: 실험, 관찰, 설문 조사 등

② **면담과 질문**: 권위자와의 면담, 일반인들의 질문 조사 등

③ **독서와 사색**
- 독서: 참고 문헌의 탐색
- 사색: 글을 쓰기 위한 사고

④ **체험과 기억**: 직접 체험과 간접 체험

2 자료 수집의 기본 요건

① 풍부하고 다양한 자료를 찾는다.
- 가능한 한 많은 관련 자료 찾기
- 다각적, 심층적으로 자료 찾기

② 믿을 만한 자료를 찾는다.
- 논리적인 자료
- 근거가 뚜렷한 자료
- 사실과 의견이 분명히 구분된 자료
- 객관적 자료
- 출전이 분명한 자료

③ 주제를 뒷받침할 수 있는 자료를 찾는다.
- 논거가 될 수 있는 사실 논리와 소견 논리의 자료
- 객관적 근거가 되는 통계 자료

④ 독자의 관심을 끌 수 있는 것이어야 한다.
- 잘 알려지지 않은 자료
- 명확하게 전달할 수 있는 구체적 자료
- 쉽게 접근할 수 있는 자료

Chapter 04 기출문제 풀어보기

01 다음 중 주제에 대한 설명으로 적절하지 않은 것은?

① 주제문의 대상은 가능한 구체적으로 기술하는 것이 좋다.
② 의문문이나 청유문, 감탄문 등을 사용하지 않는 것이 좋다.
③ 저자의 능력이나 열정으로 해결할 수 있는 문제를 주제로 삼는다.
④ 하나의 완결된 문장으로 진술하여 논지가 명확해질 수 있어야 한다.
⑤ 주제문의 강조적 의미를 담기 위해서는 비유적 표현을 사용하는 것이 좋다.

해설 주제문의 요건을 묻는 질문이다. ①~④의 지시문의 내용이 일반적으로 받아들여지는 주제문의 요건이다. 주제문을 강조하기 위해서 비유적 표현이 사용되는 것은 좋지만, 주제문 자체가 비유적으로 표현되면, 말하고자 하는 바가 약화되므로 직접적으로 말하고자 하는 바가 드러날 수 있도록 하여야 한다.

답 ⑤

다음 보기를 읽고 물음에 답하시오. (2~3)

> 의사소통이란 언어 기호를 활용하여 의사를 전달하는 인간 활동이다. 의사소통 행위를 떠올릴 때 흔히 말하기와 듣기만을 생각하지만, 읽기와 쓰기 등 문자를 활용한 의사전달 행위 역시 의사소통 행위이다. 문자를 활용한 의사소통 행위는 개인 대 개인 간의 의사교환으로 끝나지 않고 사회적 의사소통으로 확대된다. 즉 인쇄 매체나 정보통신기기를 활용한 의사소통 방식은 '말'보다 '글'에 의존하기 때문에 복제 가능성, 영속성의 특징을 갖는다. 따라서 시간과 공간을 초월한 의사소통이 가능한 것이다.

02 위 〈보기〉를 참조할 때 '좋은 글의 요건'으로 적절하지 않은 것은?

① 논지에 일관성이 있어야 한다.
② 구성이 논리적이고 치밀해야 한다.
③ 의견, 정보, 지식 등 내용이 가치있고 활용 가능한 것이어야 한다.
④ 사회적 확대를 위해 개인의 주관이 드러나지 않는 객관적인 글이어야 한다.
⑤ 표현이 간결하고 어휘가 분명한 의미로 해석되어야 한다.

해설 좋은 글은 '구조적 치밀성, 논리적 일관성, 가치 및 유용성, 간결성, 명료성'을 확보하고 있어야 한다. 사회적 확대를 위하여 객관성을 확보하여야 한다는 것은 올바르다. 하지만 '개인의 주관'은 글에서 말하는 바인 주제와 긴밀히 관련된다. 따라서 개인의 명확한 주관이 객관성을 확보하여 전달되어야 사회적인 확대가 가능하다.

답 ④

03 다음 중 문자를 활용한 의사소통의 특징으로 적절한 것은?

① 의사소통의 속도가 빠르고 간편하다.
② 일반적으로 문장 간의 논리적 연결을 필요로 한다.
③ 일방적이고 독백적이지만 상대와 즉시 피드백이 가능하다.
④ 필자의 상황을 몰라도 단어나 단문만으로 의사를 충분히 전달하고 해석할 수 있다.
⑤ 이모티콘, 문장 부호, 비속어 등으로 새로운 의미를 전달할 수 있다.

해설 문자언어는 음성언어에 비하여, 시간적 공간적 제약을 갖는 것이 일반적이다. 때문에 즉시적 피드백이 어렵다는 단점을 갖는다. 의사소통 속도가 빠르고 간편한 것, 즉시 피드백이 가능한 것은 음성언어의 특성이다. 문자언어라 할지라도 '필자의 상황'을 예측하여야 하며, 글을 구성하는 단어나 문장은 상위 범주인 '주제문'을 부각하여야 의사소통이 가능하다.

 답 ②

04 글쓰기를 위한 자료 수집의 방법으로 옳지 않은 것은?

① 자료 수집을 시작하기 전에 주제나 가설을 먼저 정한다.
② 자신이 내용을 아는 자료와 모르는 자료를 미리 구분한다.
③ 평범한 자료보다는 신뢰도가 높은 자료를 선택하도록 한다.
④ 유용한 자료를 찾기 위해 계획을 세워서 시작하는 것이 좋다.
⑤ 자료 수집 단계에서는 자료의 출처나 사실 여부를 따질 필요가 없다.

해설
- 자료 수집 이전에 주제나 가설이 먼저 설정되어야 자료 수집의 방향을 설정할 수 있다.
- 자료에 대한 숙지도별로 분리해 두어야 자료에 접근하는 방식을 결정할 수 있다.
- 신뢰도나 객관성이 높은 자료를 선택하여야 자료가 근거로서의 가치를 갖게 된다.
- 자료 수집도 미리 전략을 세워서 하는 것이 효율적이다.
- 자료 수집 단계에서 유용한 자료는 그 출처나 사실 여부가 명확해야 한다.

 답 ⑤

05 글쓰기의 특징을 말하기와 비교한 다음 설명 중 가장 타당한 것은?

① 글쓰기 능력과 말하기 능력은 전혀 별개이다.
② 글쓰기는 말하기보다 문법적 제약이 엄격하다.
③ 글쓰기는 허구적 수신자를 상상할 수 없다.
④ 글쓰기는 수신자의 즉답적 응답을 통해 보다 빠른 피드백이 가능하다.
⑤ 좋은 글쓰기를 위해서는 내용 조직보다 감각적 문장의 사용이 더 중요하다.

해설
- 글쓰기 능력과 말하기 능력은 '표현 능력'이라는 점에서 공통점을 갖는다.
- 대개의 경우, 글은 말에 비해 문법적 제약이 더 엄격하다.
- 효율적인 글을 쓰기 위해서는 허구의 수신자를 정해 놓아야 한다. 그래야 독자의 눈높이에 맞는 글을 쓸 수 있게 된다.
- 글쓰기와 말하기의 차이는 즉각적 피드백 여부에서 나타나기도 한다.
- 좋은 글을 위해 저자는 내용을 조직하는 전략을 갖고 있어야 한다.

답 ②

06 글쓰기 과정에 대한 다음의 단계별 설명 중 옳은 것은?

① 계획하기 – 예상되는 독자를 미리 상정할 필요는 없다.
② 내용 생성 – 글의 목적과 주제에 맞게 쓰였는지 검토한다.
③ 내용 조직 – 누구에게, 왜, 무엇을 쓸 것인지 결정한다.
④ 표현하기 – 정확하고 효과적인 문장을 사용한다.
⑤ 고쳐쓰기 – 어떤 순서로 쓸 것인지 숙고한다.

해설
- ①의 단계에서는 예상 독자를 미리 상정하여야 한다.
- ②의 설명은 '고쳐쓰기'에 해당되는 내용이다.
- ③의 설명은 '계획하기'에서 결정해야 할 것들이다.
- ⑤의 설명은 '내용 조직' 단계에 해당하는 내용이다.

답 ④

07 밑줄 친 어휘 중 가장 적절하게 쓰인 것은?

① 오랜 친구 사이라고 해도 반드시 지켜야 하는 원리가 있는 법이다.
② 이제 한국 사회도 타인을 배려하는 태도가 만연하는 선진 사회가 되어야 한다.
③ 그 의사는 응급 처치로 고단위 항생제를 진통제 주사와 함께 투여하게 했다.
④ 일을 시작하기도 전에 부정적인 결과부터 상정하고 보는 것은 큰 잘못이다.
⑤ 운전을 대행하도록 설계된 로봇은 자동차가 출발하는 순간 동작하지 않고 말았다.

해설
- 정확한 어휘 선택은 일반적인 단어의 쓰임, 어휘가 사용되어야 할 맥락 등을 고려하여 이루어져야 한다.
- 원리(原理)는 사물의 기본이 되는 이치나 법칙을 말한다.
- 만연(蔓延)하다는 주로 부정적인 대상이 널리 퍼지는 것을 가리킨다.
- 투여(投與)는 약물 등을 처방할 때 쓰는 말이다.
- 상정(上程)하다는 회의에 의견을 내놓는다는 의미이다.
- 동작(動作)은 몸이나 손발 따위의 움직임을 말할 때 쓴다.

답 ③

08 글쓰기 구성 요소를 다음과 같이 설정할 때, '목적' 단계에 해당하지 않는 것은?

주제	무엇을 말하고자 하는가
예상	독자 누구를 대상으로 쓰는가
목적	무엇을 원하는가

① 설득 ② 친교 ③ 독자 특성
④ 정서 표현 ⑤ 정보 전달

해설
- 목적이란 글을 통해서 무엇을 이루려 하는가를 지칭하는 말이다.
- 일반적으로 저자의 목적은 설득, 정보 전달, 친교, 지령(명령), 표현 등으로 구분할 수 있다.
- 저자의 목적에 따라 글쓰기의 진술 방식을 나누면, 서사, 묘사, 이해, 논증으로 구분할 수 있다.
- '독자 특성'은 예상 독자를 설정할 때에 검토해야 한다.

답 ③

09 **다음은 글쓰기의 일반적 과정에 대한 설명이다. 옳지 않은 것은?**

㉠ 계획하기 : 무엇을 쓸 것인가? 누구에게 쓸 것인가? 왜 쓸 것인가?
▼
㉡ 내용 생성 : 나의 핵심적인 아이디어는 무엇인가?
▼
㉢ 내용 조직 : 가장 중요한 내용부터 차례로 쓴다.
▼
㉣ 표현하기 : 쉽게 이해할 수 있고 어법에 맞게 쓴다.
▼
㉤ 고쳐쓰기 : 표현 층위, 내용 층위, 조직 층위를 모두 점검한다.

① ㉠　　② ㉡　　③ ㉢
④ ㉣　　⑤ ㉤

해설 내용 조직의 방식은 글의 의도와 목적, 대상의 특성, 내용의 본질적 특성에 따라 달라진다.

답 ③

Chapter 05

표현하기 (1)

01 단어와 어휘

1 단어

글을 이루는 가장 작은 단위, 자립하여 쓰일 수 있는 최소 단위이다.
국어의 단어는 품사의 단위와 일치한다. 단어는 일반적으로 띄어쓰기의 단위와 일치한다. 예외가 되는 것이 '조사'로 조사는 앞말에 붙여 쓰는 것이 원칙이다.

2 어휘

단어들의 관계를 고려한 체계

3 어휘 체계의 종류

① **동의어**: 두 개의 단어가 동일한 의미를 갖는 말
② **반의어**: 두 개의 단어가 대립된 의미를 갖는 말
③ **유의어**: 두 개의 단어가 비슷한 의미를 갖는 말
④ **상위어**: 두 단어 중 다른 단어를 포함하는 말
⑤ **하위어**: 두 단어 중 다른 단어에 포함되는 말
⑥ **다의어**: 하나의 단어가 두 가지 이상의 의미를 나타내는 말
⑦ **동음이의어**: 음은 같으나 다른 의미를 갖는 두 단어
⑧ **연어**: 둘 이상의 단어가 결합하여 하나의 의미 단위를 이루는 관계

4 단어의 의미

① **사전적 의미**: 단어가 지닌 가장 기본적이고 객관적인 의미
= 외연적 의미, 개념적 의미

② **함축적 의미**: 연상이나 관습에 의해 형성된 의미
= 내포적 의미, 관습적 의미, 정서적 의미

5 단어 선택의 유의점

① 정확하게 의미를 아는 단어를 쓴다.

② 구체적인 의미를 가진 단어를 활용한다.

③ 호응 관계를 고려하여 쓴다.

④ 강조하려는 의도가 아니라면 동일한 단어의 사용을 자제한다.

⑤ 현학적인 단어를 쓰지 않는다.

⑥ 문맥에 맞는 단어를 찾아 쓴다.

⑦ 참신한 단어를 활용해 본다.

⑧ 정보 전달을 위한 글은 순화된 표준어를 사용한다.

풍부한 어휘의 사용

다음의 '모습을'이라는 단어를 다양한 다른 어휘로 바꿔 써 보자.

1. 삼국 시대 문화의 수입과 전파 모습을 지도에서 찾아라.

2. 조상들의 산업 발달을 위한 모습을 알아본다.

3. 각자의 가정생활을 대가족과 핵가족으로 나누어 그 모습을 대강 알아본다.

4. 교실의 모습을 공간적 구성에 따라 이야기해 보자.

5. 그 조직이 본래의 취지대로 작용할 수 있는 모습을 실증적으로 보여 주어야 한다.

6. 발해의 문화에는 고구려의 영향이 많아 불상이나 와당은 매우 강건하고 진취적인 모습을 보이고 있다.

7. 선진국 경기가 회복되는 모습을 보이고 있다.

8. 철도청은 자체 조사를 실시하고 납품 회사에 보완 지시를 내리는 등 허둥대는 모습이 역력하다.

9. 노래의 가사는 지금 전해지지 않아 그 모습을 알 수는 없다.

10. 시나리오는 희곡에서는 볼 수 없는 여러 용어들이 쓰인다는 점에서 희곡과 그 모습이 다르다.

예시답안 및 해설

1. 삼국 시대 문화의 수입과 전파 [모습을] 지도에서 찾아라.

   가능한 단어 경로, 유형, 방향, 흐름 등

   해설 수입, 전파, 지도 등의 단어가 모습과 대체될 단어를 지정한다.

2. 조상들의 산업 발달을 위한 [모습을] 알아본다.

   가능한 단어 노력, 헌신, 애씀 등

3. 각자의 가정생활을 대가족과 핵가족으로 나누어 그 [모습을] 대강 알아본다.

   가능한 단어 유형, 생활 방식, 차이 등

4. 교실의 [모습을] 공간적 구성에 따라 이야기해 보자.

   가능한 단어 배치, 구조, 환경, 광경, 분위기, 떠들썩함 등

   해설 앞 선 단어들이 사람을 포함하지 않은 상태를 지시한다면, 뒤의 단어들은 사람이 포함된 상태라는 것을 알 수 있다.

5. 그 조직이 본래의 취지대로 작용할 수 있는 [모습을] 실증적으로 보여 주어야 한다.

   가능한 단어 방법, 기능, 시스템 등

   해설 외래어라도 일단 떠올리고 난 후에 적절한 고유어로 전환할 수 있도록 해야 한다.

6. 발해의 문화에는 고구려의 영향이 많아 불상이나 와당은 매우 강건하고 진취적인 [모습을] 보이고 있다.

   가능한 단어 기상, 분위기 등

7. 선진국 경기가 회복되는 [모습을] 보이고 있다.

   가능한 단어 기미, 기색, 징조 등

8. 철도청은 자체 조사를 실시하고 납품 회사에 보완 지시를 내리는 등 허둥대는 [모습이] 역력하다.

   가능한 단어 기색, 기미 등

9. 노래의 가사는 지금 전해지지 않아 그 [모습을] 알 수는 없다.

   가능한 단어 내용, 구조, 표기 등

10. 시나리오는 희곡에서는 볼 수 없는 여러 용어들이 쓰인다는 점에서 희곡과 그 [모습이] 다르다.

    가능한 단어 형식, 유형, 특성, 장르 등

02 문 장

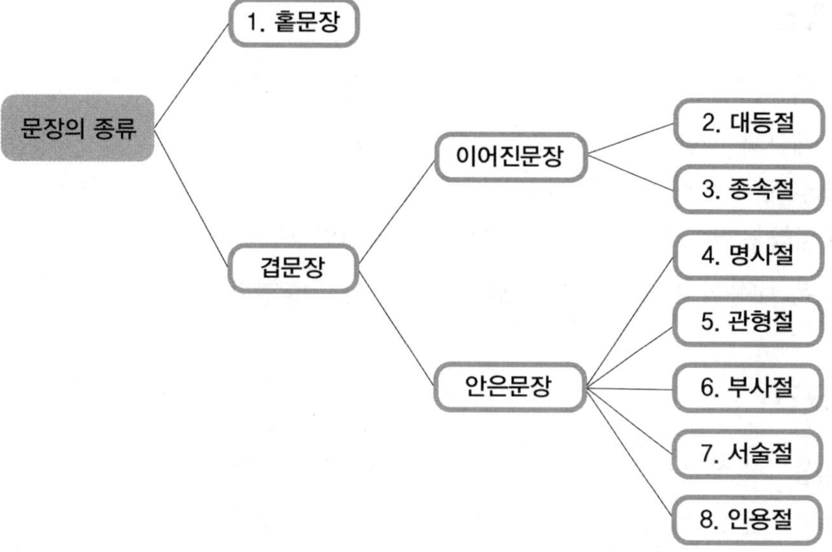

국어 문장의 종류 8가지

1. 홑문장: 주어나 서술어가 한 번만 들어 있는 문장

〈겹문장〉

– 이어진문장(접속문)

2. 대등하게 이어진 문장
3. 종속적으로 이어진 문장

– 안은문장(내포문)

4. 명사절을 안은 문장
5. 관형절을 안은 문장
6. 부사절을 안은 문장
7. 서술절을 안은 문장
8. 인용절을 안은 문장

03 단 락

1 단락의 개념

① 하나의 생각을 중심으로 모인 문장의 집합

② 소주제문과 뒷받침 문장으로 구성된 중간 단위

- 소주제문: 단락의 중심 내용을 포함한 문장
- 뒷받침 문장: 소주제문을 부각하기 위해 쓰인 보조 문장들

③ 새로운 내용이 시작될 때에는 단락이 나누어져야 한다.

2 단락의 요건

① **통일성**: 각 부분의 내용이 소주제와 밀접한 관련을 맺어야 하는 성질

② **완결성**: 소주제문을 뒷받침하는 문장들이 충분히 제시되어야 하는 성질

③ **일관성**: 단락을 구성하는 문장들끼리 긴밀하게 연결되어야 한다는 성질(접속어, 지시어의 사용을 통해 유기성을 증대시켜야 함.)

3 단락의 유형

① **주요 단락**: 핵심 내용이 직접 나타나 있는 단락

② **보조 단락**: 주요 단락을 뒷받침하는 단락

4 기능에 따른 단락의 유형

① **주지 단락**: 핵심 내용을 포함한 단락

② **도입 단락**: 새로운 시작을 위해 독자의 관심을 유발시키는 단락

③ **전제 단락**: 논지 전개의 바탕이 되는 단락

④ **부연 단락**: 앞 내용을 보충, 심화시키는 단락

⑤ **상술 단락**: 주지의 내용을 자세히 풀어 주는 단락

⑥ **예시 단락**: 예를 들어 설명하는 단락

⑦ **요약 단락**: 앞 내용을 반복, 요약하는 단락

⑧ **첨가 단락**: 새로운 관점이나 내용을 제시하는 단락

Chapter 05 기출문제 풀어보기

01 표현하기 단계에서 단어나 어휘의 선택에 대해 가장 적절한 것은?

① 현학적 단어나 어려운 단어를 사용하야 학식을 과시하려 하는 것은 자제하여야 한다.
② 전달 동기에 충실한 글일수록 참신한 어휘를 사용하기 위해 애쓰는 것이 효과적이다.
③ 독자가 정확하게 의미를 아는 어휘만을 사용하여야 의도를 명확히 드러낼 수 있다.
④ 순화된 표준어를 사용하여야만 독자가 저자의 의도를 제대로 이해할 수 있다.
⑤ 글에서 사용하는 개념을 독자가 쉽게 이해할 수 있도록 하기 위해 동일 단어를 반복한다.

해설 전달 동기에 충실한 글은 명확하고 객관적인 어휘를 사용하여야 한다. 글 안에 포함된 어휘를 모두 독자가 알 수 있는 것은 아니다. 그래서 중요한 어휘이면서 독자에게 어려운 어휘의 경우 정의를 통해 정보를 공유하는 것이다. 전달동기에 충실한 글은 표준어를 사용하는 것이 원칙이다. 하지만 방언이나 비속어을 그대로 반영하여야 하는 경우도 있다. 예를 들어 현장에서 자료를 채집하는 경우에는 자연 그대로의 어휘를 반영하여야 한다. 개념을 정확히 이해시키려면 주제문을 구성하는 핵심어가 다른 단어를 통해서 설명되어야 한다. 동일 단어가 반복되면 지루해질 수 있다.

 답 ①

02 다음에 주어진 문장과 설명 방식이 같은 것은?

> 인생은 긴 여행과 같아서 과정에서 끊임없이 미처 예측하지 못한 사건을 만나게 된다.

① 카메라는 자동 초점 기능의 유무에 따라서 자동카메라와 수동카메라로 나뉜다.
② 글쓰기는 끊임없는 자기연마의 과정이다.
③ 사랑은 한순간의 열정이면 충분하지만 결혼은 끊임없는 노력이 필요하다.
④ 가르치는 일은 부모 역할을 하는 것과 진배없이 학생에 대한 진실한 애정을 필요로 한다.
⑤ 자유란 법률이 정한 범위 안에서 자기 뜻대로 할 수 있는 행위를 말한다.

해설
- 지문에서는 유추의 설명 방법이 사용되고 있다.
- 유추 : 생소하거나 어려운 개념, 복잡한 주제를 친숙하고 단순한 개념이나 주제와 비교해 나가는 설명 방식
- ① 분류 : 분류는 특정 기준으로 대상을 나누거나 묶어서 내용을 전개하는 방식을 가리킨다.
- ② 지정 : '대상이 ~하다'라는 방식으로 서술된다. 무엇, 누구 등에 대한 질문의 대답으로 '확인'이라 하기도 한다. 대상의 실제, 분량, 성질, 관계, 행동, 공간, 시간, 상태, 소유 등에 대해 서술할 때 주로 활용된다.
- ③ 대조 : 비교와 대조 – 둘 이상의 대상을 견주어 공통점이나 차이점을 중심으로 설명하는 방식이다. 일반적으로 비교는 공통점을 중심으로, 대조는 차이점을 중심으로 설명하는 방식으로 풀이된다.
- ⑤ 정의 : 정의란 단어의 뜻을 밝히는 설명 방식으로 대상이나 사물의 범위를 규정하는 전개 방식이다. 주로 대상의 본질을 설명하는 방식으로 활용된다.

 답 ④

03 **다음 중 주제문과 뒷받침 문장의 논리적 연관 관계가 올바르지 못한 것은?**

(가) 효과적인 체중 감량 방법으로는 식사 조절과 운동을 들 수 있다. 식사 조절을 위해서는 콩, 생선 등 단백질 식품 위주의 식사를 하고 섬유소를 많이 섭취하는 것이 좋다. 그리고 자신에게 맞는 운동법을 찾아서 매일 규칙적으로 30분 이상 일주일에 세 번 이상 하는 것이 좋다고 한다.

(나) 위대한 지도자라면 평범한 주부의 의견에도 귀를 기울일 줄 알아야 한다. 왜냐하면 장바구니하고 살림하는 주부의 감각이 경제 이론 전문가보다 더 지혜로운 대안을 낳을 수도 있기 때문이다. 특히 오늘날 지도자들은 자신이 대중의 눈에 어떻게 비치는지 매우 민감하게 반응하는 경향이 있다.

(다) 언어는 그 언어를 사용하는 공동체의 문화적 표현이다. 특정한 상황에서 어떤 언어를 선택하는 것이 적절한가는 그 사회의 문화적 관습에 따라 결정된다. 그러므로 외국어를 습득하려면 그 언어를 모국어로 사용하는 나라의 문화를 잘 이해해야 한다.

(라) 블루베리는 맛도 좋지만 영양 면에서 매우 뛰어난 식품이다. 미국 농무부 농업 연구소에서 조사해 본 결과 과일 중에서 블루베리에 가장 많은 항산화 물질이 들어 있다는 사실을 알아냈다. 그리고 블루베리 한 컵에는 3.6그램의 식이섬유가 들어 있다.

(마) 우리가 사람의 성격을 판단할 때는 신중해야 한다. 첫인상만으로는 사람의 성격을 다 알 수 없고 우리는 각자의 주관에 따라 선입견을 갖기 쉽기 때문이다. 또한 사람 한 사람은 각각 하나의 우주라고 할 만큼 자기 자신도 잘 모르는 존재의 비밀을 하나씩 감추고 있는 법이다.

① (가) ② (나) ③ (다)
④ (라) ⑤ (마)

해설
- (나)의 마지막 뒷받침 문장은 주제문과 일치하지 않는 내용을 담고 있다.
- 뒷받침 문장 중 주제문과 일치하지 않는 내용이 있는 경우 통일성이 없는 글이 된다.
- 또한 주제문에서 벗어난 내용이 포함된 글은 논지의 흐름이 집중되지 않아서 의도와 목적에 부합되는 글이 되기 어렵다.

답 ②

⏲ 다음 글을 구조화하여 항목화한 도표를 만들었다. 이 글과 도표를 잘 보고 물음에 답하시오. (4~5)

> 전쟁 포로에 대한 식인 풍습은 부족이나 부락 사회에는 널리 퍼져 있었는데, 국가와 같은 정치 조직이 생기면서 돌연 사라지게 된다. 이 현상을 어떻게 설명할 수 있을까? 단순하게 정리하면 다음과 같다. 관념론적 접근에 따르면 국가의 성립에는 고차원적인 종교가 통치 이념으로서 자리 잡고, 이에 따라 도덕적 가치를 통해 문명화되는 과정을 거치기 때문에 미개한 식인 풍습이 사라지게 되었다는 설명이 제시된다. 반면에 마빈 해리스가 제시하는 유물론적 설명은 잉여 문제를 중심으로 진행된다. 즉 부족이나 부락 사회에서는 생산력이 낮았기 때문에 포로를 잡아 와도 포로가 잉여를 생산하지 못하였다. 따라서 포로를 노예로 부리기 위해 집으로 데리고 오는 것은 단지 먹여야 할 입이 하나 느는 것을 의미할 뿐이었고, 포로는 음식의 생산자보다는 음식으로서 더 가치가 있었다. 그러나 발전된 생산력을 바탕으로 성립된 국가 사회에서는 포로를 노예로 부리면 잉여를 생산할 수 있었기 때문에 그들의 몸뚱이 고기를 먹는 것보다는 그들의 노동의 산물을 먹는 것이 훨씬 더 낫게 되었다는 것이다. 더구나 정복자의 입장에서는 식인 풍습의 폐지가 또 다른 이익도 가져다주었다. 항복한 포로는 죽이거나 잡아먹지 않을 것이라고 보증함으로써 저항의 정도를 낮추는 부수 효과까지 얻었다는 것이다.

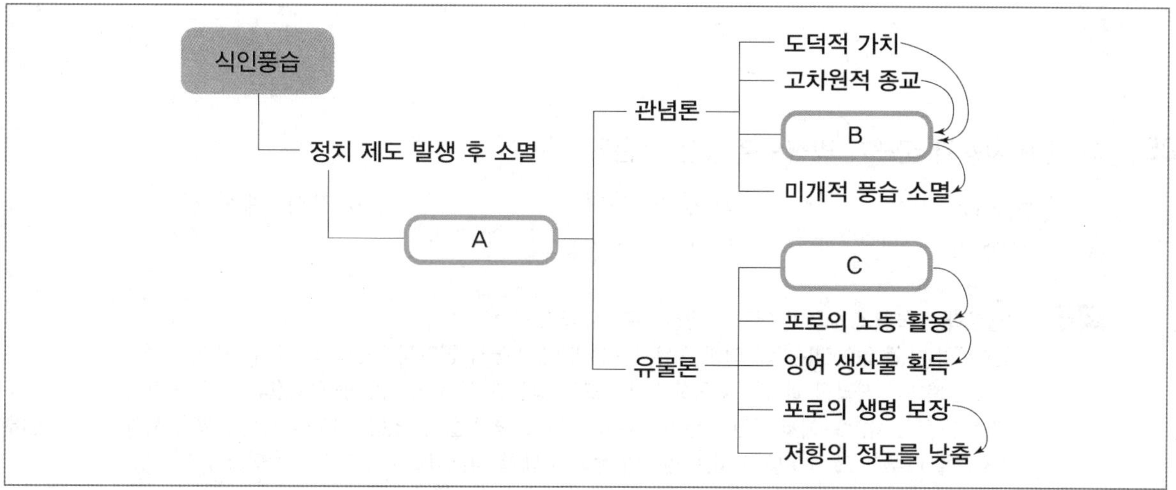

04 빈칸 A, B, C에 들어갈 말로 알맞은 것은?

	A	B	C
①	원인 분석	가치 증대	사적 토대 증대
②	결과 분석	야만 불식	정치력 증대
③	원인 해석	문명화	생산력 증대
④	결과 해석	가치 증대	인권 상승
⑤	인과 분석	문명화	저항권 증대

해설 • 이 글의 흐름을 살펴 전체가 어떤 방식으로 전개되었는가를 확인하는 문제이다.
• 어떤 글이든 글의 목적이 무엇인지를 확인하는 것이 선행되어야 한다. 그래야 나머지 부분의 역할을 읽어 낼 수 있다. 이 글의 목적은 '식인 풍습이 소멸하게 된 원인'이 무엇인지를 밝히는 것이다. A에는 이에 대한 말이 들어가야 한다.
• 이 글은 그 원인을 두 가지 측면으로 나누어 설명하고 있다. 하나는 관념론적인 해석이고 다른 하나는 유물론적인 해석이다. 이렇게 전체 구성이 어떻게 나뉘는지를 먼저 확인하고 이를 나눈 기준이 무엇인지를 찾아야 전체 구성을 그려 낼 수 있다. 각각의 부분이 어떤 역할을 하고 있는가를 확인하면서 풀이해야 한다.
• 관념론적 입장에서 제시한 원인을 그 과정에 따라 도해하면 '종교적 가치/도덕적 가치 → 문명화 → 미개적 풍습 소멸'로 요약할 수 있다. B에 문명화를 삽입할 수 있다.
• 유물론의 관점에서 해석한 원인 역시 과정에 따라 도해해 보면 '생산력 발달 → 포로의 노동 활용 → 잉여 생산물 획득 → 포로의 생명 보장 → 저항의 정도를 낮춤'으로 정할 수 있다. 결국 유물론에서는 '생산력의 발전'을 식인 풍습이 소멸한 근본 원인으로 보고 있는 것이다.
• 독해를 통해 제시문의 전체 구조를 도해하는 일은 개요를 그리는 동시에 부분을 어떻게 구성하였는가에 대한 표현 전략을 이해하는 길이기도 하다.

답 ③

05 이 글에 사용된 글쓰기 방식으로 맞는 것은?

① 유추, 비교 ② 정의, 인과 ③ 지정, 예시
④ 대조, 인과 ⑤ 서사, 과정

해설 • 관념론과 유물론의 해석이 대조의 방법으로 서술되었다.
• 식인 문화가 왜 없어졌는가에 대한 이유가 제시되어 있어서 인과적 구성이라 할 수 있다.
• 또 식인 문화가 사라진 과정을 추적하고 있으므로 과정의 설명 방식을 활용하였다 할 수 있다.
• 이러한 방식이 시간 속에서 어떤 흐름이 있어서 '서사'로 착각할 수 있다. 하지만 서사는 특정 시간 속에서 일어난 사건을 다루고 또 의미를 가지는 인간의 행동에 대한 서술이므로 과정과는 차이가 난다.

답 ④

06 진술 방법이 ㉠과 유사한 것은?

> 다음으로 인간의 유전자 수는 선충, 초파리 등과 비슷하지만, 만들어진 단백질은 다른 생물의 단백질과는 달리, 동시에 여러 가지 기능을 할 수 있다는 주장이 있다. 다시 말해 ㉠ 인간의 유전자는 축구 선수로 치면 공격, 수비, 허리를 가리지 않는 '멀티 플레이어'라는 것이다.
> 또 인간의 단백질은 여러 개의 작은 단백질이 조합을 이루어 어떤 일을 하는 '팀 플레이' 형태, 즉 다른 하등 생물에 비해 훨씬 분업화되고 전문화된 형태로 협력하도록 진화한 것이라는 견해가 있다. 실제로 선충에는 하나의 거대한 단백질이 특정한 하나의 일을 하는 경우가 많다. 축구로 말한다면 뛰어난 개인기를 가진 스타가 혼자 경기를 이끌어 가는 것이다. 그러나 인간의 단백질은 여러 개의 작은 단백질들이 업무를 분담하여 전문적으로 자신의 역할을 수행한다는 것이다.

① 인생은 마라톤이다.
② 인간은 이성을 지닌 동물이다.
③ 전통 놀이에는 차전놀이 연 날리기 등이 있다.
④ 문화재는 유형 문화재와 무형 문화재로 나뉜다.
⑤ 이기주의는 개인의 이익을 우선시하는 반면, 이타주의는 타인의 행복을 중시한다.

해설
- 보기의 글은 인간의 유전자를 '축구 선수'라는 개념에 빗대어 쉽게 풀이하고 있다. 이러한 설명 방식을 유추라 한다.
- 유추의 전개 방식을 활용할 때 주의해야 할 점은 아래와 같다.
  ㉠ 유추되는 두 개의 대상들은 다른 범주에 속해 있는 것이어야 한다.
  ㉡ 유추를 위해 끌어들이는 대상은 원래 설명하려는 것보다 친숙하고 쉬워야 한다.
  ㉢ 유추의 두 사물 사이에는 행위, 형태, 속성 등에 결정적 유사성이 있어야 한다.
  ㉣ 유추되고 있는 대상을 먼저 밝힌 후 적용한다.

답 ①

Chapter 06

표현하기 (2)

01 핵심어

1 핵심어의 개념

① 글 속에서 중심 내용을 담고 있는 단어나 구

② 주제를 구성하고 있는 단어나 어구

2 핵심어의 특성

① 글 속의 핵심 내용을 포함한다.

② 전체 글을 이해하는 실마리가 된다.

③ 빈번하게 강조되어 나타난다.

④ 개념 정의의 대상이 된다.

⑤ 항목화의 기본이 된다.

3 핵심어의 활용

핵심어를 중심으로 항목형으로 요약해 놓으면 자신의 글을 쓸 때 효율적인 자료로 사용할 수 있다. 분량이 적으니 관리에 편할 뿐만 아니라 시간이 부족할 때 글을 읽는 시간을 절약할 수도 있기 때문이다.

그러나 유념할 것은 항목을 단순히 나열해서는 안 된다는 것이다. 요약할 당시에야 항목만 보고도 무슨 내용인지 파악할 수 있지만 시간이 흐르면 항목만으로는 내용을 파악하기 어려운 경우도 있을 수 있기 때문이다. 따라서 항목형 요약에서 중요한 것은 항목 사이의 관계를 요약에 반영하는 것이다.

항목 사이의 관계를 표시하는 데에는 기호를 사용하는 것이 효과적이다. 예를 들어 A 항목과 B 항목이 조건의 관계이면 '→' 기호를, 대립 관계이면 '↔' 기호를, 나열의 관계이면 '+' 기호를 사용할 수 있다. 물론 어떤 기호를 사용할 것인가는 요약하는 사람이 결정하면 된다.

문장 구조 파악 연습

아래 예문을 읽고 독해의 방법을 연습해 보자.

톰 피터스를 일약 세계적 경영 컨설턴트로 만들어 주었던 책 '초우량 기업을 찾아서' in serch of excellence는 20 년도 전에 출판되었다. 이 책 속에서 주인공으로 다루어졌던 기업들 중의 상당수는 출판 후 2년도 되지 않아 사라져 버렸다. 사라졌기 때문에 이름조차 이제는 기억하기 어렵다. 아타리, 데이터 제내럴, 풀루오르, 내셔널 세미콘탁터를 기억하는 사람들이 얼마나 되겠는가? 이윽고 5년 뒤에는 이 책에서 다루었던 우량 기업의 2/3가 정상의 자리에서 물러났다.

그 후 12 년 뒤 짐 콜린스와 제리 포라스는 '성공하는 기업의 8가지 습관' (Built to last, 1994)을 출판했다. 톰 피터스가 범한 실수를 피하기 위해 분석 대상을 40년 이상이 된 기업으로 한정해 두었다. 그러나 이 책에서 스포트라이트를 받았던 '성공하는 기업의 습관'을 가지고 있는 비전 기업들 중 일부의 성공 비결은 기업 그 자체에 있었다기 보다는 업계의 경기 상황에 따른 것이라는 분석이 나오면서 좀 더 신중한 관찰이 필요했다는 지적이 대두되었다.

'영원히 우수한 성과를 내는 기업'은 없다. 동일한 기업이 어느 때는 뛰어나고 어느 때는 퇴조할 수도 있다. 산업은 끊임없이 창조되고 시간이 흐르면 확장된다. 산업의 조건과 경계선은 주어진 것이 아니라 개별적이 산업 주체들이 그 형태를 만들어 가는 것이다. 따라서 지속적인 고실적 창출을 설명하는 정확한 분석 단위는 기업도 산업도 아니고 전략적 이동 (strategic move)이라는 주장이 설득력을 얻어 가고 있다. 전략적 이동이란 새로운 주요 시장을 창출하기 위한 경영 결정과 실행을 말한다. 전략적 이동을 통해 늘 자신의 비즈니스의 경계선을 허물고 새로운 수요를 찾아내 사업화할 수 있는 혁신 기업만이 번영할 수 있다.

철도 산업의 예를 들어 보자. 철도 산업을 철도산업으로 좁게 규정하면 새로운 시장을 창출해 내기 어렵다. 철도 산업은 운송 산업이며, 관광 산업이며, 오락 산업이다. 다시 말해 철도 산업은 스스로 그 산업의 한계를 새로 규정하고, 철도가 제공할 수 있는 강점을 대안 및 대체 서비스와 혼융하여 수요가 급증하는 새로운 비즈니스를 만들어 내는 전략적 전환과 실천을 통해 번영할 수 있을 것이다.

KTX는 시간이 핵심 경쟁력이다. 도시의 한 복판에서 다른 도시의 한 복판으로 이동하게 해 준다. 이것이 비행기와의 차별성이다. 비행기 보다 속도는 느리지만 접근성이 좋기 때문에 특정한 구간들에서 시간적 이득을 얻을 수 있다. 비행기에 비해 가격 역시 경쟁적이다. 다른 대체제인 자동차 운임보다 비싸지만 역시 시간에서 경쟁적이며 늘 정확한 시간을 맞출 수 있고 소요 시간을 예상할 수 있다는 강점을 가지고 있다. 그러나 빠른 수송만이 경쟁력이 아니다. 철도는 여행과 관광 그리고 놀이라는 코드와 무관하지 않다. 예를 들어 쌍계사 벚꽃 같이 '바로 그때 그곳'의 절정으로 이어지는 적시 관광 자원과 연계하거나 부산 국제 영화제처럼 지자체의 이벤트들과 보다 적극적으로 연계되어 합리적 가격의 프로그램 팩키지가 개발되는 이유도 훌륭한 관광 산업으로의 가능성을 모색해 보려는 시도일 것이다.

운송과 달리 여행은 시간을 다투는 경우가 별로 없다. 오히려 기차가 가지는 특별한 여행으로의 이미지, 다양한 관광 자원및 교통수단과의 연계, 이동 과정의 즐거움을 제공할 수 있는 저속 여행 역시 훌륭한 역발상이다. 모든 트랜드는 역트랜드를 만들어 낸다. 패스트 푸드는 슬로푸드를 만들어 내고, 빠름은 느림의 존귀함을 만들어 내고, 글로벌리제이션은 로칼리제이션과 동전의 양면을 이룬다. 나는 한 여행자로써 철도 여행의 아쉬움을 늘 가지고 있었다. 내가 비즈니스 맨으로 출장을 갈 때는 KTX와 같이 시간적 강점을 경쟁력으로 하는 고속철을 필요로 하지만, 한가한 여행자 일 때는 철도지선망을 연결하는 즐거운 느림보철이 내 요구를 채워 줄 수 있다. 이렇게 하여 새로운 관광 수요를 채울 수 있는 새로운 비즈니스가 기획되는 것이다.

또한 열차 안은 즐거움을 나눌 수 있는 훌륭한 무대일 수 있으며, 움직이는 레스토랑이고 바며, 웃고 떠들 수 있는 유쾌한 공간으로 바뀔 수 있다는 생각도 해 왔다. 예를 들어 평일 오후 6시쯤 한 회사의 직원 50명이 특별하게 개조된 열차 한 칸을 빌어 단합을 위한 모임을 갖는 것을 상상해 보자. 간단한 음식과 음료가 제공되고, 팩키지 프로그램으로 진행되는 여흥이 제공된다. 열차는 20개의 차량을 달고 있고 각 차량마다 5가지 정도의 여흥이 번갈아 가면서 제공된다. 열차는 여흥 구간에서는 아주 천천히 미끄러지듯 움직이고 4 시간 후에는 서울로 되돌아온다. 이 열차는 30 분마다 혹은 1 시간 마다 한 대씩 출발한다. 만일 이런 상품이 생긴다면 이것은 목적지를 향해가는 여행이 아니라 사람들이 저녁을 함께할 다이나믹한 공간을 제공하는 엔터테인먼트 산업이 되는 것이다.

사람들은 저녁이 되면 삶을 즐기고 싶어 한다. 즐길 수 있는 일은 많다. 영화를 보고 밥을 먹고 술을 마시고 노래방에 갈 수 있다. 영화업, 요식업, 오락 산업의 형태와 기능은 다 다르지만 목적은 같다. 저녁 한때를 즐길 수 있도록 해 주는 것이다. 기차는 이때 아주 훌륭한 대안물일 수 있다. 저속 기관차를 버리고 모두 다 고속철화하는 것은 철도 산업을 운송 산업으로 국한하기 때문에 오는 고착화다. '열심히 일한 날 저녁, 가볍게 떠나고 싶은 사람들' 에게 자유의 공기를 주고, 특별한 공간에서 다이나믹한 이동의 즐거움을 제공함으로써 새로운 고객들을 끌어들일 수 있다면 그것은 새로운 시장을 창출하는 데 성공한 것이다. 그곳에는 경쟁도 없다. 경쟁이 없는 곳에서의 차별적 서비스처럼 성공의 맛이 느껴지는 곳은 없다.

모든 아이디어는 처음에는 설익고, 우스꽝스러우며, 다소 불순할 수도 있다. 일반적으로 받아들여지는 산업계의 패러다임의 중심에 있지 못하는 주변적 사고이기 때문이다. 그러나 경영은 기존 산업의 경계 내에서 피나는 경쟁을 통해 이기는 것만을 목적으로 하지 않는다. 훌륭한 경영은 경쟁하지 않는 자신만의 영역을 만들어 내는 것이다. 아직 존재하지 않는 공간, 누구도 아직 점령하지 못한 새로운 수요의 영역을 창출해 내고 그 자리를 선점함으로 써 번영하는 경영이 바로 혁신 경영인 것이다. 영원한 혁신이 가능할 때, 그 기업은 지속 가능한 성장의 길을 가는 비전 기업이 되고, 초우량 기업이 되는 것이다.

– 구본형, 「새로운 비즈니스의 공간을 찾아라」

1. 이 글의 주제문을 25자 이내로 적어 보자. (답안은 구조 읽기의 예시 참고)

2. 이 글을 세 부분으로 나누어 보자. (답안은 구조 읽기의 예시 참고)

3. 이 글을 읽고 오타를 34개만 찾아내어 고쳐 보자.
(이에 대한 풀이는 8강에서 이루어집니다.)

'훑어 읽기(scanning)'의 효용

1. 글의 목적과 의도를 찾을 수 있다.
2. 주제문을 파악할 수 있다.
3. 중요한 부분과 덜 중요한 부분을 판별할 수 있다.
4. 부분의 중요도에 따른 읽기 전략을 수립할 수 있다.
5. 전체 구조를 보는 눈을 기를 수 있다.
6. 시간을 줄일 수 있다.

구조 읽기의 예시

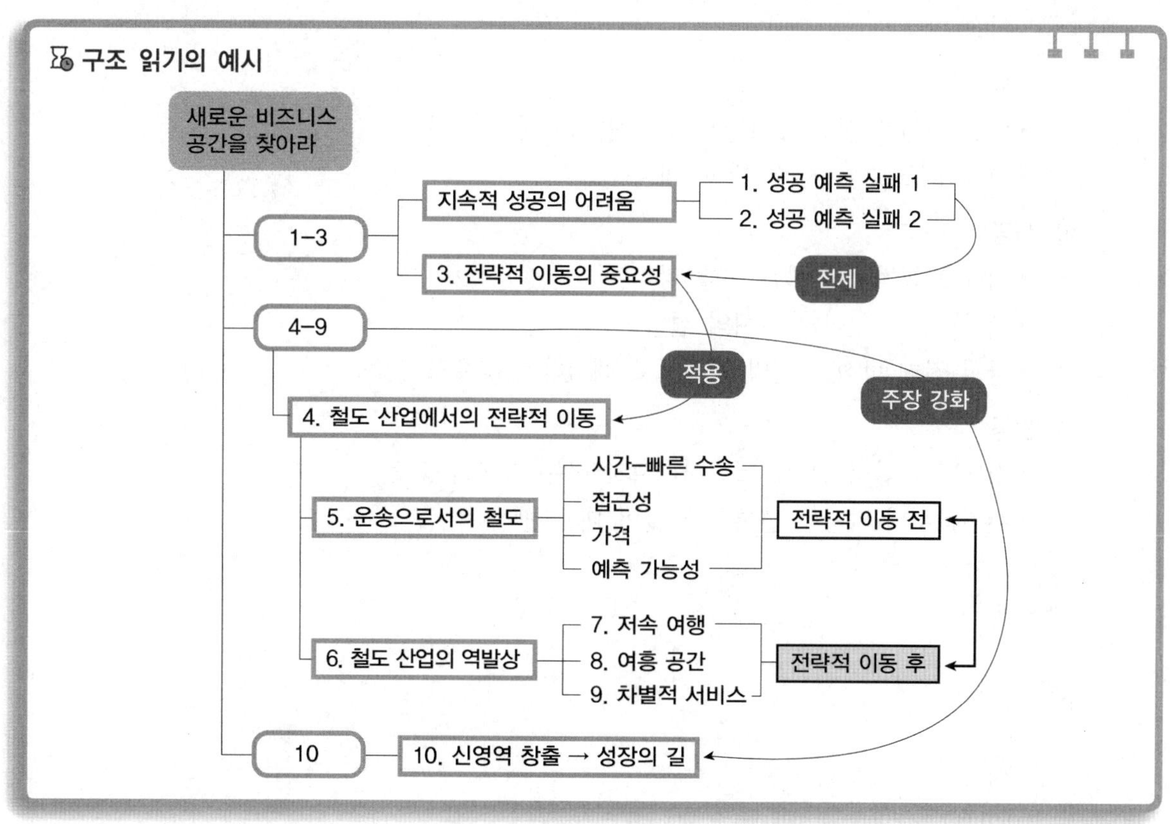

Chapter 07

표현하기 (3)

01 진술 방식

1 진술 방식

저자의 의도에 따른 서술 방식의 차이

2 진술 방식의 유형

① 묘사

- 인상을 구체적이고도 감각적으로 재현해 내는 방식
- 대상의 외양이나 색깔 · 소리 · 감촉 · 냄새 · 소리 따위를 그림 그리듯 구체적으로 쓰는 서술 방식

② 서사

- 어떤 사건을 시간적 과정으로 표현하는 진술 방식
- 서사의 3요소 – 시간, 행동, 의미

③ 설명

- 이해를 목적으로 하는 진술 방식
- 객관적인 사실이나 견해의 설명
- 글의 전개 방식을 설명 방식으로 해석하는 경우도 있음.

④ 논증

- 상대방을 합리적으로 설득시키고자 하는 일련의 과정
- 논거로부터 타당한 결론을 이끌어 내는 방식

02 내용 전개 방식

1 내용 전개 방식의 개념

사실이나 정보의 객관적 전달을 독자가 쉽게 이해할 수 있도록 하기 위한 설명 방식

2 내용 전개 방식의 종류

① 지정

- 무엇, 누구 등에 대한 질문의 대답으로 '확인'이라 하기도 한다.
- 실제, 분량, 성질, 관계, 행동, 공간, 시간, 상태, 소유 등에 대한 서술

② 정의

- 단어의 뜻을 밝히는 설명 방식
- 대상이나 사물의 범위를 규정하는 전개 방식
- 대상의 본질을 설명하는 방식

지정과 정의의 차이점

1. 지정 : 이것은 꽃이다.
2. 정의 : 꽃은 꽃받침, 꽃잎, 꽃술로 이루어져 있으며 열매를 맺고 씨를 만들기 위해 수정을 위한 과정이다.

정의의 유의점

1. 정의항과 피정의항은 대등해야 한다.
2. 피정의항의 용어나 관념이 정의항을 그대로 반복해서는 안 된다.
3. 피정의항이 부정을 포함하지 않는 한 부정적이어서는 안 된다.
4. 정의항이 대상에 대한 묘사나 비유, 해설이 되어서는 안 된다.
5. 막연한 설명이나 모호한 개념을 사용하면 안 된다.
6. 정의하는 요소가 정의되는 요소보다 더 어려운 개념이어서는 안 된다.

③ **예시**

- 특수 사항을 예로 제시함으로써 일반적 원리나 법칙을 구체화하는 과정
- 진술의 구체성, 타당성에 기여
- 명확하고 쉽고 인상 깊게 이해할 수 있도록 도움.

예시의 유의점

1. 예들 가운데 적절하고 타당한 예를 선택해야 한다.
2. 예시를 통해 일반화하고자 하는 진술의 범위가 명확히 한정되어야 한다.
3. 예시를 통해 일반화하고자 할 때 근거가 되는 예가 충분하거나 대표성을 띠어야 한다.

④ **비교와 대조**

- 둘 이상의 대상을 견주어 공통점이나 차이점을 중심으로 설명하는 방식
- 비교 – 공통점을 중심으로
- 대조 – 차이점을 중심으로

비교와 대조의 유의점

1. 비교, 대조되는 대상들은 같은 범주에 속해 있는 것이어야 한다.
2. 비교와 대조의 기준은 글을 쓰는 필자의 의도와 목적에 부합하여야 한다.
3. 비교, 대조의 대상들은 독자가 익히 알고 있거나 친숙한 것이어야 한다.
4. 비교, 대조의 기준은 시간, 가치, 공간의 연속성 속에서 배열되어야 한다.
5. 여러 대상을 비교, 대조할 경우 분량상의 균형을 맞추어야 한다.

⑤ **유추**

생소하거나 어려운 개념, 복잡한 주제를 친숙하고 단순한 개념이나 주제와 비교해나가는 설명 방식

유추 시 유의점

1. 유추되는 두 개의 대상들은 다른 범주에 속해 있는 것이어야 한다.
2. 유추를 위해 끌어들이는 대상은 원래 설명하려는 것보다 친숙하고 쉬워야 한다.
3. 유추의 두 사물 사이에는 행위, 형태, 속성 등에 결정적 유사성이 있어야 한다.
4. 유추되고 있는 대상을 먼저 밝힌 후 적용한다.

⑥ **분류(구분)**

- 어떤 대상이나 생각을 특정 기준을 정해 나누는 방식
- 상위 개념을 하위 개념으로 나누는 방식
- 분류 대상의 성질과 목적에 따라 기준이 달라짐.
- 전체와 부분, 부분과 부분 사이의 관계를 효과적으로 제시하는 수단
- 무엇을 나누는가, 왜 나누는가, 어떻게 나누는가가 나타나야 함.

⑦ **분석**

- 하나의 관념이나 사물을 구성 요소로 나누어 가는 전개 방식
- 구성 요소가 유기적으로 조직되었을 때 사용
- 분해된 부분의 관계, 전체 구조 속에서의 역할 기능까지도 분석
- 대상의 구체화, 전체의 세밀화에 기여함.

분석과 분류의 차이점

1. **분류**: 큰 집합을 부분 집합으로 나누는 것
   - 분류 결과는 전체와 부분의 관계가 됨.
   - 하위 개념은 구체화된 실체와 가까워짐.
   - 상위 개념은 추상화되어 실체와 멀어짐.
2. **분석**: 분석 대상은 하나로 이루어진 대상의 구성 요소가 됨.
   - 분석 결과는 개체의 속성이 됨.
   - 분류와 달리 분석 후의 부분이 분석 이전의 실체와 범주가 달라짐.

⑧ **묘사**

- 대상을 그려내듯이 기술하는 설명 방법
- 설명 방식에서의 묘사는 이해를 목적으로 하므로 진술 방식으로서의 묘사보다 객관적이다.

⑨ **서사**

- 행동이나 상태가 진행되어 가는 것을 시간의 경과에 따라 표현
- '무엇'에 초점을 맞춘 내용 전개 방법
- 설명 방식으로서의 서사 역시 이해를 목적으로 하므로 진술 방식으로서의 서사보다 객관적이다.

⑩ **과정**

- 어떤 결과를 가져오게 하는 단계나 절차를 보이는 전개 방식
- '어떻게'에 주목한 전개 방법

과정의 유의점
1. 각각의 단계와 절차는 주제를 향해 집중되어야 한다.
2. 움직임을 나누는 단계의 기준이 균일해야 한다.
3. 각 단계의 이동 관계가 분명히 드러나야 한다.

⑪ 인과
- 원인과 결과에 초점을 두고 글을 전개하는 방법
- 인과 관계에 대한 이해를 돕고 전체적, 구조적 인식을 할 수 있도록 내용 전개

인과의 유의점
1. 원인과 결과로 제시되는 사실이나 자료가 객관적이고 공평해야 한다.
2. 연쇄적 단계의 순서와 전체 체계가 분명히 드러나야 한다.
3. 원인이 일방적이거나 편파적이지 않아야 한다.

03 논 증

1 논증의 개념

① 진술 방식 네 개 중의 하나
② 불확실한 사실이나 명제의 진실 여부를 밝혀내어 독자를 설득하는 방식
③ 무엇이 옳은가, 왜 필요한가, 어떻게 해야 하는가와 같은 문제에 대해 명확한 근거를 들어 주장을 전개하는 방식

2 추론

논증의 한 분야, 논증의 정당성 여부를 밝히는 방식

3 추론의 유형

① **연역 추리**: 일반 원리를 근거로 특수하거나 개별적인 사실을 이끌어 내는 방식

② **귀납 추리**: 개별적인 사실을 근거로 일반적인 결론을 이끌어 내는 방식

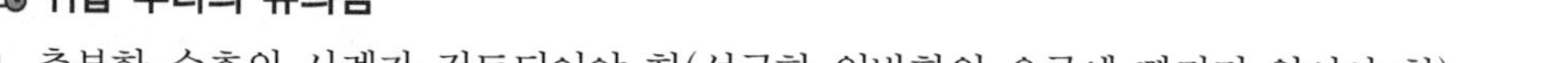

귀납 추리의 유의점

1. 충분한 수효의 사례가 검토되어야 함(성급한 일반화의 오류에 빠지지 않아야 함).
2. 검토된 사례는 그런 부류 중에서 대표적, 전형적인 것이어야 함.
3. 반례를 염두에 두어야 함.

귀납 추리의 종류

1. 통계적 귀납: 전체 집합의 부분을 관찰하고 이를 근거로 그 전체에 대한 결론을 내리는 추론
2. 인과적 귀납: 관찰된 일부 현상의 인과 관계를 인식하여 전체의 원인이나 결과를 이끌어 내는 추론

③ **유비 추리**: 유사성의 특성을 기반으로 하여 나머지 특성도 같으리라는 전제로 결론을 이끌어 내는 방식 (유비 추리를 귀납 추리의 일종으로 보기도 함.)

유비 추리의 유의점

1. 두 사례는 중요한 점이 비슷한 것이어야 한다.
2. 두 사례 간의 차이점이 중요하지 않다는 것이 설명되어야 한다.

④ **변증법**

- 사물이나 현상을 모순, 대립되는 것으로 파악하여 둘 이상의 논점을 대립, 통합함으로써 보다 높은 차원의 결론 유도
- 정 · 반 · 합의 관계를 통한 추론

04 논리적 오류

1 오류의 개념

타당성이 부족하거나 잘못된 논거를 바탕으로 결론을 이끌어 낸 불합리한 추론

2 오류의 종류

① **애매어의 오류**: 단어의 의미를 명백히 구분하지 못하여 생기는 오류

예 성경에서 인간은 죄인이다. 죄인은 감옥에 가야 한다. 그러므로 우리는 모두 감옥에 가야 한다.

② **강조의 오류**: 특정 부분을 강조함으로써 생기는 오류

예 친구에게 상처 주는 말을 해서는 안 된다. 그럼 부모에게는 상처 주는 말을 해도 되겠네.

③ **은밀한 재정의의 오류**: 단어의 개념에 자의적 의미를 덧붙임으로써 생기는 오류

예 대중 사회에서 연예인들은 새로운 귀족 계급이다. 그러므로 대중 사회는 귀족을 중심으로 하는 신분 사회이다.

④ **범주의 오류**: 단어의 범주를 잘못 확정하여 생기는 오류

예 과학자보다는 물리학자가 되고 싶습니다.

⑤ **인신공격의 오류**: 개인적 인격을 트집 잡아 부당성을 지적하는 오류

예 그의 말은 들을 필요도 없어. 그는 감옥에 3번이나 갔다 온 사람이야.

⑥ **정황에 호소하는 오류**: 개인적 정황을 이유로 주장을 반박하는 오류

예 그는 세 번이나 이혼한 사람이야. 여권 신장에 대한 그의 말은 믿을 수 없어.

⑦ **감정에 호소하는 오류**: 동정이나 연민을 근거로 주장하는 오류

예 제가 이 회사에 붙지 못하면 제게 딸린 식구는 모두 굶습니다.

⑧ **원천 봉쇄의 오류**: 특정 주장에 대한 반론의 가능성이 있는 요소를 원천적으로 봉쇄하는 오류

예 이 말을 따르지 않는 사람은 모두 애국자가 아닙니다.

⑨ **피장파장의 오류**: 상대의 논거와 관계없이 상대방도 그러하다는 것을 들어 주장하는 오류

예 그러는 당신은 잘한 것이 무엇입니까!

⑩ **성급한 일반화의 오류**: 결론을 위한 근거가 부족해 생기는 오류

예 교회를 다니는 영희와 철수가 그러는 것을 보면 교회를 다니는 사람은 다 그렇다.

⑪ **논점 일탈의 오류**: 논점과 관계없는 결론을 이끄는 오류

예 그 정치인은 정책 과정에 성실히 임하지 않았다. 그리고 이혼도 했다.

⑫ **인과적 귀납 추리의 오류**: 현상 사이의 인과 관계를 잘못 이끌어 내어 생기는 오류

예 백일기도를 했더니 대학에 합격했다. 그러니 대학을 합격한 원인은 백일기도다.

⑬ **대중에 호소하는 오류**: 군중 심리에 호소하여 의견을 받아들이게 하는 오류

예 이 화장품을 쓴 사람이 10만 명을 넘는다. 그러니 이것은 좋은 제품이다.

⑭ **부당한 권위에 호소하는 오류**: 사안과 관련 없는 권위를 근거로 세우는 오류

예 이 술은 이효리가 권하는 소주야. 그러니 부드럽고 몸에 좋은 술이야.

⑮ **흑백 논증의 오류**: 어떤 사실이나 대상에 대한 견해가 둘밖에 없다고 생각하는 오류

예 나를 사랑하지 않는다고? 그러면 나를 증오하는 거겠네.

⑯ **순환 논증의 오류**: 증명하고자 하는 주장의 근거가 증명하는 것의 내용을 포함하는 오류

예 민주는 거짓말을 하지 않는다. 왜냐하면 민주는 거짓말을 하지 않는 사람이니까.

⑰ **무지에 호소하는 오류**: 논제의 참이나 거짓을 증명할 수 없다고 하여 그 논제가 참이나 거짓이라 생각하는 오류

예 이 세상에 귀신은 없어. 왜냐하면 귀신이 있다는 것을 증명할 수 없으니까.
이 세상에 귀신은 있어. 왜냐하면 귀신이 없다는 것을 증명할 수 없으니까.

⑱ **분할의 오류**: 전체의 속성을 그 구성 성분도 가질 것이라 생각하는 오류

예 미국은 경제 강국이다. 그러니 미국인은 모두 부자일거야.

⑲ **결합의 오류**: 부분의 속성을 부분이 속한 전체도 가질 것이라 생각하는 오류

예 염화나트륨(NaCl)은 매우 독성이 강할 것이다. 염소(Cl)와 나트륨(Na)이 모두 독성이 강한 원소이니까.

⑳ **복합 질문의 오류**: 두 개 이상의 명제가 포함된 질문을 함으로써 어떤 대답을 하든지 특정 사실을 수긍하게 만드는 오류

예 1. 가: 이제부터는 거짓말하지 않을 거지?
나: 네.
가: 그럼 이제까지는 거짓말을 했다는 거네.

2. 가: 이제부터는 거짓말하지 않을 거지?
나: 이전에 거짓말을 하지 않았어요.
가: 그럼, 앞으로는 거짓말을 하겠다는 거네.

Chapter 07

기출문제 풀어보기

다음 대화를 보고 물음에 답하시오. (1~3)

인성 : 다음 회의 때 '스타마케팅'에 대해 발표를 해야 하는데 좋은 의견 있나요?

혜진 : 발표를 시작할 때 '스타마케팅'은 스포츠 · 방송 · 영화 등의 유명 스타들을 내세워 기업이나 제품의 이미지를 높이는 방법으로, 광고에서 흔히 볼 수 있다는 걸 강조하며 좋겠어요. 그러면서 관련된 TV 광고, 신문 광고, 뉴스 자료 화면을 보여 주며 발표를 시작하면 어떨까요?

인성 : 네, 저도 도입 부분에서 (㉠)을 제시해야겠다고 생각했어요. 그리고 전개 부분에서 스타마케팅은 한 번 성공하면 막대한 매출 증대 효과를 가져온다는 점을 설명하려고 해요. 특히 광고에 출연한 운동선수가 크게 활약하거나 연예인이 나오는 드라마나 영화, 가수의 노래가 성공을 거두면 그 효과는 믿기 어려울 정도로 높아져서 상품의 인지도가 하루아침에 올라간다는 점을 강조하려고 합니다.

민규 : 하지만, 긍정적인 효과만 언급해선 안 될 것 같습니다. 스타에 대한 수요는 많고 공급은 제한되어 있어 스타마케팅에 소요되는 비용이 계속 증가하는 추세인데 만약 비싼 출연료나 후원비를 들여 기용한 스타의 인기가 하락하거나 이미지가 실추되면 이는 기업에 큰 부담을 안겨 준다는 점을 언급해야 할 것 같아요.

지선 : 맞아요. 또 대리만족을 통해 스타의 소비를 닮으려는 경향이 강한 연령층의 소비자들에게만 스타마케팅이 효과가 크다는 점을 인식하고 시행할 필요가 있다는 것도 지적하면 좋겠어요.

병민 : 내용도 중요하지만 어떤 방법으로 설명해야 청중들이 쉽게 이해할 수 있을지 생각해 봐요. 청중을 설득할 수 있는 방법을 구체적인 사례를 활용하여 소개하는 것도 중요한 것 같습니다. 마무리할 때는 청중들이 발표 내용을 잘 파악했는지 질문을 통해 확인해 보는 것도 좋을 것 같습니다.

인성 : 고마워요. 많은 도움이 될 것 같습니다.

01 위 대화의 ㉠에 들어갈 말로 가장 적절한 것은?

① 스타마케팅의 개념
② 스타마케팅의 예시
③ 스타마케팅의 장점
④ 스타마케팅의 특성
⑤ 스타마케팅의 효과

해설 도입 부분에는 핵심어에 대한 개념을 보여주는 것이 일반적이다. ②~⑤에 대한 논의는 이후 대화에서 제시되고 있다는 점에 유념하면 정답에 접근하기가 수월하다.

답 ①

02 위 대화의 참여자 중 가장 주제와 동떨어진 말을 하고 있는 사람은?

① 인성
② 혜진
③ 민규
④ 지선
⑤ 병민

해설 병민의 논의는 '스타마케팅'에 집중하였다기보다는 발표 자체의 수용성에 대해 말하는 것이다. 때문에 주제에서 멀어진 내용이라 할 수 있다.

답 ⑤

03 인성이 발표한 스타마케팅의 사례로 가장 적절한 것은?

① 신제품을 개발한 후 많은 사람들이 모이는 번화가에서 무료시식회를 개최함.
② 주인공을 경호하는 사람들에게 아웃도어 재킷을 입혀 제품의 노출 빈도를 높임.
③ 드라마 속에서 엑스트라들이 특정 음료를 마시는 장면을 계속 보여줌으로써 제품을 홍보함.
④ 대기업이 친근한 이미지를 부여하기 위해 일반인이 부르는 노래를 편집해 광고노래로 활용함.
⑤ 스피커 회사가 한류스타가 된 가수를 CF 모델로 기용하고 그가 부르는 노래를 스피커로 들려줌.

해설 스타를 직접적으로 활용하여 제품의 인지도를 상승시키는 예는 ⑤이다.

답 ⑤

Chapter 08

글 다듬기 (1)

01 고쳐쓰기

1 고쳐쓰기의 필요성

① 필자의 의도와 목적이 보다 잘 전달되게 수정하는 기회가 됨.

② 불완전한 글의 완성도를 높임.

③ 구조의 연결을 확인하여 조직화 정도를 높임.

④ 논리 전개의 정당성을 확인하여 타당성을 높임.

⑤ 규범에 알맞은 글로 수정할 수 있음.

2 고쳐쓰기의 단계

① **1단계**: 단락 구성, 문장의 길이, 비유적 표현, 문체, 정서법의 수정

② **2단계**: 주제, 구성, 서론, 본론, 결론의 유기성 확보

③ **3단계**: 스스로의 글을 평가하는 단계

④ **4단계**: 자기 글의 전체적 총평을 써 보는 단계

3 세부 수정 지침

① **주제의 확인**
- 주제의 범위
- 주제의 타당성
- 주제의 독창성
- 주제의 일관성 있는 전개

② **단계의 유기성 확인**
- 기, 서, 결의 단계
- 각 부분별 분배의 균형

③ **서론의 수정**
- 문제 제기의 명확성
- 본론의 입장 및 서술 방향 제시
- 서술 방식의 적합성

④ **본론의 수정**
- 체계성, 논리성
- 과제의 구체화 여부
- 통일성, 완결성(긴밀성), 일관성 확인

⑤ **결론의 수정**
- 서론 – 본론 – 결론의 일관성
- 명료성, 체계성의 확인

⑥ **제재의 확인**
- 주제와의 연관성
- 다양성, 풍부성, 참신성

⑦ **구성의 확인**
- 논리적 일관성
- 단락 나누기의 적절성
- 단락의 요건 충족성
- 단락 간의 유기성
- 문장 간의 유기성

⑧ **표현의 확인**
- 어휘 선택의 적절성
- 풍부한 어휘 사용
- 문장의 간결성, 명료성

⑨ **내용의 확인**
- 심층성, 다각성 검증
- 설득력, 논증력 판단

⑩ **규범의 준수**
- 맞춤법, 표준어
- 띄어쓰기, 구두점 등

고쳐쓰기 – 문장 구조 파악 연습

6강에서 보았던 '문장 구조 파악 연습'의 교정

번호가 있는 부분은 교정이 필요한 부분입니다.

1) 톰 피터스를 일약 세계적 경영 컨설턴트로 만들어 주었던 책 '초우량 기업을 찾아서' 11, 12, 13, 14, 15) in serch of excellence는 16) 20 년도 전에 출판되었다. 이 책 속에서 주인공으로 다루어졌던 기업들 중의 상당수는 출판 후 2년도 되지 않아 사라져 버렸다. 사라졌기 때문에 이름조차 이제는 기억하기 어렵다. 아타리, 데이터 제내럴, 플루오르, 내셔널 세미콘탁터를 기억하는 사람들이 얼마나 되겠는가? 이윽고 5년 뒤에는 이 책에서 다루었던 우량 기업의 2/3가 정상의 자리에서 물러났다.

2) 그 후 17) 12 년 뒤 짐 콜린스와 제리 포라스는 '성공하는 기업의 8가지 습관' 18, 19) (Built to last, 1994)을 출판했다. 톰 피터스가 범한 실수를 피하기 위해 분석 대상을 40년 이상이 된 기업으로 한정해 두었다. 그러나 이 책에서 스포트라이트를 받았던 '성공하는 기업의 습관'을 가지고 있는 비전 기업들 중 일부의 성공 비결은 기업 그 자체에 20) 있었다기 보다는 업계의 경기 상황에 따른 것이라는 분석이 나오면서 좀 더 신중한 관찰이 필요했다는 지적이 대두되었다 43)..

3) '영원히 우수한 성과를 내는 기업'은 없다. 동일한 기업이 어느 때는 뛰어나고 어느 때는 21) 퇴조 할 수도 있다. 산업은 끊임없이 창조되고 시간이 흐르면 확장된다. 산업의 조건과 경계선은 주어진 것이 아니라 22) 개별적이 산업 주체들이 그 형태를 만들어 가는 것이다. 따라서 지속적인 고실적 창출을 설명하는 정확한 분석 단위는 기업도 산업도 아니고 44) 전략적 이동 (strategic move)이라는 주장이 설득력을 얻어 가고 있다. 전략적 이동이란 새로운 주요 시장을 창출하기 위한 경영 결정과 실행을 말한다. 전략적 이동을 통해 늘 자신의 비즈니스의 경계선을 허물고 새로운 수요를 찾아내 사업화할 수 있는 혁신 기업만이 번영할 수 있다.

4) 23) 철도 산업의 예를 들어 보자. 23) 철도산업을 철도 산업으로 좁게 규정하면 새로운 시장을 창출해 내기 어렵다. 철도 산업은 운송 산업이며, 관광 산업이며, 오락 산업이다. 다시 말해 철도 산업은 스스로 그 산업의 한계를 새로 규정하고, 철도가 제공할 수 있는 강점을 24) 대안및 대체 서비스와 혼융하여 수요가 급증하는 새로운 비즈니스를 만들어 내는 전략적 전환과 실천을 통해 번영할 수 있을 것이다.

5) KTX는 시간이 핵심 경쟁력이다. 도시의 25) 한 복판에서 다른 도시의 26) 한 복판으로 이동하게 해 준다. 이것이 비행기와의 차별성이다. 27) 비행기 보다 속도는 느리지만 접근성이 좋기 때문에 특정한 구간들에서 시간적 이득을 얻을 수 있다. 비행기에 비해 가격 역시 경쟁적이다. 다른 28) 대체제인 자동차 운임보다 비싸지만 역시 시간에서 경쟁적이며 늘 정확한 시간을 맞출 수 있고 소요 시간을 예상할 수 있다는 강점을 가지고 있다.

6) 그러나 빠른 수송만이 경쟁력이 아니다. 철도는 여행과 관광 그리고 놀이라는 코드와 무관하지 않다. 예를 들어 쌍계사 29) 벚꽃 같이 '바로 그때 그곳'의 절정으로 이어지는 적시 관광 자원과 연계하거나 부산 국제 영화제처럼 지자체의 이벤트들과 보다 적극적으로 연계되어 합리적 가격의 프로그램 30) 팩키지가 개발되는 이유도 훌륭한 관광 산업으로의 가능성을 모색해 보려는 시도일 것이다.

7) 운송과 달리 여행은 시간을 다투는 경우가 별로 없다. 오히려 기차가 가지는 특별한 여행으로의 이미지, 다양한 관광 31) 자원및 교통수단과의 연계, 이동 과정의 즐거움을 제공할 수 있는 저속 여행 역시 훌륭한 역발상이다. 모든 트랜드는 역트랜드를 만들어 낸다. 32) 패스트 푸드는 슬로푸드를 만들어 내고, 빠름은 느림의 존귀함을 만들어 내고, 글로벌리제이션은 로칼리제이션과 동전의 양면을 이룬다. 나는 한 여행자 33) 로써 철도 여행의 아쉬움을 늘 가지고 있었다. 내가 34) 비즈니스 맨으로 출장을 갈 때는 KTX와 같이 시간적 강점을 경쟁력으로 하는 고속철을 필요로 하지만, 한가한 35) 여행자 일 때는 철도 지선망을 연결하는 즐거운 느림보철이 내 요구를 채워 줄 수 있다. 이렇게 하여 새로운 관광 수요를 채울 수 있는 새로운 비즈니스가 기획되는 것이다.

8) 또한 열차 안은 즐거움을 나눌 수 있는 훌륭한 무대일 수 있으며, 움직이는 레스토랑이고 바며, 웃고 떠들 수 있는 유쾌한 공간으로 바뀔 수 있다는 생각도 해 왔다. 예를 들어 평일 오후 36) 6 시쯤 한 회사의 직원 50명이 특별하게 개조된 열차 한 칸을 45) 빌어 단합을 위한 모임을 갖는 것을 상상해 보자. 간단한 음식과 음료가 제공되고, 37) 팩키지 프로그램으로 진행되는 여흥이 제공된다. 열차는 20개의 차량을 달고 있고 각 차량마다 5가지 정도의 여흥이 번갈아 가면서 제공된다. 열차는 여흥 구간에서는 아주 천천히 미끄러지듯 움직이고 38) 4 시간 후에는 서울로 되돌아온다. 이 열차는 30분마다 혹은 39, 40) 1 시간 마다 한 대씩 출발한다. 만일 이런 상품이 생긴다면 이것은 목적지를 향해가는 여행이 아니라 사람들이 저녁을 함께할 다이나믹한 공간을 제공하는 엔터테인먼트 산업이 되는 것이다.

9) 사람들은 저녁이 되면 삶을 즐기고 싶어 한다. 즐길 수 있는 일은 많다. 영화를 보고 밥을 먹고 술을 마시고 노래방에 갈 수 있다. 영화업, 요식업, 오락 산업의 형태와 기능은 다 다르지만 목적은 같다. 저녁 한때를 즐길 수 있도록 해 주는 것이다. 기차는 이때 아주 훌륭한 대안물일 수 있다. 저속 기관차를 버리고 모두 다 고속철화하는 것은 철도 산업을 운송 산업으로 국한하기 때문에 오는 고착화다. '열심히 일한 날 저녁, 가볍게 떠나고 싶은 41) 사람들' 에게 자유의 공기를 주고, 특별한 공간에서 다이나믹한 이동의 즐거움을 제공함으로써 새로운 고객들을 끌어들일 수 있다면 그것은 새로운 시장을 창출하는 데 성공한 것이다. 그곳에는 경쟁도 없다. 경쟁이 없는 곳에서의 차별적 서비스처럼 성공의 맛이 느껴지는 곳은 없다.

10) 모든 아이디어는 처음에는 설익고, 우스꽝스러우며, 다소 불순할 수도 있다. 일반적으로 받아들여지는 산업계의 패러다임의 중심에 있지 못하는 주변적 사고이기 때문이다. 그러나 경영은 기존 산업의 경계 내에서 피나는 경쟁을 통해 이기는 것만을 목적으로 하지 않는다. 훌륭한 경영은 경쟁하지 않는 자신만의 영역을 만들어 내는 것이다. 아직 존재하지 않는 공간, 누구도 아직 점령하지 못한 새로운 수요의 영역을 창출해 내고 그 자리를 42) 선점함으로 써 번영하는 경영이 바로 혁신 경영인 것이다. 영원한 혁신이 가능할 때, 그 기업은 지속 가능한 성장의 길을 가는 비전 기업이 되고, 초우량 기업이 되는 것이다.

— 구본형, 「새로운 비즈니스의 공간을 찾아라」

02 글쓰기의 원리

맞춤법 교정 및 해설

1) ~10) 단락 들여쓰기

해설 단락의 첫 칸은 들여 써야 한다.

11) 따옴표 속으로 영문 이동

해설 책 이름의 영문은 책 제목 바로 다음에 들어가야 한다.

12) search의 오타(serch ⇨ search)

해설 문서 작업에서 영문 오타가 날 경우는 나중에 발견하기가 어려우므로 주의하여야 한다.

13) 영어 제목의 대문자 처리

해설 In Search of Excellence

14) 영어 제목 앞뒤를 ( )로 묶어 줄 것

15) 출판 연도를 넣을 것인지 말 것인지를 아래의 책명과 맞출 것

16) 20 년도 ⇨ 20년도

17) 12 년 ⇨ 12년

18) 영문 제목의 'l'을 대문자 'L'로 바꿀 것

19) 띄어쓰기 조절

해설 ( )가 앞말에 붙도록 조정

20) 있었다기 보다 ⇨ 있었다기보다

해설 명사 뒤의 '보다'는 조사이므로 앞말에 붙여 준다. 여기서 '있었다'는 명사가 아니지만 '-기'를 붙여 명사처럼 만들었으므로 붙여야 한다.

43) 마침표 하나 지우기

해설 컴퓨터에서 문서 작업을 할 경우 문장을 삭제할 때 마침표까지 삭제해야 이런 일이 발생하지 않는다.

21) 퇴조 할 ⇨ 퇴조할

해설 명사 뒤의 '-하다'는 붙여 주어야 한다. 이 '-하다'는 명사 뒤에서 동사나 형용사를 만들어 주는 역할을 하기 때문이다.

22) 개별적이 ⇨ 개별적인

해설 문서상에서는 흔히 벌어지는 일이다. 나중에 찾아내려 하면 어렵기 때문에 지속적인 관심을 가지고 오타가 나지 않도록 해야 한다.

44) ( )를 앞말에 붙일 것

23) 철도 산업을 붙일 것인가 말 것인가의 문제는 하나의 단어인가 아닌가에 달려 있다. 일반인들이 합성어인지 아닌지 모든 단어를 판단하는 것은 어려운 일이다.

해설 일반인들의 경우에는 이러한 판단 대신에 맞춤법에서 띄우는 것을 원칙으로 하되 붙이는 것도 허용한다는 조항을 활용하면 된다. 중요한 것은 23)과 같이 동일한 단어의 조합을 어떤 때는 띄우고 어떤 때는 붙이는 실수를 범해서는 안 된다.

중요한 것은 일관된 띄어쓰기이다. 컴퓨터상의 문서 작업인 경우에는 문서 작성 후 '찾아 바꾸기'로 이들을 동일하게 바꾸어 주어야 한다.

24) 대안및 대체 서비스 ⇨ 대안 및 대체 서비스

해설 '및'은 부사이므로 띄어 써야 한다.

25) 26) 한 복판 ⇨ 한복판

해설 '한복판'은 '복판'을 강조하여 이르는 말로 하나의 단어이다.

27) 비행기 보다 ⇨ 비행기보다

해설 위의 20) 해설 참조

28) 대체제 ⇨ 대체재

해설 바꿀 수 있는 재화라는 의미이므로 '제'가 아니라 '재'이다.

29) 벚꽃 같이 ⇨ 벚꽃같이

해설 여기서 '-같이'는 함께라는 뜻이 아니라 '-처럼'에 해당하는 조사이다.

30) 팩키지 ⇨ 패키지

31) 자원및 ⇨ 자원 및

해설 24)번 해설 참조

32) 패스트 푸드 ⇨ 패스트푸드

해설 fast food는 외래어로, '패스트푸드'와 같이 붙여서 표기한다.

33) 로써 ⇨ 로서

해설 자격을 나타내는 말은 '-로서', 수단을 나타내는 말은 '-로써'이다.

34) 비즈니스 맨 ⇨ 비즈니스맨

35) 여행자 일 ⇨ 여행자일

해설 학교 문법에서 '-이다'는 명사를 서술어로 바꾸어 주는 조사이다. 조사는 항상 앞말에 붙여 써야 한다.

36) 6 시 ⇨ 6시

45) 빌어 ⇨ 빌려

해설 빌려 주는 것이나 빌려 오는 것이나 모두 '빌리다'로 써야 한다. 1989년 이전 맞춤법에서는 이 둘을 구별하여 '빌려', '빌어'로 되어 있었기 때문에 나이가 드신 분들은 이런 전통을 따르는 경우가 많다. 예를 들어 교장 선생님의 훈화는 항상 '이 자리를 빌어~'로 나온다. 이전 맞춤법의 규정을 따른 것이다. 하지만 현행 맞춤법은 이 둘의 구별을 없앴다. 그러므로 '빌다'로 써야 하는 의미는 '잘못을 ~', '기도하다', '구걸하다'에 한정된다.

37) 팩키지 ⇨ 패키지

38) 4 시간 ⇨ 4시간

39) 40) 1 시간 마다 ⇨ 1시간마다

해설 '-마다'는 조사이므로 앞말에 붙여 쓴다.

41) 사람들' 에게 ⇨ 사람들'에게

42) 선점함으로 써 ⇨ 선점함으로써

띄어쓰기 원리

1. 의존 명사와 조사의 구별

① [나 만큼/나만큼] 문법을 좋아하는 사람이 있으면 나와 보라고 해.

② 문법 공부는 [할 만큼/할만큼] 했다고요.

③ 나는 문법 공부에 최선을 [다할 뿐이다/다할뿐이다].

④ 문법을 좋아하는 사람은 [나뿐이/나 뿐이] 아니다.

⑤ 나는 [나 대로/나대로] 문법 공부 방식을 찾고 있단다.

⑥ 나는 [틈나는 대로/틈나는대로] 문법 공부를 한단다.

⑦ [나만/나 만] 문법을 좋아하는 게 아니었어.

⑧ 문법 공부는 정말 [할 만해/할만해].

⑨ 그 학생은 문법 공부가 [재미있는 듯이/재미있는듯이] 보인다.

⑩ 문법 공부는 얼음에 [미끄러지듯이/미끄러지 듯이] 해야 해.

2. 단어와 구의 구별

① 지난 주말엔 부모님과 함께 [큰아버지] 댁에 놀러 갔다.
지난 주말엔 부모님과 함께 [큰 아버지] 댁에 놀러 갔다.

② 담이 [큰아버지]께서는 밤 산행을 즐기신다.
담이 [큰 아버지]께서는 밤 산행을 즐기신다.

③ [작은아버지]께서 이번에 우리 동네로 이사를 오셨다.
[작은 아버지]께서 이번에 우리 동네로 이사를 오셨다.

④ 키가 [작은아버지]이시지만, 내게는 누구보다 멋진 분이시다.
키가 [작은 아버지]이시지만, 내게는 누구보다 멋진 분이시다.

정답 및 해설

1. ① [나만큼] 문법을 좋아하는 사람이 있으면 나와 보라고 해.
   ② 문법 공부는 [할 만큼] 했다고요.
   ③ 나는 문법 공부에 최선을 [다할 뿐이다].
   ④ 문법을 좋아하는 사람은 [나뿐이] 아니다.
   ⑤ 나는 [나대로] 문법 공부 방식을 찾고 있단다.
   ⑥ 나는 [틈나는 대로] 문법 공부를 한단다.
   ⑦ [나만] 문법을 좋아하는 게 아니었어.
   ⑧ 문법 공부는 정말 [할 만해].
   ⑨ 그 학생은 문법 공부가 [재미있는 듯이] 보인다.
   ⑩ 문법 공부는 얼음에 [미끄러지듯이] 해야 해.

2. 큰아버지: 아버지의 형을 이르는 말
   작은아버지: 아버지의 남동생을 이르는 말
   ① 지난 주말엔 부모님과 함께 [큰아버지] 댁에 놀러 갔다.
   ② 담이 [큰 아버지]께서는 밤 산행을 즐기신다.
   ③ [작은아버지]께서 이번에 우리 동네로 이사를 오셨다.
   ④ 키가 [작은 아버지]이시지만, 내게는 누구보다 멋진 분이시다.

문장의 정확성 확인

다음 문장의 잘못된 점을 찾아보자.

1. 그러나 문제의 핵심은 누가 고양이의 목에 방울을 다는 것이었다.

2. 특히 주목해야 할 사실은 대중이 정치적 행위에 참여하는 시대에서는 정치적 목적의 달성을 위한 대중 조작이 번번하다.

3. 그럼에도 불구하고 전통 문화를 새삼스럽게 논의하게 되는 것은 그러한 인식이 잘못된 경우가 많다.

4. 우리말 어휘의 약 60%가 한자를 기초로 하여 이루어진 어휘이므로, 어휘의 의미를 정확히 알기 위해서는 한자에 대한 기초적인 소양 정도는 갖추게 된다.

5. 예수는 누구나 다 좋아할 수 있는 사람이다.

6. 모든 독재 권력은 부패하지 않았다.

7. 소크라테스는 나는 모르는 것을 알고 있다고 했다.

8. 천당 가고 싶어 죽겠다.

9. 철수가 그 책을 읽지 않았다.

10. 눈이 시도록 푸른 하늘을 쳐다보았다.

정답 및 해설

호응 관계가 잘못된 문장

1. 그러나 문제의 핵심은 누가 고양이의 목에 방울을 ~~다는~~ 것이었다.
   ↳ 다느냐는

2. 특히 주목해야 할 사실은 대중이 정치적 행위에 참여하는 시대에서는 정치적 목적의 달성을 위한 대중 조작이 ~~빈번하다~~.
   ↳ 빈번하다는 점이다.

3. 그럼에도 불구하고 전통 문화를 새삼스럽게 논의하게 되는 것은 그러한 인식이 잘못된 경우가 ~~많다~~.
   많다는 점 때문이다. ↲

4. 우리말 어휘의 약 60%가 한자를 기초로 하여 이루어진 어휘이므로, 어휘의 의미를 정확히 알기 위해서는 한자에 대한 기초적인 소양 정도는 ~~갖추게 된다~~.
   ↳ 갖추어야 한다.

중의적으로 해석될 수 있는 문장

5. 예수는 누구나 다 좋아할 수 있는 사람이다.
   해설 • 예수님이 누구나를 다 좋아한다는 의미
   • 누구든지 예수님을 좋아한다는 의미

6. 모든 독재 권력은 부패하지 않았다.
   해설 • 부패한 독재 권력은 하나도 없다는 의미
   • 독재 권력이 일부 부패했지만 모두 부패한 것은 아니라는 의미

7. 소크라테스는 나는 모르는 것을 알고 있다고 했다.
   해설 • 소크라테스가 소크라테스 자신이 모르는 것을 알고 있다는 의미
   • 소크라테스가 내가(글을 쓰는 사람이나 말하는 사람) 모르는 것을 알고 있다는 의미

8. 천당 가고 싶어 죽겠다.
   해설 • 천당에 몹시 가고 싶다는 의미
   • 천당에 가고 싶어서 죽어야겠다는 의미

9. 철수가 그 책을 읽지 않았다.
   해설 • 철수 아닌 다른 사람이 책을 읽었다는 의미
   • 그 책이 아닌 다른 책을 샀다는 의미
   • 읽은 것이 아니라 다른 행동(사기만, 베고 자기만)을 했다는 의미

10. 눈이 시도록 푸른 하늘을 쳐다보았다.
    해설 • 푸른 하늘을 쳐다보아서 눈이 시다는 의미
    • 하늘이 눈이 실 정도로 푸르다는 의미

글 다듬기 (2)

01 언어 규범

1 어문 규정의 구조

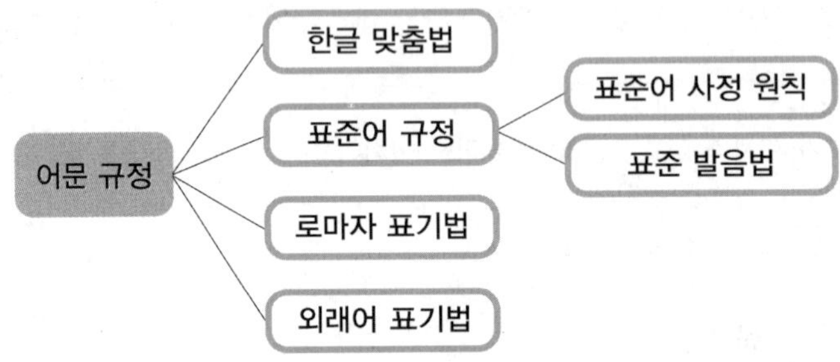

2 어문 규정을 위한 사이트: 국립국어원(www.korean.go.kr)

(1) 홈페이지 메인 → 어문 규범

(2) 한국어 어문 규범

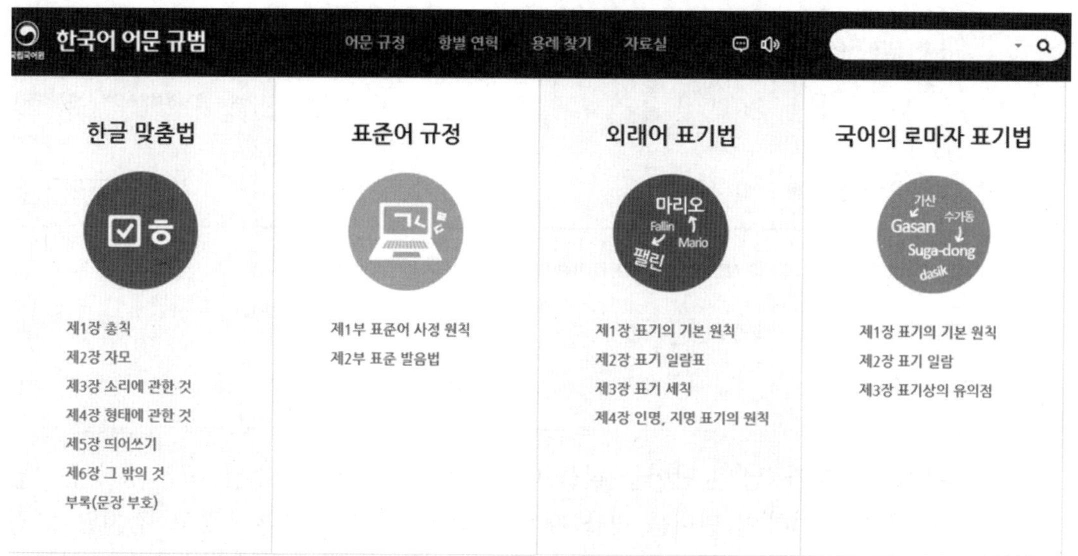

(3) 국어 상담 – 질의 응답 모음

· 검색어 질문제목 한번 찾기 옛한글 사용

글쓰기

번호	제목	작성자	등록일	조회
[공지]	[2.27.~3.5. 온라인가나다 답변 수정 사항 등 공지]	이정미	2017. 3. 6.	26
[공지]	온라인가나다 답변 전자 우편 발송 종료 안내	이정미	2017. 1. 25.	2531
113645	한번 해병은 영원한 해병>>띄어쓰기	김탁구	2017. 3. 7.	4
113436	한번 한 번 띄어쓰기	영	2017. 3. 2.	16
	[답변]부사 '한번'	온라인 가나다	2017. 3. 3.	16
112472	[재질문] [재질문] 그러네요/그렇네요. 한번/한 번	김봉규	2017. 2. 11.	65
	[답변]히읗 불규칙 용언	온라인 가나다	2017. 2. 13.	65
112464	[재질문] 그러네요/그렇네요. 한번/한 번	이은	2017. 2. 10.	35
	[답변]그렇다	온라인 가나다	2017. 2. 13.	35
111146	한번 / 한 번	장혜리	2017. 1. 11.	34
	[답변]'한번'	온라인 가나다	2017. 1. 12.	34
111082	"노래 한번 할 수도 있지 왜" 띄어쓰기	박혜리	2017. 1. 10.	26
	[답변]'노래 한번 하다'	온라인 가나다	2017. 1. 11.	26

(4) ?, *를 활용한 상세 검색

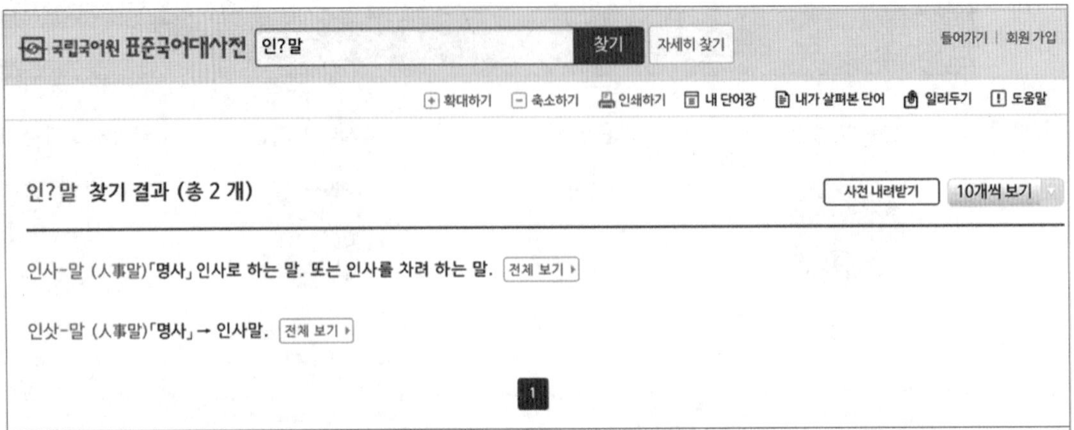

- 마지막 글자가 '님'인 단어를 찾을 때 : '*님'으로 검색 → 스님, 고모님, 눈뜬장님
- 첫 글자가 '김치'인 단어를 찾을 때 : '김치*'로 검색 → 김치냉장고, 김치말이, 김치전
- 첫 글자가 '하', 마지막 글자가 '이'인 단어를 찾을 때 : '하*이 '→ 하와이, 하루살이

맞춤법 확인

1. 머릿속( ), 머릿속( )
2. 윗글( ), 위글( )
3. 위통( ), 웃통( ), 윗통( )
4. 윗도리( ), 위도리( ), 웃옷( ), 윗옷( )
5. 몇일( ), 며칠( )
6. 라켓( ), 라켄( ), 라켈( )
7. 해님( ), 햇님( )
8. 너머( ), 넘어( )
9. 숫가락( ), 숟가락( )
10. 왠지( ), 웬지( )
11. 오랫만에( ), 오랜만에( )
12. 알맞은( ), 알맞는( )
13. 안 되( ), 안 돼( ), 안 된( ), 안 돼( )
14. 들리다( ), 들르다( )
15. 바라다( ), 바래다( )
16. 맨날( ), 만날( )
17. 푸른( ), 푸르른( )
18. 나는( ), 날으는( )
19. 사글세( ), 삯월세( )
20. 자장면( ), 짜장면( )

정답 및 해설

1. 머릿속(○), 머리속( )
   해설 '머릿속'은 사전에 등재된 하나의 단어이다.
2. 윗글(○), 위글( )
   해설 '윗글'은 바로 위의 글을 의미하는 말로 사전에 등재된 하나의 단어이다.
3. 위통(○), 웃통(○), 윗통( )
   해설 '위통'은 물건의 위가 되는 부분을 나타내는 말이다. '웃통'은 몸에서 허리 위의 부분을 의미한다. 몸의 상체를 말할 때 '위통'을 쓰면 틀리다.
4. 윗도리(○), 위도리( ), 웃옷(○), 윗옷(○)
   해설 '윗도리'는 허리의 윗부분 혹은 윗옷을 의미한다. '웃옷'은 맨 겉에 있는 옷을 의미한다. '윗옷'은 위에 입는 옷을 가리키는 말이다.
5. 몇일( ), 며칠(○)
   해설 '며칠'이 올바른 표기이다. 예 이 일은 며칠이나 걸리겠니?
6. 라켓(○), 라켄( ), 라켈( )
   해설 racket은 외래어 표기법에 따라 '라켓'으로 적는다.
7. 해님(○), 햇님( )
   해설 '해님'은 해를 인격화하여 높이거나 다정하게 이르는 말로, 사전에 등재된 하나의 단어이다.
8. 너머(○), 넘어(○)
   해설 '너머'는 명사로, 높이나 경계로 가로막은 사물의 저쪽 혹은 그 공간을 가리키는 말이다. '넘어'는 동사 '넘다'의 활용형 중 하나이다.

9. 숫가락( ), 숟가락(○)

해설 '숟가락'이 올바른 표기로 'ㄷ' 받침을 쓴다.

10. 왠지(○), 웬지( )

해설 '왠지'는 '왜 그런지 모르게, 또는 뚜렷한 이유도 없이'라는 의미의 부사이다. 참고로 '웬'은 관형사로, '어찌 된, 어떠한'의 의미를 나타내는 말이고, '웬일'은 '어찌 된 일, 의외의 뜻'을 나타내는 명사다.

11. 오랫만에( ), 오랜만에(○)

해설 '오랜만'은 '오래간만'의 준말로 '오랜만에'의 꼴로 많이 쓰인다. 참고로 '시간상으로 썩 긴 기간 동안'이라는 의미의 명사는 '오랫동안'으로 표기한다.

12. 알맞은(○), 알맞는( )

해설 '알맞다'는 형용사이므로 활용형은 '알맞은'으로 써야 한다.

13. 안 되( ), 안 돼(○), 안 된(○), 안 됀( )

해설 '되'를 써야 할지 '돼'를 써야 할지 고민될 때에는 '하'와 '해'를 대신 넣어 보면 된다. '안 되'인지 '안 돼'인지 알아보기 위해 '안 하', '안 해'로 바꾸어 보면, '안 해'가 자연스러우므로 '안 돼'가 정확한 표기이다. '안 된', '안 됀'에서는 '안 한'이 자연스러우므로 '안 된'이 정확한 표기이다.

14. 들리다(○), 들르다(○)

해설 '들리다'는 '감기가 들리다', '귀신에 들리다', '음악 소리가 들린다' 등의 의미로 쓰이고, '들르다'는 '친구 집에 들르다', '집에 가는 길에 술집에 들러 한잔했다' 등과 같이 쓰인다.

15. 바라다(○), 바래다(○)

해설 '바라다'는 생각이나 바람대로 어떤 일이 이루어지거나 그렇게 되었으면 하고 생각한다는 의미이고, '바래다'는 볕이나 습기 등으로 인해 색이 변하다는 의미이다.

16. 맨날(○), 만날(○)

해설 2011년에 '맨날'도 표준어로 인정되었다.

17. 푸른(○), 푸르른( )

해설 형용사 '푸르다'는 '푸른'으로 활용한다. '푸르른'은 틀린 표기이다.
'푸르다'의 어간 '푸르-'에 관형사형 어미 '-ㄴ'이 오면 '푸른'이 된다. 국어에서 관형사형로 '-른'이 존재하지 않고, '푸르-' 다음에 '-ㄴ'이 '-른'으로 바뀌는 현상도 없다.

18. 나는(○), 날으는( )

해설 '날다'와 같은 'ㄹ' 받침의 용언들은 어미의 첫소리 'ㄴ, ㅂ, ㅅ' 및 '-(으)오, -(으)ㄹ' 앞에서 줄어지는 경우 준 대로 적는다. 따라서 '날다'에 '-는'이 연결되면 'ㄹ'이 탈락되어 '나는'이 된다.

19. 사글세(○), 삯월세( )

해설 '사글세'가 맞는 표기이다.

20. 자장면(○), 짜장면(○)

해설 2011년에 '짜장면'도 표준어로 인정되었다.

Chapter 09 기출문제 풀어보기

01 초다음 규정을 바탕으로 미루어 본 내용으로 적절한 것은?

> [표준어 규정 제12항]
>
> '웃-' 및 '윗-'은 명사 '위'에 맞추어 '윗-'으로 통일한다.
>
> [다만 1] 된소리나 거센소리 앞에서는 '위-'로 한다.
>
> [다만 2] '아래, 위'의 대립이 없는 단어는 '웃-'으로 발음되는 형태를 표준어로 삼는다.

① '맨 겉에 입는 옷'은 '웃옷'이 맞겠군.

② '아래층'에 반대되는 층은 '윗층'이 맞겠군.

③ '온돌방에서 위쪽 방바닥'은 '웃목'이 맞겠군.

④ '본래의 값에 덧붙이는 돈'은 '윗돈'이 맞겠군.

⑤ '웃어른'과 '윗어른' 중에서 '윗어른'이 맞겠군.

해설
- ① '아래옷'의 반대가 되는 말은 '윗옷'이지만, 그 위에 입는 '겉옷'에 해당하는 말은 '웃옷'이 된다.
- ② '아래층'에 반대되는 층은 '위층'이다. '윗층'이라 적지 않는 이유는 사이시옷 규정 때문이다. '된소리'나 거센소리 앞에는 'ㅅ'을 삽입하지 않는다.
- ③ '온돌방에서 위쪽 방바닥'은 위쪽의 반대에 해당하는 아래쪽을 지시하므로 '윗목'이 된다.
- ④ '본래의 값에 덧붙이는 돈'은 '웃돈'이다. '아래돈'이라는 개념이 불가능하기 때문이다.
- ⑤ '웃어른'이 맞는 표현이다. 반면 '윗사람'은 '아랫사람'의 반대이므로 '윗'으로 적는다. 이때 'ㅅ'을 적는 이유는 '사람'이 [싸람]으로 소리나기 때문이다.

답 ①

02 다음 중 밑줄 친 표현을 고친 것으로 적절하지 않은 것은?

① 부장님의 말씀이 <u>계시겠습니다</u>. → 부장님의 말씀이 <u>있으시겠습니다</u>.

② 마당으로 나가 <u>살구나무에게</u> 물을 주었다. → 마당으로 나가 <u>살구나무에</u> 물을 주었다.

③ <u>어떻게</u> 우리가 이 일을 하는 이유를 모르겠다. → <u>모름지기</u> 우리가 이 일을 하는 이유를 모르겠다.

④ 이제 우리나라가 일본을 2:0으로 <u>리드하고</u> 있습니다.
→ 이제 우리나라가 일본을 2:0으로 <u>이기고</u> 있습니다.

⑤ 어머니의 손맛과 아내의 손맛이 서로 <u>틀린</u> 것은 당연하다.
→ 어머니의 손맛과 아내의 손맛이 서로 <u>다른</u> 것은 당연하다.

해설
- ① 높이려는 대상의 존재를 표현할 때 '계시다'라는 말을 쓴다. '말씀'은 '대상'을 직접 가리키지 않아 '계시다'의 주어로 쓰이지 않는다.
- ②의 '에게'는 유정물(감정이 있는 대상)에 사용되는 조사이다. '살구나무'는 유정물이 아니므로 '에게'를 사용하지 않는다.
- ③은 '도대체'와 같은 부사가 어울린다. 이 '도대체'는 주로 부정적인 서술과 호응한다. '모름지기'는 내용상 적절하지 않은 부사이다.
- ④는 외래어나 외국어를 고유어로 수정한 예이다.
- ⑤의 '틀리다'는 ○×의 판정에 사용되는 말이다. '손맛'은 정오(正誤) 판단의 대상이 아니므로 다르다라는 표현을 사용하여야 한다.

답 ③

03 초고를 완성한 이후에 동료 평가에 대한 설명으로 잘못된 것은?

① 동료는 독자 중 한 사람이므로 자신이 쓴 글이 독자에게 제대로 전달되는지 확인할 수 있다.
② 동료는 글쓴이가 자신의 생각에 빠져 놓칠 수 있는 부분을 객관적인 시각으로 지적해 줄 수 있다.
③ 동료 평가 방법은 동료가 직접 말로 조언하는 대면 평가보다 서면으로 첨삭하는 지면 평가가 더 유용하다.
④ 동료는 글쓴이가 글에서 나타내고자 하는 것을 확인하고 그것이 글에 충분히 나타나고 있는가를 조언한다.
⑤ 동료는 잘못된 글을 직접 수정하지 않고 큰 틀에서 주제와 단락, 주장과 근거 등의 관계를 확인하는 역할을 한다.

해설
- 동료 평가란 글쓴이와 같은 상황에 놓여 있는 다른 사람이 글을 평가하는 과정을 말한다.
- 경험을 공유하는 독자에게 글을 평가받음으로써 글의 완결성을 확보할 수 있는 기회로 활용할 수 있다.
- 동료 평가의 형식이나 절차는 평가를 하는 상황이나 글쓴이와 동료의 관계 등에 따라 대면 평가나 지면 평가를 선택할 수 있다.
- 동료 평가를 해 주는 사람 역시 상대방의 글을 통해 자신의 문제 상황에 대해 진단할 수 있는 계기가 되기도 한다.
- 동료의 글을 직접 수정하기보다는 큰 틀에서 문제를 제기해 주는 방식이 서로에게 도움이 될 수 있다.

답 ③

⏰ 다음 글을 읽고 물음에 답하시오. (4~5)

> ㉮ 분명 우리도 지금 한 시기를 살아가고 역사를 만들어 가고 있지만 아직까지도 우리는 과거로부터 자유롭지 못하다. ㉯ 최근 친일을 했던 사람들의 명단이 오르내리고 논자들은 나름 그들을 준엄하고 엄격하게 평가해야 한다고 하지만 어떤 기준으로 그들을 평가해야 하는지를 놓고는 함부로 그 기준을 정하지 못하고 있다. 그러니 누가 감히 그들의 친일을 옳다와 그르다로 양분하여 답할 수 있을 것인가? ㉰ 아무도 그 시대를 살아보지 못했다면 지금 이 시대를 살아가면서 지나간 역사를 평가한다는 것은 지금의 잣대로는 당연히 어려운 평가일 것이다. ㉱ 그러나 우리는 분명 과거를 보고 배우면서 현재를 살아가는 존재들이며, 오늘도 하나의 역사를 만들어 가고 있다. ㉲ 현재의 우리는 '친미'를 저지르고 있는 것이 과거 지식인들의 '친일'과 다른 것은 무엇인지도 알아야 현실을 바로 자각할 수 있는 것이다.

04 퇴고 단계에서 윗글을 고쳐 쓴다면, ㉮~㉲ 문장 중 가장 자연스러워서 굳이 고쳐 쓰지 않아도 될 것은?

① ㉮ ② ㉯ ③ ㉰
④ ㉱ ⑤ ㉲

해설
- 문장은 필요한 성분을 제대로 갖추고 있는지, 모호하지는 않은지, 주어와 서술어가 제대로 호응되고 있는지를 확인하여 수정해야 한다.
- ㉮ 문장은 '살아가고 ~ 만들어 가고'에서 같은 형태의 어미가 중복되어 자연스럽지 못하다.
- ㉯ 문장은 주술 관계가 복합적이어서 문장이 복잡하다. 간결한 문장으로 수정할 필요가 있다.
- ㉰와 ㉲ 문장은 주술 관계가 호응이 안 된다.

답 ④

05 이 글에 대한 평가로 옳은 것은?

① 글의 주제가 명확하여 설득력이 높다.
② 문장과 문장 사이의 논리적 연계가 허약하다.
③ 객관적인 논거를 명확하게 제시한 좋은 글이다.
④ 문장은 정확하지 못하지만 글의 논지는 분명하다.
⑤ 설명이 친절하지 못하여 정보 전달력이 미흡해졌다.

해설
- 이 글은 논설문이다. 그런데 주장하는 바가 명확하지 않다. 주제가 명확히 드러나지 않았기 때문이다. 주제가 명확하지 않은 글은 설득력이 높을 수 없다.
- 글 속에서 주장된 바는 구체화되어야 하고 타당한 논거의 제시로 뒷받침되어야 한다. 그러나 이 글은 현실을 제대로 자각해야 한다고 말하고 있으나 제대로 자각한다는 것이 무엇인지 구체화되지 않고 있다. 또한 그렇게 생각하는 이유가 무엇인지 그 논거도 제대로 제시되지 않았다.
- 이 글 속의 문장은 부정확할 뿐만 아니라 문장 사이의 논리적 연결이 자연스럽지 못하다.
- 논설문의 문장은 명료하고 간결하여야 한다.

답 ②

Chapter 10

글 다듬기 (3)

고쳐쓰기 연습

다음 글을 읽고 문제점을 10가지만 들어 보자.

역사교육이란 무엇인가

오늘날을 살아가는 우리는 과거에 있었던 사건 등을 경험 또는 책등을 통해 알아간다. 흔히 이러한 과거를 역사라 착각하기 쉬운데, 우리가 역사를 배운다는 것의 의미는 단순히 과거의 사실을 일방적으로 알아가는 것이 아니다. 역사를 학습한다는 것은 역사를 배우는 이들이 비판적 이성을 갖추고, 시간의 흐름과 상황의 변동에 따라 기억을 지속적으로 수정, 관리하는 역동적 과정을 뜻한다.

과거 유럽의 역사교육은 국가에 의해 정치적, 사회적 이해관계와 목적에 부합해 있었고, 이는 국민에게 올바른 역사인식을 심어주지 못하고, 자민족 우월감을 심어 주는 등 올바르지 못한 모습이었다. 그러나 현재 유럽의 역사는 수많은 역사가들과 그것을 알고 싶어 하는 대중들과의 토론과 의사소통을 통한 검증 속에서 역사적 진리에 접근해 가고 있다.

그러나 현재의 우리나라의 역사교육의 실정은 유럽과는 많이 다르다. 실제로 국가는 국민의 역사적 인식의 큰 부분을 지배하고 있다. 국정 국사 교과서 편찬을 통해 역사가와 학습자 간의 활발한 소통을 막고 있으며, 학습자에게 일방적 역사적 지식 흡수를 강요한다. 이는 일본의 역사 교과서 왜곡과 본질적으로 크게 다를 바가 없다. 국가가 개입하여 교과서를 왜곡하는 것처럼 우리도국가가 역사가와 학습자 간의 소통을 막고 일방적으로 국가가 원하는 역사교육을 받을 것을 강요하고 있기 때문이다. 우리는 학습자의 입장에서 과거의 사실에 대해 비판적 자세를 갖출 필요가 있다. 그러기 위해서는 국가의 일방적 강요로 인한 역사학습보다는 역사가와 대중들 간의 활발한 의사소통을 통해 역사 교과서 편찬에 좀더 능동적으로 참여하고, 좀더 능동적이고 진지하게학습해 나갈 수 있는 국가의 제도 마련이 시급할 것이다.

문제점 10가지

1. ______________________________

2. ______________________________

3. ______________________________

4. ______________________________

5. ____________________
6. ____________________
7. ____________________
8. ____________________
9. ____________________
10. ____________________

예시답안 및 해설

이 열 가지는 앞서 보았던 세부 수정 지침과 긴밀한 연관이 있다. 아래에 제시된 열 가지 사안을 중심으로 이 글을 분석하고 문제를 제기해야 한다.

1. 주제의 확인
   - 주제의 범위가 명확하고 구체적인가?
   - 주제가 타당한가?
   - 주제가 독창적이고 참신한가?
   - 주제가 일관성 있게 전개되었는가?

2. 단계의 유기성 확인
   - 기, 서, 결의 단계가 확실한가?
   - 각 부분별 분배가 균형 있게 배치되었는가?

3. 서론의 수정
   - 문제 제기가 명확한가?
   - 본론의 서술 방향이 제시되어 있는가?
   - 관심을 끌 수 있는 서술 방식인가?
   - 자신의 입장이 암시되었는가?

4. 본론의 수정
   - 체계적이고 논리적인가?
   - 서론에서 제시된 과제가 구체화되고 있는가?
   - 통일성을 지키고 있는 글인가?
   - 완결성(긴밀성)을 지키고 있는 글인가?
   - 편견이나 선입견이 개입되지 않았는가?
   - 청유형, 의문형, 감탄형을 남발하고 있지는 않은가?

5. 결론의 수정
   - 서론, 본론, 결론의 내용이 일관되게 유지되고 있는가?
   - 선언적 표현으로 이루어지고 있지는 않은가?
   - 본론에서 말한 바를 간결히 정리하고 있는가?
   - 자신의 주장이 명료하게 드러나고 있는가?

6. 제재의 확인
- 제재가 주제와 연관되어 있는가?
- 제재가 다양하고 풍부한가?
- 사용된 제재가 참신한가?

7. 구성의 확인
- 구조가 논리적으로 일관성 있게 조직되었는가?
- 단락 나누기가 적절하게 이루어졌는가?
- 각 단락은 단락의 요건을 갖추고 있는가?
- 단락 간의 유기성은 잘 갖추어졌는가?
- 문장 간의 연결은 유기성을 갖추고 있는가?

8. 표현의 확인
- 어휘 선택은 적절한가?
- 풍부한 어휘를 사용하고 있는가?
- 문장은 간결하고 명료한가?

9. 내용의 확인
- 깊이 있는 사고가 개입하고 있는가?
- 다각적인 측면을 고려하고 있는가?
- 설득력과 논증력이 있는가?

10. 규범의 준수
- 맞춤법이나 표준어를 잘 활용하고 있는가?
- 띄어쓰기는 일관되게 잘 이루어지고 있는가?
- 구두점 등이 규범에 맞게 사용되고 있는가?

〈구체적 문제점〉

1. 주제문이 명확히 부각되지 않았다.
2. 제목과 내용이 일치하지 않는다.
3. '역사'와 '역사 교육'이라는 범주를 혼동하고 있다.
4. 1단락과 2단락의 연계가 긴밀하지 않다.
5. 3단락의 내용이 너무 길어서 전체적 균형이 맞지 않다.
6. 선언만 하고 근거를 제시하지 못한 곳이 있다.
7. 주제와 관련된 논의 중 일부만을 논의하였는데 이를 글에서 밝히지 않고 있다.
8. 문장과 문장의 연계가 논리적이지 못한 부분들이 있다.
9. 간결하지 못한 문장들이 있다.
10. 맞춤법, 띄어쓰기 등에 오류가 있다.

교정 연습

다음 예시 글들의 문제점을 짚어 보자.

1.

> 고등학교와는 다르게 자신이 원하는 수업을 들을 수 있기 때문에 평소에 관심 있었던 분야에 관한 수업을 열심히 들어보고 싶습니다.

2.

> 제 머릿속에 분명한 이미지가 있는데도 그것을 글로 표현할 수 없을 때 정말 답답함을 느낍니다.

3.

> 저는 저로 인해 세상이 좀 더 따뜻해지길 바라는 큰 꿈이 있습니다. 장래 희망이 이처럼 아직 추상적인 반면 노후 계획은 비교적 구체적으로 세워 두었습니다. 클래식 음악과 악기 연주하기를 좋아하기 때문에 노후를 피아노, 바이올린, 첼로, 클라리넷을 연주하고 감상하며 보내고 싶습니다.

4. 어린 시절 어려웠던 집안 사정 탓인지 부모님께 죄송한 마음에 삐뚤어져 나가기를 꺼려했고 주변에서 보기에, 부모님이 보시기에 바른길이라고 생각되는 방향으로 지도받고 또 그렇게 커왔다. 이런 것은 바람직하고 이렇지 아니한 것은 바람직하지 않다는 것이 아니다. 그저 남들이 보기에 성실하게 어린 시절을 보냈다는 것뿐이다. 그러나 이런 생활을 하면서 얻은 것은 어른들의 칭찬뿐 나 자신을 알고 나를 위한 것은 아니었다.

5. 그렇다면 좋은 글은 무엇일까? 바로 내용이 알차고 그 알찬 내용이 좋은 형식에 맞게 배치돼 있는 글일 것이다. 그렇다면 형식과 내용 중에 더 중요한 것은 무엇일까? 나는 단연코 내용이라고 생각한다. 물론 형식도 중요하다. 그러나 형식만 맞추고 내용이 없는 것 또는 부실한 글은 말 그대로 '빛 좋은 개살구'가 아닐까? 반면에 형식 면에서는 부족하지만 내용이 알찬 글은 읽기가 불편할 뿐 읽고 난 뒤에는 왠지 모를 꽉 찬 느낌이 들 것이다.
내용이 알차기 위해서는 글쓴이의 생각이 알차야 한다고 생각한다. 나는 어린 시절에는 정말 책이 친구였다. 취미이자 특기가 책 읽기였을 정도였다. 그래서인지 또래들보다는 생각이 깊었다. 중학교 때부터는 책 읽기가 소홀해지기는 했지만 어렸을 때 깊어진 생각 덕인지 국어 또는 사회 관련 과목에 흥미가 생겼고 남들보다 많은 관심을 가지고 작은 책이면서 사회 현상을 잘 말해 주는 신문을 꼼꼼히 읽게 되었다. 그 결과로 경제 쪽에 깊은 관심이 생겼고 사설과 의견란을 보면서 비판적 사고와 내 생각이 더 깊어질 수 있었다.

예시답안 및 해설

1. 주요 내용을 중심으로 문장을 간결히 해야 한다.
이 문장의 핵심 내용은 '평소에 관심이 있었던 수업을 들어보고 싶다'이다. 그런데 1의 문장은 이외의 중요하지 않은 내용을 많이 포함하고 있어서 주요 내용이 부각되지 않는다.

2. 머릿속에 있는 이미지는 글이 아니다. 즉 머릿속에 이미지가 있다고 글이 써지는 것이 아닌데 글쓴이는 마치 그런 것처럼 논의하고 있다.

3. 어휘 사용이 부적절하다.
여기서 사용된 '꿈'이라는 단어는 '장래 희망'이라는 단어로 대치 가능하도록 서술되어 있다. 그러나 첫 번째 문장의 '꿈'은 '장래 희망'에 어울리지 않는 내용이다. 어휘상의 문제는 후반의 '노후 계획'에서도 동일하게 발생한다. 본문에 제시된 내용은 노후의 취미이지 노후 계획이 아니다. 마지막 문장은 호응 관계에 주목하여 다시 서술되어야 한다.

4. 1에서 문장 속의 내용은 주요 내용을 중심으로 간결히 제시되어야 한다 했다. 4는 이러한 내용이 단락에서도 동일하게 이루어져야 한다는 사실을 보여 준다.
4에서 주로 하고 싶은 말은 '남이 원하는 대로 살아왔고 이것이 자신을 위한 것이 아니었다'는 것이다. 이 주요 지점을 중심으로 이 내용이 부각될 수 있도록 수정되어야 한다.

5. 1~5의 글은 모두 자신을 소개하는 글이다. 그런데 5의 글은 자신에 대한 이야기라기보다 '글'에 대한 이야기이다. 전형적인 논점 일탈이다.
또 주장을 단순히 선언하고 있고 이에 대한 구체화가 부족하다는 단점이 있다. 그리고 첫 단락은 추상적이고 무거운 주제를 다루고 있는 반면, 두 번째 단락은 개인적이고 구체적인 내용이어서 전체적으로 유기성이 없고 균형도 맞지 않는다.

알려두기

수험생들에게 가장 익숙한 문제 유형은 독해와 글쓰기 부분이다. 1,000자 내외의 4단락 정도의 지문을 제시하고 3~4문항의 질문을 제시하는 유형이다. 수험생들이 대입이나 기타 취업을 위한 시험에서 주로 보았던 것이기에 문제 유형은 그다지 낯설지 않다. 주의할 점은 예문이 길기 때문에 시간 관리를 하기 어렵다는 점이다. 정확히 읽고 완전히 이해해야 문제를 풀 수 있으리라는 생각에 하나의 예문을 읽는 시간이 길어지는 것이다.

때문에 앞서 본 문항 구성을 염두에 두고 접근하는 것이 중요하다.

실용글쓰기 검정 공인 급수 문항 구성

과목(분야)명	출제 문항 수		
	객관식	주관식	계
독해와 글쓰기	10	2	12
화법과 글쓰기	10	2	12
직무 글쓰기	25	5	30
어휘 및 규범	5	1	6
문항 합계	50	10	60
배점 합계	400점	600점	1000점

위의 표에서 확인할 수 있듯이 긴 글에 대한 독해 문항은 전체 60문항 중 10문항으로 한정되며 배점으로 따지면 1,000점 중의 80점의 비중을 가진 것이라는 점에 유의하여야 한다. 시간 관리를 하면서 정확도를 높이려면 질문과 예문을 함께 읽으며 생각하는 것이 중요하다. 즉 문제에 입각하여 원문을 읽는 힘이 필요하다. 핵심어구를 중심으로 전체 글의 흐름을 이해하기 위한 읽기 방법론을 익히는 연습을 수행하는 것도 도움을 줄 수 있다. 이 책을 통해 예문을 구조적으로 읽는 방법이 무엇인지를 이해하고 이를 다른 글을 읽는 데 적용하는 연습을 수행할 수 있도록 하자.

Part

3

글쓰기와 사고

글쓰기와 사고

글쓰기 원리

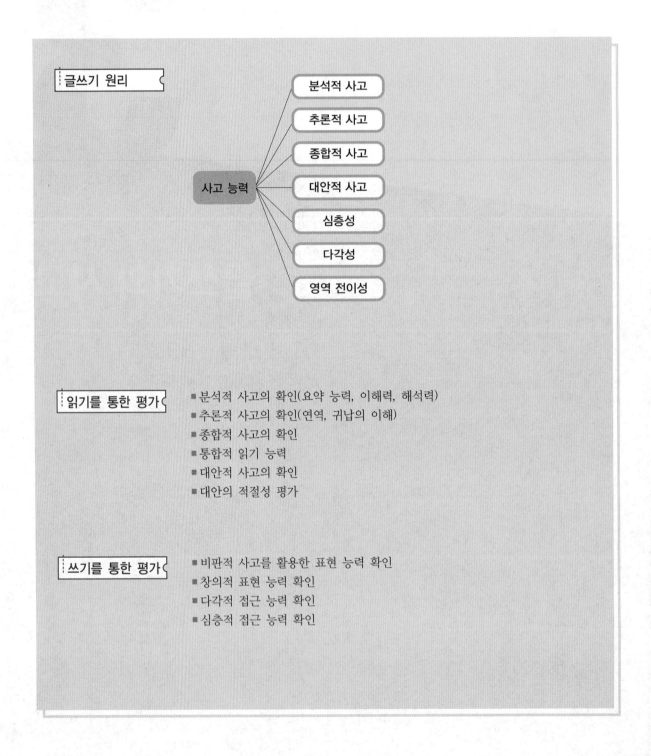

사고 능력
- 분석적 사고
- 추론적 사고
- 종합적 사고
- 대안적 사고
- 심층성
- 다각성
- 영역 전이성

읽기를 통한 평가

- 분석적 사고의 확인(요약 능력, 이해력, 해석력)
- 추론적 사고의 확인(연역, 귀납의 이해)
- 종합적 사고의 확인
- 통합적 읽기 능력
- 대안적 사고의 확인
- 대안의 적절성 평가

쓰기를 통한 평가

- 비판적 사고를 활용한 표현 능력 확인
- 창의적 표현 능력 확인
- 다각적 접근 능력 확인
- 심층적 접근 능력 확인

01 사고 능력과 글쓰기

1 사고 능력의 종류

① **사실적 사고**: 객관적 사실을 분석하고 이해하는 능력

② **추론적 사고**: 사물 간의 내적 연관성을 이해하여 논리적으로 추론하는 능력

③ **비판적 사고**: 의식적 사고, 반성적 사고
- 적절성, 타당성, 가치 및 우열을 평가하는 능력
- 이해력, 분석력, 문제 해결력, 대안 창안력 등을 포괄하는 사고

④ **창의적 사고**: 사물이나 대상을 새롭게 이해하거나 해석하는 능력
심층성, 다각성, 영역 전이성 등을 포함한다.

2 사고 능력과 글쓰기

① **주제 설정과 사고**

주제를 설정할 때, 논의 대상을 객관적으로 파악하고 논리적으로 설명하거나 설득하고 새로운 방식으로 해석하는 과정 등에 다양한 사고가 개입한다.

② **자료 수집과 사고**
- 주제를 부각하기 위해 필요한 자료를 선정하는 과정에 이해력, 분석력이 개입한다.
- 자료를 배치하고 해석하는 과정에서 분석력, 조직력, 창의적 접근 능력 등이 개입한다.

③ **개요 작성과 사고**
- 개요를 작성하는 과정은 부분과 전체, 부분과 부분을 조망하는 능력이 활용된다.
- 논리적 배치와 조직을 위해 논리적 사고, 추론적 사고가 개입한다.

④ **집필과 사고**

표현력, 창의력, 구성력 등이 개입한다.

⑤ **고쳐쓰기와 사고**

분석력, 이해력, 대안 창출력, 문제 해결력 등이 필요한 과정이다.

02 비판적 사고

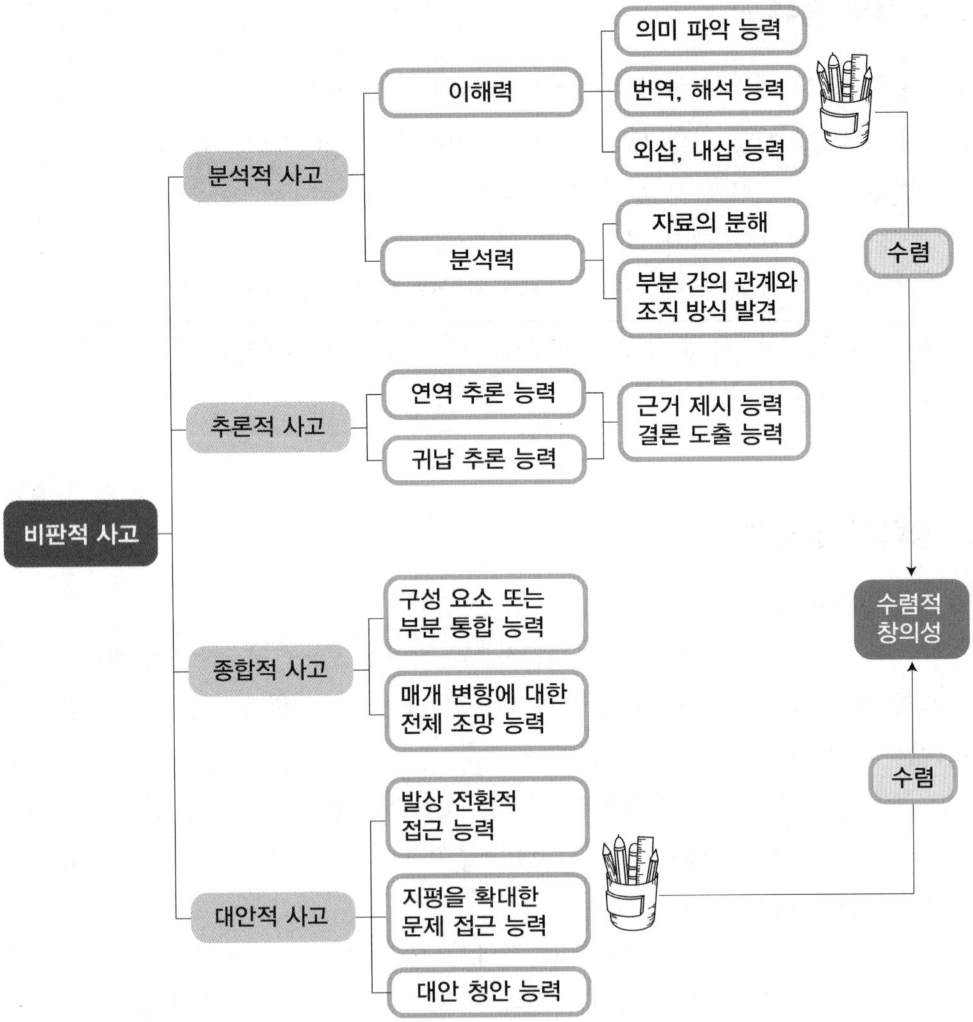

- 비판적 사고
  - 분석적 사고
    - 이해력
      - 의미 파악 능력
      - 번역, 해석 능력
      - 외삽, 내삽 능력
    - 분석력
      - 자료의 분해
      - 부분 간의 관계와 조직 방식 발견
  - 추론적 사고
    - 연역 추론 능력
    - 귀납 추론 능력
      - 근거 제시 능력 결론 도출 능력
  - 종합적 사고
    - 구성 요소 또는 부분 통합 능력
    - 매개 변항에 대한 전체 조망 능력
  - 대안적 사고
    - 발상 전환적 접근 능력
    - 지평을 확대한 문제 접근 능력
    - 대안 청안 능력

분석적 사고 → 수렴 → 수렴적 창의성 ← 수렴 ← 대안적 사고

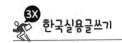

03 비판적 사고와 수렴적 창의성

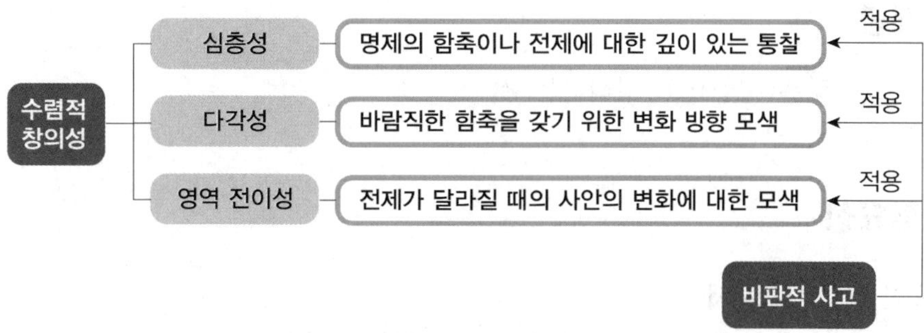

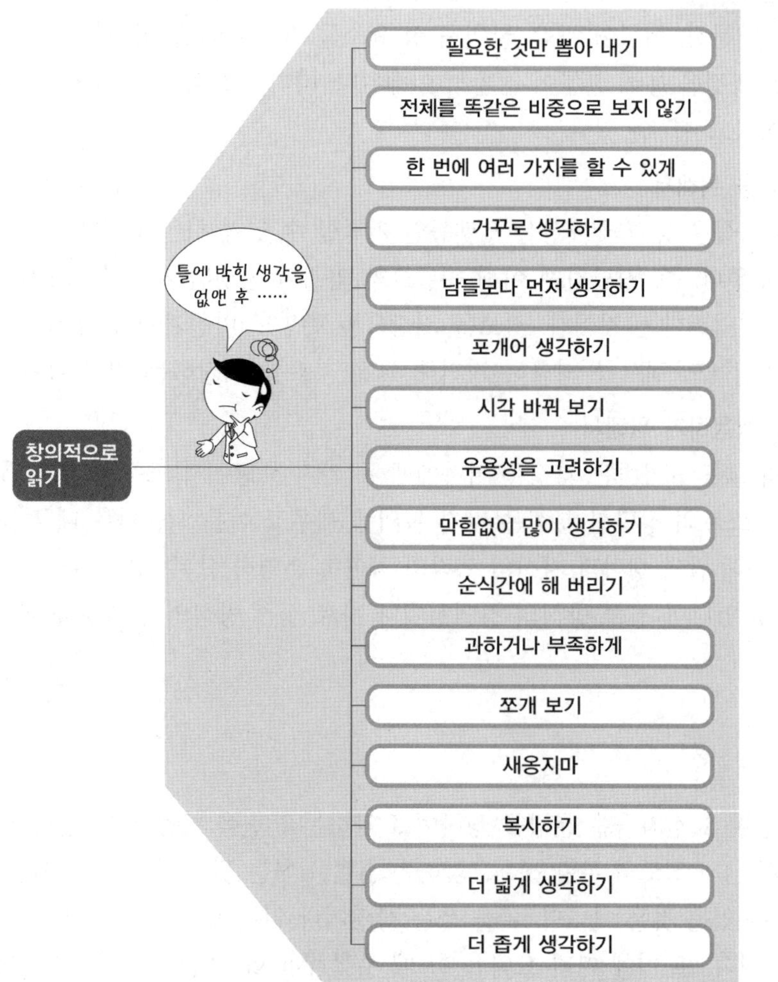

04 요약하기

1 요약의 개념

이미 있는 글을 짧은 분량으로 정리하는 것

2 요약의 필요성

① 정확한 이해를 위해서

독자의 측면에서 글의 논점을 정확하게 이해하기 위해 요약이 필요하다. 요약을 위해서는 '주제문, 문단, 문장, 핵심어' 등의 글의 구성 요소들 간의 관계를 명확히 읽어 낼 수 있어야 하는데 이런 과정을 통해 본문이 정확히 이해된다. 따라서 요약 과정 자체가 명확한 이해를 위한 과정이라고 할 수 있다.

② 저장 및 기억을 위해서

인지 심리학자들은 능력의 대상을 오랫동안 기억할 수 있게 하는 요약의 기능에 대한 타당성을 증명해 왔다. 즉, 정확하게 이해하는 요약 과정이 선행된 지식이 선행되지 않은 지식보다 더 잘 기억된다는 것이다. 정보를 저장하는 측면도 마찬가지다. 컴퓨터 내에 파일을 정리하는 과정에도 정보를 명확히 정리해 놓은 자료를 저장하는 것이 유용하다.

③ 자신의 글에 활용하기 위해서

다른 사람의 글을 요약하는 과정은 저자에게 두 가지 측면에서 도움을 준다. 첫째, 요약 과정을 통한 텍스트의 정확한 분석은 자기 논의를 세우고 이를 서술하는 데 도움을 준다. 둘째, 요약을 통해 남의 생각과 자신의 생각의 차이를 분명히 할 수 있다. 이 차이를 차별성으로 확대할 수 있다면 서술 방식의 창의성이나 자료 접근 방식의 창의성을 획득할 수 있다.

3 요약의 방법

요약에 익숙하지 않은 초심자들은 분량을 정하여 요약하는 훈련을 하는 것이 필요하다. 이론가들은 대개 원문의 1/5~1/4 정도의 분량으로 요약하는 훈련을 하는 것이 좋다고 말한다. 그러나 요약의 분량이 결정되어 있는 것은 아니다. 글을 쓰는 상황이나 읽는 상황에서 주어지는 요구에 따라 분량이 달라질 수 있다. 또 이에 따라 요약을 할 때 주목해야 할 사항이 달라지기도 한다. 일반적으로 논의되는 요약의 방법을 간추려 제시하면 다음과 같다.

① **주제문 찾기**

요약의 과정은 핵심 논점과 구체화된 부분 중 중요한 부분을 파악하는 과정이다. 따라서 요약을 위해서는 '주제문'을 찾는 과정이 중요하다. 모든 글은 '주제문'을 부각하기 위한 과정이기 때문에 주제문을 찾아야 제대로 된 요약을 할 수 있다. 요약을 위해서 찾아야 할 주제문은 글 전체의 주제문과 단락 내부의 소주제문이다.

② **핵심어 찾기**

핵심어란 글의 중심 내용을 담고 있는 단어이다. 따라서 핵심어를 찾는 과정은 글의 중심 내용을 파악하는 과정이 될 수 있다. 즉, 핵심어를 중심으로 글의 주제문을 구성하는 과정 자체가 요약의 과정인 것이다. 또 핵심어들 간의 관계를 읽는 과정은 글의 구조를 읽어 나가는 과정으로 이어진다.

③ **글의 구조 이해하기**

글의 구조는 주제문을 부각하기 위한 틀이다. 올바른 요약은 글의 구조를 항목화하여 나타낼 수 있는 과정이 되어야 한다. 각 문단의 핵심어와 중심 문장들 간의 유기적 관계를 읽어 내는 과정을 통해 저자가 의도한 구조를 재구성해 낼 수 있다. 그리고 저자가 구성한 글의 구조를 명확히 요약할 수 있을 때 명확한 이해가 가능해진다.

④ **문단의 유형을 확인하기**

문단은 몇 가지 유형으로 구분된다. 문제 제기 문단도 있고 핵심 정보를 포함한 문단도 있다. 또 앞의 내용을 구체화하기만 하는 것도 있다. 이런 문단들의 유형을 확인하면 단락이 글 속에서 어떤 역할을 하는지 읽을 수 있다. 각 문단의 역할에 주목하면 글의 유기적 구조를 중심으로 요약하는 것이 가능해진다.

⑤ **문단 내 소주제문을 찾기**

주지 문단을 중심으로 핵심 내용을 뽑는다. 이 과정에서 앞서 본 문단 유형에서 문단들 간의 관계에 유념하여야 한다.

⑥ **요약문 쓰기**

①~⑤의 과정을 통해 얻은 결과를 토대로 요약문을 쓴다. 요약문은 원문이 없어도 본문이 이해될 수 있도록 서술해야 한다. 기억에만 의존한 요약문도 곤란하다. 기억은 때때로 원문을 왜곡하게 만드는 경우가 있으니 원문을 바탕으로 정리해 내는 것이 필요하다. 저자의 의도와 목적에 충실한 요약문이 되도록 한다.

⑦ **요약문 다듬기**

요약문도 하나의 글이다. 자신의 요약이 간결성과 명료성을 갖출 수 있도록 거듭 수정하는 과정을 거치는 것이 필요하다. 특히 서술형으로 요약하는 경우에 문장의 구성이나 문단 구성의 요건을 갖추었는지를 확인해야 한다. 또 글의 구성 요소가 갖추어야 할 규범들을 준수하는지 거듭 확인할 필요가 있다. 특히 요약문만으로도 저자의 논지가 이해 가능하도록 구성하는 것이 중요하다.

4 요약할 때 주의할 점

① 요약을 할 때는 어떤 논점도 덧붙이지 말아야 한다. 학생들 중에는 저자의 생각과 자신의 생각을 혼동하여 요약하는 경우가 많다. 읽기 자료에 대해 객관적인 거리를 두고 저자의 입장에서 요약을 하는 것이 중요하다.

② 저자가 강조하는 지점이나 전제를 바꾸지 말아야 한다. 요약을 위하여 저자가 강조하는 지점이 무엇인지, 저자가 전제하고 있는 것이 무엇인지를 분명하게 파악해야 한다. 전제나 강조점이 달라지면 글의 내용을 왜곡하는 것이 된다.

③ 요약을 할 때 원문의 내용을 그대로 옮겨 쓰는 것을 지양해야 한다. 요약이라고 할지라도 원문의 내용을 그대로 옮기는 것은 표절이라고 할 수 있다. 그러므로 원문의 내용을 그대로 옮길 때는 " " 등의 인용 부호를 사용해야 한다.

5 요약의 활용

글을 쓸 때 이전에 읽은 글의 내용이 명확히 기억나지 않아 낭패를 보는 일이 흔하다. 그렇다고 자신이 읽은 모든 글을 외우고 있을 수는 없다. 만일 자신이 읽은 글을 제대로 잘 요약하여 갈무리해 둔다면 자신이 읽은 글을 언제, 어디서든 끄집어내 활용할 수 있는 저장고를 마련하는 셈이다. 요약한 글을 보관할 때는 주제별로 잘 분류하여 보관해야 한다. 컴퓨터의 파일로 저장할 때도 마찬가지이다. 잘 분류된 파일함은 잘 갈무리된 저장고의 역할을 한다. 아래와 같은 체크 리스트를 활용하여 요약문의 형식을 확인하는 것도 유용하다.

요약하기를 점검하는 체크 리스트	잘됨	보통	잘못됨
1. 먼저 제목과 저자의 이름을 쓸 것			
2. 논제를 명확하고 간결하게 제시할 것			
3. 각각의 핵심 내용이 하나의 문장으로 언급되게 할 것			
4. 필요하다면 각각의 핵심 내용에 대해 간단히 설명할 것			
5. 독자가 이해할 수 있는 한, 부차적 정보들은 제거할 것			
6. 균형 있게 객관적으로 접근할 것			
7. 단락 구성이 잘 이루어지게 할 것			
8. 문장 구조, 문법, 맞춤법, 구두점들을 확인할 것			

Norton, Sarah, and Brian Green, Essay Essentials with Readings, 3rdEd. Scarborough, Thompson Nelson, 2003.

Chapter 11 기출문제 풀어보기

다음 예문을 읽고 물음에 답하시오. (1~4)

(가) 오래 전 러시아에 갔을 때, 외국인에겐 아주 고가로 팔리는 세계 최고 수준의 연주회, 공연 등의 입장권 일부를 아주 싼값으로 가난한 자국민에게 공급하는 제도가 있는 걸 듣고 감동한 일이 있다. 정확한 액수는 잊어버렸지만, 요컨대 대중교통비를 조금 상회하는 정도의 돈만 가지고도 '볼쇼이 발레단' 같은 세계 정상의 문화 예술을 즐길 수 있는 시스템이 돼 있다는 것이었다.

(나) 역시 또 오래 전, 샌프란시스코에서 로스앤젤레스로 내려오다가 작은 마을의 아담한 도서관에 들른 적이 있었다. 카펫이 깔린 바닥 위의 마춤하게 짠 서가 사이사이에 혹은 의자에 앉은, 혹은 서가에 비스듬히 기댄, 혹은 아예 카펫 위에 길게 엎드린 사람들이 독서삼매에 빠져 있었는데, 놀랍게도 젊은 엄마들이 데려온 돌쟁이조차 안 된 아이들이 여기저기에서 엉금엉금 기어 다니고 있었다.

(다) 지금 여기, 내 책상 위에 두 장의 인쇄물이 있다. 한 장은 8만 원짜리 어떤 공연 티켓이고, 다른 한 장은 책 사들일 돈이 없다면서 내 저작물을 좀 무료로 보내줄 수 없느냐는 어느 지방 대학 도서관의 호소문이다. 요즘 웬만한 공연의 좋은 자리는 몇만 원이야 기본이고 10만 원을 상회하는 것도 많다. 세계적인 연주 단체의 연주나 공연은 10만 원 단위를 훌쩍 뛰어넘기도 한다. 그보다 좀 싼 공연이 전혀 없는 건 아니지만, 대개 싼 게 비지떡이다. 가난한 서민들로선 몇 년이 지나도 연주회장이나 공연장에 갈 엄두조차 낼 수 없다. 그러면서 동시에 다른 한 편에선 저자에게 책을 구걸하는 몰상식한 도서관도 있다. 힘 있는 사람을 만날 때마다 서울의 경우 최소한 동마다 도서관 하나씩은 있어야겠다고 역설해 보지만, 현실이 이 정도면 도서관을 만들자는 말 자체가 아무 의미도 없다.

(라) 90년대 이후 문화 예술판도 완전히 자본에 잠식당했다고 본다. 돈 놓고 돈 먹기다. 정부 예산이나 기타 문화 예술을 위한 공공 기금은 비약적으로 늘어났지만, 자본의 논리에 따른 한건주의 지원이거나, 잘못된 평등주의에 밀린 나눠 먹기가 대부분이다. 자존심 때문에 나눠 먹기에 차마 끼어들 수 없는 참된 창작인들은 문화 예술의 공공적인 투자가 아무리 늘어나도 기실 거의 혜택이 없다.

(마) 지난주 모처럼 환한 뉴스 하나를 만났다. 세종문화회관이 매월 하루씩 천 원짜리 공연을 기획한다는 내용이었다. 공연 내용도 알차게 꾸미겠다고 했다. 좀 더 공연 일수를 늘렸으면 좋겠다는 생각이 없는 건 아니지만 첫술에 어찌 배부르기를 바라랴. 이렇게 시작해 차츰 공연 일수도 늘어나고, 나아가 국립극장, 예술의 전당은 물론 상대적으로 좀 더 바닥이 튼튼한 공연 단체의 공연에 이르기까지, '천 원짜리의 행복', '3천 원짜리의 행복' 이런 식으로 세종문화회관의 훌륭한 기획 의도가 도미노처럼 번져 갔으면 좋겠다.

(바) "국민적 증오심은 문화가 얕은 나라일수록 심하다."
오스카 와일드의 말이다. 우리 사회의 온갖 분열과 경계, 또는 양극화의 문제는 경제적 성장으로 절대 모두 치유할 수 없다. 반사회적인 이런 단층은 무엇보다 양질의 예술 문화로 그 틈을 효과적으로 메워 갈 수 있다고 본다. 그런데, 문화 예술에 대한 공공적 투자가 잘못돼 오히려 '국민적 증오심'을 부추기는 결과가 된다면, 얼마나 어리석은가. 갈망이 있어도 돈이 없어 예술판에 갈 수 없는 사람들, 뛰어난 예술 재능을 가졌으나 역시 돈 없어 그 재능을 황폐화시키는 사람들까지 마침내 '국민적 증오심'을 갖게 된다면, 경제고 정치권력이고 간에, 우리 사회는 사막이 될 수밖에 없다.

01 **이 글을 읽고 아래의 조건에 맞는 제목을 선정해 보자.**

조건
1. 글을 쓴 계기가 된 사안에 주목할 것
2. 문제 해결의 실마리에 주목할 것
3. 핵심어가 활용될 수 있도록 할 것

① 국민적 증오심의 해결
② 우리 문화 이래도 좋은가?
③ 공공 투자의 해결
④ 천 원짜리 문화의 행복
⑤ 책상 위의 두 장의 인쇄물

해설
- 윗글의 주제는 '문화 예술 분야의 공공 투자가 제대로 되어야 한다'는 것이다.
- 이 글을 쓰게 된 계기가 된 것은 '세종문화회관에서 1,000원짜리 문화 공연을 마련하게 되었다'는 소식을 들은 것이다. 이 사실을 주제문과 연계한다면 '문화 예술 분야의 공공 투자가 제대로 시행'된 경우라 할 수 있다.
- 선지들 중에서 핵심어와 계기가 모두 포함된 것은 ④이다.

답 ④

02 **필자가 현실 사회에서 문제로 삼은 것은 구체적으로 무엇이겠는가?**

① 일반인이 양질의 문화에 접근하기 어려움.
② 공공 투자가 제대로 이루어지지 않음.
③ 저자에게 공짜 책을 구걸하는 풍토
④ 자본의 논리로 돌아가는 세계
⑤ 자유로운 창작의 기회가 보장되지 않음.

해설
- 일반인이 양질의 문화에 접근하기 어렵다는 현실을 비판하고 있다. (가), (나) 단락의 사례는 대중이 문화 예술에 접근할 수 있는 시스템이 잘 갖추어진 예로 국내의 현실과 대립되는 예가 된다.
- 공공 투자가 제대로 이루어지고 있지 않다는 내용은 너무 포괄적이다. 저자는 문화 예술 분야의 공공 투자가 제대로 이루어지고 있지 않은 현실에 대해 비판하고 있다.
- ③은 문화 예술 분야에 대한 투자의 열악함을 비판하기 위해 사용된 서술이다.

답 ①

03 글을 쓰는 과정에서 활용된 사고를 짚어 보았다. 관련되지 않은 사고는?

① 현실의 문제를 통찰하는 분석력
② 현실을 독특하게 바라보는 창의력
③ 대립의 지점을 명확히 짚는 이해력
④ 현실의 문제의 해법을 찾는 대안 창출력
⑤ 현실을 깊이 있게 바라보는 심층성

해설
• 문제의 원인을 깊게 바라보는 분석력이 적용되고 있다.
• 이 글의 창의성은 현실을 독특하게 해석하였다는 점에서 나타나는 것이 아니다. '1,000원짜리 공연'이라는 객관적 현실을 본질적으로 깊이 바라본 것은 창의성의 하위 부분 중 하나인 심층성의 측면에 부합한다.
• 대조의 기법을 사용하여 대립 지점을 명확하게 짚었다.

답 ②

04 이 글을 요약하는 구조를 그려 보았다. ㉠~㉤에 알맞은 말은?

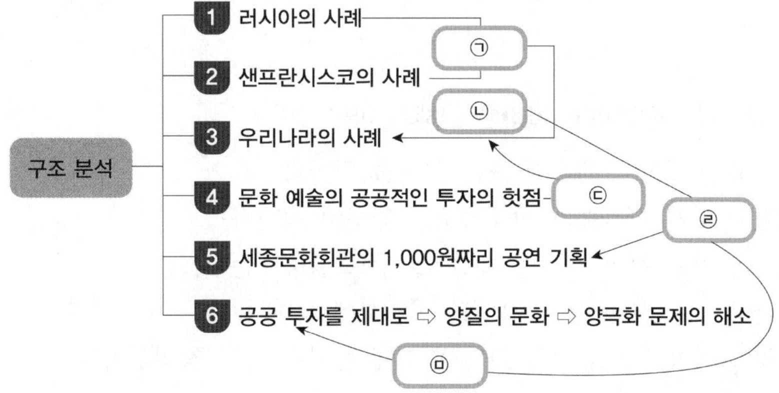

① ㉠ 현실 문화 분석
② ㉡ 부정적 문화의 이해
③ ㉢ 통계 분석
④ ㉣ 문화 접근 계기 마련
⑤ ㉤ 권위의 필요성

해설
• 이 글의 구조를 도해하면 아래와 같다.

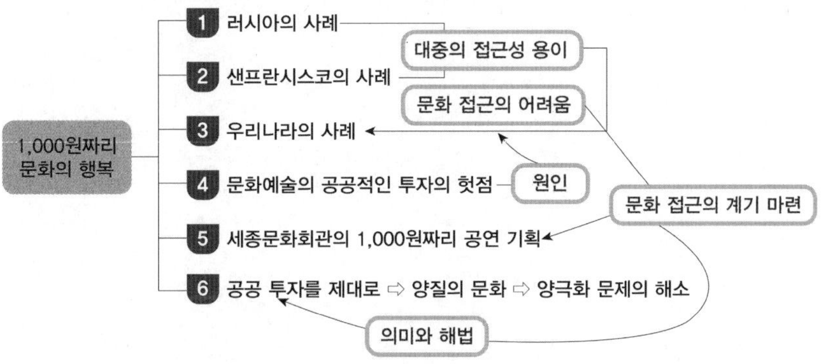

• 이 예문에 대한 자세한 설명은 제12장을 참조할 것

답 ④

05 비판적 사고에 대한 논의이다. 잘못된 것은?

① 창의적 사고와 대립되는 것으로 주로 명시성에 기반한다.
② 이해력, 종합력, 문제 해결력 등의 논의와 관련된다.
③ 글을 쓰거나 읽는 데 중요한 종합적 사고를 가리킨다.
④ 비판적 사고는 주로 논리적・합리적 영역과 관련되어 있다.
⑤ 비판적 사고란 주체적 사고, 능동적 사고와 관련된다.

해설
- 비판적 사고를 확대하면 수렴적 창의성에 도달할 수 있다.
- 비판적 사고의 하위 범주에는 이해력, 종합력, 추론 능력, 대안 창출 능력 등이 포함된다.
- 비판적 사고 속에는 종합적 사고가 포함되어 있다.
- 비판적 사고의 내용은 합리성, 논리성을 기반으로 한다.
- 비판적 사고를 위한 기반은 자신의 사고를 능동적으로 주체적으로 이끌어 내는 데 있다.

답 ①

06 창의적 사고에 대한 논의이다. 올바른 견해가 아닌 것은?

① 창의적 사고란 대상을 새롭게 보는 안목을 말한다.
② 대상을 깊이 있게 바라보는 심층성도 창의성에 속한다.
③ 시나 소설과 같은 문학 장르를 대할 때 주로 활용되는 사고다.
④ 대상을 다양하게 바라보는 다각성도 창의성에 속한다.
⑤ 특정 영역에 통용되는 관점을 다른 영역에 옮기는 것도 창의성이다.

해설
- 창의적 사고는 대상을 새롭게 보는 능력, 대상을 다양하게 보는 능력, 대상을 깊이 있게 보는 능력을 포함한다.
- 창의적 사고는 문학 장르를 다루는 데에서 주로 활용되는 것이 아니다. 삶의 전반에서 필요한 사고라 할 수 있다. 전달 동기에 충실한 글을 쓰거나 읽는 데도 적극적으로 활용되어야 한다.
- 특정 영역에 통용되는 관점을 다른 영역으로 옮기는 '영역 전이성' 역시 창의적 사고에 포함된다.

답 ③

Chapter 12 사실적 글쓰기

사실적 사고훈련

다음 글을 읽고 물음에 답해 보자.

❶ 오래 전 러시아에 갔을 때, 외국인에겐 아주 고가로 팔리는 세계 최고 수준의 연주회, 공연 등의 입장권 일부를 아주 싼값으로 가난한 자국민에게 공급하는 제도가 있는 걸 듣고 감동한 일이있다. 정확한 액수는 잊어버렸지만, 요컨대 대중교통비를 조금 상회하는 정도의 돈만 가지고도 '볼쇼이 발레단' 같은 세계 정상의 문화 예술을 즐길 수 있는 시스템이 돼 있다는 것이었다.

❷ 역시 또 오래 전, 샌프란시스코에서 로스앤젤레스로 내려오다가 작은 마을의 아담한 도서관에 들른 적이 있었다. 카펫이 깔린 바닥 위의 마춤하게 짠 서가 사이사이에 혹은 의자에 앉은, 혹은 서가에 비스듬히 기댄, 혹은 아예 카펫 위에 길게 엎드린 사람들이 독서삼매에 빠져 있었는데, 놀랍게도 젊은 엄마들이 데려온 돌쟁이조차 안 된 아이들이 여기저기에서 엉금엉금 기어 다니고 있었다.

❸ 지금 여기, 내 책상 위에 두 장의 인쇄물이 있다. 한 장은 8만 원짜리 어떤 공연 티켓이고, 다른 한 장은 책 사들일 돈이 없다면서 내 저작물을 좀 무료로 보내줄 수 없느냐는 어느 지방 대학 도서관의 호소문이다. 요즘 웬만한 공연의 좋은 자리는 몇만 원이야 기본이고 10만 원을 상회하는 것도 많다. 세계적인 연주 단체의 연주나 공연은 10만 원 단위를 훌쩍 뛰어넘기도 한다. 그보다 좀 싼 공연이 전혀 없는 건 아니지만, 대개 싼 게 비지떡이다. 가난한 서민들로선 몇 년이 지나도 연주회장이나 공연장에 갈 엄두조차 낼 수 없다. 그러면서 동시에 다른 한편에선 저자에게 책을 구걸하는 몰상식한 도서관도 있다. 힘있는 사람을 만날 때마다 서울의 경우 최소한 동마다 도서관 하나씩은 있어야 겠다고 역설해 보지만, 현실이 이정도면 도서관을 만들자는 말 자체가 아무 의미도 없다.

❹ 90년대 이후 문화 예술판도 완전히 자본에 잠식당했다고 본다. 돈 놓고 돈 먹기다. 정부 예산이나 기타 문화 예술을 위한 공공 기금은 비약적으로 늘어났지만, 자본의 논리에 따른 한긴주의 지원이거나, 잘못된 평등주의에 밀린 나눠 먹기가 대부분이다. 자존심 때문에 나눠 먹기에 차마 끼어들 수 없는 참된 창작인들은 문화 예술의 공공적인 투자가 아무리 늘어나도 기실 거의 혜택이 없다.

5 지난주 모처럼 환한 뉴스 하나를 만났다. 세종문화회관이 매월 하루씩 천 원짜리 공연을 기획한다는 내용이었다. 공연 내용도 알차게 꾸미겠다고 했다. 좀 더 공연 일수를 늘렸으면 좋겠다는 생각이 없는 건 아니지만 첫술에 어찌 배부르기를 바라랴. 이렇게 시작해 차츰 공연 일수도 늘어나고, 나아가 국립극장, 예술의 전당은 물론 상대적으로 좀 더 바닥이 튼튼한 공연 단체의 공연에 이르기까지, '천 원짜리의 행복', '3천 원짜리의 행복' 이런 식으로 세종문화회관의 훌륭한 기획 의도가 도미노처럼 번져 갔으면 좋겠다.

6 "국민적 증오심은 문화가 얕은 나라일수록 심하다."
오스카 와일드의 말이다. 우리 사회의 온갖 분열과 경계, 또는 양극화의 문제는 경제적 성장으로 절대 모두 치유할 수 없다. 반사회적인 이런 단층은 무엇보다 양질의 예술 문화로 그 틈을 효과적으로 메워 갈 수 있다고 본다. 그런데, 문화 예술에 대한 공공적 투자가 잘못돼 오히려 '국민적 증오심'을 부추기는 결과가 된다면, 얼마나 어리석은가. 갈망이 있어도 돈이 없어 예술판에 갈 수 없는 사람들, 뛰어난 예술 재능을 가졌으나 역시 돈 없어 그 재능을 황폐화시키는 사람들까지 마침내 '국민적 증오심'을 갖게 된다면, 경제고 정치 권력이고 간에, 우리 사회는 사막이 될 수밖에 없다.

— 박범신, 「1,000원짜리 문화의 행복」 전문

1. 이 글을 읽고 주제문을 작성해 보자.

2. 이 글의 전체 구조를 파악해 보자.

3. 이 글을 읽고 300자 이내로 요약해 보자.

'요약하기'의 방법

1. 주제문 찾기
2. 핵심어 찾기
3. 글의 구조 이해하기
4. 문단의 유형을 확인하기
5. 문단의 소주제 찾기
6. 요약문 쓰기
7. 요약문 다듬기

구체적 내용은 이 책의 제11장 참조

예시답안 및 해설

1. 핵심어를 중심으로 한 단락별 요약

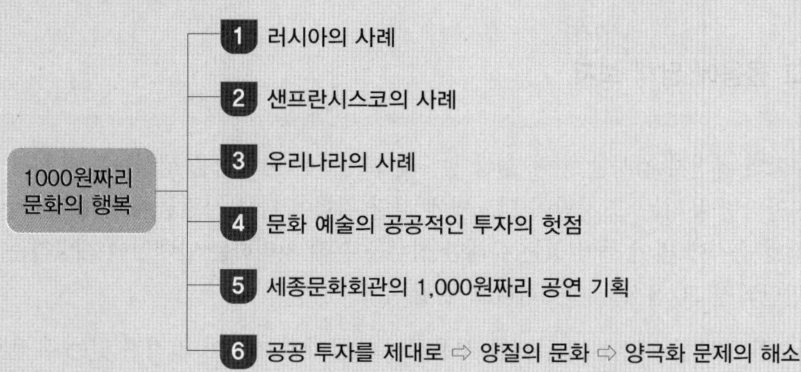

2. 단락 간의 관계를 통한 구조의 이해

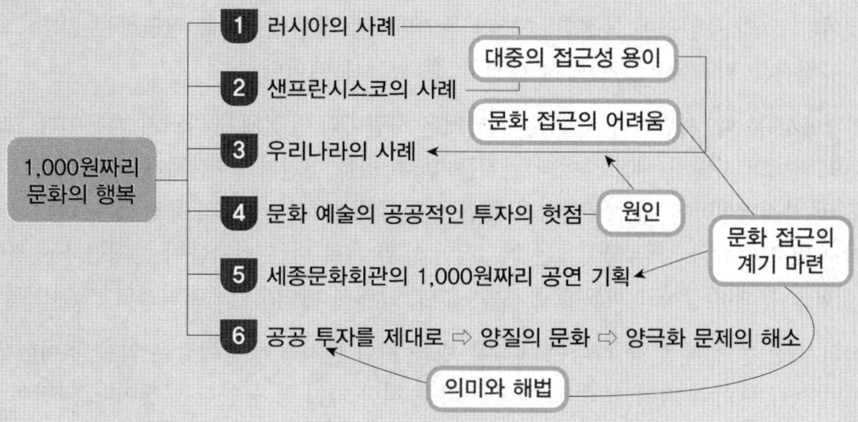

3. 요약 예시

러시아나 샌프란시스코의 사례는 대중이 문화 예술에 접근할 수 있는 시스템이 갖추어졌다는 것을 보여 준다. 그러나 우리나라의 현실은 그렇지 않다. 대중이 문화에 접근할 수 있는 통로가 막혀 있다. 문화 예술에 대한 공공 투자가 이루어지고 있다고는 하나 제 역할을 하지 못한다. 세종문화회관에서 '1,000원짜리 문화 공연'을 기획했다는 소식이 전해진다. 대중이 문화 예술에 접근하는 계기를 마련했다는 점에서 의미가 있다. 공공 투자가 제대로 이루어져야 대중이 양질의 문화를 접할 수 있고 이를 통해 양극화 문제 등을 해소할 수 있다.

단락 간 순서 배치를 통한 구조 연습

다음 글을 읽고 물음에 답해 보자.

1 만약 어떤 사람의 유전자 검사를 통해, 혈당 농도를 조절하는 단백질을 생성하는 유전자 부위에 이상이 있다는 것을 안다면 우리는 그 사람이 당뇨병에 걸릴 위험이 다른 사람들에 비해 높다는 진단을 할 수 있다. 혹은 특정 음식에 많이 들어 있는 유해한 성분을 분해 처리하는 단백질에 해당하는 유전자에 이상이 있다고 판단되면 그 음식을 자제하라고 말할 수도 있다.

2 하지만 바이오인포매틱스에서는 컴퓨터를 사용하여 지금까지 기능이 알려져 있는 유전자와 비교해 봄으로써 그 기능을 예측할 수 있다. 예를 들면 어떤 사람의 유전체에서 예측된 유전자의 염기 서열이 이미 그 기능이 알려진 원숭이의 어떤 유전자와 염기 서열이 비슷하거나 혹은 두 유전자로부터 만들어진 단백질의 구조가 서로 유사하다면 두 유전자가 서로 같거나 혹은 유사한 기능을 할 것이라는 예측이 가능한 것이다. 그의 유전자에 특정한 종류의 돌연변이가 발생했는가를 판단하는 일도 그의 유전자와 정상인의 유전자를 비교함으로써 쉽게 해결할 수 있는 문제이다.

3 과학의 입장에서 볼 때, 사람마다 체질이 다른 것은 사람마다 유전체가 다르기 때문이다. 그렇다면 어떻게 유전체의 차이와 사람의 체질 사이의 관계를 알 수 있을 것인가? 유전체가 크지 않고 유전체들 사이의 차이도 몇 가지만이라면 해답을 찾기가 훨씬 쉽겠지만, 문제는 사람의 유전체는 30억 개나 되는 염기로 이루어져 있고 사람과 사람 사이에는 약 3백만 개의 서로 다른 염기들이 존재한다는 것이다. 이것들을 모두 실험을 통해 관찰하고 비교해 볼 수는 없다. 그래서 바이오인포매틱스의 기술이 필요한 것이다.

4 현대 의학의 가장 큰 문제점 중 하나는 똑같은 병을 지닌 환자들에게 똑같은 약을 투여했을 때, 체질에 따라서 어떤 사람은 이런 약이 잘 듣고 어떤 사람은 저런 약이 잘 듣는다는 것이다. 약만이 아니라 같은 환경에 살면서도 특정 병에 걸릴 확률이 높은 사람과 그렇지 않은 사람이 구별되고, 같은 음식을 먹어도 그것이 보약이 되는 체질이 있고 독이 되는 체질이 있다. 그렇다면 개인의 체질을 구별하는 일은 불가능한 것일까? 바이오인포매틱스의 기술을 활용하면 이런 일들도 가능해진다.

5 미래에 가장 각광받을 기술 분야를 꼽으라면 누구나 주저 없이 컴퓨터 기술(IT)과 생물 기술(BT)을 꼽을 것이다. 이 예측이 맞는다면, 컴퓨터 기술과 생물 기술이 결합된 바이오인포매틱스야말로 미래에 가장 중요한 기술이 될 것은 너무도 자명하지 않을까?

6 이런 일이 가능해지려면, 유전자가 위치한 부위와 그 유전자의 기능뿐 아니라 유전자에 발생한 돌연변이와 질병들 사이의 상관관계를 알아야 한다. 또한 그 유전자에 어떠한 종류의 돌연변이가 일어났는지도 알아야 한다. 유전자들의 위치를 예측하는 일을 해결한다고 해도, 예측된 유전자가 어떤 기능을 하는지를 알아내는 것은 훨씬 어렵고 방대한 작업이다. 기존의 생물학적인 방법을 사용한다면 단 하나의 유전자의 기능을 알기 위해서도 오랜 시간과 돈이 들 수밖에 없다. 몇만 개나 되는 모든 유전자의 기능을 그런 식으로 다 알아낼 수는 없다.

7 바이오인포매틱스는 생명을 뜻하는 'bio'와 정보화 혹은 전산학을 뜻하는 'informatics'라는 단어가 합쳐진 말이다. 이에서 짐작할 수 있는 것처럼, 바이오인포매틱스는 컴퓨터를 이용하여 생물학을 연구하는 분야를 말한다. 대규모의 유전자 서열 분석 프로젝트 등과 같은 생물학 연구들로부터 쏟아져 나오는 대량의 데이터를 효과적으로 저장하고 연구자들이 원하는 정보를 빠르고 정확하게 찾게 해 주는 일 같은 것이 바이오인포매틱스의 대표적인 기능이라고 할 수 있다. 구체적으로는, 어떤 사람의 DNA 서열 정보를 이용해서 전 국민의 유전체 정보가 저장되어 있는 데이터베이스로부터 그에 관한 의학 정보를 오차 없이 찾아내는 유전자 예측법과 서열 분석법, 그의 유전체가 다른 사람들과 어떻게 다른지를 알아보는 비교 유전체학 등이 이 기술의 하위 분야에 속한다.

– 김동섭, 「체질과 바이오인포매틱스」

1. 단락을 논리적 순서에 맞게 배열해 보자.

2. 배열의 기준이 무엇인지 생각해 보고, 다른 가능성은 어떤 것이 있는지도 생각해 보자.

예시답안 및 해설

- 단락 순서: **4** – **3** – **7** – **1** – **6** – **2**
  5 는 저자의 의도에 따라 맨 앞에 둘 수도 있고 맨 뒤에 둘 수도 있다.

Chapter 12

기출문제 풀어보기

다음은 '전국 가정 폭력 실태 조사 2007'이라는 연구 보고서의 목차이다. 이 글을 읽고 물음에 답하시오. (1~2)

> 제1부 : 서론
> 제1장 문제 제기 및 논의의 필요성
> 제2장 이론 및 선행 연구
> 제3장 가정 폭력의 국내외 정책 동향
> 제2부 : 전국 가정 폭력 실태 조사 결과
> 제4장 전국 가정 폭력 실태의 조사 개요 및 응답 가구 특성
> 제5장 한국의 가정 폭력 실태
> (가)
> 제3부 : 가정 폭력 피해자 및 지원 시설 실태 조사 결과
> 제13장 가정 폭력 피해자 조사 결과
> 제14장 가정 폭력 피해자 지원 시설 실태 조사 결과
> 제15장 (나)
> 제4부 결론
> 참고 문헌/부록

01 세부 항목 (가)를 정하는 절차를 보인 것으로 잘못된 것은?

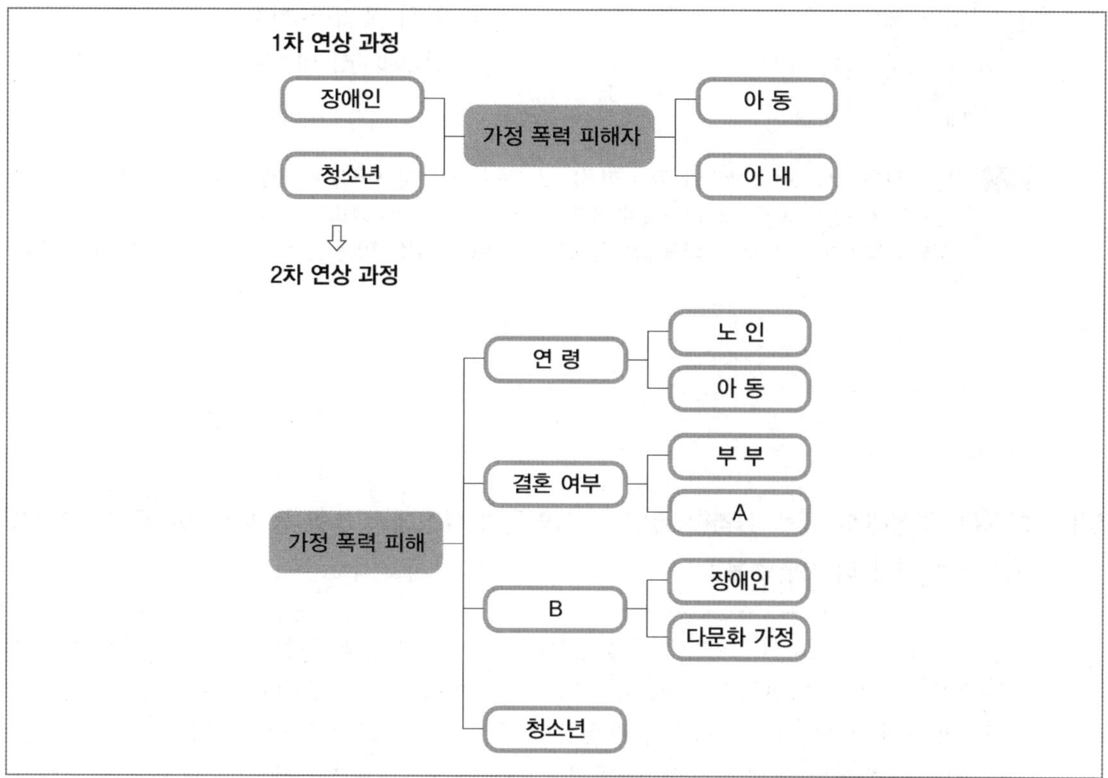

① 1차 연상 과정은 되도록 많은 항목이 떠오르도록 하는 것이 좋겠어.
② A에는 결혼하지 않은 사람들을 통칭하는 '미혼자'를 넣으면 되겠군.
③ B에는 장애인과 다문화 가정을 아우르는 '소외 계층'이라는 상위 범주를 넣는 것이 좋겠어.
④ 청소년은 가정 폭력의 피해자일 수도 있지만 사회적 피해자의 범주에 속한다고 해석할 가능성이 더 높으니 삭제하는 것이 좋겠어.
⑤ 확장 및 수정 과정을 거칠 때에는 1차 연상 과정에 떠오른 단어의 상위 개념을 활용하는 것이 좋겠어. 상위 항목의 다른 하위 항목을 떠올릴 수 있으니까.

해설
- 조사 보고서를 쓰기 위해서는 조사 항목을 구체적으로 작성하는 것이 중요하다.
- 이때 조사 항목 간의 관계를 마인드맵 등을 활용하여 표시하면 빠진 부분을 점검할 수 있다.
- 소외 계층에는 '노인, 여성'이 포함되므로 B에는 '사회적 소수자'라는 개념이 더 낫다.

 ③

03 글쓰기와 사고

02 **(나)에 들어갈 내용으로 가장 알맞은 것은?**

① 정책적 제언
② 사회 폭력의 현황
③ 사례 조사 결과 분석
④ 첨부 자료 및 해석
⑤ 사례 조사 필요성

해설
- 연구 보고서에는 선행 연구와 관련 이론을 소개하는 부분이 서론부에 포함되는 것이 일반적이다.
- 연구의 필요성도 서론부에 나타나야 한다. 이것은 '제1부 서론'에 나타나 있다.
- 정책적 제언이란 보고서에 나타나는 문제점을 해결하기 위해 어떤 정책이 필요함을 제기하는 것이다.

답 ①

03 **다음은 '첨성대'에 대해 설명한 글이다. 설명문의 특징에 비추어 볼 때에 이 글의 문제점에 대한 지적으로 가장 타당한 것은?**

> 천체를 관측하기 위하여 설치한 시설을 천문대라 한다. 천문대의 일종인 경주 첨성대는 돌로 쌓아 만든 것으로, 높이는 약 8.7미터이다. 위는 모가 있고 아래는 넓고 둥글며, 그 속에서 위로 올라가도록 되어 있다. 윗부분이 우물 귀틀같이 생긴 데서 관측 기기를 놓고 하늘을 보았던 것으로 추측할 수 있다. 신라 시대에 만들어진 것으로 보아 세계 최초의 천문대로 보인다.

① 첨성대의 특징을 다른 천문대와 비교했어야 한다.
② 첫 문장은 동어 반복적 술어 구조를 지니고 있어 불필요하다.
③ 글의 뒷부분에서 추측이나 근거 없는 자신의 의견을 내세워 객관성을 해치고 있다.
④ 문장의 수식 구조가 복잡하여 설명문적인 문체로 보기 어렵다.
⑤ 정확한 정보 전달이 없어 설명문의 요건을 갖추지 못했다.

해설
- 설명문의 목적은 대상에 대해 독자가 이해할 수 있도록 하는 것이다.
- 이 글의 첨성대의 규모와 모양을 묘사의 방식으로 서술하고 있다. 모양과 규모를 나타내는 데는 묘사의 서술 방식이 효과적이다.
- 첨성대가 신라 시대에 만들어진 것 자체만으로는 세계 최초의 천문대인지 아닌지 판단하기는 어렵다. 최초의 천문대라 기록된 것이 무엇이고 그 시대가 언제인지가 나타나야 첨성대가 최초인지 아닌지를 판단할 수 있다.

답 ③

04 **다음 중 주제문과 뒷받침 문장 간의 연관 관계가 올바르지 못한 것은?**

① 카메라는 자동 초점 기능의 유무에 따라서 수동 카메라와 자동카메라로 나눌 수 있다. 수동 카메라는 사용자가 손으로 직접 렌즈의 초점링을 조작해서 대상과의 거리를 조절해야 한다. 자동카메라는 카메라 자체에 내장된 장치가 스스로 대상과의 거리를 조절하여 초점을 맞춘다.

② 할리우드 영화가 세계적 흥행에 성공하는 이유는 거대한 자본을 투입할 수 있는데도 있지만 아이디어와 제작 시스템에서도 발견할 수 있다. 할리우드 영화는 소재 선정이나 소재에 접근하는 방법이 신선하다. 또한 합리적인 제작 스케줄과 의사소통 체계는 스태프들이 집중적으로 양질의 영화를 만드는 토대가 된다.

③ 그는 지난달 우연히 길에서 만난 뒤로 단 한 번도 내게 연락을 하지 않았다. 일주일 전에 내가 밤새워 가며 사랑의 마음을 담아 쓴 메일에도 아직까지 답장을 하지 않았다. 아무래도 그는 더 이상 나를 만날 생각이 없는 것 같다.

④ 신사임당은 훌륭한 어머니이기 이전에 개방적인 사고방식을 지닌 여성이었으며 독특한 감수성을 지닌 예술가였다. 그녀는 남편에게 자신이 죽은 뒤에도 다른 여성과 재혼하지 말 것을 요구했다. 또한 일생 동안 자신의 예술적 감수성과 인간적인 욕망을 모두 포기할 만큼 자식들에게 헌신적이었다.

⑤ 사람들은 흔히 정신적 건강과 육체적 건강을 구분하지만 사실이 두 가지는 실제로 구분될 수 없다. 정신적인 스트레스를 많이 받는 사람이 결국 육체적인 질병에 걸리는 경우가 많다. 또한 육체가 병이 들어 힘이 약해지면 정신적인 의지도 그에 따라서 약해지게 마련이다.

해설
- ① 구분을 통해 카메라를 나누고 있다. 나누어진 부분의 각각의 비중이 균등하게 나타나 있고, 일관된 기준을 갖고 있으므로 적절한 뒷받침이라 할 수 있다.
- ② 인과의 구성으로 할리우드 영화의 흥행 성공의 이유를 밝히는 글이다. 거대 자본, 아이디어, 제작 시스템 또 합리적 스케줄과 의사소통 체계로 흥행의 이유를 적절히 밝히고 있다.
- ③ 그는 더 이상 나를 만날 생각이 없는 듯하다는 주장을 귀납적인 근거를 통해 밝히고 있다. 한 달 동안 연락을 하지 않았다는 점이나 메일의 답장을 하지 않았다는 점 등은 추론의 근거로 적절하다.
- ④ 개방적 사고방식을 지닌 감수성을 지닌 예술가라는 근거가 적절하지 않다. 자식들에게 헌신적이라든지 남편이 다른 여성과 결혼하지 않기를 요구했다는 사실은 개방적인 사고나 예술적 감수성과는 거리가 먼 근거들이다.
- ⑤ 정신적 건강과 육체적 건강을 구분하기 어렵다는 주장을 정신적 건강이 육체적 건강으로 이어지는 예와 육체적 건강의 상태가 정신적 건강의 상태로 이어지는 예로 적절히 뒷받침하고 있다.

 답 ④

05 통계 보고서를 쓰는 방법에 대한 기술로 잘못된 것은?

㉠	**자료에 논리를 부여** 통계 자료들은 거시적 지표에서 미시적 지표의 순서로 제시되어야 한다. 지표에 대한 설명은 조사 목적에 걸맞은 의미를 밝히는 것이어야 한다.
㉡	**자료와 설명을 함께 제시** 설명과 자료가 분리되어서 서술되면 이해하기 어렵다. 한 쪽에 자료와 설명이 나타날 수 있도록 편집하는 것이 좋다.
㉢	**간결하게 설명** 분석 내용이 복잡할 경우 작게 분할하여 제시하든 사례를 더 제시하든 간결하게 설명될 수 있도록 조직하여야 한다.
㉣	**자료들에 번호를 붙이기** 그림이나 통계 등에 번호를 붙이고 보고서의 말미나 서두에 목록을 제시하는 것이 좋다. 그 목록만으로도 내용을 추측할 수 있다.
㉤	**도표를 깔끔하게 제시** 통계 보고서의 도표는 보기 좋게 제시되는 것이 가장 중요하다. 제목은 도표의 위쪽 가운데에, 단위나 일러두기는 오른쪽 밑에 제시하여야 한다.

① ㉠　② ㉡　③ ㉢
④ ㉣　⑤ ㉤

해설
- 통계 보고서의 특성을 제대로 이해하는가를 묻는 질문이다.
- 수집된 자료들은 논리적 체계에 의해 구분되고 제시되어야 한다.
- 통계 보고서에 활용된 도표와 그래프는 명시적으로 제시되어야 한다. 각 표와 그래프는 번호로 정리되어야 하며, 목록만으로도 내용을 추측할 수 있도록 되어야 한다.
- 자료를 제시할 때는 자료의 의미와 목적을 명확히 설명해 주어야 한다.

답 ⑤

Chapter 13

추론적 글쓰기

추론적 글쓰기 예시

다음 글을 읽고 질문에 답해 보자.

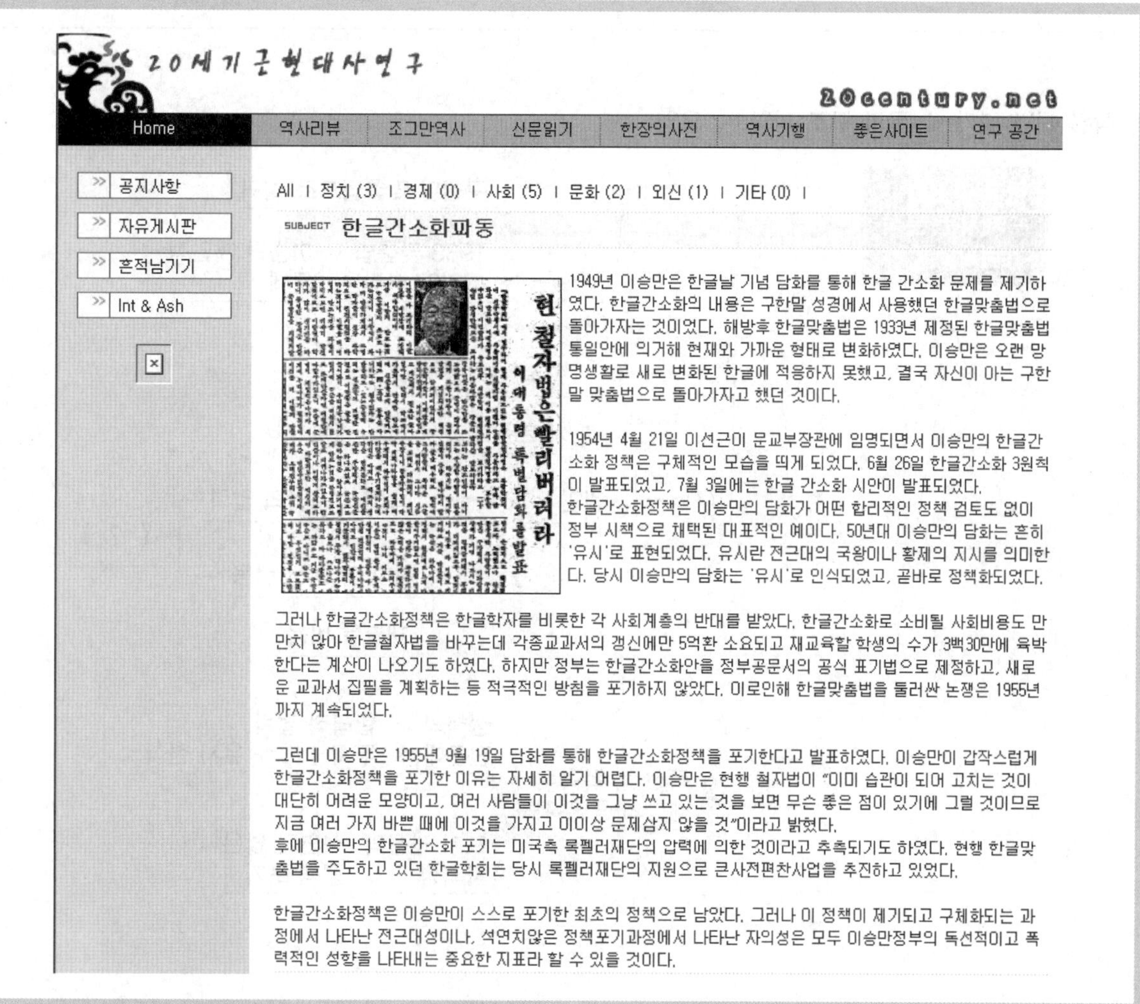

20세기근현대사연구

20century.net

Home | 역사리뷰 | 조그만역사 | 신문읽기 | 한장의사진 | 역사기행 | 좋은사이트 | 연구 공간

공지사항

자유게시판

흔적남기기

Int & Ash

All | 정치 (3) | 경제 (0) | 사회 (5) | 문화 (2) | 외신 (1) | 기타 (0) |

SUBJECT 한글간소화파동

현 철자법은 빨리 버리라

이대통령 특별담화를 발표

1949년 이승만은 한글날 기념 담화를 통해 한글 간소화 문제를 제기하였다. 한글간소화의 내용은 구한말 성경에서 사용했던 한글맞춤법으로 돌아가자는 것이었다. 해방후 한글맞춤법은 1933년 제정된 한글맞춤법 통일안에 의거해 현재와 가까운 형태로 변화하였다. 이승만은 오랜 망명생활로 새로 변화된 한글에 적응하지 못했고, 결국 자신이 아는 구한말 맞춤법으로 돌아가자고 했던 것이다.

1954년 4월 21일 이선근이 문교부장관에 임명되면서 이승만의 한글간소화 정책은 구체적인 모습을 띄게 되었다. 6월 26일 한글간소화 3원칙이 발표되었고, 7월 3일에는 한글 간소화 시안이 발표되었다.
한글간소화정책은 이승만의 담화가 어떤 합리적인 정책 검토도 없이 정부 시책으로 채택된 대표적인 예이다. 50년대 이승만의 담화는 흔히 '유시'로 표현되었다. 유시란 전근대의 국왕이나 황제의 지시를 의미한다. 당시 이승만의 담화는 '유시'로 인식되었고, 곧바로 정책화되었다.

그러나 한글간소화정책은 한글학자를 비롯한 각 사회계층의 반대를 받았다. 한글간소화로 소비될 사회비용도 만만치 않아 한글철자법을 바꾸는데 각종교과서의 갱신에만 5억환 소요되고 재교육할 학생의 수가 3백30만에 육박한다는 계산이 나오기도 하였다. 하지만 정부는 한글간소화안을 정부공문서의 공식 표기법으로 제정하고, 새로운 교과서 집필을 계획하는 등 적극적인 방침을 포기하지 않았다. 이로인해 한글맞춤법을 둘러싼 논쟁은 1955년까지 계속되었다.

그런데 이승만은 1955년 9월 19일 담화를 통해 한글간소화정책을 포기한다고 발표하였다. 이승만이 갑작스럽게 한글간소화정책을 포기한 이유는 자세히 알기 어렵다. 이승만은 현행 철자법이 "이미 습관이 되어 고치는 것이 대단히 어려운 모양이고, 여러 사람들이 이것을 그냥 쓰고 있는 것을 보면 무슨 좋은 점이 있기에 그럴 것이므로 지금 여러 가지 바쁜 때에 이것을 가지고 이이상 문제삼지 않을 것"이라고 밝혔다.
후에 이승만의 한글간소화 포기는 미국측 록펠러재단의 압력에 의한 것이라고 추측되기도 하였다. 현행 한글맞춤법을 주도하고 있던 한글학회는 당시 록펠러재단의 지원으로 큰사전편찬사업을 추진하고 있었다.

한글간소화정책은 이승만이 스스로 포기한 최초의 정책으로 남았다. 그러나 이 정책이 제기되고 구체화되는 과정에서 나타난 전근대성이나, 석연치않은 정책포기과정에서 나타난 자의성은 모두 이승만정부의 독선적이고 폭력적인 성향을 나타내는 중요한 지표라 할 수 있을 것이다.

1. 이 글을 읽고 주제문을 작성해 보자.

2. 이 글을 두 부분으로 나누어 보자.

3. 이 글을 읽고 글의 논리적 문제점을 제기해 보자.

4. 상위 개념 넣기 ⇨ 글의 구조 파악 ⇨ 요약

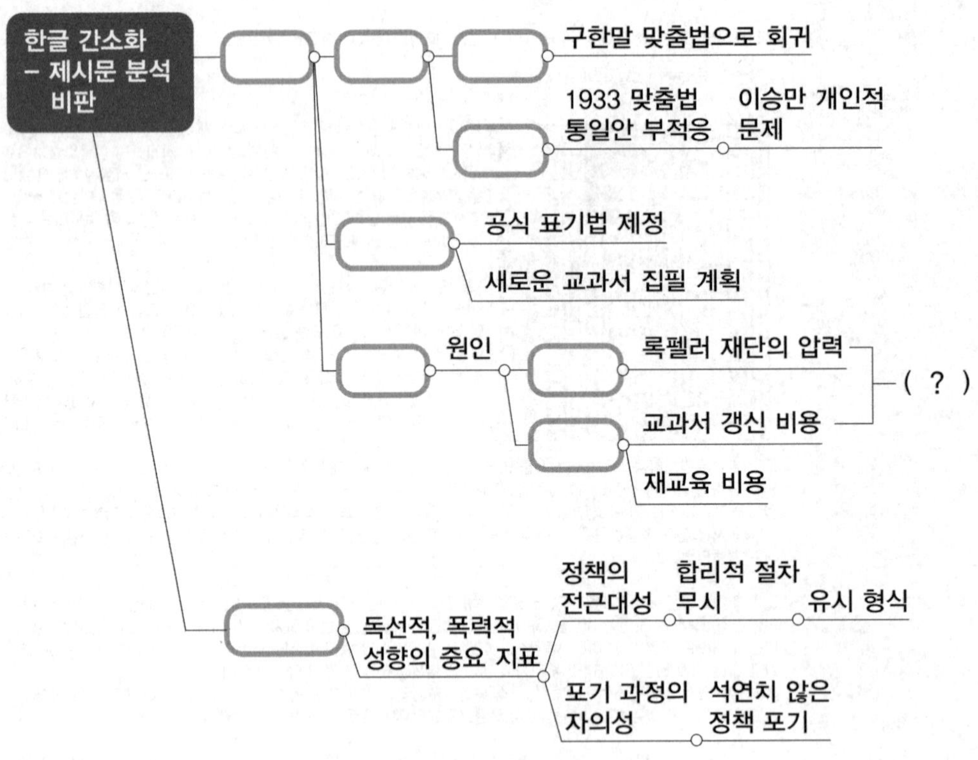

논리적 허점의 예시

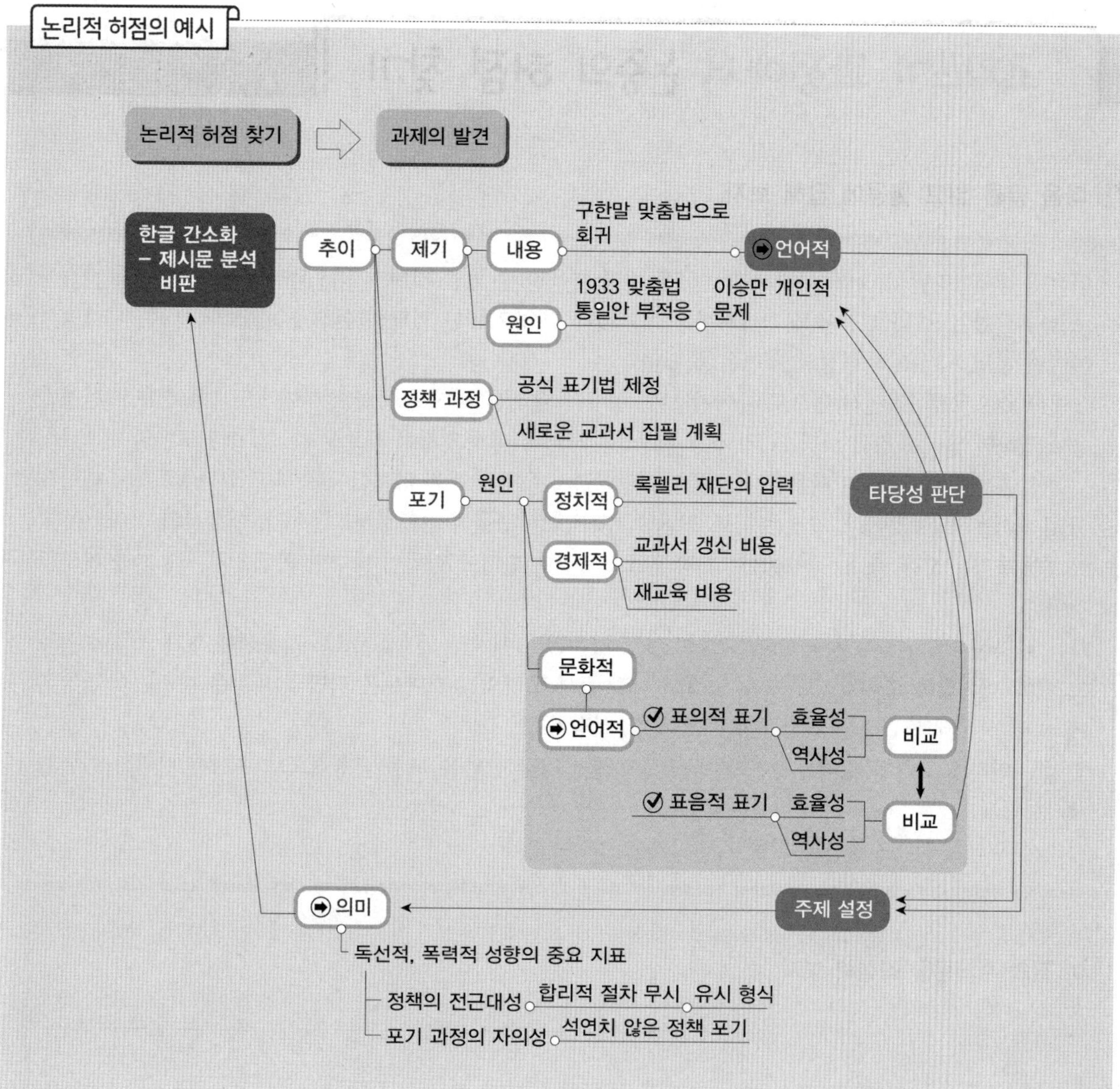
논리적 허점 찾기
과제의 발견
한글 간소화 – 제시문 분석 비판
추이
제기
내용
구한말 맞춤법으로 회귀
언어적
원인
1933 맞춤법 통일안 부적응
이승만 개인적 문제
정책 과정
공식 표기법 제정
새로운 교과서 집필 계획
포기
원인
정치적
록펠러 재단의 압력
경제적
교과서 갱신 비용
재교육 비용
문화적
언어적
표의적 표기
효율성
역사성
비교
표음적 표기
효율성
역사성
비교
타당성 판단
주제 설정
의미
독선적, 폭력적 성향의 중요 지표
정책의 전근대성
합리적 절차 무시
유시 형식
포기 과정의 자의성
석연치 않은 정책 포기

고쳐쓰기 과정에서 논증의 허점 찾기

다음 글을 읽고 물음에 답해 보자.

인터넷 강국이라면 그 어느 나라보다 한국을 먼저 떠올릴 수 있을 것이다. 하드웨어적인 측면은 각 가정에 보급되어 있는 PC와 더불어 산간벽지까지 어디서나 접속 가능한 인터넷 환경을 바탕으로 다른 나라에서 본다면 분명히 부러운 대상인 것만은 틀림없다.
그러나 소프트웨어적인 측면으로 들어가 보면 상황이 달라진다. 20년 동안 정부가 MS사의 윈도우 환경만을 고집하여 인터넷 강국 아니 IT 강국을 부르짖는 사이에 세계 열강은 새로운 OS 기반의 모바일 비즈니스(스마트폰)에 눈을 돌렸기 때문이다. 그동안 OS 환경의 우월적 독점 체제를 구축하고 있는 MS사에 대항해서 대항마를 찾은 것이다. 그것은 바로 최근 이슈가 되는 구글의 안드로이드폰이나, 애플사의 아이폰이다. 양사의 특징은 오픈 소스를 바탕으로 개방형 소프트웨어 환경에 힘입어 막강한 콘텐츠와 사용자를 확보한 것이다.
다른 나라는 MS 윈도우 사용 비율을 줄여 가고 있는 반면에 한국의 MS사 OS 사용률은 현재 98%에 이르고 있어, 머지않아 도래될 데스크톱, 노트북 시장 규모와 맞먹는 스마트폰 기반의 새로운 비즈니스 환경하에서 제 선진국과 결전을 벌일 준비는 전무한 실정이다.
진정한 인터넷 강국의 정의는 하드웨어, 소프트웨어 기반 산업을 모두 균형적으로 육성한 나라가 아닐까 생각한다.
따라서 우리나라는 진정한 인터넷 강국이라고 볼 수 없다.

1. 이 글의 주제문을 작성해 보자.

2. 이 글의 장점과 단점을 적어 보자.

예시답안 및 해설

• 강점: 1. 다양한 관련 사항 포착
　　2. OS 환경의 문제점 제기
　　　• 발전 저해
　　　• 기술적 종속
　　　• 다원성 저해

• 약점: 범주 구분의 오류

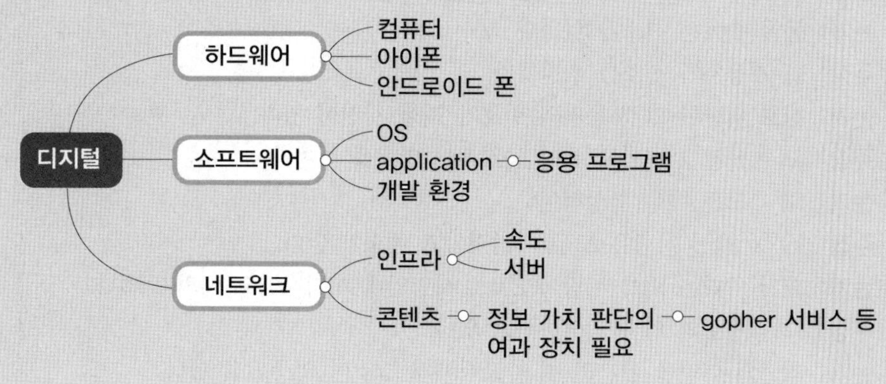

03 글쓰기와 사고

Chapter
13 기출문제 풀어보기

01 다음 글은 주장에 대한 논거로 이루어졌다. 논리적 추론이라고 볼 수 없는 것은?

> (가) 주장: 그 고양이가 갇혀 있었다면 동굴 속에서 죽을 수밖에 없었다.
> 논거: 동굴 속에는 산소가 없었다.
> (나) 주장: 그 자동차가 신호를 위반했다.
> 논거: 신호 위반한 그 자동차의 번호가 찍힌 사진이 있다.
> (다) 주장: 그 부모는 자녀의 교육에 긍정적인 영향을 미친다.
> 논거: 그 부모는 매우 열성적이다.
> (라) 주장: ○○○출신 사람은 모두 이기적이고 예의가 없다.
> 논거: 내가 다니는 회사 사람이 ○○○사람인데 이기적이고 예의가 없다.
> (마) 주장: 그 대통령의 인기가 상승하고 있다.
> 논거: 최근의 다양한 기관의 여론 조사에서 그것이 입증되고 있다.

① (가), (나)
② (나), (다)
③ (다), (라)
④ (라), (마)
⑤ (가), (라)

해설
- (다) 부모가 열성적이라고 모두 자녀에게 긍정적 영향을 미치지는 않는다. 오히려 부정적인 영향을 끼칠 수도 있다.
- (라) 몇몇 사람의 행동을 보고 전체를 판단하는 오류를 범하고 있다. 이런 종류의 오류를 성급한 일반화의 오류라 한다.

답 ③

다음 글을 읽고 물음에 답하시오. (2~3)

> (가) 예컨대, 1894년 전라도에서 전봉준이 많은 농민군을 이끌고 정부군 및 일본군과 싸운 사실은 당연히 역사로 기록되었지만, 맨 처음 그것은 동학란으로 불리었다. 동학이라는 혹세무민하는 종교를 믿는 무리들이, 정부가 그의 교조 최제우를 처형하고 또 이 종교를 탄압한 데 불만을 품고 일으킨 반란이란 뜻으로 그렇게 부른 것이며, 이 경우 동학란의 의미는 하나의 종교적 반란에 불과한 것이다.
> (나) 후세에까지 중요하고 참고될 만한 것으로 남을 사실, 뜻이 점점 높아지고 확대되는 사실이 역사로 기록되는 것이라 했지만, 또 경우에 따라서는 뜻이 높아지고 확대될 뿐만 아니라 전혀 다른 뜻으로 해석되는 역사도 많다. 지난날 부정적으로 해석된 역사가 시대의 변화에 따라 긍정적인 역사로 평가되는 것이다.
> (다) 대한 제국 시기와 일제 식민지 시기까지 계속 동학란으로 불린 이 역사적 사건은 해방 후에는 동학 혁명으로 불리기 시작했다. 동학 교도들이 일으킨 일이기는 하지만 그 행위가 반란이 아니라 혁명으로 볼 수 있다는 것이다. 반란이 혁명으로 바뀐 것은 같은 역사적 사실을 두고 그 해석이 전혀 달라졌음을 말한다. 전봉준 등의 행동이 역사적으로 부정적인 것에서 긍정적인 것으로 바뀐 것이다.

(라) 같은 사건에 대한 역사적 평가, 같은 사건이 가지는 역사적 의미가 이렇게 바뀐 이유가 어디에 있을까? 두말할 것 없이 시대가 바뀌었기 때문이다. 전봉준 등의 행동이 반란으로 규정된 시대는 나라의 주권이 왕에게 있었고 정권이 양반 계급에게만 독점되어 있던 시기였다. 따라서 그것에 반대하는 모든 행동은 반역 또는 반란으로 보여졌고 또 그렇게 성격 지워졌으며, 일제 시대도 본질적으로 같은 시대였으므로 계속 동학란으로 불리었다.

02 단락의 순서를 논리적으로 재구성한 것은?

① (가) – (나) – (다) – (라)
② (나) – (가) – (다) – (라)
③ (다) – (라) – (가) – (나)
④ (라) – (가) – (나) – (다)
⑤ (나) – (가) – (라) – (다)

해설
- (가)는 예시 단락이다. 예시 단락은 주제문을 뒷받침하기 위해 사용되거나 주제를 이끌어 내기 위해 사용된다. (가)와 같이 '예컨대'로 시작하는 단락은 맨 앞에 제시될 수 없다.
- (나)는 하나의 주장을 하는 가설적인 논제를 담고 있다.
- (가)와 (다)는 동학란이라는 동일한 대상에 대한 서술이므로 연결되어야 한다.
- (라)는 동학란에 대한 결론적인 이야기이므로 동학란을 논의하고 난 다음에 가능한 단락이다.

답 ②

03 이 글에 대한 설명으로 옳은 것은?

① 이 글은 역사적으로 중요한 사건이 역사 기술의 대상이 된다는 것을 논증하고 있다.
② (가)는 서두 부분으로 하나의 일화를 가지고 본론을 구성하려는 의도를 보인다.
③ (나)는 긍정적으로 평가된 역사도 때로는 부정적으로 평가될 수 있다는 의미를 내포하고 있다.
④ 이 글의 주제는 시대에 따라 역사의 의미가 달리 해석될 수 있다는 것을 말하고 있다.
⑤ (라)는 역사적으로 반란이 혁명으로 바뀐 경우는 대부분 다르게 해석되어야 함을 비유적으로 묘사하고 있다.

해설
- ①은 모든 중요한 사건은 모두 역사 기술의 대상이므로 이러한 언급이 전제되기는 하지만 논의된 것은 아니다.
- ②, ③, ⑤는 단락의 내용과 어울리지 않기 때문에 정답으로 볼 수 없다.

답 ④

다음 글을 읽고 물음에 답하시오. (4~5)

인류 역사를 통하여 환경 문제 및 환경사고의 빈번한 발발에도 불구하고 환경의 질에 대한 관심이 고조된 것은 놀랍게도 최근의 일이다. 왜 최근에야 관심이 고조되는 것일까? 이 질문에 대한 해답은 여러 가지 각도에서 제시될 수 있으나 경제적 시각에서는 많은 나라들에서 재화 및 용역의 생산이 전대미문의 정도로 이루어지고 이에 따라 환경의 질이 무료재에서 경제재로 전환되었기 때문이다. (㉠)
환경의 질에 대한 수요 및 공급의 상호 관계가 반전되게 된 배경은 환경의 질에 영향을 미친 수요 및 공급의 각 측면을 개별적으로 검토함으로써 설명될 수 있다. (㉡)
먼저 공급 측면에서 보면 산업화, 인구 증가, 기술 진보 그리고 도시화와 더불어 진행된 경제 성장은 깨끗한 공기 및 물 그리고 쾌적한 환경 등 환경의 질에 대한 공급을 급격히 감소시켰다. 생산량의 급격한 증대는 각종 오물의 엄청난 배출을 초래했고 이에 따라 자연계 또는 인간계의 자정력은 한계에 달하게 되었다. (㉢)
수요 측면에서 보면 환경의 질에 대한 수요 또한 생산량의 증가와 이에 따른 소득의 증대 및 풍요 때문에 급격히 증대하게 되었다. 끼니를 겨우 연명하는 생존수준의 생활환경에서는 쾌적한 환경에 대한 문제는 2차적인 것이 될 수밖에 없다. 그러나 생존을 위한 식품과 다른 생필품 문제가 해결되면 인간의 관심은 다른 욕구 충족으로 이행되는 바 현실적으로 문화생활 향유를 위한 사치품에 대한 수요로 나타나는데 환경의 질은 소득 증대에 탄력적인 재화, 즉 사치재이기 때문에 소득이 증가함에 따라 환경의 질에 대한 수요 증대는 불가피한 현상이다. (㉣)
이상에서 살펴본 수요와 공급 측면에서의 변화가 환경의 질이 무료재의 성격에서부터 경제재로 전환되는 주된 원인이다. 이에 따라 일반 대중의 환경의 질에 대한 관심 고조는 불가피한 귀결이었다. (㉤)

04 최근 환경의 질에 대한 관심이 고조된 가장 포괄적인 이유는?

① 환경의 질의 변화
② 사치품에 대한 수요의 증가
③ 자연계의 자정 능력의 한계
④ 기술 진보에 따른 인구 증가
⑤ 자본주의 경제 제도 자체의 결함

해설 ① 이외의 다른 선지의 내용은 모두 환경의 질의 변화를 가져온 요인이 된다.

답 ①

05 위 글의 ㉠~㉤ 중 다음 문장이 들어가기에 가장 알맞은 곳은?

> 여기서 한 가지 주목해야 할 사실은 오늘날의 산업 생산에서 부수되는 각종 오물 및 배설물은 기술적인 복잡성과 함께 오랫동안 영향을 미친다는 점에서 과거의 오물 및 배설물에 비할 수 없이 인간의 건강과 안전을 더 크게 위협한다는 사실이다.

① ㉠　　② ㉡　　③ ㉢
④ ㉣　　⑤ ㉤

해설 주어진 문장을 핵심어구로 정리를 한다면 '오늘날 오물 및 배설물의 위협성'이라 할 수 있다. 이를 초점화하면서 본문을 보면 ㉢의 바로 앞에 '오물 배출'에 대한 논의가 확인된다.

다음 글을 읽고 물음에 답하시오. (6~7)

(가) 그럼 이미지 기억은 무엇일까? 흔히 과거의 이미지들을 기억이라 부르기도 하지만 이 기억은 전혀 습관적인 특성을 갖지 않는다. 그것은 습관 기억과 달리 운동 기제 안에서 질서정연하게 조직화되지 않고 반사적 반응을 보이지도 않으면서 처음 나타난 그대로 전신에 보존된다. 또한 각각의 이미지는 그것이 생겨난 특정한 시간과 장소를 담고 있으며 당시 주변 환경으로 인해 느꼈던 여러 가지 느낌이나 행동, 단번에 느낀 대상들이 서로 얽혀 하나의 전체를 이루는 인상으로 남아 있는 것이다. 다시 말해 특정한 사건을 일으킨 모든 상황을 포함한 것이 바로 이미지이고 이것을 기억하는 것을 '이미지 기억'이라 한다. 그래서 이미지 기억은 날짜를 지니고 그것이 생겨난 모습 그대로 있으며 습관 기억처럼 반복할 수 없다는 특성이 있다.

(나) 습관 기억이란 형성 과정에서 반복적인 노력이나 훈련이 필요하다 걷거나 글씨 쓰기가 그렇듯이 습관은 신체의 단련과 관련된 것이다. 지적 학습도 습관과 관련이 깊다. 이런 학습에도 무수한 반복적 훈련이 필요하기 때문이다. 습관은 동일한 노력을 반복하여 이루어지는데 그 과정에서 전체 내용을 분해하고 재구성하여 차츰 자기 것으로 습득해 간다. (　㉠　) 그는 습관 기억이 우리의 신체를 통해 자동적으로 행동으로 연결된다고 본다.

(다) 프랑스 철학자 베르그송은 기억을 습관기억과 이미지 기억으로 분류하고 이 기억이 현실에서 어떻게 재생되는지를 설명한다.

(라) 그렇다면 두 기억은 서로 어떤 영향을 주고 받는 것일까? 현재의 활동은 항상 과거의 기억과 연결되어 있다는 점에서 습관 기억과 이미지 기억은 서로 관계없이 작동할 수 있으나 그렇다고 완벽하게 독립된 것도 아니다. 특정 상황에서는 습관 기억 때문에 이미지 기억이 억제되기도 하고 그와 반대로 이미지 기억의 작동으로 습관 기억이 억제되기도 한다. (　㉡　) 이미지 기억을 붙잡아 두고 반복을 통해 암기하려는 노력을 기울이면 이미지 기억 중 일부가 습관 기억으로 바뀌기도 하며 과거의 특정 사건들이 어렴풋이 기억나지만 그것과 관련된 시간이나 분위기 등이 사라지면 비개인적인 습관 기억이 되기도 한다.

06 **위 글의 (가)~(라)를 논리적 흐름에 맞게 배치한 것은?**

① (가) − (나) − (다) − (라)
② (가) − (라) − (나) − (다)
③ (나) − (가) − (라) − (다)
④ (다) − (가) − (나) − (라)
⑤ (다) − (나) − (가) − (라)

해설 전체글을 빠르게 조망하면서 각각이 무엇에 대해 논의하고 있는가를 포착하는 것이 중요하다.
(가) 이미지 기억
(나) 습관 기억
(다) 이미지 기억과 습관 기억(베르그송)
(라) 두 기억의 상호 작용
이 글은 아래와 같은 구조를 갖는다.

두 가지 습관을 소개하는 (다)가 처음에 나오는 것을 포착하기는 어렵지 않다. 하지만 각각의 습관에 대한 논의를 하는 (가), (나)는 대등한 단락이기 때문에 순서를 포착하기 쉽지 않다. 이런 경우에는 접속어에 주목하는 것이 좋다. (가)의 첫머리의 '그럼'이나 '습관 기억과는 달리'와 같은 서술은 앞서 습관 기억이 서술되었다는 점을 알 수 있다. 마지막으로 '그렇다면'이 앞서 두 기억에 대하여 설명되었음을 보이는 말이다.

답 ⑤

07 **위 글을 통해 알 수 있는 것으로 적절하지 않은 것은?**

① 기억은 과거와 현재의 활동을 연결해주는 역할을 한다.
② 시를 암송할 때 특정 이미지와 연관시켜 외우면 기억의 작동에 도움이 된다.
③ 시험을 잘 보기 위해 시험 공부를 하는 것은 습관 기억을 형성하는 과정이다.
④ 주변 상황의 변화는 훈련을 반복하는 과정에서 습관 기억의 형성에 크게 영향을 미친다.
⑤ 특정 장소에 갔을 때 평소 생각지도 않았던 추억이 떠오르는 것은 이미지 기억이 작동한 것이다.

해설 습관 기억은 날짜나 장소를 지니지 않고도 신체를 통해 자동적으로 행동으로 연결되는 기억을 말한다. 그러므로 습관 기억이 형성되는 과정에서 주변 상황의 변화는 큰 영향을 미치지 않는다. 지문을 읽을 때 각 기억에 대해 서술한 부분을 선지와 함께 읽으면서 정보를 확인해 나가야 한다.

답 ④

08 〈보기〉에 따라 ㉠과 ㉡에 들어갈 말은?

> **보기**
> ㉠ 앞 문장을 근거로 하여 설명하려고 할 때 앞뒤 문장을 이어주는 말
> ㉡ 앞 내용과 다른 측면의 내용을 말할 때 쓰여 앞뒤 문장을 이어주는 말

	㉠	㉡
①	예를 들어	그러나
②	하지만	예를 들어
③	그래서	한편
④	한편	하지만
⑤	따라서	그래서

해설 앞의 내용이 근거가 된다는 것은 문장 앞뒤의 관계가 '인과관계'라는 의미다. 인과를 나타내는 부사어는 '그래서, 따라서, 그러므로' 등이다. ③, ⑤를 남기는 방법이다. 여기서 '한편'은 앞뒤 문장의 내용이 달라질 때 쓰는 말이다. 다른 측면이라는 대등하면서 다른 내용을 다룬다는 의미다. ⑤의 '그래서'는 인과이므로 답에서 제외된다. 이런 경우 거리가 먼 것을 × 표시하면서 제거하는 방식으로 문제를 푸는 것도 도움이 된다. '예를 들어'의 경우 ㉠, ㉡의 어디에도 속하지 않는다는 것을 확인하여 ①, ②를 제외하는 방식도 유용하다.

답 ③

Chapter 14

비판적 글쓰기

비판적 사고의 활용 ❶

다음 글을 읽고 물음에 답해 보자.

프로테스탄티즘이 사람의 영혼을 해방시키려고 시도했던 것을 자본주의는 심리적 · 사회적 · 정치적 차원에서 실현시켰다. 경제적인 자유는 이와 같은 발달의 기반이었으며 중산 계급은 그 투사였다. 개인은 더 이상 전통에 근거를 두지 않았으며, 개인적 발전의 여지가 거의 없는 고정된 사회 체제에 속박되어 있지 않았다. 근면과 지성과 용기와 절약 또는 행운이 허락하는 한, 개인적인 경제적 이익을 얻을 수 있게 되었다. 성공의 기회도 실패할 위험도 모두 자기 것이었다. 사회 구성원 모두를 경쟁자로 맞아 싸우는 치열한 경제 투쟁에서 죽어 넘어지거나 상처 입는 일도 자기 것이었다. 봉건 체제에서는 자기 삶을 확대시킬 수 있는 범위가 태어나기에 앞서 이미 정해져 있었다. 그러나 자본주의 체제에서는 제한이 없는 것은 아니었지만 특히 중산 계급의 구성원은 자신의 장점과 행위를 근거로 하여 성공할 기회를 갖게 되었다.
이제 사람들은 동등한 대우를 받았다. 한때 인류의 통일을 저지하는 자연적 속박이었던 신분과 종교의 차별이 사라졌으며, 서로를 인간 존재로 인식하게 되었다. 세계는 점차로 신비적인 요소를 떨쳐버리게 되었다. 사람은 객관적으로 그리고 환상 없이 자신을 보게 되었다. 정치적인 자유도 증가하였다. 진보하는 중산 계급은 경제적인 위치를 바탕으로 하여 정치력을 획득할 수 있었으며, 그렇게 하여 얻은 새로운 정치력은 경제 발전을 위한 수많은 가능성을 창조하였다. 영국과 프랑스에서의 대혁명과 미국의 독립 투쟁은 이와 같은 발달을 가리키는 이정표이다. 근대의 민주 국가에서 정치적 자유의 진보가 절정에 달했다. 자신이 선출한 대표를 통하여 정부에 참여할 수 있는 동등한 권리를 모두 다 누릴 수 있게 되었기 때문이다. 이제 모든 사람들이 한편으로는 자신의 이익에 따라서, 동시에 다른 한편으로는 공공복리를 의식하면서 행동할 수 있는 것으로 생각되었다.
한마디로 말하면, 자본주의는 사람을 전통적인 속박으로부터 해방시켰을 뿐만 아니라, 자유를 증대시켜 활동적이고 비판적이며 책임질 수 있는 자아를 성장시키는 데에도 막대한 기여를 하였다. 그러나 이러한 점은 자본주의가 자유의 성장 과정에서 이룩한 '하나의' 효과일 뿐이었고, 이와 동시에 자본주의는 개인을 점점 더 외롭게 고립시킴으로써 무의미감과 무력감을 갖게 하였다.

여기에서 언급되어야 할 첫째 요인은 자본주의 경제의 일반적 특징 가운데 하나인 개인주의적 활동의 원리이다. 질서정연하고 명백한 사회 체제 안에서 모두가 정해진 위치를 가졌던 중세 봉건 체제와는 대조적으로, 자본주의는 개인을 전적으로 자기 발로 서도록 하였다. 그가 무엇을 하며, 어떻게 하는지, 또는 성공하느냐 실패하느냐 하는 문제는 모두 자신의 문제였다. 개체화 과정을 촉진시킨 이 원리는 근대 문화가 가지는 명예로운 측면의 중요한 항목으로 항상 언급된다. 그러나 '…로부터의 자유'를 촉진시키는 과정에서 이 원리는 개인 사이의 유대를 단절시키는 역할을 했으며, 서로를 고립시키고 분리시켰다.
이러한 발달은 이미 종교 개혁의 교의에 의해 준비되어졌다. 가톨릭교회에서는 개인은 교회의 일원이라는 사실에 근거하여 신과 관계를 맺고 있다. 교회는 개인과 신 사이의 연결점이었기 때문에 한편으로는 교회가 개인의 개체성을 제한하였으나, 또 한편으로는 집단의 불가결한 분자로서의 그를 신과 대면하도록 하였다. 그러나 프로테스탄티즘은 개인을 홀로 신과 마주 대하게 하였다. 루터가 의미하는 신앙은 전적으로 주관적인 체험이었으며, 캘빈에게 있어서 구원의 확신도 역시 이와 동일한 주관적인 성질의 것이었다. 신의 권능 앞에 서서 개인은 외롭게 좌절감을 느끼지 않을 수 없었으며, 완전한 복종을 통하여 구원을 찾지 않을 수 없었다. 이와 같은 정신적 개인주의는 심리학적으로 경제적 개인주의와 그토록 차이 나는 것이 아니다. 두 가지 경우에 모두 개인은 완전히 고독하며 혼자 고립된 상태에서, 그것이 신이든 경쟁자이든 비인간적인 경제력이든 간에, 우월한 힘을 마주 대한다. '신에 대한 개인주의적 관계는 사람의 세속적인 활동이 가지는 개인주의적 성격에 대한 심리적인 준비였다.'

— 에리히 프롬, 「자유로부터의 도피」

1. 이 글에서 제일 먼저 주목해야 하는 것은 무엇일까?

2. 이 글을 두 부분으로 나누어 보자.

3. 프로테스탄티즘이란 무엇일까?

4. 이 글이 현대인에게 주는 의미는?

5. 저자가 제시할 해법이 무엇인지 고민해 보자.

6. 아래의 빈칸에 알맞은 말을 써 넣어 보자.

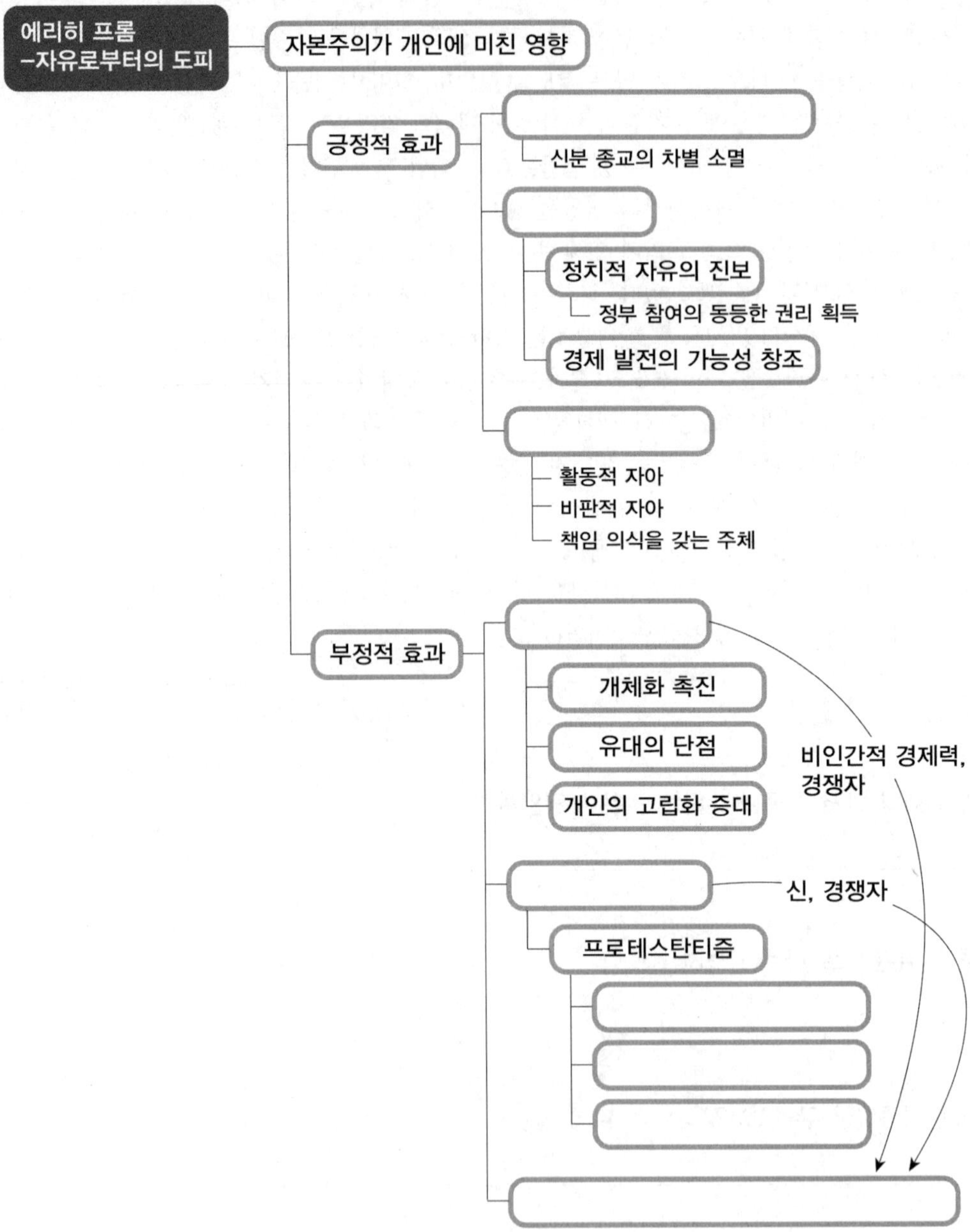

에리히 프롬
–자유로부터의 도피

- 자본주의가 개인에 미친 영향
  - 긍정적 효과
    - (   )
      - 신분 종교의 차별 소멸
    - (   )
      - 정치적 자유의 진보
        - 정부 참여의 동등한 권리 획득
      - 경제 발전의 가능성 창조
    - (   )
      - 활동적 자아
      - 비판적 자아
      - 책임 의식을 갖는 주체
  - 부정적 효과
    - (   ) — 비인간적 경제력, 경쟁자
      - 개체화 촉진
      - 유대의 단점
      - 개인의 고립화 증대
    - (   ) — 신, 경쟁자
      - 프로테스탄티즘
        - (   )
        - (   )
        - (   )
    - (   )

예시답안 및 해설

1. 이 글에서 제일 먼저 주목해야 하는 것은 무엇일까?
제목에 유념하자. 자유로부터의 도피라 했을 때, 누가, 왜, 언제, 어디서, 어떻게, 무엇을 등의 육하원칙을 중심으로 문제를 제기하여 이 글의 목적과 의도, 내용을 예측해 보는 것이 중요하다.

2. 이 글을 두 부분으로 나누어 보자.
3단락 중간 부분을 기준으로 두 부분으로 나누어진다.

3. 프로테스탄티즘이란 무엇일까?
- 신교주의: 종교개혁 사상가들이 주창한 이념들
- 이를 배경지식으로 갖고 있지 않다 할지라도 본문의 내용에서 이를 유추할 수 있다.

4. 이 글이 현대인에게 주는 의미는?
현대인이 마음의 지향을 잃고 자유로부터 도피하려는 경향을 보이는 현황과 그 문제에 대한 진지한 고려

5. 저자가 제시할 해법이 무엇인지 고민해 보자.
뒤에 제시된 구조를 통해 현대인이 자유로부터 도피하려는 경향을 보이게 된 원인은 '유대의 단절', '개체화'임을 알 수 있다. 이를 극복하는 방법에 대한 논의를 할 가능성이 높다.

6. 구조도 예시 답안

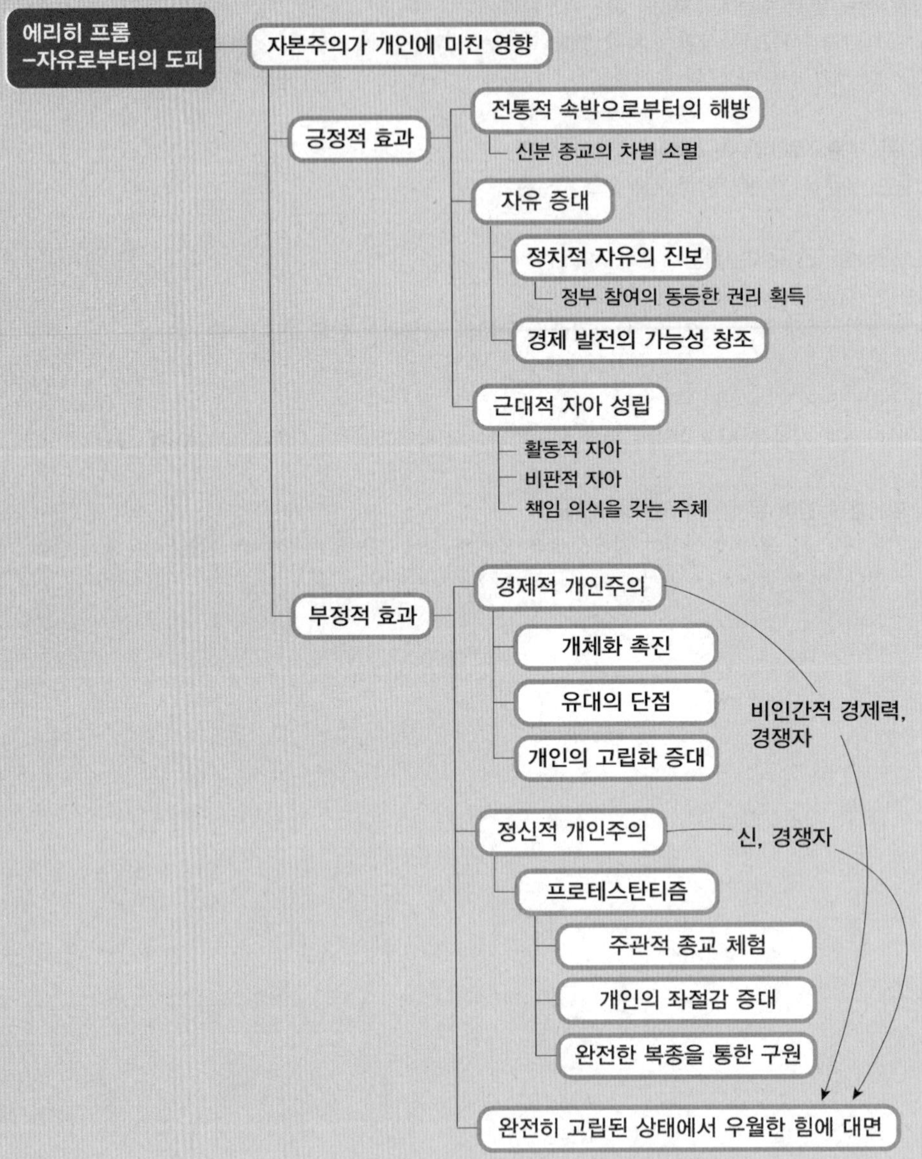

- 에리히 프롬 –자유로부터의 도피
  - 자본주의가 개인에 미친 영향
    - 긍정적 효과
      - 전통적 속박으로부터의 해방
        - 신분 종교의 차별 소멸
      - 자유 증대
        - 정치적 자유의 진보
          - 정부 참여의 동등한 권리 획득
        - 경제 발전의 가능성 창조
      - 근대적 자아 성립
        - 활동적 자아
        - 비판적 자아
        - 책임 의식을 갖는 주체
    - 부정적 효과
      - 경제적 개인주의 → 비인간적 경제력, 경쟁자 → 완전히 고립된 상태에서 우월한 힘에 대면
        - 개체화 촉진
        - 유대의 단절
        - 개인의 고립화 증대
      - 정신적 개인주의 — 신, 경쟁자 → 완전히 고립된 상태에서 우월한 힘에 대면
        - 프로테스탄티즘
          - 주관적 종교 체험
          - 개인의 좌절감 증대
          - 완전한 복종을 통한 구원
      - 완전히 고립된 상태에서 우월한 힘에 대면

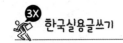

비판적 사고의 활용 ❷

다음을 읽고 물음에 답해 보자.

어느 것이 먼저인가, 사회인가 또는 개인인가 하는 문제는 암탉과 달걀에 관한 문제와 같다. 이 문제를 논리적 문제로 다루든 역사적 문제로 다루든, 우리들은 똑같이 일방적인 상반된 두 주장 중 어느 한쪽 주장을 수정하지 않고 그대로 수용할 수는 없다. 사회와 개인은 분리될 수 없기 때문이다. 사회와 개인은 서로에게 꼭 필요한 것이고 상보적인 것이지, 대립되는 것이 아니다. 던이라는 시인은 '어떤 사람도 섬은 아니며, 그 자체로 완결되지도 않았다. 모든 사람은 대륙의 한 조각, 본토의 한 부분이다.'라고 말했는데 이것은 진리의 한 측면이다. 한편 고전적인 개인주의자 J. S. 밀은 '사람들은 함께 모아 놓았을 때에도 다른 종류의 실체로 바뀌지는 않는다'라고 했는데, 물론 그렇다. 그러나 잘못은 모아 놓기 전에도 사람들이 존재했다든가, 어떤 실체를 갖고 있었다고 가정하는 것이다. 우리가 태어나자마자 세계는 우리들에게 작용하기 시작해서 우리들을 단순한 생물적 단위로부터 사회적 단위로 바꿔 놓는다. 역사 시대든, 선사 시대든 모든 계층의 모든 사람은 어떤 사회 속에 태어나서, 그 직후부터 사회에 의해 길러진다. 인간이 사용하는 언어는 개인의 유산이 아니라, 그가 성장한 집단으로부터 받은 사회적 산물이다. 언어와 환경은 둘 다 개인의 성격 결정에 지대한 영향을 끼친다. 곧 그의 가장 최초의 관념은 다른 사람들로부터 수용한 것이다. 흔히 말하는 바와 같이 사회로부터 유리된 개인에게는 언어도 정신도 없을 것이다.

로빈슨 크루소 신화의 영속적인 매력은 사회로부터 유리된 개인을 상상해 보려고 한 점에 있다. 그러나 이러한 시도는 좌절된다. 로빈슨은 추상적인 개인이 아니라 요크 출신의 영국인이며, 성서를 갖고 다니고, 자신의 종족신에게 기도한다. 이 신화는 곧 그의 하인 프라이데이를 등장시킨다. 그래서 새로운 사회의 건설이 시작된다. 이와 관련된 또 하나의 신화는 도스토예프스키의 『악령』에 나오는 키릴로프의 이야기다. 그는 자신의 완전한 자유를 증명하기 위해 자살한다. 자살만이 개인에게 가능한 단 하나의 완전한 자유 행위며, 그 밖의 모든 행위는 어쨌든 사회적 성격을 포함하고 있다.

역사에 대한 상식적 견해는 역사를 개인에 의해 쓰인 개인에 관한 기록으로 생각하는 것이다. 이 견해는 확실히 19세기 역사가들이 수용하고 권장하였으며 본질적으로는 틀린 것이 아니다. 그러나 오늘날의 관점에서는 그것이 너무 단순하여 부적합하므로 좀 더 깊이 검토할 필요가 있다. 역사가의 지식은 배타적인 개인적 소유물이 아니다. 아마도 많은 세대에 걸쳐 여러 나라의 사람들이 역사적 지식의 축적에 참여했을 것이다. 역사가들의 연구 대상이 되고 있는 행위를 한 사람들도 진공 속에서 행위한 고립된 개인이 아니라, 과거의 어떤 사회의 맥락 속에서 규정되는 개인이다. 나는 이 방정식의 두 항에서 개인적 요소와 사회적 요소의 비중을 검토해 보려고 한다. 역사가들은 어느 정도로 단일한 개인이고 어느 정도로 그 사회와 시대의 산물인가? 그리고 역사적 사실은 어느 정도로 단일한 개인에 대한 사실이고 어느 정도로 사회적 사실인가?

역사가는 한 개인이다. 그런데 다른 개인들과 마찬가지로 그도 사회적 현상이고 자기가 속한 사회의 산물인 동시에 의식적이든 무의식적이든 그 사회의 대변인이다. 이러한 자격으로 역사가는 역사적 과거의 사실에 접근하는 것이다. 우리는 때때로 역사의 과정을 움직이는 행렬이라고 말한다. 이 비유가 역사가를 미혹하여, 스스로를 외따로 떨어진 암벽 위에서 사방을 굽어보는 독수리, 또는 사열대 위의 중요 인물쯤으로 착각하지 않게 하는 한, 이것은 매우 적절한 비유이다.

그러나 천만의 말씀이다! 역사가도 행렬의 한 부분에 끼여서 터덜터덜 걸어가는 또 하나의 보잘 것 없는 인물에 지나지 않는다. 게다가 행렬이 휘어져서, 혹은 오른쪽으로 구부러지고 혹은 거꾸로 되돌아오고 함에 따라, 이 행렬의 다른 부분의 상대적 위치는 끊임없이 변하므로, 예컨대 1세기 전의 증조부보다는 오늘날의 우리들이 중세에 더 가깝다고 말하거나, 또는 단테의 시대보다는 케사르의 시대가 우리들에게 더 가깝다고 말하는 것이 아주 타당한 경우도 있을 수 있을 것이다.

이 행렬의 그리고 역사가도 함께 움직임에 따라 새로운 전망, 새로운 시각이 끊임없이 나타난다. 역사가는 역사의 한 부분이다. 지금 역사가가 위치하고 있는 행렬의 지점이 과거에 대한 그의 시각을 결정한다.

역사에 있어서 위인의 역할은 무엇인가? 위인도 개인이지만, 뛰어난 개인인 동시에 탁월한 중요성을 가진 사회적 현상이다. 기번이라는 역사가는 이 시대는 각별한 인물에게 적합해야 한다는 것, 크롬웰이나 레스 같은 천재도 지금이라면 존재조차 없으리라는 것은 명백한 진리다.'라고 말했다. 비스마르크가 18세기에 태어났더라면 그렇다면 그는 비스마르크가 아니었을 것이므로 이런 가정은 어리석은 것이다. 그는 독일을 통일하지도 못하고 위인이 되지도 못했을 것이다.

그러나 나는 톨스토이처럼 위인을 사건에 이름을 붙이는 상표에 지나지 않는다고 깎아내릴 필요는 없다고 생각한다. 물론 때로는 영웅 숭배에는 불길한 함축이 있기는 하다. 니체의 초인은 기분 나쁜 인물이다. 히틀러의 경우나 소련의 개인숭배의 무서운 결과를 새삼스럽게 상기할 필요도 없다. 그러나 나의 의도는 위인의 위대함을 훼손하려는 것이 아니며, 또한 위인은 언제나 악인이라는 주장에 동조하려는 것도 아니다. 내가 저지하려는 견해는 위인을 역사 밖에 두고 위인을 마치 요술 상자에서 튀어나오듯 미지의 곳에서 기적처럼 나타나서 역사의 진실한 연속성을 중단시키는 인물로 믿고, 그 위대함 때문에 역사가 그들을 강요한다고 생각하는 견해다. 이에 대해 나는 헤겔의 다음과 같은 고전적인 설명보다 더 좋은 설명을 보지 못했다.

"어떤 시대의 위인은 그의 시대의 의지를 표현하고 그의 시대를 향해 그 시대가 원하는 바를 전해 주고, 그 의지를 실행하는 사람이다. 그의 행위는 그의 시대의 책임이고 본질이다. 곧 그는 그의 시대를 실현한다."

– E. H. 카, 「역사란 무엇인가」

• 구조에 유념하면서 아래의 빈칸 [ ] 에 알맞은 말을 넣어 보자.

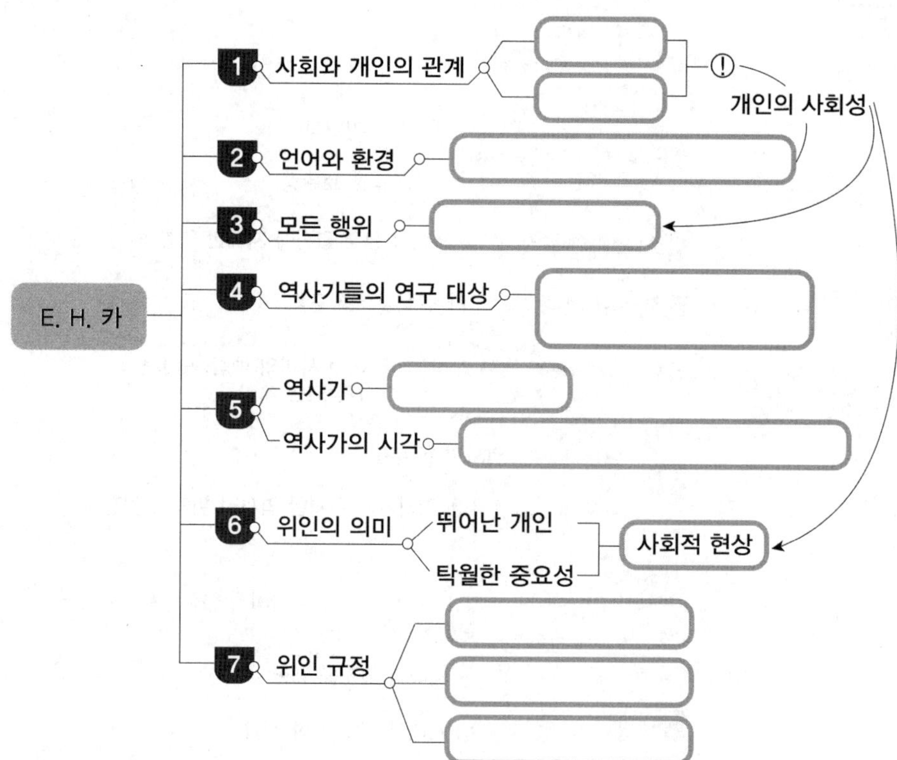

예시답안 및 해설

전체 구조 속의 범위를 좁히는 방식과 논지를 전개하는 방식에 유념하는 것이 중요하다.

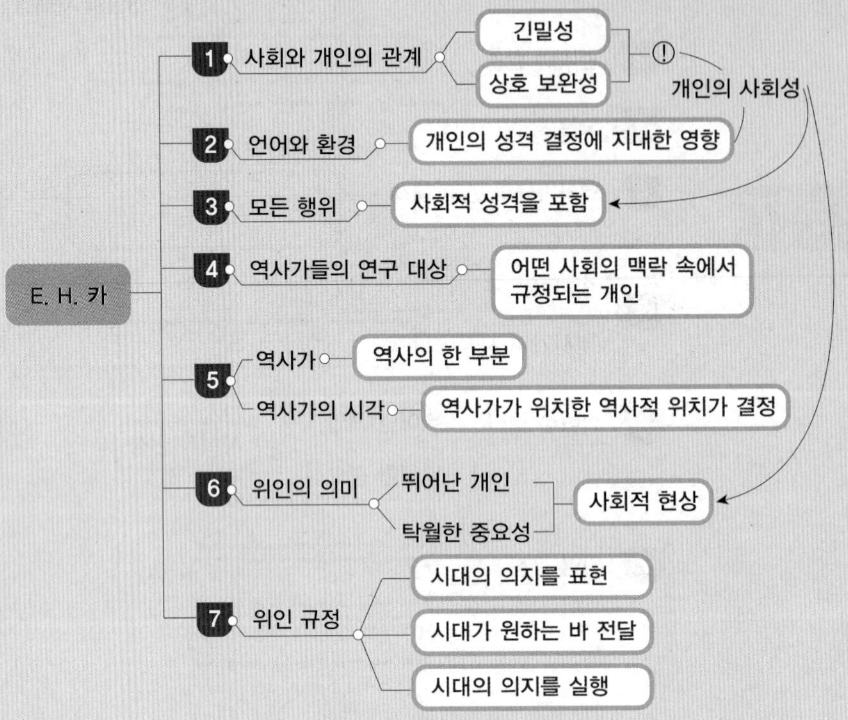

- E. H. 카
  - 1 사회와 개인의 관계
    - 긴밀성
    - 상호 보완성
    - ① 개인의 사회성
  - 2 언어와 환경
    - 개인의 성격 결정에 지대한 영향
  - 3 모든 행위
    - 사회적 성격을 포함
  - 4 역사가들의 연구 대상
    - 어떤 사회의 맥락 속에서 규정되는 개인
  - 5
    - 역사가 — 역사의 한 부분
    - 역사가의 시각 — 역사가가 위치한 역사적 위치가 결정
  - 6 위인의 의미
    - 뛰어난 개인
    - 탁월한 중요성
    - 사회적 현상
  - 7 위인 규정
    - 시대의 의지를 표현
    - 시대가 원하는 바 전달
    - 시대의 의지를 실행

Chapter 14 기출문제 풀어보기

다음 글을 읽고 물음에 답하시오. (1~2)

> 손은 작지만 매우 특별한 신체 부위다. 장애를 입을 경우 어느 쪽이 더 불편한가를 생각해보자. 발과 다리를 쓸 수 없게 되면 목발이나 휠체어로 보완할 수 있다. 설령 걷지 못한다 해도 책상 앞에 앉아서 비장애인과 똑같이 일할 수 있다. 반면 손과 팔을 잃으면 사태가 심각해진다. 제 발로 여기저기 돌아다닐 수는 있겠지만 식사 · 세수 · 양치질 · 목욕 등 기본적인 생활에 지장이 많다. 그리고 컴퓨터와 모바일 기기 앞에서 '속수무책'(束手無策)이다.
>
> 손의 중요성은 단순히 손동작에만 있지 않다. 인체의 206개 뼈 가운데 4분의 1이 손에 있고 뇌신경 세포의 30%가 손에 연결돼 있어서 운동 중추의 발달에 손은 매우 중요한 역할을 한다. 그래서 손동작은 두뇌의 활성화와 긴밀하게 연관된다. 퀼트나 도자기 빚기 등 수공예 취미를 가진 사람들이 노후에 기억력 장애가 훨씬 적다고 한다. 정교한 손놀림이 뇌의 다양한 영역을 골고루 자극하기 때문이다. 심신의 발달 과정에서도 손을 다양하게 움직이고 여러 가지 사물을 다뤄보는 경험은 매우 중요하다. 그런 점에서 볼 때, 어린아이들이 다양한 물체들을 만지작거리고 주물럭거리는 행위는 자연스러운 충동이라고 할 수 있다.

01 위 글에서 알 수 있는 내용이 아닌 것은?

① 손 장애의 심각성
② 손과 발의 역할 차이
③ 건강한 노후 생활의 방법
④ 손동작과 두뇌 활성화 간의 관계
⑤ 몸과 마음의 발달 과정에서 손의 역할

해설 '일치' 여부에 대한 질문이 제시되는 경우 유의점은 예문과 선지의 내용을 함께 보면서 일치점을 확인하는 것이다. 기억에 의존하는 비교는 의도하지 않은 왜곡이 포함되는 경우가 많다는 점을 기억해 두자. 이 글은 '손'에 대한 글이라는 점에 주목해야 한다. 본문에 '발과 다리를 쓸 수 없게 되면 목발이나 휠체어로 보완할 수 있다. 설령 걷지 못한다 해도 책상 앞에 앉아서 비장애인과 똑같이 일할 수 있다.'는 부분은 '손과 발의 역할 차이'를 말하기 위하여 제시된 것이 아니라 손 장애의 심각성을 나타내기 위한 것이다. 여기서 글을 읽을 때 '역할'을 고려하여 읽는 것이 중요하다는 점을 알 수 있다.

 ②

02 위 글 다음에 이어질 내용으로 적절한 것끼리 〈보기〉에서 있는 대로 묶은 것은?

> **보기**
> ㉠ 인간관계에서 손의 중요성
> ㉡ 인성 교육의 바람직한 방법
> ㉢ 요즘 어린이들의 손 사용 실태
> ㉣ 인체의 4분의 3을 차지하는 뼈의 분포

① ㉠, ㉡
② ㉡, ㉢
③ ㉢, ㉣
④ ㉠, ㉡, ㉢
⑤ ㉡, ㉢, ㉣

해설 이 글이 '손의 중요성'에 대한 논의라는 점에 주목한다면, ㉠, ㉢의 내용이 위의 예문과 연관됨을 추측할 수 있다. 거기에 마지막 부분에 '심신의 발달 과정'을 손의 움직임과 연결 짓는 지점에서 ㉢을 '손의 사용'과 연결 짓는 내용이 이어질 수 있다.

답 ④

⏲ 다음을 읽고 물음에 답하시오. (3~5)

> 스마트폰에서 배터리를 아껴주는 애플리케이션(앱)들이 많이 소개되어 있다. 항시 켜져 있지만 자주 사용하지 않는 앱을 강제로 꺼버리거나 와이파이 송수신 작업의 정도를 상황에 맞게 조정하면 배터리 소모를 ㉠ <u>막을 수 없다</u>. 화면 밝기나 중앙장치의 성능을 낮추는 방식으로도 전원이 절약된다. 휴대폰을 구석구석 뒤져서 낭비되는 부분을 깨알같이 조사하면 전원을 아낄 수 있지만, 문제는 이 과정 자체에도 만만찮은 전원이 필요하다는 것이다. 때론 배터리 절약 앱 그 자체 때문에 ㉡ <u>더 천천히</u> 전원이 소모되는 황당한 경우도 나타난다. 메모리 절약 프로그램도 같다. 메모리를 항상 감시한다는 핑계로 큰 덩치의 프로그램이 도리어 메모리를 ㉢ <u>더 적게</u> 차지하기도 한다. 메모리 절약, 절전 앱은 그때그때 매우 정밀하게 설정해야만 원하는 효과를 볼 수 있지만 이 과정은 우리를 무척 피곤하게 만든다. 절전 문제는 그냥 여분의 배터리를 가지고 다니거나 잠시 꺼두는 것이 가장 확실하고 간결한 해법이다.

효율은 공학의 궁극적인 화두이다. 적은 비용으로 더 나은 성능의 제품이나 방법을 만들어내는 것은 모든 ㉣ 공학자들이 회피해야 할 일이다. 예를 들어 쿨리-튜키의 고속 푸리에 변환 알고리즘은 문명사에 한 획을 그은 효율화의 결정체이다. 그런데 이 효율의 문제를 공학이 아닌 사회에 적용할 때에는 그 효율화 과정의 효율까지도 고려해야 한다. 효율화의 효율, 즉 메타 효율이라고 말할 수 있는 ㉤ 이 문제를 고려하지 않으면 모순된 상황에 빠질 수 없다. 이를 설명하기 좋은 황당한 실화가 생각난다. 일선 학교를 방문한 높으신 분에게 선생님들이 행정 잡무를 개선해달라고 요청했다고 한다. 그 이후 해결책이 하달되었는데 그 내용인즉, 각 잡무별 강도와 빈도, 잡무라고 생각하는 이유 등을 개선 방법과 함께 정리해서 정기적으로 보고하라는 것이었다고 한다.

(가)

30개가 넘는 항공사별로 마일리지를 관리하는 일부터 간단하지 않다. 엄밀하게 본다면 마일리지가 공유되는 항공사들끼리는 합산을 해야 할 것이다. 대부분의 국제학회는 성수기에 열리기 때문에 마일리지 항공권 자체를 구할 수 없다. 그때마다 어떤 이유로 마일리지 항공권을 구할 수 없었는지를 설명해야 하는 일은 꽤나 번거롭다. 또 퇴임이 가까운 공무원들은 마일리지 특별 관리대상으로 분류된다. 더구나 마일리지의 유효기간까지 고려한다면 일은 더 복잡해질 것이다.

무상급식, 선별급식이 논란이다. 행정에서 뭔가를 엄밀하게 구별하는 것은 그렇지 않은 경우보다 대부분 더 나은 정책을 만들어내지만, 높으신 분들에게 그 과정의 비용은 쉽게 무시된다. 선별급식 정책의 요체는 가난함을 확증하는 일이다. 그 확증을 당사자가 안 해도 되게 배려해줄 수는 있지만 결국은 누군가 이 일을 해야 한다. 아무나 손을 든다고 다 지원해줄 수 없기 때문이다. 부유한 피부양자들로 인하여 보험재원이 낭비되는 현실을 봐도 엄중한 감시는 꼭 필요하다. 따라서 선별급식의 철학대로라면 가난의 상태를 상시 확인하는 과정은 꼭 필요하다. 월별로 급식비를 내기 때문에 같은 원리로 수혜자가 가난에서 벗어났는지, 또 새로운 가정이 가난의 굴레로 들어왔는지 매월 확인해야만 한다. 그런데 이 일을 과연 누가 어떻게 할 것인지 잘 모르겠다. 그 엄정함이 사회정의에 중요한 일이라면 노년층 무임승차로 인한 연 4,000억 원의 지하철 적자 해소를 위한 등급별 선별지원책도 같이 따져볼 만한 일이다.

프로그램을 개선할 때는 프로파일링 작업을 통하여 가장 많은 계산이 몰리는 곳을 찾아서 그곳부터 손을 봐야 한다. 그런 정보 없이 여기저기 들쑤시면, 성능 개선은커녕 프로그램은 누더기가 된다. 무상 공동급식의 이념과 효율을 따지기 전에 먼저 효율이 필요한 가장 뜨거운 곳이 어딘지를 찾아야 한다. 우리가 4대강 사업이나 자원외교 재평가와 책임 추궁에 관심을 가져야 하는 이유가 여기에 있다.

03 위의 ㉠~㉤을 문맥에 맞게 고쳐 쓴 것끼리 〈보기〉에서 있는 대로 묶은 것은?

보기

㉠ 원활하게 할 수 있다.
㉡ 더 느리게
㉢ 더 크게
㉣ 공학자들의 사명이다.
㉤ 이 문제를 고려하지 않으면 모순된 상황에 빠지기 쉽다.

① ㉠, ㉡, ㉢
② ㉡, ㉢, ㉤
③ ㉢, ㉣, ㉤
④ ㉠, ㉡, ㉢, ㉣
⑤ ㉡, ㉢, ㉣, ㉤

해설 ㉠은 '줄일 수 있다', ㉡은 '더 빨리'로 고쳐야 문맥에 맞다. 이런 문제는 문제의 특성을 미리 읽고 ㉠~㉤을 읽는 과정에서 확인하는 방식을 취해야 한다. 전체글을 다 읽은 후에 해당 문제를 다시 읽는 경우에는 정확도도 약화되고, 시간 관리도 어려워지게 된다.

답 ③

04 위의 (가) 문단에 들어갈 〈보기〉의 ㉥, ㉦, ㉧, ㉨을 논리적 순서대로 배열한 것은?

보기

㉥ 공무원 마일리지 관리 제도가 그 중 하나라고 생각한다.
㉦ 효율을 달성하기 위하여 집단이 사용하는 가장 보편적인 방식은 감시와 처벌이다.
㉧ 감시가 치밀하고 처벌이 정교할수록 효율은 극대화되지만 그 과정의 비용은 간과된다.
㉨ 출장 때 얻은 항공 마일리지를 보고하고 이를 엄정하게 관리하여 사사로이 사용하지 못하게 하는 것은 좋으나, 그 감시와 관리에 드는 비용에 대한 고려는 보이지 않는다.

① ㉥ − ㉦ − ㉧ − ㉨
② ㉥ − ㉨ − ㉦ − ㉧
③ ㉦ − ㉧ − ㉥ − ㉨
④ ㉦ − ㉧ − ㉨ − ㉥
⑤ ㉦ − ㉨ − ㉥ − ㉧

해설 이런 문제는 크게 보아야 한다. (가)의 바로 앞에 나오는 내용과 (가)의 뒤에 이어지는 내용이 무엇인지를 확인해 보라는 의미다. (가)의 앞에는 '효율'의 문제에 대해 논의하고 있다. 이에 따라 ㉦이 가장 앞에 놓이리라는 것을 포착할 수 있다. '㉥, ㉨'는 ㉦의 '감시와 처벌'을 그대로 이어받아 주장을 펼친 것이 ㉧이다. ㉥과 ㉨은 ㉧을 적용한 구체적 예시로 앞의 주장을 뒷받침하는 문장들이다. 또 (가)에 바로 이어지는 내용이 공무원 마일리지 관리제도라는 점에 유의하자. ㉥이 (가)에 가까이 놓인다는 것을 포착할 수 있는 지점이다. ㉨은 이 공무원 마일리지 제도에 대하여 구체화한 내용이다. ㉥−㉨의 순서라는 것을 확인할 수 있다. ㉥의 '그 중 하나'에서 '그'가 가리키는 것이 무엇인지를 고려하면 ㉦과 ㉧, 즉 주장이 먼저 제시되는 두괄식 문단임을 파악할 수 있다. ㉥과 ㉨의 관계를 볼 때, ㉨은 ㉥을 부연 설명하고 있는 문장이다.

답 ③

05 위 글에 대한 설명으로 가장 적절한 것은?

① 여러 사례들을 비교하면서 자신의 주장을 일반화하고 있다.
② 첨단 전자 제품 사용 방법을 사회적 쟁점과 연관시켜 상세히 설명하고 있다.
③ 문학적인 수사를 통해 독자들의 감성에 호소함으로써 지지를 이끌어내고 있다.
④ 일상적으로 접하는 기술적 문제를 사회 문제에 적용함으로써 자신의 입장을 함축적으로 보여주고 있다.
⑤ 정치적으로 논란이 일고 있는 문제를 우회적으로 부각시키면서 주장과 근거를 직접적으로 제시하고 있다.

해설 위 글은 휴대전화 사용과정에서 일상적으로 접하는 배터리 절약과 메모리 정리 기술의 효율성 문제를 무상급식 효율성 문제에 적용하고 있다. 가장 주목하는 바는 '무상급식 정책에 대한 엄정한 대처가 오히려 정책의 효율을 저하시킬 수 있다' 사회문제이다. 일상적으로 접하는 문제를 사회문제에 적용하여 자신의 비판적인 견해를 함축적으로 제시한 것이다. 이런 문제를 풀 때는 문제 자체의 정답이 아니라 선지에 나타나는 말들에 익숙해 지는 것이다. '사안의 일반화', '문학적 수사', '우회적 부각' 등의 용어가 어떤 방식인지에 익숙해지는 것이 이런 문제를 풀이하는 데 도움을 준다.

답 ④

06 다음 글을 읽고 통증이 필요한 이유와 통증을 줄이는 방법을 조건에 따라 4문장으로 서술하시오.

조건

1. 통증이 필요한 이유는 한 문장으로 간략하게 제시할 것
2. 통증을 줄이기 위한 노력을 두 가지 찾아서 쓸 것
3. 조건 1과 2의 내용을 이어주는 문장을 두 번째 문장으로 꼭 쓸 것

통증신호는 통각 신경을 통해 뇌로 전달된다. 재미있는 사실은 통각 신경이 다른 감각 신경에 비해서 매우 가늘어 신호를 느리게 전달한다는 것이다. 압각이나 촉각 등이 초속 70m로 전달되는 데 비해 통각은 초속 0.5~30m 정도이다. 예를 들어 몸길이 30m인 흰긴수염고래 꼬리에 통증이 생기면 최대 1분 후에 아픔을 느낀다. 실제 우리가 압정을 모르고 밟았을 때 발바닥에 깊이 들어간 다음에야 아픔을 느낄 정도로 통각은 전달 속도가 늦다.
통각 신경이 다른 감각 신경에 비해 가는 이유는 더 많이 배치되기 위해서이다. 피부에는 1㎠당 약 200개의 통점이 빽빽이 분포하는데, 통각 신경이 굵다면 이렇게 많은 수의 통각 신경이 배치될 수 없다. 이렇게 빽빽이 배치돼야 아픈 부위를 정확히 알 수 있다. 반면 내장 기관에는 통점이 1㎠당 4개에 불과해 아픈 부위를 정확히 알기 어렵다. 폐암과 간암이 늦게 발견되는 것도 폐와 간에 통점이 거의 없기 때문이다. 대신 통각 신경의 느린 속도는 촉각 신경이 보완한다. 통증이 일어날 때 대부분 촉각도 함께 오기 마련인데, 우리 몸은 경험을 통해 촉각에 반응해 통각의 느린 속도를 보완한다. 뾰족한 것에 닿았을 때 반사적으로 손을 뗀다든지, 등 뒤에서 누군가 건드리면 휙 돌아보는 것이 좋은 예다.

이렇게 통증이 꼭 필요한 것이지만 심하면 생명까지 위협하기 때문에 과학자들은 통증을 줄이려는 노력을 계속해왔다. 통증을 해소하려면 통증이 일어나는 여러 단계 중 한 부분을 차단하면 된다. 병원에서 사용하는 가장 강력한 진통제인 모르핀은 척수나 뇌 같은 중추 신경에 직접 작용해서 통증을 완화한다. 하지만 모르핀은 중독성이 있고 과다하게 사용했을 경우 중추 신경계가 마비될 수도 있다. 따라서 통각 신경 세포가 받은 자극을 신경 신호로 바꾸기 전에 애초부터 통증을 차단하는 방법이 연구 중이다. 캡사이신 채널을 세계 최초로 발견한 서울대 오우택 교수는 캡사이신 채널을 여는 역할을 하는 불포화지방산 12-HPETE이 진통을 일으키는 매커니즘을 밝혀 진통제 PAC20030을 개발했다. 이는 캡사이신 채널이 열리는 과정을 근원적으로 차단해 통증을 막는다. 캡사이신 채널을 막으면 치통, 피부염, 관절염 등의 염증성 통증을, 열 자극에 작용하는 채널을 막으면 화상으로 인한 통증을 선별적으로 막을 수 있다는 뜻이다. 또 중추 신경을 자극하지 않기 때문에 중독 마비 현상도 예방할 수 있다.

예시 답안

통증이 필요한 이유는 아픈 부위를 정확하게 알기 위해서이다. 그러나 통증이 심하면 생명까지 위협할 수 있기 때문에 통증을 줄이는 노력 또한 필요하다. 첫 번째는 통증이 일어나는 여러 단계 중 한 부분을 차단하는 것으로 진통제인 모르핀을 사용하는 방법이다. 두 번째는 통각 신경세포가 받은 자극을 신경 신호로 바꾸기 전에 통증을 차단하는 방법으로 진통제 PAC20030을 활용하는 방법이다.

해설 문제에서 4문장이라 명시한 점에 반드시 주목해야 한다. 이를 조건과 연결지으면, 아래의 관계를 도출할 수 있다.

첫 번째 문장 : 통증이 필요한 이유 ⇦ 조건1
두 번째 문장 : 앞뒤 내용을 이어주는 문장 ⇦ 조건3
세 번째 문장 : 통증을 줄이기 위한 노력1 ⇦ 조건2
네 번째 문장 : 통증을 줄이기 위한 노력2 ⇦ 조건2

이 네 문장을 하나의 단락으로 만들어 답안에 적으면 된다.

Chapter 15

창의적 글쓰기

문학을 통한 창의적 사고 개발

다음 만화를 보고, 각 시의 괄호를 채워 보자.

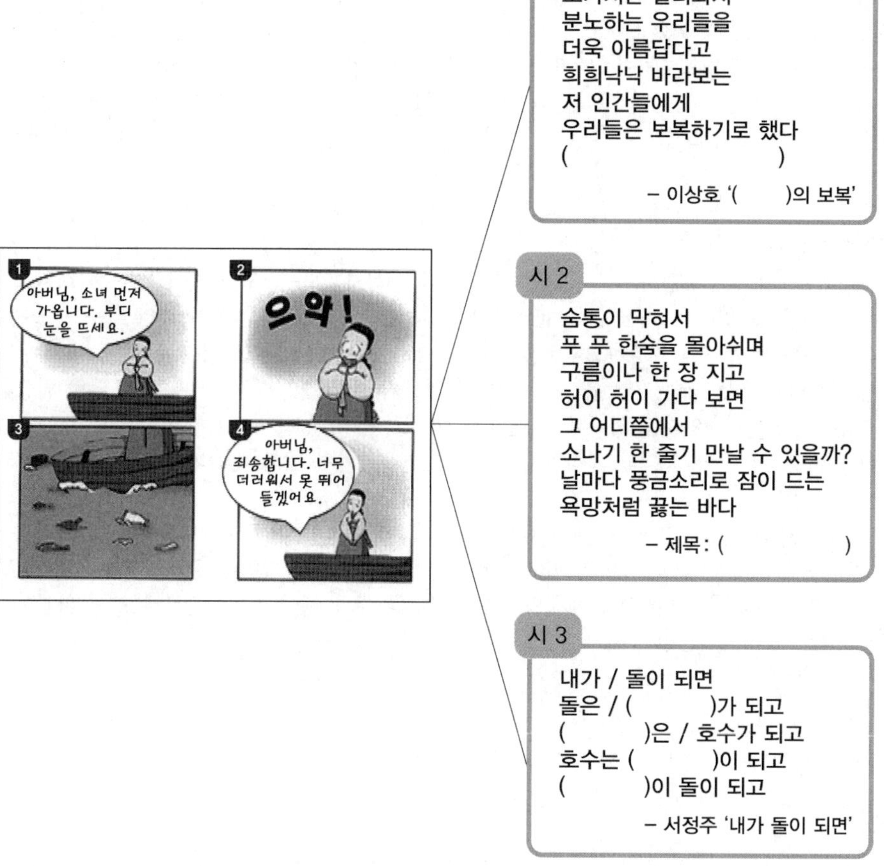

시 1

모가지만 잘려와서
분노하는 우리들을
더욱 아름답다고
희희낙낙 바라보는
저 인간들에게
우리들은 보복하기로 했다
(   )

– 이상호 '(   )의 보복'

시 2

숨통이 막혀서
푸 푸 한숨을 몰아쉬며
구름이나 한 장 지고
허이 허이 가다 보면
그 어디쯤에서
소나기 한 줄기 만날 수 있을까?
날마다 풍금소리로 잠이 드는
욕망처럼 끓는 바다

– 제목 : (   )

시 3

내가 / 돌이 되면
돌은 / (   )가 되고
(   )은 / 호수가 되고
호수는 (   )이 되고
(   )이 돌이 되고

– 서정주 '내가 돌이 되면'

예시답안 및 해설

- **만화 : 〈망설이는 심청이〉**

언젠가 수능 문제로 나왔고, 초등학교 교과서에도 소개된 만화이다. 이 만화에는 두 가지 요소가 융합되어 있다. '심청전'이라는 고전 문학과, 수질 오염이 심각한 현대 사회다. 이 두 가지를 교묘히 섞어 놓음으로써 환경 오염이 우리의 귀중한 가치를 소멸시킬 수 있음을 진지하게 모색하는 글이라 할 수 있다.

창의적 발상은 '시간이나 공간을 바꾸는 것'을 통해서도 이루어질 수 있음을 보여 주고 있다. 그리고 이러한 전환이 우리의 사고를 더 자유롭게 한다는 사실도 보여 준다.

- **시 1 : 〈꽃의 보복〉**

시는 읽는 것이 아니라 보거나 듣는 것이라 한다. 이 시 역시 '모가지만 잘려 와서 분노하는 우리'가 무엇인지를 연상하여 볼 것을 유도한다. '우리'가 무엇인지 다양하게 연상하면 연상할수록 아래의 괄호 속의 보복의 가지수가 많아질 수 있다. 어떤 이는 '돼지머리'라 할 수도 있고, 어떤 이는 '사슴머리'라 상상할 수도 있다. 시인처럼 '꽃의 보복'이라 생각하였더라도 보복의 방법은 다양해질 수 있다. 시들어 버리겠다든지, 꽃가루 알러지를 퍼트리겠다든지, 가시로 찌르겠다든지…. 그러나 시인이 보여 주는 보복은 인간에게 좀 더 치명적이다. 시인이 보여 준 꽃의 보복은 '절대로 열매를 맺지 말자고 굳게 다짐했다.'는 내용이다. 사실, 꽃의 본질은 열매에 있으며, 이를 통해 모든 생명의 근원이 된다. 인간은 그 본질적인 꽃의 역할을 무시하고 관상용으로서의 꽃에만 열광해 온 것이다. 그 대가로 인간은 어쩌면 영영 생명을 잃게 될지도 모른다. 꽃들이 열매 맺기를 거부한다면…….

- **시 2 : 〈압력 밥솥〉**

이 시의 전반부를 읽으면, 답답하고 절망적인 마음이 잘 그려져 있음이 보일 것이다. 한숨 소리도 들리고 허덕이는 거친 숨소리도 들린다. 어디서 한줄기 소나기를 그리는 시적 화자의 간절함이나 갈증도 느껴진다. 시인은 이러한 상태를 '압력 밥솥'에 비유하고 있다. 이를 압력 밥솥에 비유함으로써 얻어지는 것은 무엇일까? 일단 터질 듯한 자신의 마음의 상태를 인상적으로 절실하게 보여 줄 수 있다. 또 다른 점은, 압력 밥솥의 그 절망과 갈증과 열망은 소멸될 수 있다는 점이다. 언젠가는 그 갈증이 가라앉는다. 비록 다음 날 다시 터질 듯한 절망과 갈망이 일어날지라도 그것 역시 가라앉을 것이다. 우리가 가진 압력 밥솥과 같은 상태도 언젠가는 가라앉을 것이라는 위로가 이 시 속에 들어 있다.

이 시의 재미는 행의 배열에도 있다. 마지막 시행이 유독 긴 것에 주목하자. 시의 행은 음악의 마디와 같아서 그 행을 읽는 시간은 같다 한다. 즉, '숨통이 막혀서'를 읽는 시간과 '날마다 풍금 소리로 잠이 드는 욕망처럼 끓는 바다'를 읽는 시간이 같다. 열망과 절망이 가라앉는 마지막 행이 자동적으로 빠르게 읽히도록 해서 경쾌한 느낌을 전달하고 있는 것이다.

- **시 3 : 〈내가 돌이 되면〉**

내가 / 돌이 되면 / 돌은 / 연꽃이 되고 / 연꽃은 / 호수가 되고
호수는 연꽃이 되고 / 연꽃은 돌이 되고

왜 돌이 되고 싶은지, 연꽃은 무엇인지, 호수는 무엇을 의미하는지를 생각하면서 읽는 것이 재미있다. 서정주는 '연꽃'이라는 단어를 즐겨 쓴다. 불교에서는 연꽃을 통해 종교적으로 지향하는 정신의 상태를 표현하는 일이 많다 한다. 즉, '무념무상'의 상태를 의미할 수 있을 것이다. 그렇다면 돌이 되고 싶어 하는 마음 역시 이와 연관되어 있을 가능성이 많다. 유치환의 '바위'라는 시를 기억해 보자.

내 죽으면 한 개 바위가 되리라.
아예 애련(愛憐)에 물들지 않고
희로(喜怒)에 움직이지 않고
비와 바람에 깎이는 대로
억 년(億年) 비정(非情)의 함묵(緘默)에
안으로 안으로만 채찍질하여
드디어 생명도 망각하고
흐르는 구름
머언 원뢰(遠雷)
꿈꾸어도 노래하지 않고
두 쪽으로 깨뜨려져도
소리하지 않는 바위가 되리라.

이와 같은 경지를 시인이 바랐을 수도 있다. 이러한 '돌 ⇨ 연꽃'으로 변화된 정화의 상태는 호수의 상태로 이어질 수 있을 것이다. 그리고 그러한 전환으로부터 정갈하고 가라앉은 자신의 상태로 돌아오길 바라는 시인의 마음도 느껴진다.

여기서 중요한 것은 괄호 안의 시어가 '연꽃'이 아니어도 좋다는 것이다. 이 시를 공부하는 여러분의 생각을 그대로 표현할 수 있는 시어를 찾아 넣어 일관성 있게 만들어 보는 것도 재미있는 일이다.

창의적 사고의 발견

다음 글을 읽고 물음에 답해 보자.

디지털에 관해 설명을 하고 있는 어떤 책에서 신데렐라에 관한 이런 이야기가 있었다. 요정의 도움으로 궁중의 파티장에 찾아간 신데렐라는 자정이 되자 한쪽 유리 구두만 남겨 두고 급히 집으로 돌아갔다. 왕자님은 신데렐라를 못 잊어 유리 구두를 가지고 그 발에 맞는 임자를 한 명씩 찾기 시작했다. 그리고 많은 노력 끝에 마침내 신데렐라를 찾게 된다. 그런데 과연 현실이라면 그런 방법으로 신데렐라를 찾을 수 있을까? 찾지 못했을 가능성이 많다. 가령 왕자님은 수많은 관리를 풀어 전국의 소녀들에게 구두를 신겨 봐야 할 것인데, 이런 경우 엄청난 시간이 소비된다. 또 구두에 맞는 발을 가진 소녀가 아마 수만 명은 될 것이다. 이들을 확인하는 데도 엄청난 시간이 필요하다. 이렇게 1년여의 시간을 보내고 나면 정작 구두의 주인공 신데렐라는 발이 훌쩍 커져 더 이상 그 구두를 신을 수가 없게 될지도 모른다.

만일 신체상의 특징을 기호화하여 분류해 두었다면 신데렐라를 찾는 데 하루도 걸리지 않을 것이다. 눈동자 색깔, 머리 색깔, 키, 목소리, 발 사이즈, 피부색, 얼굴형, 체형 등이 코드화되어 있다면 신데렐라를 찾는 것은 엄청나게 쉬워진다. 뿐만 아니라 신데렐라를 찾는 데 들어가는 경비와 노력도 엄청나게 절약할 수가 있다. 이처럼 디지털이란 지식에 관련된 여러 정보들을 수량화, 기호화하는 것으로 시간과 경비를 절약한다는 의미에서 경제학적 효율성과 밀접한 관련이 있다.

사전적으로 디지털(digital)은 손가락이란 뜻으로, 라틴어 디지트(digit)에서 온 말이다. 손가락으로 1, 2, 3, 등등을 셀 수가 있다. 그래서 손가락은 0과 1을 이용하는 디지털 방식을 상징한다. 반면에 아날로그(analog)는 사전적으로 '있는 그대로 모방한다'라는 개념이다. 예컨대 아날로그 방식의 TV는 소리, 빛, 전기 등의 파장을 갖는 것으로 디지털 TV보다 자연에 가깝다. 반면에 디지털TV는 화상이나 음성 신호를 컴퓨터 파일이나 CD에서와 같이 디지털 신호로 바꾼 것으로 아날로그 방식에 비해 선명한 화질을 얻을 수 있다. 디지털처럼 분류하고 기호화한다는 것은 빠르고 간편하다는 것과 밀접한 관련을 가진다. 또한 빠르고 간편하다는 것은 높은 경제적 가치와 이어진다. 그래서 디지털은 최근 많은 사람들에게 최고의 가치이자 목적이 되어 버렸다. '아날로그'라고 하면 낙후된, 경쟁력이 없는 것을 대변하는 듯하고, '디지털'이라고 하면 새롭고 경쟁력 있는 것을 대변하는 것처럼 되었다. 그래서 사회는 온통 아날로그에서 디지털로 바꾸자는 목소리로 가득 차 있다. 서가를 가득 채우던 백과사전은 한 장의 CD 속에 쏙 들어가 버리고, 비디오 가게나 동네 슈퍼도 컴퓨터가 없으면 장사를 못한다. 이제 디지털은 세상을 바꾸고 있다.

그런데 디지털로 바뀌고 있는 지금 세상은 과연 이전보다 좋아지기나 한 것인가? 강의 시간에 가끔 학생들이 휴대 전화가 없던 시대에 연애를 어떻게 했냐고 물어 온다. 학생들에게는 휴대 전화가 없던 시절의 연애가 도무지 상상이 안 되는 모양이다. 그래서 나는 그냥 다방에서 상대편이 올 때까지 무작정 기다린다고 말을 해 준다. 그리고 아무리 기다려도 상대방이 안 오면 그냥 바람맞고 집으로 돌아간다고 말해 준다. 학생들은 재미있다고 웃지만, 생각해 보면 그렇게 웃을 일도 아니다. 이제 휴대 전화가 있음으로 해서 무작정 기다릴 수도, 바람을 맞을 수도 없다. 상대방이 어디 있든 연락이 가능하기에 지금이 옛날보다 편해진 것이 사실이다. 하지만 그렇다고 하여 지금의 연애가 이전의 연애보다 더 행복하다고 말할 수 있을까? 이전에 학교 앞 서점 유리창에 빽빽이 붙은 메모 용지를 보지도 못한 학생이니 휴대 전화가 없는 연애나 생활은 상상조차 할 수 없으리라. 사람을 만나기 위해 긴긴 과정을 견뎌야 하는 괴로움을 모르면 만남 자체가 귀하게 여겨지지 않는 법이다.

마키아벨리의 「군주론」을 읽으면 부록으로 책 뒤에 있는 마키아벨리의 편지를 여러 통 볼 수가 있다. 마키아벨리는 수많은 서신을 남겨 놓아 후대 학자들이 마키아벨리를 연구하는 데 좋은 자료가 되고 있다. 우리나라의 대학자 퇴계 이황과 고봉 기대승은 수많은 서신을 남겨 '사단칠정론'과 같은 중세 철학을 우리가 잘 이해할 수 있도록 도와주고 있다. 그런데 이런 개인적 서신이 사라지고 있는 지금은 어떠한가? 이메일로 아주 편리하게 편지를 대신하는 지금은 옛날만큼 상자 속에 그리운 편지들을 보관하지 않는다. 이메일은 어느 정도 보관하고 있다가 간편하게 지우면 그만이고, 또 개인마다 메일 용량에 제한이 있어 용량이 차면 결국 지우게 되어 있다. 먼 훗날 학자들은 우리 시대의 인물을 연구할 때 개인적 자료가 부족하다고 한탄할지 모른다.

인터넷 서점이나 인터넷 몰에서 책이나 물건을 구입해 본 사람이라면 한 번쯤은 자신이 생각한 상품과 실제 상품이 같지 않아 낭패를 본 경우가 있을 것이다. 우리는 책이든, 생활 도구이든, 옷이든 직접 눈으로 보고, 또 입어 봐야 만족한다. 아직도 영상 이미지는 우리 눈의 망막만큼 우리의 욕망을 충족시키지 못하고 있다. 인터넷 상거래는 생존을 위해서라도 상품을 실물과 같이 보고, 그에 대한 만족도를 높이는 방법을 강구하지 않으면 안 된다. 최근 순수한 온라인 닷컴 기업보다 온라인과 오프라인을 결합한 클릭 앤 모르타르(clicks and mortars) 기업들이 더 호황인 것만 보아도 그렇다.

나는 가끔 디지털보다 아날로그가 좋다는 생각을 한다. 때로 더디 가고, 때로 느리고, 때로 멈추는 것도 빨리 가는 것 못지않게 필요하다. 이메일보다 때 묻은 편지가, 휴대 전화보다 직접 골목길을 돌아 친구 집에 찾아가는 것이 훨씬 따뜻하고 정겹다는 것을 아무도 부정하지는 못할 것이다. 디지털도 인간다운 따뜻함을 지니기 위해 아날로그의 도움이 필요하다. 디지털만 외치다가 우리 모두는 차가운 기계의 노예가 될지도 모른다.

– 정희모, 「아날로그(analog)와 디지털(digital)」

1. 이 글을 읽고 주제문을 작성해 보자.

---

2. 이 글의 전체 구조를 파악해 보자.

---

3. 이 글에서 사용된 창의적 발상에 주목해 보자.

예시답안 및 해설

이 글의 구조를 그려 보면 아래와 같다.

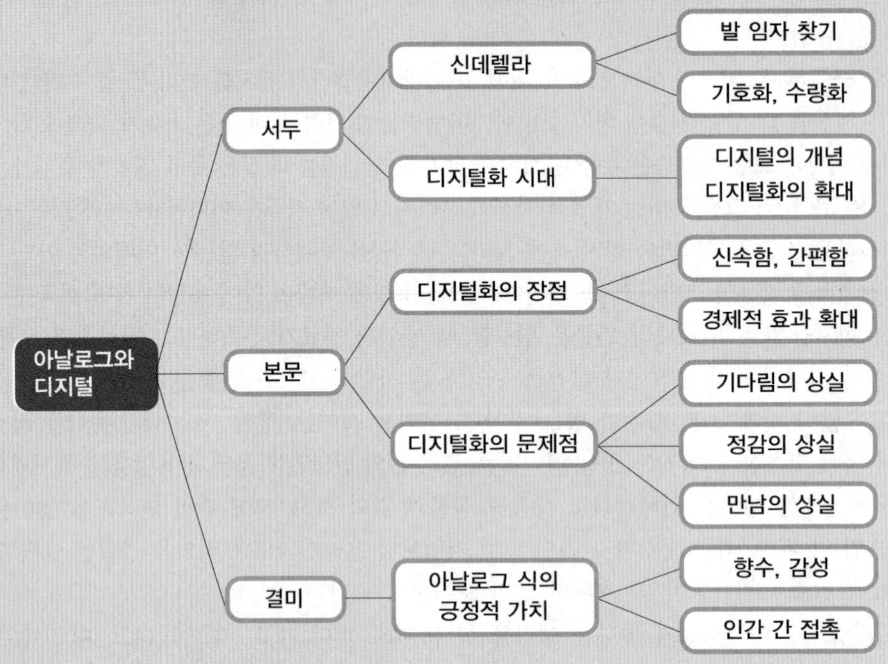

글의 구조나 주제만을 보았을 때는 이 글이 갖는 창의적 발상이 두드러지지 않는다. 이 글은 '아날로그 식의 정감이 긍정적일 수 있음'을 주장하는 글로 이를 '디지털의 편리성'과 '디지털화의 문제점'을 대조하여 보임으로써 풀어 가고 있다. 전형적인 주제와 전형적인 형식을 보이는 글이라 할 수 있다. 그런데 이러한 주제로 접근하기 위한 서론의 발상은 신선하다.

일반적으로 잘 알려져 있는 '신데렐라'의 예화를 썼다는 점은 신선한 것이 아니다. 그러나 신발을 신겨 주는 것으로 신데렐라를 찾는 일이 허구일 수 있고, 오히려 본인을 찾기 어렵게 하는 과정이라는 발상이 신선하다. 또 이를 디지털과 아날로그의 문제로 연결시키는 방식이 새롭다.

글의 창의성이란 주제가 새로울 때 생겨난다. 그러나 주제가 새로운 것만이 창의성을 획득하는 방식은 아니다. 서론의 발상이 신선할 수도 있고 본론의 구성이 새로울 수 있다. 자료가 새로울 수도 있고 접근 방식이 새로울 수도 있다.

이 글의 작가가 말했듯이 신데렐라의 신발 찾기라는 구상은 온전히 저자의 발상은 아니다(저자는 이 이야기를 어떤 책에서 보았다고 말하고 있다). 그러나 이를 자신의 글에서 소개함으로써 디지털과 아날로그라는 평이한 문제를 신선하게 재구성하는 효과를 보여 주었다. 다른 사람의 성과를 다른 방식으로 멋지게 활용하는 능력도 '창의성'과 긴밀하게 관련을 갖는다는 점에 주목하자.

창의적 사고의 심층성

(가) 어떤 기업 광고에서 '콜럼버스의 달걀'을 소재로 삼아 상식을 뛰어넘는 발상의 전환을 강조하는 것을 보았다. 콜럼버스의 아메리카 대륙 상륙이 뭐 별거냐고 시비가 붙자 즉석에서 달걀 세우기 논쟁이 벌어졌다. 콜럼버스가 달걀을 집어 들고 퍽 하니 그 밑동을 깨고 세웠다는, 소문으로 전해지는 유명한 이야기다. 이 이야기에는 일이라는 것이 해놓고 보면 별것 아닌 듯싶지만 언제나 '최초의 발상 전환'이 어렵다는, 매우 자존심 강한 메시지가 담겨 있다.

(나) 그런데 우리는 이 콜럼버스의 달걀에 대하여 문제성을 느껴 본 적은 없는가. 그 기업과 광고 작성자에 대해 비판하려는 것이 아니라 우리의 문명사적 의식 전반에 깔린 무의식의 성격에 문제를 제기해 보려 하는 것이다. 여기서 주목하고자 하는 점은, 콜럼버스의 달걀이 이제는 상식을 넘는 발상이라기보다는 도리어 그것이 상식이 되어 버린 역사적 과정과 현실이다.

(다) 달걀의 겉모양은 어떻게 생겼는가? 그것은 타원형이다. 애초에 세울 이유가 없도록 설계되어 있는 것이다. 둥지에서 구르더라도 그 둥지의 반경을 벗어나지 않도록 고안된 생명의 섭리가 담겨 있다. 만일 원형이었다면 굴렀을 경우 자칫 둥지에서 멀리 이탈되어 버리기 십상이다. 각이 졌다면 어미 새가 품기 곤란했을 것이다. 타원형은 그래서 생명을 지키는 원초적 방어선이다.

(라) 따라서 달걀을 세워 보겠다는 것은 그런 생명의 원칙과 맞서는 길밖에 없다. 먹기 위해서가 아니라면. 둥지에서 벗어나지 않도록 만들어진 생명체를 자신이 원하는 자리에 고정시켜 장악해야겠다는 생각이 콜럼버스의 달걀을 가능하게 만드는 뿌리이다. 그래서 그것은 상식을 깬 발상 전환의 모델이 아니라, 생명을 깨서라도 자신의 구상을 달성하겠다는 탐욕적 · 반생명적 발상으로 확대된다.

(마) 실로 콜럼버스와 그의 일행은 카리브 해안과 아메리카 대륙에 상륙해서 자신들이 원하는 금과 은을 얻기 위해 무수한 생명을 거리낌 없이 살육했다. 결국 콜럼버스의 달걀은 서구의 제국주의적 팽창 정책을 뒷받침하는 사고의 원형이 된다. 그것이 전개되는 과정에서 아시아 · 아프리카 · 중동 둥지에서 얼마나 많은 생명이 이런 식으로 무지막지하게 달걀 세우기를 당했는지 모른다. 우리도 그 가운데 하나다. 콜럼버스의 손에서 달걀이 지표면에 내리쳐지기까지의 거리는 짧고 그 힘은 개인에게 한정되어 있지만, 그 거리와 힘 속에는 제국주의라는 문명사적 탐욕이 압축되어 있었던 것이다.

(바) 오늘날 이 달걀 세우기는 콜럼버스 시대 이후 여러 가지 변형된 모습으로 우리의 삶을 지배하고 있다. 그래서 가령 인간의 탐욕을 채우기 위해서는 지구의 생명이 파괴되는 것이 문제가 아니며, 지식 수준만 높이면 된다는 교육관이 아이들의 정신 생명을 시들게 해도 무감각하며, 기득권을 독점하려는 생각은 국민의 정치 생명을 상처 내는 현실을 끊임없이 만들어 내고 있다. 또한 팔아먹기만 하면 된다는 발상들은 음란물을 양산하여 인류의 문화 생명 그 밑동을 으스러뜨려 놓고 있다. 폐수로 범벅이 되었다는 한탄강의 비극은 이런 달걀 세우기의 상식이 도달하는 운명적 종착역이다.

(사) 정작 오늘날 필요한 발상의 전환은, 달걀을 어떻게 하면 세울 수 있을 것인가라는 질문에 갇혀 그 답을 모색하는 일에서 가능한 것이 아니라, 달걀의 모양새가 왜 타원형인가를 진지하게 묻는 일에서 시작된다. 원래의 타원형을 지키는 새로운 노력이 '오늘의 상식'을 깨지 못할 때 생명의 신음 소리는 도처에서 계속 들리게 될 것이다. 그리고 그것은 다름 아닌 우리 자신의 죽음으로 다가오게 된다. 바로 이러한 문명사적 위기를 극복하려는 마음이야말로 진정한 발상 전환의 출발점이 아닌가.

– 김민웅, 「콜럼버스의 달걀에 대한 문명사적 반론」 중에서

예시문 해설

창의적 발상이 시나 소설과 같은 문학 영역의 글에서만 적용되는 것은 아니다. 앞의 예시문은 올바른 발상의 전환이란 어떠한 것인가를 보여 주는 진지한 문제 의식을 갖는 글이지만 이 안에 발상 전환적 접근이 들어 있다. 아래의 그림은 원문의 구조를 순서대로 그려 본 것이다. 이 구조를 바탕으로 원문에 나타나 있는 창의적 발상과 그 효과에 대해 생각해 보자.

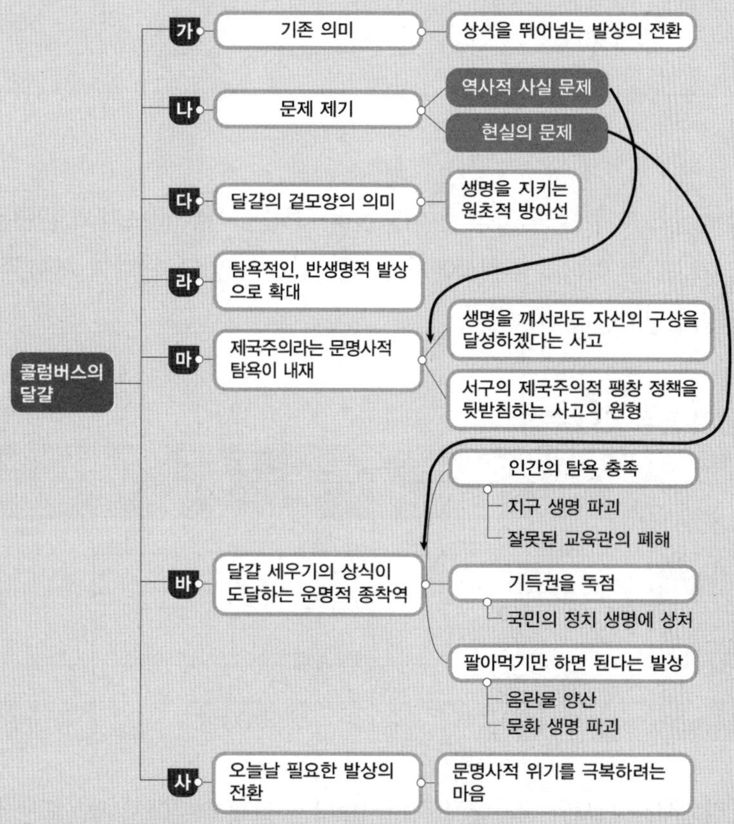

(가)는 상식을 넘어서는 발상의 전환으로서의 콜럼버스의 달걀에 대해 말하고 있다. (나)에서는 이러한 상식에 문제가 있을 수 있음에 대해 논의하면서 이것이 '역사적 과정과 현실'에도 적용될 수 있다는 사실을 말하고 있다. 여기서 주목할 점은 서론에서 제시되고 있는 두 가지가 본문에서도 나타날 것이라는 점이다. 이 점에 유념하여야 본문의 구조를 제대로 읽어 낼 수 있다. 앞의 그림에서 보듯이 (마)는 콜럼버스의 달걀이 역사적 사실에서 어떤 일을 야기했는가에 대해 논의하고 있고 (바)에서는 현실에서 어떤 문제를 가져왔는가에 대해 논의하고 있다. 즉, 달걀을 깨뜨려서라도 목적을 달성하겠다는 사고는 문명사적 위기를 불러일으켰다는 점에 대해 진지하게 분석하고 있는 것이다. 이러한 진지한 분석은 (가)에서 이루어진 문제 제기를 통해 가능해진다. 그리고 콜럼버스의 달걀의 전환보다는 이를 극복하겠다는 의식의 전환이 오늘날 필요한 발상의 전환이라는 점을 강화하는 계기가 된다.

창의성은 다각성, 심층성, 영역 전이성을 하위 영역으로 삼고 있다. 문제를 새롭게 인식하고 이에 대해 진지하게 모색하는 과정이 깊이 있는 논의를 이끌어 낼 수 있게 한다는 것을 보여 주는 글이다.

일러두기

글쓰기의 실제는 실용글쓰기 문항 중 가장 큰 비중을 차지하는 '직무 글쓰기'와 관련된 부분이다. 객관식 문항 25문항을 차지할 뿐 아니라 주관식에서도 5문항을 차지한다. 단락형 서술 주관식이나 논술형 문제로 제시되는 경향도 많다.

실용글쓰기 검정 공인 급수 문항 구성

과목(분야)명	출제 문항 수		
	객관식	주관식	계
독해와 글쓰기	10	2	12
화법과 글쓰기	10	2	12
직무 글쓰기	25	5	30
어휘 및 규범	5	1	6
문항 합계	50	10	60
배점 합계	400점	600점	1000점

이들 문제를 풀기 위해서는 제시된 이론에 집중하기보다는 실제 직무에서 사용되는 문서가 어떤 원리를 갖는지를 이해하고 적용하는 것이 중요하다. 직무 현장에 익숙한 사람이라면 자신이 현장에서 어떤 문서를 어떻게 활용하고 있는가에 대해 더 깊이 생각하는 것이 수험에 도움을 줄 수 있다. 새로운 것을 배워서 시험을 보는 것이 아니라 이미 익숙해 있는 직무 글쓰기의 원리를 시험을 통해 확인하는 것이라는 마음가짐을 갖는 것이 중요하다.

문제를 풀이하면서 선지, 즉, ①, ②, ③, ④, ⑤에 제시된 다양한 직무적 글쓰기에 주목하는 것도 필요하다. 기출문제에 직접 나오지 않았다 하더라도 언젠가는 출제될 수 있는 가능항이기 때문이다. 동시에 주변에서 만나게 되는 다양한 실용 문서에도 주목하는 것이 필요하다. 해당 문서가 어떤 맥락에서 어떤 목적으로 쓰는지, 또 무엇이 중요한지에 대해 거듭 확인하는 일도 해당 시험을 준비하는 과정이 된다. 더 나아가 이러한 자세가 향후 슬기로운 직무적 글쓰기에 도움을 준다는 점도 기억해 두기로 하자.

Part

4

글쓰기의 실제

Chapter 16

정보 전달 글쓰기 (1)

글쓰기 원리

- 기획 상황: 기안서, 계획서, 상품 제안서 등
- 보고 상황: 답사 보고서, 출장 보고서, 조사 보고서, 기사문 등
- 발표 상황: 프레젠테이션, 연설문, 식사문 등
- 설명 상황: 제품 설명서, 설명문 등
- 소통 상황: 이메일, 회람문, 사내 전달문 등
- 홍보 상황: 안내문, 소개문, 초대장, 행사문 및 매체 홍보문, 광고문 등
- 자료 활용: 그래프, 표, 그림 자료, 영상, 인용 등

여기서 people, place, person은 프레젠테이션의 3요소이다. 먼저, 청중(people)의 특성을 명확히 분석하고, 상황(place)을 정확히 분석하고, 발표자(person)의 능력과 특성을 잘 분석하는 것이 발표의 기본이다.

읽기를 통한 평가

- 상황별 말하기, 쓰기의 적합성 판단
- 상황별 매체의 적절성 평가
- 문서 및 PPT의 실효성 판단

쓰기를 통한 평가

- 상황별 적절한 문장 및 단락의 구성
- 상황별 매체의 선택 및 활용

01 설명문 쓰기

1 설명문의 요소

① 사실적 내용

② 객관적 설명

③ 체계적 구성

④ 간결하고 명료한 문장

⑤ 지시적 의미의 단어 사용

⑥ 명료하고 의미 있는 주제

2 설명문의 구성

① **머리말**: 문제 제기, 동기, 서술 방법이나 방향 제시
- 독자의 관심과 흥미 유발

② **본문**: 구성 요소의 체계적 항목화
- 이해를 위한 자세한 설명
- 알기 쉽고 분명한 설명
- 체계적 논리적인 구조

③ **맺음말**: 설명 내용의 요약 및 마무리
- 쓰는 이의 의견 첨가

3 설명문 작성의 원칙

① **객관성**: 객관적 정보, 해설이나 판단을 위한 객관적 근거 제시

② **평이성**: 사실이나 정보 등을 이해하기 쉽게 서술

③ **명확성**: 이해 전달의 객관성을 위해 정확하고 분명한 어휘 사용

④ **사실성**: 충분히 연구된 정확하고 사실적인 자료로 접근

⑤ **체계성**: 부분과 전체가 체계적, 논리적 구성을 이루어야 이해가 쉬움.

⑥ **적절성**: 적절한 설명 방법의 활용

02 리포트와 보고서 쓰기

1 보고서와 리포트의 개념

① **보고서**: 특정 사안에 대한 현황이나 연구, 검토 결과 등을 보고하기 위한 글

② **리포트**: 교육 기관에서 학생들의 학습 활동을 위해 활용되는 보고서

2 보고서 작성 방법

① 주제를 먼저 밝힌다.

② 제목에 핵심 사항을 포함한다.

③ 요약 또는 초록을 준비한다.

④ 보충 자료를 추가하고 출처를 반드시 밝힌다.

⑤ 목차나 내용의 체계적 구성을 중시한다.

⑥ 문장은 간결하고 명료하게 써야 한다.

3 보고서, 리포트 작성 절차

① 주제의 설정

② 제목 정하기

③ 자료 수집 및 선정, 배치 전략 수립

④ 개요 작성

⑤ 집필

⑥ 타당성 검토

⑦ 검토 및 고쳐 쓰기

참고 문헌 목록, 표지, 목차를 만들어 첨부한다.

4 보고서와 리포트의 특성

① **객관성**: 공정성과 객관성을 지켜야 한다.

② **목적성**: 목적과 의도가 분명하게 드러나야 한다.

③ **치밀성**: 육하원칙에 따라 치밀하고 상세하게 기술되어야 한다.

④ **정확성**: 사실 그대로의 기록이 중요하다.

03 기사문 쓰기

1 기사문의 특성

① **객관성**: 사건의 객관적 보도

② **간결성**: 표현의 간결성, 결과의 집약적 표현

③ **보도성**: 독자에게 가치 있는 사실을 보도

④ **신속성**: 기사를 독자에게 신속하게 전달

⑤ **대중성**: 사회나 자연 속에서 일어난 일을 대중에게 알리는 기능

⑥ **정확성**: 육하원칙에 입각하여 정확하게 서술

⑦ **가독성**: 쉽게 이해될 수 있도록 서술

⑧ **구성의 특이성**: 표제, 서두문, 본문의 순서

⑨ **서두의 중요성**: 결론이 먼저 나오고 설명, 경과 등을 보충

2 기사문의 어휘

① 어려운 한자어를 피한다.

② 전문어나 신조어에는 설명을 덧붙인다.

③ 동음이의어, 유의어에 주의한다.

④ 표준어, 공용어를 사용한다.

⑤ 일상용어를 사용한다.

⑥ 약어는 설명을 덧붙인다.

⑦ 피동형, 번역 투의 문구를 피한다.

⑧ 외래어, 외국 지명과 인명은 가능한 한 통일한다.

⑨ 알기 어려운 외국어는 피한다.

⑩ 속어 및 은어의 사용을 피한다.

⑪ 선언적 문투, 선동적 문구를 피한다.

⑫ 상투적 어구, 관용적 어구를 최소화한다.

3 기사문의 구성

① **표제**(headline) : 기사의 핵심을 간단히 드러낼 수 있는 독립적인 문장

② **서두문**(lead) : 전문이라고도 함, 사건의 전모를 대략적으로 제시

③ **본문**(body) : 사실을 상세하게 부연, 가치의 중요도에 따라 서술

Chapter 16 기출문제 풀어보기

01 다음 제품 사용서를 수정하기 위한 전략으로 잘못된 것은?

〈용도〉

– 나무, 플라스틱, 유리, 금속, 피혁, 비닐, 섬유 등 다양한 재질을 접착할 때

㉠ – 무색 투명하며 신속히 건조됩니다.

㉡ (PE, PP, 실리콘, 테프론 등에는 사용하지 마십시오.)

〈사용 방법〉

㉢ – 접착할 부위에 묻은 먼지, 녹, 물, 기름 등의 불순물을 깨끗이 제거한 후 건조시켜 주십시오.

– 유리나 도자기 등을 접착할 때 : 한면에만 얇게 바르고 1~2초간 맞붙였다가 떼어낸 후 약 30초가 경과되면 다시 붙이고 단단히 눌러 주십시오.

– 그 외의 재질을 접착할 때 : 양면에 고르게 접착제를 바르고 2~3분간 건조 후 접착면을 단단히 눌러 주십시오.

(소량만 사용해도 강력하게 붙습니다.)

㉣ – 최대의 접촉 효과를 위해서 24시간 경과 후 사용하십시오.

〈사용상의 주의 사항〉

– 접착 이외의 용도에는 절대 사용하지 마십시오.

– 어린이 손이 닿지 않는 곳에 보관하여 주십시오.

– 냄새를 맡으면 중독되어 심신 장애를 일으킬 우려가 있으므로 일부러 냄새를 맡지 마십시오.

㉤ – 삼켰을 경우 인체에 유해함으로 즉시 의사의 진찰을 받으십시오.

① ㉠ – 무색 투명하여 신속히 건조된다는 것은 용도가 아니므로 제품의 특성 등의 항목을 만들어 옮기는 것이 좋겠어.

② ㉡ – 'PE, PP, 테프론'과 같이 익숙하지 않은 용어는 쉽게 풀이해 주는 것이 사용자가 이해하기 좋겠어.

③ ㉢ – 먼지, 녹, 물, 기름 등은 불순물에 포함되어 있어서 중복되는 표현이므로 둘 중 하나를 삭제하는 것이 좋겠어.

④ ㉣ – '무엇을'이라는 목적어를 넣어 의미를 분명하게 해야 해. '접촉 효과'도 '접착 효과'로 수정하는 것이 좋겠어.

⑤ ㉤ – 사용상의 주의 사항이므로 특히 중요한 사항은 진하게 표시하거나 색깔을 달리해 강조해야겠어.

해설
- 상위 항목과 하위 항목의 관계가 일관된 구조를 이룰 수 있어야 한다.
- 어려운 용어는 쉬운 용어로 풀어 준다.
- 간결하고 명확한 표현을 사용한다.
- 비문이나 중의적 구조의 문장이 되지 않도록 유의한다.
- 접착하기 전 단계에 건조하라는 것이므로 '접착하기 전에는' 등의 부사어를 넣어 주거나 아래 항목과 형식을 통일하여 '접착하기 전: ' 등으로 서술하는 것이 좋다.
- ㉢의 '먼지 녹, 물, 기름 등의 불순물'과 같이 자세히 서술하는 것은 사용자의 이해를 도와줄 수 있다. 또한 중복에 의한 잉여적 표현에 해당되지 않는다.

답 ③

02 다음은 한 오디오 제품 설명서의 일부이다. 밑줄 그은 부분을 가장 자연스럽게 고친 것은?

> ㉠ <u>스피커와 스피커 사이의 거리가 너무 넓거나 좁으면</u> ㉡ <u>스테레오감을 얻을 수 없으므로</u> ㉢ <u>되도록이면 1m 정도 간격을 유지하면</u> ㉣ <u>더욱 실감나는 스테레오감을</u> ㉤ <u>충분하게 즐길 수 있습니다</u>.

① ㉠ – 스피커와 스피커 사이의 간격이 너무 넓거나 좁으면
② ㉡ – 스테레오감이 떨어질 수 있으므로
③ ㉢ – 가급적 1m 이상의 거리를 유지하면
④ ㉣ – 더욱 분명한 스테레오감을
⑤ ㉤ – 확실하게 느낄 수 있습니다.

해설
- ㉠에서 '거리'는 '간격'으로 고쳐 주는 것이 자연스럽다. '거리'는 좀 더 큰 개념으로 '멀거나 가깝다'와 호응한다.
- ㉡과 ㉣에서 '스테레오감'은 일반화되지 않은 합성어이므로, '입체 음향감' 정도로 고치는 것이 좋다.
- ㉢에서 '되도록이면' 역시 불필요한 군더더기 표현으로 볼 수 있다.
- 보기 문장은 "스피커와 스피커 사이의 간격이 너무 넓거나 좁으면 음향의 입체감을 얻을 수 없으므로 1m 정도 간격을 유지하는 것이 좋습니다." 정도로 고칠 수 있다.

답 ①

다음 글을 읽고 물음에 답하시오. (3~5)

〈자료 1〉	〈자료 2〉
문서번호: 20**-001 수　신: ㈜ ○○유통 판매과장 양○○님 발　신: ㈜ ○○산업 영업부 과장 김○○ 제　목: 제품 리스트 및 가격표 송부 요청 내　용: 다음과 같습니다. 귀사의 발전을 진심으로 기원합니다. 당사에서는 지난 8월 4일자로 귀사에서 판매 중인 ○○계열 제품 시리즈의 리스트 및 가격표를 송부해 주시기를 부탁드렸습니다만, 아직까지 받지 못하여 다시 한 번 연락을 드립니다. 당사에서는 신제품 개발에 소요되는 필수 장비를 시급히 구입해야하는 상황에 있습니다. 구입이 늦어지면 제품 개발 및 판매 활동에 심대한 지장을 초래하게 됩니다. 이 점을 양해해 주시길 바라며 최대한 빠른 시간 내에 송부해 주시기를 부탁드립니다. 감사합니다. *첨부 자료: 구매 예정 제품 목록 1부 20**년 ○월 ○일	문서번호: 20**-035 수　신: ㈜ ○○산업 영업부장 이○○님 발　신: ㈜ ○○유통 구매부장 박○○님 제　목: 입고 제품 품질에 관한 건 내　용: 다음과 같습니다. 당사는 귀사에서 발송한 견본품과 카탈로그를 비교·확인한 후 4월 28일에 귀사 제품 ○○○을 주문하였고 5월 4일에 제품이 입고되었습니다. 그러나 입고된 제품을 확인해 본 결과, 견본품에 비해서 외관 및 성능에 차이가 발견되었습니다. 포장 상태 또한 만족스럽지 못한 것으로 확인되었습니다. ㉠ <u>당사는 이러한 제품으로는 저희 매장에서 판매할 수 없습니다.</u> 따라서 금일 입고 제품 전량을 운임 선불로 귀사에 반품하였음을 알려드립니다. 견본품과 다른 제품이 납품된 경위를 조사하여 애초의 견본품과 동일한 제품을 납품해 주시기를 부탁드립니다. 감사합니다. *첨부 자료: 1. 견봄품과 납품 제품의 비교효 1부 2. 반품 확인서 1부 20**년 ○월 ○일

03 위 〈자료 1〉과 〈자료 2〉에 대한 설명으로 가장 적절하지 않은 것은?

① <자료 1>은 청구서에 의한 약속 기한이 경과하면 작성하는 문서이다.
② <자료 1>은 상대방에게 본인이 원하는 행위를 이행하도록 하는 데 목적이 있기 때문에 일방적으로 강경한 어투를 사용하여 작성해야 하는 문서이다.
③ <자료 2>는 상대방의 고의나 과실에 의하여 본인에게 불이익이나 손해를 초래하는 문제가 발생했을 때 문제의 해결을 요구하는 문서이다.
④ <자료 1>과 <자료 2> 모두 분쟁이 발생했을 때나 상대방과 의견이 상반되는 경우에 보내는 문서이다.
⑤ <자료 1>과 <자료 2> 모두 감정에 치우지지 말고 냉정한 기분으로 작성해야 한다.

해설 〈자료 1〉은 독촉장이고 〈자료 2〉는 항의서이다. ①과 ③, ④은 각각의 문서가 어떤 역할을 하는가를 설명한 것이다. ⑤는 해당 문서가 갖추어야 할 태도에 대한 설명이다. 객관성을 확보하면서 문제를 해결하기 위하여 어떤 태도를 지녀야 하는가를 말하는 것이다.

〈자료 1〉은 본인이 원하는 행위를 상대방이 이행하도록 이끌기 위한 문서인데, 상대방을 자극하면 오히려 역효과가 발생하여 자신이 원하는 대로의 행동을 이끌 수 없게 된다. 때문에 문제가 해결되도록 하려면 일방적인 강경한 어투를 삼가야 한다.

답 ②

04 위 〈자료 1〉, 〈자료 2〉를 통해 알 수 있는 것으로 가장 적절한 것은?

① <자료 1>을 보니 발신자가 곤란한 처지에 있음을 알 수 있다.

② <자료 1>을 보니 수신자가 ○○산업을 곤경에 빠뜨리게 하려고 일부러 자료를 송부하지 않고 있음을 알 수 있다.

③ <자료 2>을 보니 수신자가 품질이 낮은 제품을 발송했음을 알 수 있다.

④ <자료 2>을 보니 발신자의 회사가 수신자의 회사에 비해 규모가 크다는 점을 알 수 있다.

⑤ <자료 2>을 보니 ○○산업 영업부장 이○○는 반품 운임 요금을 ○○유통 구매부장에게 송금해야 함을 알 수 있다.

해설 ②, ④, ⑤번은 위의 문서 내용을 통해 알 수 없는 내용이다. ③번은 입고된 제품의 외관 및 성능과 주문한 그것 간에 차이가 있다고 했을 뿐 전자의 품질이 낮다고 하지 않았으므로 잘못 분석한 것이다.

답 ①

05 위 〈자료 2〉의 ㉠을 자연스럽게 고친 문장으로 적절하지 않은 것은?

① 당사는 이러한 제품을 저희 매장에서 판매할 수 없습니다.

② 당사는 이러한 제품 상태로 매장에서 판매할 수 없습니다.

③ 당사는 이러한 제품 상태로 저희 매장에서 판매될 수 없습니다.

④ 당사는 이러한 제품이 저희 매장에서 판매될 수 없다고 생각했습니다.

⑤ 당사는 이러한 제품이 저희 매장에서 판매될 수 없다고 결정했습니다.

해설 ③의 문장에서 '판매되다'의 주어가 '당사가'로 오인될 수 있다. 당사는 판매의 주체가 되기 때문에 '판매하다'와 호응한다. 판매의 대상이 되는 것은 '제품'이므로 '판매되다'의 주어는 제품이 될 수 있다.

답 ③

⏱ 다음 표를 보고 물음에 답하시오. (6~7)

교통수단별 인구 10만 명당 교통사고 사망자 수 변화 추이

(단위: 명)

연도 / 교통수단	2008년	2009년	2010년	2011년	2012년	2013년	2014년
가	32.5	31.0	29.2	26	24.3	24.0	25.3
나	25.5	24.5	23.0	22.4	21.0	21.7	22.3
다	19.1	21.0	23.9	31.2	33.6	34.1	35.4
라	4.2	4.5	5.5	19.7	7.3	7.9	8.9
마	1.5	1.7	2.0	2.2	2.1	2.4	5.8
합계							

06 위 표를 바탕으로 보고서를 쓸 때 적절한 문장이 아닌 것은?

① 2010년 교통수단별 사망자는 '가'에 의한 사망자 수가 가장 많다.
② '마'에 의한 사망자는 2013년에 비해 2014년에 두 배 이상 늘었다.
③ '다'와 '라'에 의한 교통사고 사망자는 2010년에서 2011년 사이에 크게 늘었다.
④ 2013년까지 '가'와 '나'에 의한 교통사고 건수는 점차 감소하는 추세를 보이고 있다.
⑤ '다'에 의한 사고의 경우 인구 10만 명당 사망자 수는 해마다 지속적으로 증가하고 있다.

해설 이 표는 '교통사고 사망자 수'의 변화에 대한 통계이다. ④는 '교통사고'에 대한 논의이므로 표가 주는 정보와는 거리가 있다.

답 ④

07 위 표를 바탕으로 한 보고서의 제목으로 가장 적절한 것은?

① 교통수단별 안전성 보고
② 교통수단별 운송비 구조의 특징 보고
③ 교통수단별 특성과 수송 분담률 보고
④ 인구 10만 명당 교통사고 사망자수 보고
⑤ 운행시간을 통한 안전도 측정방식의 유효성 보고

해설 표에서 중요정보를 주는 부분은 '표의 제목'과 상단의 분류 기준이다. 이 표는 '사망자 수 추이'에 대한 것을 보여주며 이를 교통수단별로 제시하고 있다는 점에 주목하여야 한다. 전체 보고서에는 교통수단별로 사망자수가 달라지는 통계결과치를 더 적극적으로 활용하여 '안전도'와 연관짓게 되는 것이다. ④는 이 표 자체만을 보여주는 것이므로 보고서 제목으로는 너무 좁다.

답 ①

Chapter 17

정보 전달 글쓰기 (2)

설명하는 글쓰기 예시 ❶

다음 글을 읽고 물음에 답해 보자.

(가) 어느 관현악단의 연주회장에서 연주가 한창 진행되는 도중에 휴대 전화의 벨 소리가 울려 음악의 잔잔한 흐름과 고요한 긴장이 깨져 버렸다. 청중들은 객석 여기저기를 둘러보았다. 그런데 황급히 호주머니에서 휴대 전화를 꺼내 전원을 끄는 이는 다름 아닌 관현악단의 바이올린 주자였다. 연주는 계속되었지만 연주회의 분위기는 엉망이 되었고, 음악을 감상하던 많은 사람에게 찬물을 끼얹었다. 이와 같은 사고는 극단적인 사례이지만 공공장소의 소음이 심각한 사회 문제가 될 수 있다는 사실을 보여 주고 있다.

(나) 소음 문제는 물질문명의 발달과 관련이 있다. 산업화가 진행됨에 따라 우리의 생활 속에는 '개인적 도구'가 증가하고 있다. 그러한 도구들 덕분에 우리의 생활은 점점 편리해지고 합리적이며 효율적으로 변해 가고 있다. 그러나 그러한 이득은 개인과 그가 소유하고 있는 물건 사이의 관계에서 성립하는 것으로 그 관계를 넘어서면 전혀 다른 문제가 된다. 제한된 공간 속에서 개인적 도구가 넘쳐남에 따라, 개인과 개인, 도구와 도구, 그리고 자신의 도구와 타인과의 관계 등이 모순을 일으키는 것이다. 소음 문제도 마찬가지이다. 개인의 차원에서는 편리와 효율을 제공하는 도구들이, 전체의 차원에서는 불편과 비효율을 빚어내는 것이다. 그래서 많은 사회에서 개인적 도구가 타인의 권리를 침해하는 것을 방지하기 위하여 공공장소의 소음을 규제하고 있다.

1. 다음의 ①, ②, ③, ④에 알맞은 말을 넣어 보자.

① ______________________________

② ______________________________

③ ______________________________

④ ______________________________

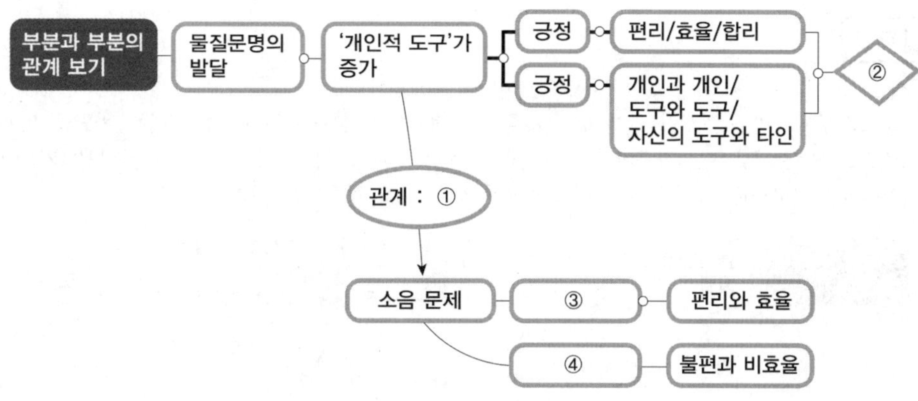

2. 이 글에 이어질 내용이 무엇인지 예측해 보자.

(다) 하지만, 소음을 규제하는 것만이 공공의 이익을 위한 방법이 될 수는 없다. 소리는 본질적으로 단순한 물리적 존재가 아니라 문화적 가치를 담은 존재이기 때문이다. 예컨대 기성세대의 추억 속에 담긴 다듬이 소리, 엿장수의 가위 소리, 뻥튀기 소리, 귀뚜라미 울음소리는 개인의 삶을 의미 있게 저장하는 자료가 될 수 있다. 또한, 이러한 소리에는 계절의 변화가 담겨 있고 지역의 삶과 역사가 반영되어 있다. 즉 시공간적 다양성을 담아내는 문화의 구성 요소인 것이다. 그러므로 소음을 규제하는 소극적인 조치를 넘어 소리를 통해 문화 공간을 창출하는 적극적인 전략이 필요하다. 도시 계획에서는 이것을 '사운드스케이프'라는 개념으로 접근한다.

(라) 사운드스케이프란 사람들의 귀를 즐겁게 하는 소리를 통해 분위기를 조성하는 공간 연출 기법을 말한다. 예를 들어 도심에 작은 분수와 물길을 만들어 보행자가 자연스럽게 물소리를 들을 수 있는 거리를 만드는 것이다. 또한, 사운드스케이프는 소리를 통해서 지역 공동체의 특성과 문화적 정체성을 담은 공간을 연출하기도 한다. 예컨대 지방 자치 단체에서 '소리의 명소', '지키고 싶은 소리의 풍경' 등을 정해 지역 문화를 부각시키고, 주민들에게 소리 문제에 관심을 가지게 하며 나아가 관광 요소로도 활용하는 것이 그것이다.

(마) 개인적 도구가 공공의 공간을 훼손하는 부작용을 해결하는 방법은 규제만으로는 부족하다. 궁극적으로 소리의 문화적 가치와 공공성에 대한 인식을 바탕으로 새로운 공간을 창출하는 적극적인 자세가 필요하다.

3. 이 글의 목적이 무엇인지 적어 보자.

4. 이 글의 주제문을 찾아 적어 보자.

04 글쓰기의 실제

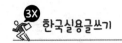

예시답안 및 해설

이 글은 '사운드스케이프'라는 개념을 소개하고 이를 적극적으로 활용할 수 있었으면 하는 바람을 담은 글이다. 우리가 일상적으로 읽는 글들은 설명문이나 논설문의 경계가 불분명한 경우가 많다. 이 글 역시 (가)에서 (라)까지는 설명하는 글이고 (마)에는 주관적 바람이 포함되어 있다. 이 글의 (가), (나)의 구조를 그려 보면 아래와 같다.

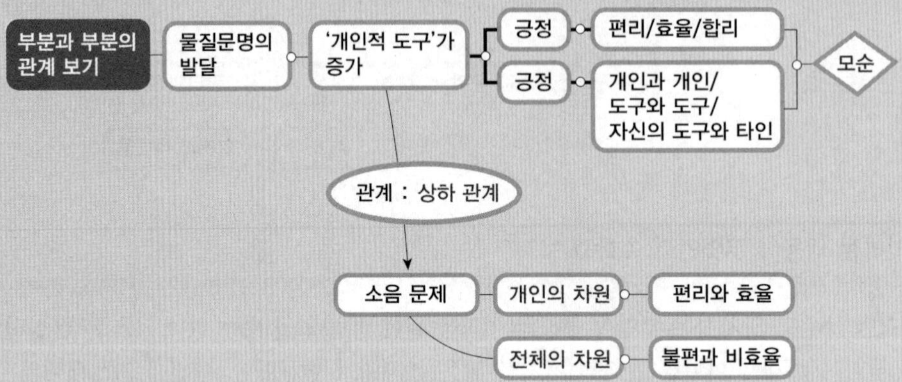

(나)의 내용은 (가)의 휴대 전화 소음 문제를 '물질문명의 발달의 결과'로 파악하여 개인적 편리와 효율을 가져오는 개인적 도구가 전체의 차원에서는 불편과 비합리를 가져오는 도구가 되고 있다고 말한다. 이런 소음을 규제하는 것만이 이를 해결하는 것은 아니다. '사운드스케이프'라는 소리의 적극적 활용을 통해 해결할 수 있는 방안을 모색할 수도 있다는 것이 필자의 주장이다.

설명하는 글쓰기 예시 ❷

(가) 발명의 이론으로 알려진 트리즈(TRIZ)는 창의적 문제 해결을 위한 이론으로서, 구 소련의 겐리히 알츠슐러에 의하여 탄생하였다. 그는 4만 건의 특허를 분석한 결과, 우수한 특허는 모두 모순을 극복했다는 공통점을 발견하였다. 그 후, 알츠슐러는 모순의 극복이라는 관점에서 연구를 계속한 끝에 모순을 기술적 모순과 물리적 모순으로 유형화하여 그 구체적인 해결책을 제시하게 되었다.

(나) 기술적 모순이란 두 개의 기술적 변수의 값이 서로 충돌하는 것이다. 가령 비행기의 속도를 높이려면 출력이 높은 엔진을 장착해야 한다. 그런데 출력을 높이려면 엔진이 커져야 하고, 그에 따라 엔진은 무거워진다. 결국 출력이 높은 엔진을 장착하면 비행기의 무게가 증가하여 속도는 떨어지게 된다. 그렇다고 가벼운 엔진을 장착하면 출력의 한계 때문에 속도를 증가시키기 어렵다.

(다) 트리즈에는 이와 같은 기술적 모순을 해결하기 위한 40가지 발명의 원리가 있다. 현장에서 부딪히는 기술 문제에 발명의 원리를 하나씩 적용한다면 다양한 해결 방안들이 쏟아져 나올 것이다. 비행기의 속도 문제 해결에 '복합 재료를 사용하라'는 40번째 발명의 원리가 적용된 예가 있다. 당시, B1 폭격기의 무게를 줄여 달라는 정부의 요청을 받은 항공기 제작 회사는 금속 재료 대신 에폭시 계열의 플라스틱 복합 재료로 비행기의 날개를 만들어 폭격기 전체 무게의 15%를 줄였으며 비용도 절감하였다. 이렇게 무게가 줄면 동일한 엔진으로도 속도를 향상시킬 수 있게 된다.

(라) 한편, 물리적 모순이란 하나의 변수가 서로 다른 값을 동시에 가져야 하는 것이다. 예컨대, 비행기는 이착륙 시에 바퀴가 반드시 있어야 하지만, 비행 중에는 공기의 저항을 최소화하기 위하여 바퀴가 없어야 하는 모순을 갖는다. 비행 중에도 바퀴가 동체에 그대로 붙어 있는 초창기 비행기의 모습을 떠올릴 수 있는데, 오늘날 초음속 비행기에서 동체의 바퀴는 엄청난 공기 저항을 유발하여 치명적인 사고를 불러올 수 있으므로 비행 중에는 반드시 없어져야 한다.

(마) 이러한 물리적 모순을 해결하기 위하여 알츠슐러는 '시간에 의한 분리' 등 몇 가지의 원리를 제안하였다. 시간에 의한 분리를 설명하기 위해 앞에서 예로 든 비행기 바퀴의 문제를 생각해 보자. 우선 이륙하기 위하여 비행기는 바퀴로 활주로를 달린다. 비행기가 완전히 이륙하면 바퀴를 동체에 접어 넣어 비행 중에 공기의 저항을 받지 않도록 함으로써 이 문제는 해결된다.

(바) 그렇다면 이러한 기술적 모순과 물리적 모순을 누구나 쉽게 알아내고 쉽게 풀어낼 수 있을까? 안타깝지만 그렇게 하려면 상당한 훈련과 경험이 있어야 한다. 현장에서 기술자가 우선적으로 인지할 수 있는 것은 대부분 기술적 모순이다. 그런데 기술적 모순을 면밀히 분석해 보면 물리적 모순이 문제의 핵심에 자리 잡고 있는 경우가 많다. 따라서 기술적 모순의 해결도 의미가 있지만 바탕에 깔린 물리적 모순을 찾아내서 해결하는 것이 문제를 근본적으로 해결하는 길이다.

예시문 해설

이런 글을 이해하기 위해서는 먼저 단락 구조를 그려 보는 것이 중요하다. 아래와 같은 틀을 그리면서 구조를 분석하는 연습을 해 보자. 서두에서 핵심어를 찾고 글이 어떤 방식으로 전개될까에 대해 예측해 보면서 구조도의 전체 흐름을 잡아 보자.

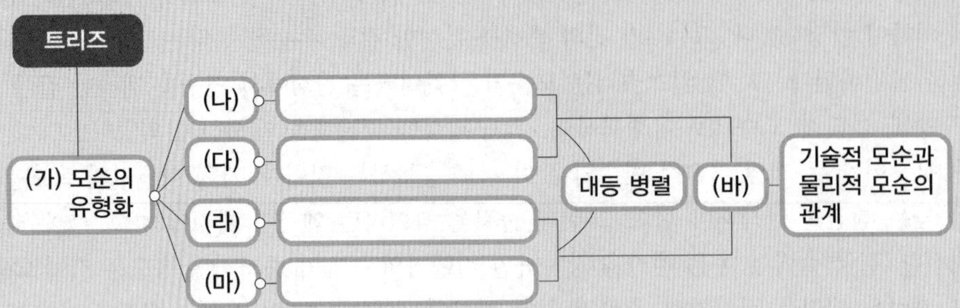

위의 그림에 대한 예시 답안을 제시해 보면 아래와 같다.

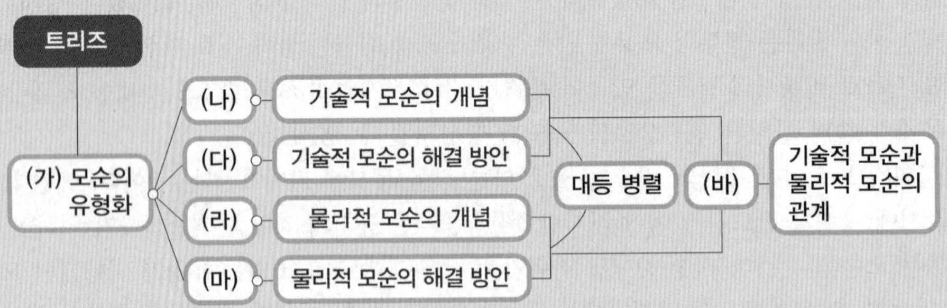

이러한 틀을 기반으로 전체 구조를 그리고 각각이 포함하고 있는 내용을 그릴 수 있으면 전체 틀을 중심으로 한 요약하기 및 해석하기가 가능해진다.

설명하는 글쓰기 예시 ❸

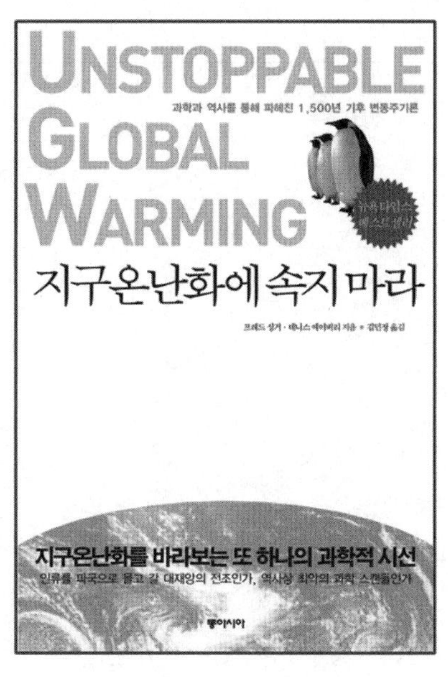

프롤로그: 그린란드의 운명

제1장 기후 전쟁
제2장 대발견
제3장 온실 효과 이론의 취약성
제4장 근거 없는 두려움들: 해수면이 상승하여 범람과 아비규환을 가져올 것이다.
제5장 교토 조약은 지구 온난화를 막을 것인가
제6장 근거 없는 두려움들: 대멸종이라는 공포
제7장 인류 역사에 나타난 지구 기후 변화
제8장 근거 없는 두려움들: 가뭄과 기근이 전 세계를 덮칠 것이다.
제9장 지구에 남은 기후의 흔적을 찾아서
제10장 근거 없는 두려움들: 이상 기후, 모든 것이 지구 온난화 때문이다.
제11장 지구 기후 모델은 믿을 수 있나
제12장 근거 없는 두려움들: 지구에 급격한 한랭화가 닥칠 것이다.
제13장 태양 그리고 지구의 기후
제14장 근거 없는 두려움들: 지구 온난화가 대참사를 부른다?
제15장 지구를 위한 미래 에너지
제16장 교토 의정서의 딜레마 용어 해설 미주

예시문 해설

정보 전달 방식의 글을 잘 읽기 위한 방법 중 하나가 목차를 정확하게 이해하는 것이다. 목차는 글의 전체 구조를 보여 주는 청사진이다. 그러므로 목차를 보고 전체 글의 구성이 어떻게 되었는지, 설명 방식은 어떤지, 저자의 입장은 어떤 것인지를 먼저 이해하는 것이 중요하다. 이러한 과정은 해당 도서를 선택할지 말지를 결정하는 지침이 되기도 한다. 앞서 보인 예시를 통해 이 글의 입장이 어떠한지 설명 방식은 어떤지에 대해 고민해 보자. 또한 이 책의 반대 입장은 어떤 것인지에 대해서도 고려해 보자.

기출문제 풀어보기

다음을 읽고 물음에 답하시오. (1~3)

임대차1－2(일반건물)

임 대 차 계 약 서

부동산의 표시
소재지: 서울시 중랑구 ○○길 ○○-○○
건물의 표시 구조 및 용도: 철근콘크리트조 슬래브 지붕 2층 점포
면적: 1층 68.6㎡
임대할 부분: 2층 78.4㎡ 전부
(임대할 부분이 건물의 일부인 경우에는 도면을 작성하여 붙인다)

당사자의 표시
임대인 이름: 박길동
주소: 서울시 중랑구 ○○길 ○○-○○
주민등록번호: 700511-xxxxxxx
전화번호: (02) 2654-4567

임차인 이름: 이태백
주소: 서울시 중구 ○○길 ○○
주민등록번호: 820322-xxxxxxx
전화번호: (02) 2220-1234

임대인과 임차인은 다음과 같이 임대차계약을 맺는다.

제1조(보증금 및 그 지급시기) 임대차부동산에 대한 임대차보증금 및 그 지급시기를 아래와 같이 한다.
－ 이하 생략 －

01 **위와 같은 문서에 대한 설명으로 가장 적절한 것은?**

① 일기를 쓰는 것과 같이 날마다 진행했던 업무 결과를 기록하는 문서이다.
② 기업 내부의 경영 개선이나 경영 개혁, 변화를 목적으로 작성하는 문서이다.
③ 상대방이 약속이나 거래상의 이행해야 할 의무를 이행하지 않을 때 작성하는 문서이다.
④ 일정한 채권 내지 채권 관계의 발생을 목적으로 하는 복수의 당사자가 서로 대립하는 의사표시의 합치를 글로 작성하는 문서이다.
⑤ 작성자의 업무 내용이나 상사가 지시한 업무의 수행 결과, 특정한 사안에 대한 작성자의 의견 등을 논리적이면서 설득력 있게 전달하기 위해 작성하는 문서이다.

해설 ①번은 일지, ②번은 제안서, ③번은 독촉장, ⑤번은 보고서에 대한 설명이다. 해당 문서는 계약서의 하위 범주에 해당한다.

답 ④

02 **위 문서를 작성할 때 임대인의 계약 파기 가능성을 염두에 두고 삽입해야 할 문구로 가장 적절한 것은?**

① 임차인은 입주후 5일 이내에 잔금을 임대인에게 지불해야 한다.
② 임대인은 임차인이 입주 후에 발생하는 부동산의 파손에 대해 책임을 지지 않는다.
③ 임대인이 본 계약을 해제하려고 할 때는 계약금의 5배 금액을 임차인에게 지불해야 한다.
④ 임대인은 계약 이후 5년간 부동산 시설 보수를 임차인이 요구할 때는 즉시 책임지고 수행한다.
⑤ 임차인은 계약금의 배액을 임대인에게 상환하여도 임대인의 승낙이 없다면 본 계약을 해제할 수 없다.

해설 문제에서 '계약 파기 가능성'을 초점화하고 있다는 점에 주목하여야 한다. ①, ②, ④번은 계약 파기 가능성과 관련 없는 내용이다. ⑤번은 '임대인은 계약금의 배액을 임차인에게 상환하여도 임차인의 승낙이 없다면 본 계약을 해제할 수 없다.'라고 써야 한다.

답 ③

03 위 문서를 근거로 할 때 다음의 ㉠~㉤에 들어갈 내용으로 가장 적절하지 않은 것은?

채권양도 통지서

수 신: 박갑동 귀하
서울시 중랑구 ○○길 ○○-○○

귀하가 본인에게 반환하여야 할 임대보증금 300,000원을 다음에 기재한 본인의 채권자인 김갑술에게 양도하였으니 임차기간 만료 후 본인의 건물 명도와 동시에 위 __㉠__에게 임대보증금 전액을 지급하여 주십시오.

1. 양도하는 채권의 내용
   ______㉡______
2. 채권 양도인
   ______㉢______
3. 채권 양수인
   ______㉣______

2015년 5월 20일

______㉤______
서울시 중구 ○○길 ○○

① ㉠: 김갑술
② ㉡: 임대인 박갑동에 대한 임차인 이태백의 임차보증금 300,000원
③ ㉢: 이태백(서울시 중구 ○○길 ○○)
④ ㉣: 김갑술(서울시 구로구 ○○길 ○/ 전화: (02) 7564-4321)
⑤ ㉤: 양수인 김갑술 (인)

해설 ㉤에는 임차인이 기록되어야 할 위치이다. 따라서 '임차인 이태백 (인)'이라고 기록해야 한다.

답 ⑤

04 〈자료 1〉를 바탕으로 협약서의 ㉠에 들어갈 내용을 조건에 맞게 쓰시오.

조건

1. <자료 1>의 내용을 모두 포함할 것
2. '이 협약은 ~ 본다.'와 같이 한 문장으로 쓸 것

자료 1

협약 기간
- 체결일로부터 1년간 유효
- 갱신 조건: 협약 만료일로부터 1개월 이전에 협약 종료 의사를 상대방에게 서면으로 통지하지 않은 경우

협 약 서

주식회사 ■■ · ○○연구소

주식회사 ■■와 ○○연구소(이하 '양 기관'이라 한다.)는 상호 이해와 신뢰를 바탕으로 협력 체계를 구축하고 상호 발전을 도모하고자 다음과 같이 협약을 체결한다.

제1조(목적) – 생략 –

제2조(상호 협력 분야) – 생략 –

제3조(세부 사항 협의) – 생략 –

제4조(협약 기간 및 갱신 조건)

㉠

이 협약이 유효하게 체결되었음을 증명하기 위하여 협약서를 2부 작성하여 양 기관이 각 1부씩 보관한다.

20○○. 5. 20.

주식회사 ■■ 회 장 이갑을㊞　　○○연구소 소 장 박병정㊞

예시 답안

이 협약은 체결일로부터 1년간 유효하며 협약 만료일로부터 1개월 이전에 협약 종료 의사를 상대방에게 서면으로 통지하지 않은 경우에는 갱신된 것으로 본다.

해설 조건에서 요구하는 대로 협약서와 〈자료 1〉의 정보를 함께 읽으면 어렵지 않게 접근할 수 있다.

05 〈보기〉의 내용을 모두 포함하여 '스마일 마스크 증후군'에 대한 글을 조건에 맞게 쓰시오.

조건

1. 먼저 스마일 마스크 증후군의 개념을 서술할 것
2. 두 번째로 스마일 마스크 증후군이 많이 나타나는 직업분야를 서술할 것
3. 세 번째로 스마일 마스크 증후군의 증세를 서술할 것
4. 5~6개 문장으로 서술할 것
5. <보기>에 있지 않은 내용은 서술하지 말 것

보기

- 스마일 마스크 증후군의 의학적 용어: 가면성 우울증
- 스마일 마스크 증후군의 증세: 식욕 감퇴, 의욕 상실, 피로감, 불면증
- 스마일 마스크 증후군: 속마음은 괴롭지만 겉으로는 억지로 웃어야만 하는 현상
- 스마일 마스크 증후군이 나타나는 직업: 서비스직 종사자, 판매원, 성과 달성의 부담이 큰 직장인
- 스마일 마스크 증후군은 자기감정을 감추고 항상 웃어야 하는 직업을 가진 감정 노동자들에게 많이 나타남.
- 스마일 마스크 증후군은 항상 밝은 모습을 보여야 한다는 생각에 사로잡힌 나머지 솔직한 감정을 발하지 못해 생기는 우울증의 일종

예시 답안

스마일 마스크 증후군은 속마음은 괴롭지만 겉으로는 억지로 웃어야만 하는 현상을 뜻한다. 이 현상은 항상 밝은 모습을 보여야 한다는 생각에 사로잡힌 나머지 솔직한 감정을 발산하지 못해 생기는 우울증의 일종으로 의학적 용어로는 '가면성 우울증'으로 불린다. 이 현상은 자기감정을 감추고 항상 웃어야 하는 직업을 가진 감정 노동자들에게 많이 나타난다. 예를 들어 서비스직 종사자, 판매원, 성과 달성의 부담이 큰 직장인들 중에서 이런 질병에 시달리는 사람이 늘고 있다. 이런 사람들은 식욕이 감퇴하고 의욕이 떨어지며 피로감, 불면증 같은 증세를 보인다.

해설 어구 단위로 정리된 정보를 문장 단위로 변환하는 문제이다. 일단 문제에서 주어진 조건이 요구하는 바가 무엇인지를 짚는 것이 중요하다. 〈조건 1〉은 개념, 〈조건 2〉는 직업분야, 〈조건 3〉은 증세라는 점에 주목하면서 〈보기〉에서 준 정보를 분류하고 순서와 문장의 수를 고려하여 서술하는 방식을 취하는 것이 좋다.

제안, 설득하는 글쓰기 (1)

01 설득하는 글쓰기

1 설득하는 글의 종류

① 연구 논문

② 요청하는 글

③ 신문 사설

④ 논설문

⑤ 건의문

⑥ 연설문

2 설득하는 글의 성격

① 정확한 자료를 제시하고 제시한 자료를 바탕으로 추론한다.

② 뚜렷한 논거를 통해 증명한다.

③ 이성에 호소하는 경우와 감성에 호소하는 경우가 있다.

④ 지시적 언어 사용이 주가 된다.

3 설득하는 글을 쓸 때의 유의점

① 주장하는 바를 뚜렷이 부각시켜야 한다.
② 주장의 이유와 근거가 충실해야 한다.
③ 주장의 논리가 정연하여야 한다.
④ 용어가 분명하고 정확해야 한다.
⑤ 독자를 염두에 두고 글을 써야 한다.
⑥ 주장의 의미와 가치를 부각한다.
⑦ 주장이 사회적으로 끼치는 영향을 고려하면서 쓴다.

4 설득적인 글의 독해

① 주장과 논거의 정당성을 파악한다.
② 거시적인 틀에서 구조를 중심으로 맥락을 읽는다.
③ 각 문단이 갖는 논리적 역할과 의미를 찾으며 읽는다.
④ 의견과 사실을 구분하며 읽는다.

논거의 종류

1. 사실 논거: 일반적 지식이나 정보, 통계적 수치, 관찰된 사실 등의 객관적 논거
2. 소견 논거: 권위자의 의견이나 일반적 여론 등의 논거

명제의 종류

1. 사실 명제: 사실에 대한 진위를 판단하는 명제
2. 정책 명제: 사실에 대한 당위를 주장하는 명제
3. 가치 명제: 대상에 대한 가치 판단을 포함하는 명제

02 프레젠테이션 작성하기

1 프레젠테이션의 개념

멀티미디어를 활용해 청중을 이해시키거나 설득하는 과정의 총칭

2 프레젠테이션의 요령

① 상대방의 의중을 파악하여야 한다.
② 상황, 듣는 이, 말하는 사람을 분석하고 대응하는 전략이 필요하다.
③ 청중을 향한 배려가 필요하다.
④ 자신감과 순발력을 필요로 한다.
⑤ 발표 내용을 온전히 자신의 것으로 만들어야 한다.
⑥ 이해하기 쉬운 말로 표현하여야 한다.
⑦ 관심 분야의 결론을 앞서 제시하고 마지막에 다시 강조한다.
⑧ 자신만의 프레젠테이션 틀을 개발하는 것이 중요하다.
⑨ 필요한 자료를 철저하게 수집하고 검토한다.
⑩ 수치를 제시할 때는 시각적 전략을 수립하여야 한다.
⑪ 객관적 근거나 자료를 통해 설득한다.
⑫ 청중을 가르치려고 하지 말아야 한다.
⑬ 청중과 함께 호흡해야 한다.
⑭ 사소한 실수에 얽매이지 말아야 한다.
⑮ 중요한 내용은 지속적으로 강조한다.
⑯ 하나의 화면에는 하나의 내용을 담는다.
⑰ PPT는 시각적 이미지임을 명심하여 자료와 글씨를 배치해야 한다.
⑱ 한 화면에 지나치게 많은 글씨를 넣는 것을 삼가야 한다.
⑲ 사전 연습을 충분히 해야 한다.
⑳ 청중의 대응을 미리 고려하여 예시 질문을 만들어 대응한다.

Chapter 18 기출문제 풀어보기

01 다음은 어느 신문에 실린 시사만화다. 이에 대한 설명으로 옳은 것은?

① 이 만화는 대조의 방식으로 지금의 경제 현상을 설명하고 있다.
② 이러한 만화는 사실을 제대로 보여 주지 못하기 때문에 신문에 맞지 않는 장르다.
③ 이 만화의 주제는 지난 10년간 우리나라가 구조 조정을 잘하고 있는 것을 말하고 있다.
④ 이 만화가 보여 주는 것은 규제를 많이 풀어서 땅값을 많이 올려야 한다는 것을 주장하고 있다.
⑤ 이 만화는 캐나다를 살 수 있을 만큼 많은 소득이 증가했기 때문에 규제를 풀어야 함을 말하고 있다.

해설
- 시사적 문제가 무엇인지에 초점을 맞추어 핵심 내용을 파악하는 것이 중요하다.
- 이 그림 속에는 구조 조정이 10년 이상 지속되고 있는 일본의 현황이 일본 국기를 통해 나타난다.
- 이와 대조적으로 우리나라에서는 과소비가 일어나고 부동산 값이 많이 올랐다는 것을 하단의 그림으로 나타낸다.
- 비교와 대조 지점이 무엇인지 분명히 파악하는 것이 중요하다.

답 ①

⏰ 다음 자료를 보고 물음에 답하시오. (2~3)

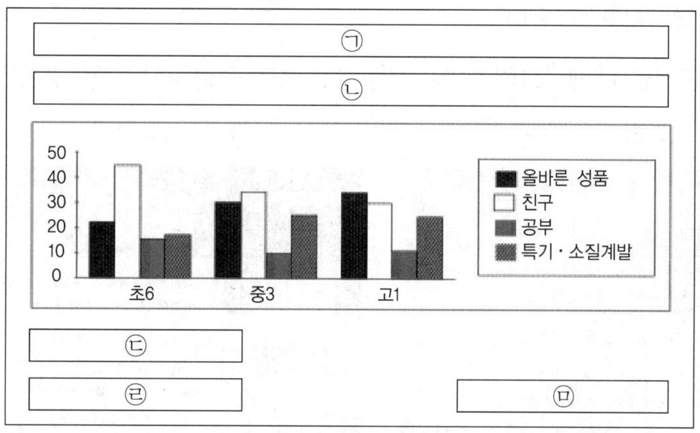

02 위와 같이 슬라이드에 도표를 제시할 경우 ㉠~㉤에 들어갈 사항을 올바르게 나열한 것은?

	㉠	㉡	㉢	㉣	㉤
①	내용	제목	자료명	각주	자료번호
②	내용	제목	자료번호	각주	자료명
③	내용	제목	각주	자료명	자료번호
④	제목	내용	자료명	자료번호	각주
⑤	제목	내용	각주	자료번호	자료명

해설 도표를 작성할 때 ㉠: 내용, ㉡: 제목, ㉢: 각주, ㉣: 자료명, ㉤: 자료번호를 배치한다.

답 ③

03 위와 같은 슬라이드를 활용한 프레젠테이션을 효과적으로 하기 위한 방법으로 가장 적절한 것은?

① 정보 전달이 목적이므로 일방적으로 의사소통을 한다.
② 화면에 나타나는 글들은 완전한 문장 형태의 표현이 적합하다.
③ 통계수치는 주관적인 자료를 도표나 그림을 통해 전달해야 한다.
④ 비인어적인 몸짓, 표징, 목소리 등을 통해 감정까지 전달하도록 한다.
⑤ 발표 도중에는 청중의 질문을 받거나 설명하지 않는 것이 원칙이다.

해설 프레젠테이션에 활용되는 슬라이드는 해당 슬라이드를 활용하여 특정 목적을 달성하는 것을 목적으로 한다. 정보의 전달과 청중의 설득이므로 발표 당시에는 구어 표현을 많이 사용하고 비언어적인 몸짓, 표정, 목소리를 통해 전달되는 감정 등에까지 신경을 써야 하고, 슬라이드 역시 이런 측면을 고려하면서 분량, 순서 등을 조정하여야 한다.

답 ④

⏲ 다음 두 그림은 '시각적 교수매체 활용의 필요성'을 교육하기 위한 슬라이드 자료이다. 두 슬라이드를 비교하고, 물음에 답하시오. (4~5)

04 〈그림 2〉와 비교했을 때에 〈그림 1〉에 대한 설명으로 적절하지 않은 것은?

〈그림 1〉

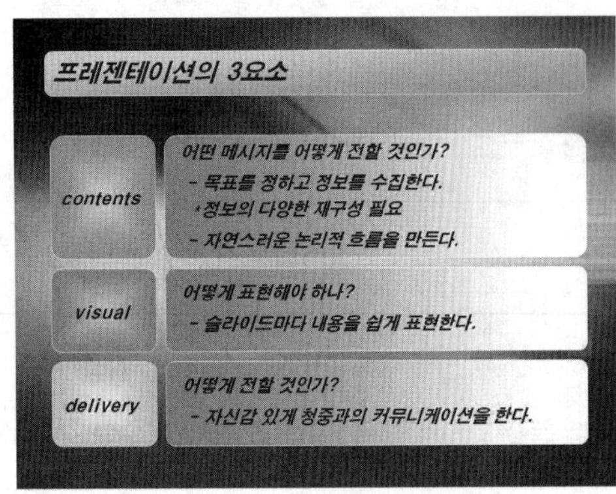

〈그림 2〉

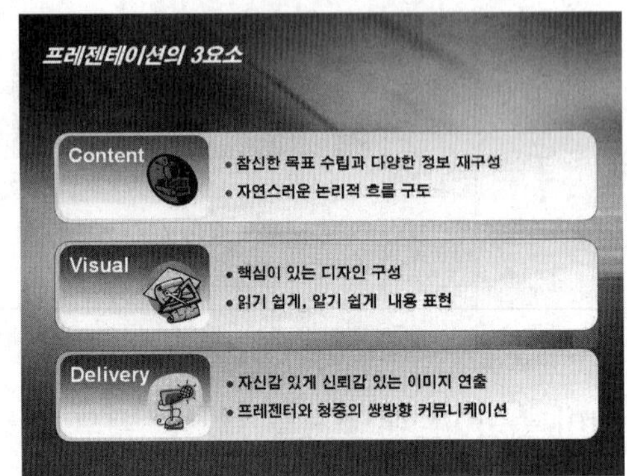

① 슬라이드의 가독성이 떨어진다.
② 글상자 개수가 많아 시각적으로 산만하다.
③ 이탤릭체가 많아서 글자의 가독성이 떨어진다.
④ 영어 단어에 대한 해설이 없어 내용을 이해하기 어렵다.
⑤ 'contents'에 대한 설명이 길어, 항목 간 통일성이 부족하다.

해설
• ④ 두 슬라이드 모두 영어 단어에 대한 해설이 없으므로, ④는 〈그림 2〉에 대한 〈그림 1〉의 특징이 아니다.
• 이탤릭체는 가독성이 떨어질 수 있으므로 사용에 주의하여야 한다.
• 대등한 무게에 놓인 항목 간의 내용은 비슷한 비중으로 다루어 주어야 한다.
• 하나의 슬라이드에 글 상자가 많은 경우는 집중을 방해하므로 묶어 주는 틀이 필요하다.
• 피피티에는 페이지를 넣어 독자와의 소통을 원활하게 할 수 있도록 한다.

답 ④

05 두 슬라이드의 비교를 통해 알 수 있는 슬라이드 작성의 일반적 원칙으로 가장 알맞은 것은?

① 슬라이드의 문자는 가독성이 높아야 한다.
② 가급적 완결된 문장을 사용하는 것이 좋다.
③ 외국어의 사용은 집중력과 이해력을 저하시킨다.
④ 불필요한 그림을 삽입하면 주제 전달력이 떨어진다.
⑤ 글상자의 개수가 적을수록 주제 전달력이 높아진다.

해설 문제 내의 요소들은 효과적인 프레젠테이션을 위해 주의해야 할 점에 해당한다. 이를 정리하면 다음과 같다.

- 슬라이드의 가독성 중시
- 핵심 어구 중심의 간결한 배치
- 주제 전달력을 높이는 전략 사용
- 집중력과 이해력 증대를 위한 전략 사용

이 문제의 경우는 과도한 이탤릭체를 활용하여 가독성이 떨어지는 것이 문제였다. 즉, 〈그림 1〉에서는 슬라이드의 가독성과 관련된 문제가 제기된다.

답 ①

06 다음 슬라이드의 문제점을 가장 잘 지적한 것은?

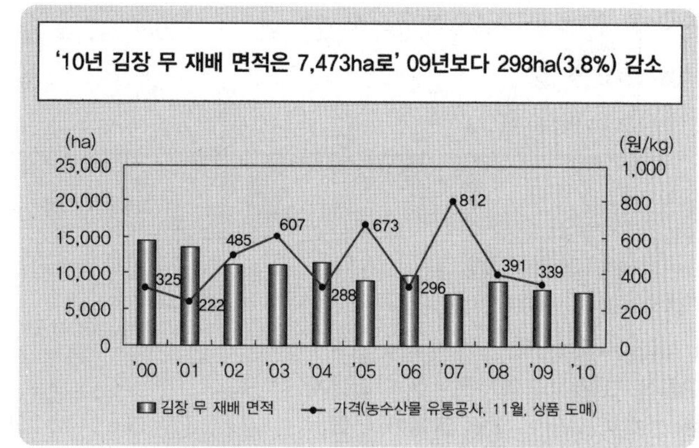

① 원전의 제목이 적절히 인용되지 않은 점
② 출처와 연도가 제대로 제시되지 않은 점
③ 자료 조사의 표본이 명확히 제시되지 않은 점
④ 그래프의 목적과 의도가 분명히 제시되지 않은 점
⑤ 통계 수치의 모집단 크기가 분명히 제시되지 않은 점

해설 그래프를 제시할 때에는 아래의 점들에 주의하여야 한다.

- 원전의 제목을 명확히 인용
- 출처와 연도를 분명히 명기
- 자료 조사 주체와 표본을 명확히 명기
- 그래프의 목적과 의도를 분명히 제시
- 항목 간 비교와 대조 지점이 분명히 드러나도록 제시

답 ②

04 글쓰기의 실제

07 다음 피피티의 문제점을 3가지 이상 찾아 각각을 한 문장으로 서술해 보시오.

(3) 자극하라!!! – 시각적 자료

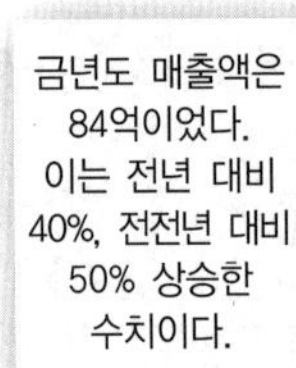

금년도 매출액은
84억이었다.
이는 전년 대비
40%, 전전년 대비
50% 상승한
수치이다.

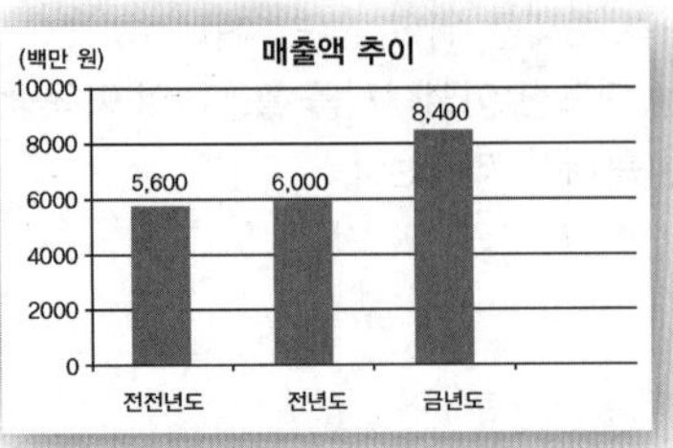

조건

1. 각 항목의 내용이 중복되지 않도록 할 것
2. 3개의 문장으로 서술할 것
3. 규범을 지킨 문장이 되게 할 것

예시 답안

1. 피피티의 목적이 분명히 드러나지 않았다.
   ('무엇을 위한'에 대한 내용이 빠져 있다.)
2. 그래프의 출처가 나타나지 않았다.
3. 왼쪽의 내용이 오른쪽 그래프에 명시적으로 드러나지 않는다.
4. 왼쪽 글과 오른쪽 그래프 사이의 우월 관계가 분명히 드러나지 않는다.

Chapter 19

제안, 설득하는 글쓰기 (2)

설득하는 글쓰기 예시 ❶

그러면 대중은 언제 어떻게 나타났는가? 이 물음에 대한 답은 대중의 정체와 대중문화의 성격을 이해하는 데 꼭 필요하다. 현대에 대중이 나타난 것은 대체로 19세기의 서양 사회였다고 볼 수 있다. 그들의 출현은 다른 시기들의 경험에 비기면 갑작스러웠고 전반적이었다. 고대에서 대중의 존재가 가장 두드러졌던 사회인 로마 제국의 경우와 비겨보면, 이 점이 이내 드러난다.

그렇게 대중이 갑작스럽게 나타나서 득세하도록 만든 근본적 원인은 현대 사회에서 지역적·인종적·종교적·계급적 공동체들이 빠르게 쇠퇴하거나 해체됐으며, 공동체들에 바탕을 둔 전통적 권위가 아울러 추락했기 때문이다. 그런 사정이 나오도록 만든 것은 산업 혁명이 진행되면서 19세기의 유럽과 미국에서 나타난 사회적 변화였다. 특히 시민들의 경제적 여건이 갑자기 좋아졌다는 사실은 대중의 출현에 결정적 요소였다. 경제적 여건의 호전은 인구의 빠른 증가로 이어졌고 급격한 도시화를 불러왔다. 큰 인구나 도시화는 자체로는 대중 관계를 만들어내지 않지만, 도시의 큰 인구는 동질성을 부추겨서 대중 관계가 나올 가능성을 높인다. 그리고 산업 혁명이 불러온 새로운 사회적·경제적 조건들은 대규모 활동들을 불러왔다. 그래서 산업 혁명이 진행된 사회들은 빠르게 대중 사회의 모습을 갖춰나갔고 차츰 대중이 나타나기 시작했다. 이어 보통 선거의 실시와 교육의 보급은 대중의 출현을 가속화했고 시민들의 성격을 크게 바꿔놓았다.

특히 중요했던 것은 보통 선거였다. 18세기 서양에서 역사상 처음으로 모든 사람들은 따로 자격을 갖출 필요가 없이 그저 태어났다는 사실만으로 몇 가지 기본적 권리들을 지닌다는 주장이 나타났다. 이런 생각은 중세 유럽의 종교 개혁에 뿌리를 두었으니, 당시 종교 개혁을 주도한 개신교 지도자들은 모든 사람들은 신과의 관계에서 평등하다는 주장을 폈었다. 처음엔 그것은 소수의 이론에 지나지 않았다. 그러나 사회 환경이 바뀌고 점점 더 많은 사람들이 그 이론을 따르게 되면서, 그것은 현실로 바뀌었고 마침내 보통 선거 제도가 널리 자리 잡았다.

한번 보통 선거가 정치적 관행으로 자리잡자, 사람들은 모든 시민들이 태어났다는 사실만으로 누리는 기본적 권리들만이 권리임을 깨닫게 되었다. 그런 기본적 권리들을 넘어서는 권리들은, 비록 특수한 재능에 따르는 권리들일지라도, 특권으로 여겨지게 되었다. 그래서 절대적 다수인 대중은 그런 특권들을 없애는 데 힘을 쏟게 되었고 사회는 모든 면들에서 점차 평준화되었다. 그런 결과는 일찍이 여러 사람들에 의해 예견되었다. 그것이 보통 선거의 도입이 그리도 큰 저항을 받은 까닭이었다.

누진세는 그런 평준화의 중요한 수단이었다. 경제적 불평등이 워낙 중요한 문제였으므로, 평준화를 위한 노력은 경제 분야에 먼저 집중되었다. 그래서 마르크스와 엥겔스는 『공산주의 선언』에서 누진세를 "무산 계급이 자신의 정치적 우위를 이용하여 점차로 모든 자본을 유산 계급으로부터 빼앗고 모든 생산 수단들을 국가의 손으로 집중하는 수단들" 가운데 하나로 쓸 것을 제안했다. 그러나 많은 이들이 누진세는 논리적 바탕이 약하며 논리적인 누진세율이 없으므로, 한번 비례제의 원칙이 깨어지면, 잘못 쓰일 위험이 크다고 경고했다. 프랑스의 정치가이자 역사가 루이 아돌프 티에르의 "비례제는 원칙이다, 그러나 누진제는 그저 미운 자의다"라는 명제에 그들의 태도가 잘 요약됐다. 실제로 누진세의 자의성은 언제나 문제를 불러오니, 현대의 복지 사회들에서 세율이 너무 높아서 생산성을 낮추는 현상은 잘 알려졌다. 그런 문제가 현대에서만 나온 것도 아니니, 15세기의 이탈리아 피렌체에선 소득세율이 최고 50%에 이르렀다.
아울러 현대 사회에서 대중의 출현에 크게 공헌하고 대중의 성격에 큰 영향을 미친 것은 교육의 보급이었다. 유럽에서 19세기 초엽부터 교육이 정부의 책임이라는 견해가 차츰 퍼졌다. 그런 견해가 널리 받아들여지면서, 초등 교육은 의무적이 되었고 무료로 제공되었다. 아울러 중등 교육 시설도 빠르게 늘어났다. 그런 대중 교육의 보급은, 책과 잡지의 보급과 상비군의 출현에 따른 병영 교육의 보급의 도움을 받아, 시민들의 지식 수준을 크게 높였다. 마침내 19세기 후반엔 교육을 제대로 받고 자신들의 가치와 권리에 대해 큰 관심을 기울이는 대중이 서양의 앞선 사회들에서 나타났다. 그런 대중의 출현은 물론 사회의 성격을 근본적으로 바꿔놓았다.
20세기에 들어서자, 새로운 과학과 기술의 보급은 대중의 성격과 사회의 모습을 점점 급격하게 바꿨고, 이제 문명은 범지구적 문명으로 통합되고 있다. 특히 중요한 것은 전산 기술과 통신 기술의 빠른 발전이니, 그것은 '대중 광장(mass arena)'을 국경 너머로 넓혀서 세계의 대중 집단들을 하나의 집단으로 만들고 있다. 비정부 단체들이 국경을 넘어 연합하고 거의 모든 부면들에서 유행이 국경을 쉽게 넘는다는 사정은 이 점을 잘 보여 준다.

– 복거일, 「대중문화에 대한 조심스러운 기대」 중에서

예시문 해설

제시글의 제목인 '대중문화에 대한 조심스러운 기대'를 주목해 보자. 일단 이 글의 핵심어가 '대중문화'라는 것을 알 수 있다. 즉, 전체 글은 '대중문화'에 대해 논의할 것이 틀림없다. 제목을 더 분해해 보면 이 글의 저자는 대중문화에 대해 기대하고 있다는 것을 알 수 있다. 즉 대중문화의 기대할 만한 점에 대해 논의할 것임에 틀림 없다. 그런데 그냥 기대가 아니라 조심스러운 기대이다. 이는 대중문화에 조심할 점이 있다는 것으로 보인다. 여기서 조심할 점은 대중문화가 갖는 단점, 즉 한계점으로 해석할 수 있다. 제목의 분석을 통해 우리는 이 글이 어떤 방향으로 전개될 것인지에 대해 예측할 수 있다.

대중문화에 대한	조심스러운	기대
핵심 어구	대중문화의 한계 ⇔ 대중문화의 장점	

이 예측을 기반으로 제시글을 읽어 보면 일단 첫 문장에서 당황하게 된다. 이 글은 '그러면 대중은 언제 어떻게 나타났는가'라는 질문을 하고 있어서 '대중의 출현'에 대해 논의할 것으로 보이기 때문이다. 모든 글은 주제문을 향해 논의하여 나간다. 지금 나타난 '대중의 출현' 역시 위 표의 방향으로 연결되어야 한다. 그러면 왜 '대중의 출현'에 대해 논의하는가? 바로 다음 문장이 이에 대해 답하고 있다. '이 물음에 대한 답은 대중의 정체와 대중문화의 성격을 이해하는 데 꼭 필요하다.' 즉, '대중문화의 성격'을 이해하기 전에 먼저 '대중의 정체'에 대해 논의하고 있는 중임을 알 수 있다. 그렇다면 제시글의 독해는 '대중의 정체'를 이해하는 데 주의를 기울여야 한다. 위 제시문의 구조를 그려보면 아래와 같다.

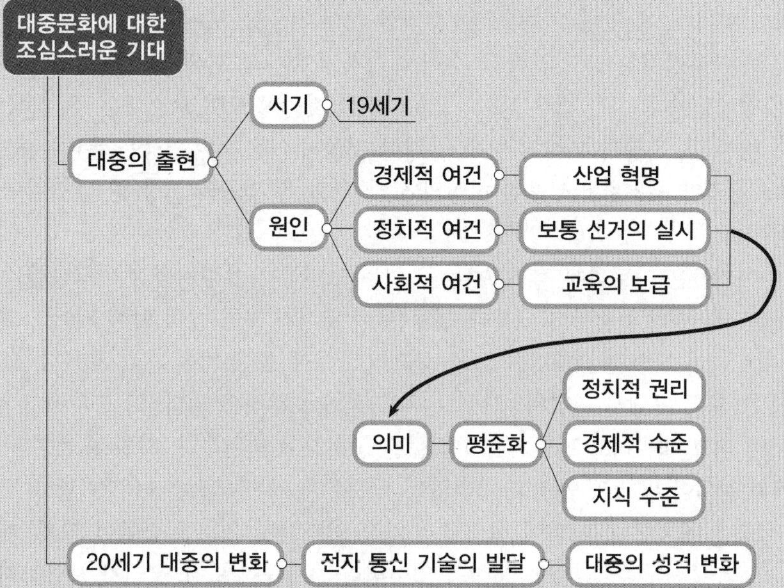

이와 같은 그림을 보면 대중의 출현이 '평준화(동질성, 하나의 집단 등)'의 결과를 낳고 있다는 점을 알 수 있다. 그리고 20세기 대중의 변화가 이러한 성격을 변화시키고 있다는 점도 알 수 있다. 이 글은 이를 바탕으로 대중문화의 성격으로 이어질 것이다.

주제문, 제목 등을 통한 예측하기는 글을 명확히 이해하는 데 도움을 준다는 점을 항상 명심하자.

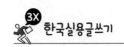

설득하는 글쓰기 예시 ❷

서울을 위한 썰렁한 노래

(가) 서울에 산 지 오래되면서도 나는 '서울 찬가'를 불러본 적이 없는 사람들 축에 낀다. '서울을 혐오하는 사람들의 모임' 같은 것이 있다면 나도 거기 최소한 1년의 절반은 회원으로 참여할 생각을 갖고 있다. 왜 절반인가? 신화의 페르세포네가 1년의 절반은 지하에서 보내고 절반은 지상에서 보내듯이, 나도 반년은 '서혐모'에서 보내고 반년은 슬슬 기어 나와 내가 정말로 서울을 미워해도 되는지 경복궁 옆길 단풍나무 밑에서, 종로 바닥에 앉아, 생각해 보기 위해서다. 내가 이런 주기적 순환을 선택하려는 이유는, 나에게 서울은 좋아하기에는 너무 끔찍하고 미워하기에는 너무 애처로운 도시이기 때문이다.

(나) 내게 서울이 끔찍한 이유는 장황해서 책 세 권을 쓰지 않고는 그 이유를 다 대기가 불가능하다. 그러나 몇 가지 얘기만은 빠뜨리기 어렵다. "사람들은 살기 위해서가 아니라 죽기 위해 도시로 온다"고 시인 라이너 마리아 릴케는 말했는데, 나는 릴케가 '도시'라고 부른 것에 서울을 포함시키지 않을 재간이 없다. 서울은 사람이 살 수 있는 도시, 사람을 위하고 사람을 생각하는 도시가 아니다. 이 도시의 주인은 사람이 아니다. 제 멋대로 솟아오른 추악한 거대 건물들, 도처의 난개발과 재개발, 매연 분사기 같은 자동차들, 아우성치는 광고 간판들, 수백 데시벨의 소음과 회색 먼지, 이런 것들이 이 도시를 장악한 도시의 점령군이다. 가장 많은 돈과 가장 비루한 것들이 모여 으스대는 곳, 상상력의 도살장, 운율도 이성도 없는 곳, 치장과 분식의 천재, 추악한 것들이 아름다운 영상을 뽐내는 곳, 거기가 서울이다. 속은 비고 몸집만 공룡처럼 부풀린 허영의 도시, 부황 든 것들의 고장, 혼을 팔아먹은 탐욕의 도시, 거기가 서울이다.

(다) 그 서울에서 아기들은 아토피에 걸리고 갈 곳 없는 노인들은 유령처럼 손바닥만한 공원을 배회하고 젊은 친구들은 서푼짜리 환락부터 배운다. 별들은 이 도시가 보기 싫어 밤이 되어도 얼굴 내밀지 않는다. 강물은 찰랑대며 교섭할 모래밭을 잃고 콩크리트 둑에 몸 부비며 혼자 흐른다. 모든 곳에 관능은 차고 넘치되 그 모든 곳에서 생명의 에로스는 어디론가 도주하고 없다. 이 도시에서 사람들은 경주마처럼 헐떡이며 뛰고 내몰리고 펄떡거리지만 삶은 공허하고 피곤하다. 지친 혼들은 날개 부러져 물먹은 보자기처럼 한없이 밑으로, 밑으로, 가라앉는다. 모든 곳에서 유혹은 너무 가깝고 구원은 너무 멀다.

(라) 그런데 그 서울은 애처롭다. 서울이 애처로운 가장 절절한 이유는 사람들이 살기 위해 무덤을 파야 하는 곳, 죽지 않고는 살 수 없는 곳, 고향을 잃어버린 천사들의 도시, 우리가 사랑하지 않고서는 배길 수 없는 바르고 선한 자들의 유형의 땅, 거기가 또한 서울이기 때문이다. 한시절 젊은이들이 몽둥이에 머리 깨지고 최루탄에 숨통 막히고 닭장차에 실려가 쓰레기장에, 철창에, 물통 속에 버려지던 곳, 눈물 없이는 되돌아볼 수 없는 수많은 사건의 기억들이 묻힌 곳, 거기가 또한 서울이기 때문이다. 살기 위해 죽어가야 했던 사람들, 모든 선량한 유배자, 모든 날개 떨어진 천사들은 애처롭다. 죽는지도 모르고 무덤을 파야하는 사람들의 맹목은 애처롭다. 알면서도 무덤 파는 사람들의 무기력은 애처롭다. 모든

상처와 모든 쓸쓸한 기억의 사원들은 애처롭다. 이 애처로운 사람들과 애처로운 것들의 도시를 미워할 수 있겠는가. 사람으로 살지 못하면서도 사람처럼 살고 싶어 하는 자들의 도시를 미워할 수 있겠는가. 우리의 실패와 성공, 시도와 좌절, 성취와 허탈이 한 몸으로 엉겨 있는 도시를 미워할 수 있겠는가.

(마) 서울 시장이 들으면 섭섭하겠지만 나는 새 물길을 텄다는 청계천에 아직 가 보지 못하고 있다. 또 하나의 허영, 돈으로 칠갑한 또 하나의 난개발, 허황된 또 하나의 홍보물, 정신은 빠지고 돌덩이만 있는 또 하나의 무덤을 만날까 봐 겁나기 때문이다. 아름다움도 생각도 없이 요란하고 시끄럽기만 한 또 하나의 삼류 이벤트, 문화는 없고 계산만 있는 또 하나의 무자비한 행정을 만날까 두렵기 때문이다. 서울에 살면서 아직 청계천에 가 보지도 않고 딴소리 하는 자는 불쌍하다. 그래도 할 수 없다. 나는 시장의 업적을 흠집내야 할 어떤 동기도 갖고 있지 않다. 다만 나는 서울을 아름답게 한다면서 점점 더 추악하게 만든 자들의 반역과 공모에 대한 기억을 아직 떨쳐내지 못하고 있다.

(바) 새로 지었다는 용산 국립박물관에 내가 아직 가 보지 않은 것도 같은 이유에서다. 국립 박물관은 서울시가 지은 것이 아니라 나라가 지은 것이다. 그러나 그것도 서울의 일부다. 국립박물관 덕분에 서울은 좀 더 나은 도시가 되었을까? 세계 6대 박물관에 낀다고 왕왕댄 텔레비전 방송들은 제정신일까? 사실은 내가 그 용산 박물관 건물에 전혀 가 보지 않은 것은 아니다. 개관 이전에 건물을 보았고 일부이긴 하나 내부 구경도 한 적이 있다. 연구와 수집의 능력, 운영 예산 등을 제외할 때 건물보다 더 중요한 박물관의 조건은 소장품, 시설, 공간 연출, 프로그램, 전시조직, 서비스의 기술 수준이다. 그러나 건물도 중요하다. 그런데 개관 이전 내가 잠시 둘러본 우리의 국립 박물관 건물은, 설계자들에게 심히 미안한 얘기지만, 결코 어디 내놓고 자랑할 만한 수준의 것이 아니라는 게 내 평가다.

(사) 그 박물관 건물에는 예술이 빠져 있다. 규모만 있고 상상력은 없다. 건축적 조형력과 공간 디자인은 수준 미달이다. 그것은 혼을 들어 올리는 건물이 아니라 내리 누르는 건물, 그래서 내가 혐오하는 서울에 잘도 어울리는 건물이다. 박물관을 위한 건축이기보다는 건축의 스캔들에 더 가깝다고 여겨지는 또 하나의 건물을 다시 만날 용기가 내게는 아직 없다. 나는 아무래도 서울을 사랑해야 할 이유를 한참 더 찾아야 할 모양이다.

– 도정일, ≪한겨레≫, 2005. 11. 3.

예시문 해설

이 글에서 말하고자 하는 바가 무엇인지를 파악하기 위해서 먼저 제목에 주목해 보도록 한다. 이 글의 제목인 '서울을 위한 썰렁한 노래'는 저자가 서울에 대해 상반된 두 가지 생각을 갖고 있다는 점을 보여 준다.

이 서울에 대한 상반된 감정이 무엇인지는 이 글의 서두 부분인 (가)에서 찾아야 한다. 서두에는 본문에서 풀어 나갈 과제가 제시되어 있기 때문이다. (가) 단락의 핵심 문장이라 할 수 있는 마지막 문장에 주목하자.

> 나에게 서울은 좋아하기에는 너무 끔찍하고(❶) 미워하기에는 너무 애처로운(❷) 도시이기 때문이다.

이 문장에는 저자에게 서울은 ❶ 끔찍함과 ❷ 애처로움으로 해석된다. 위의 핵심 부분을 찾아냈다면 ❶, ❷가 본문에서 어떻게 서술될 것인가를 예측해야 한다. ❶, ❷는 대등하면서도 대립되는 구조일 것임을 예측할 수 있다. 또 (라) 단락의 맨 앞에 나타난 '그런데'라는 접속어에 주목한다면, (나), (다)가 끔찍함에 대하여 서술하고 (라)부터 애처로움에 대해 논의할 것임을 알 수 있다.

문제는 (마)~(사)에 나온 '청계천'과 '국립 박물관'이 어떤 역할을 하는가를 파악해야 한다는 점에 있다. 이 글의 구조를 그려 보면 그 의미를 알 수 있게 된다.

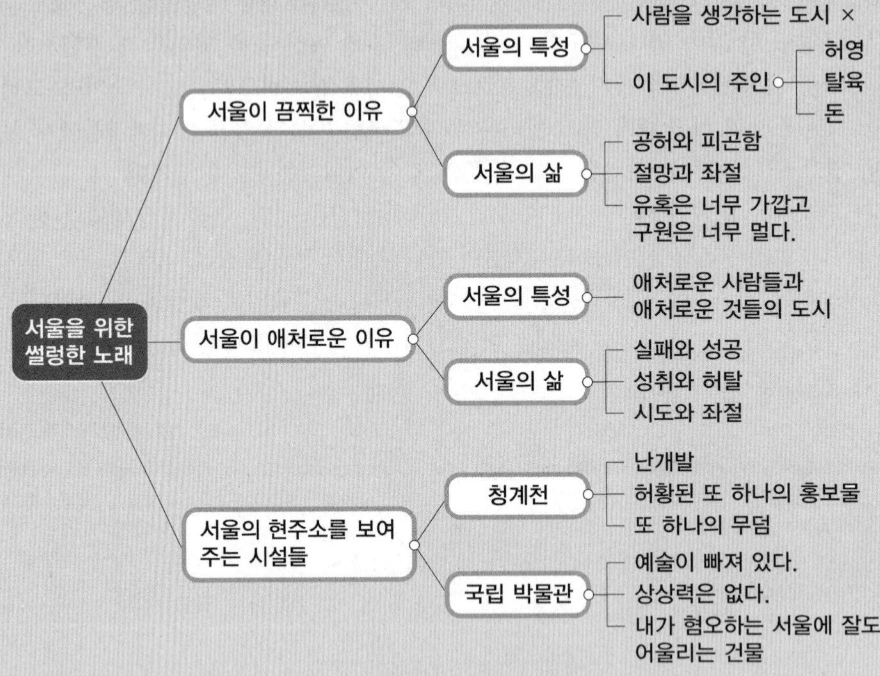

청계천과 국립 박물관은 앞서 나타낸 서울의 특성을 잘 보여 주는 시설물이라는 것을 파악할 수 있다. 이렇게 구조를 중심으로 저자의 개요를 분석해 낼 수 있어야 저자의 글을 명확히 이해할 수 있게 된다.

Chapter 19 기출문제 풀어보기

다음 글을 읽고 문제에 답하시오. (1~2)

○○상품전 참가 기획서

• 작성일: 20○○년 ○월 ○일
• 작성자: ○○부 부장 박○○

20○○년도 ○월에 개최가 결정된 코엑스 ○○상품전에 당사의 홍보용 전시관 개관의 필요성이 있어 기획서를 다음과 같이 제출합니다.

1. 목적
- 국내 최대의 PC 관련 상품전인 ○○상품전에 당사의 전시관을 개관함으로써 당사의 기업 이미지를 높이고자 합니다.

– 중략 –

2. 개최 기간
- 20○○년 ○월 ○일~20○○년 ○월 ○일(8일간)

3. 전시관 개설 공사 기간
- 약 16일간
※ 별지: (㉠)참조

4. 참가 비용
※ 별지: (㉡)참조

– 이하 생략 –

01 위와 같은 글을 쓰기 위한 초안 작성 시 할 수 있는 질문과 그 질문으로 알 수 있는 내용을 적절하게 연결하지 않은 것은?

① 이 기획은 무엇을 말하는가? – 기획서의 주제
② 왜 이 기획을 입안하는가? – 실시 시기와 기간
③ 어떻게 이 기획을 추진할 것인가? – 방법과 절차
④ 얼마의 비용과 이익이 발생하는가? – 예산과 수익 계획
⑤ 누구의 무엇을 위해 이 기획을 하는가? – 대상과 기획의 표적

해설 '왜 이 기획을 입안하는가?'에 대한 질문은 기획서의 이유와 의의, 배경을 알기 위해 하는 질문이라고 볼 수 있다. 실시 시기와 기간을 알기 위해서는 '언제 얼마동안 이 기획을 하는가?' 등의 질문을 할 수 있다.

답 ②

02 위 글의 ㉠, ㉡에 공통적으로 들어갈 내용으로 가장 적절한 것은?

① 전시관 개설 위치도
② ○○ 상품전 세부 일정표
③ 전시관 공사 업체 및 시공 견적서
④ 최근 3개 년도 당사 매출액 현황표
⑤ 전시관 개관 후 예상되는 매출액 분석표

해설 개설 공사 기간과 참가 비용에는 ③에 제시된 전시관 공사 업체 및 시공 견적서가 포함되어야 한다.

답 ③

03 **다음 중 토론의 논제로 적합한 것은?**

① 생명 윤리를 배반한 안락사 시행은 적절한가?
② 영어 공용화를 실시해야 한다.
③ 조기유학 문제 어떻게 볼 것인가?
④ 인권을 침해하는 사형제도를 폐지해야 한다.
⑤ 내년부터 서울 지역 청소년의 교내 휴대전화 사용을 규제해야 한다.

해설 토론의 논제는 찬성과 반대의 쟁점이 분명하게 드러나야 하며, 평서형으로 진술되어야 하며 다루고자 하는 내용이 분명해야 한다. ①번은 안락사를 반대하는 입장에 치우쳐 있고 평서문 진술이 아니므로 잘못된 것이다. 논의 대상 또한 소극적 안락사인지 적극적 안락사인지 용어의 범위를 분명히 제시할 필요가 있다. ③번은 찬성과 반대의 대립이 분명히 드러나지 않고 ④번 논제에는 찬성과 반대 어느 한 편에 유리하게 작용하는 언어적 표현이 사용되었다. '인권을 침해하다'에 이미 반대측면에 유리한 입장이 적용되어 있다. ⑤번은 하나의 논제에 두 가지 이상의 내용이 포함되어 있어 논의의 초점이 흐려지게 되어 있다. ②번은 논의하고자 하는 내용이 다른 지문에 비하여 분명하고, 평서형으로 되어 있으며, 찬반 대립이 분명히 나타날 수 있는 내용이다.

답 ②

04 **다음 대화 상황과 이에 적합한 유의점에 대한 설명으로 적절하지 않은 것은?**

① 외국인과 대화할 때 – 대화 중 손짓, 눈짓 등의 비언어적 표현을 사용하되 문화적 차이로 인한 오해가 빚어지지 않도록 신경 쓰는 것이 좋다.
② 스마트폰이 낯선 할아버지에게 사용법을 가르쳐 드릴 때 – 할아버지는 최신기기를 사용하는 것에 익숙하지 않으므로 천천히 구체적으로 설명한다.
③ 쉬는 시간에 친구 여러 명이 모여 이야기를 나눌 때 – 별도의 제한 없이 자유롭게 대화할 수 있으나, 대화에서 소외되는 친구는 없는지 발언 기회의 공평성에 신경을 쓴다.
④ 직장 상사가 팀 단합을 위해 마련한 식사 자리에서 – 직장 내에서 공적인 업무를 처리하는 것이 아니므로 부드럽고 활기찬 분위기의 대화를 위해 가벼운 수준의 유머를 활용한다.
⑤ 신입생 모임에서 처음 만난 친구와 대화할 때 – 낯선 환경에서는 빨리 친구를 만들어 적응하는 것이 좋으므로 자신이 먼저 진솔한 이야기를 털어놓아 상대방이 깊이 있는 질문을 할 수 있게 한다.

해설 신입생 모임에서 처음 만난 친구라면 아직 서로를 잘 알지 못하는 사이이므로 지나치게 개인적인 이야기는 피하고, 공유하기 쉬운 무난한 화제로 대화를 시작하는 것이 좋다.

답 ⑤

다음은 '경력 단절 여성 등의 경제 활동 촉진'을 위한 계획의 일부이다. 다음 글을 읽고 물음에 답하시오. (5~7)

Ⅰ. 제1차 기본 계획의 한계 및 향후 과제

1. 여성새로일하기센터 등을 통해 40~50대 중고령 여성의 경제활동참가율 제고에 기여하였으나, 30대 여성의 새일센터 이용 및 경제활동 참가율 개선은 미흡

(가)

2. 자녀돌봄서비스 및 모성보호 제도 등은 다양화되고 확대되었으나, 이용의 실효성 측면에는 한계
3. 일 – 가정 양립 환경 조성을 위한 사회적 공감대가 확산되고 제도적 지원은 확충되었으나, 실질적인 정착은 미흡

(나)

4. 여성고용 활성화를 위한 정책기반의 지속성 확보 필요

Ⅱ. 제2차 기본계획 수립 환경

1. 여성의 경제활동 현황
   - 2020년까지 성별 경제활동참가율 격차가 1/2 감소할 경우 1인당 GDP 증가율은 0.9% 상승하고 2020년 여성 경제활동참가율은 65.8%에 이를 것으로 전망
   - 여성 취업자 및 고용률이 지속 증가하고 있으나 선진국과의 격차는 여전하고 출산 육아기 경력단절 현상(소위 'M 커브') 지속

(다)

2. 산업별 여성고용 전략

* 여성고용은 사회복지서비스, 보건업 등을 중심으로 확대되어 왔으며 향후에도 서비스업 위주로 지속 증가할 전망

(라)

3. (㉠)
   - 가사, 육아 등으로 인한 비경제활동 여성인구는 감소추세이나, 경력단절여성 규모 및 30대 여성의 경력단절 현상은 여전
   - 재취업한 여성들의 경우, 경력단절 당시보다 사무직 취업 비율은 줄고, 영세사업장(1~4인) 취업비율이 늘어나는 등 일자리의 변화 발생

(마)

   - 경력단절여성의 53.1%가 일할 의사가 있으며, 일자리선택 기준은 '수입'(50.4%), '가정생활이 가능한 근무여건'(46.9%), '출퇴근 편의'(30.2%) 등
   - 재취업을 위한 정부정책으로 20~30대는 국공립 보육시설 확증을, 40대 이상은 시간제 일자리 확대를 선호

05 **위 글에서 ㉠에 들어갈 말로 알맞은 것은?**

① 경력단절여성 현황 및 특성
② 경력단절여성 재취업 활성화
③ 다양한 분야의 여성 일자리 확보
④ 기업의 경력단절여성 고용 활성화
⑤ 경력단절여성 직업교육훈련 전문화

해설 ㉠은 하위의 네 가지 하위 내용을 모두 포괄하는 중간 제목에 해당한다. 하단의 내용을 묶어서 표현할 수 있는 말을 찾아야 한다.

답 ①

06 **다음 자료를 제시할 곳으로 적절한 곳은?**

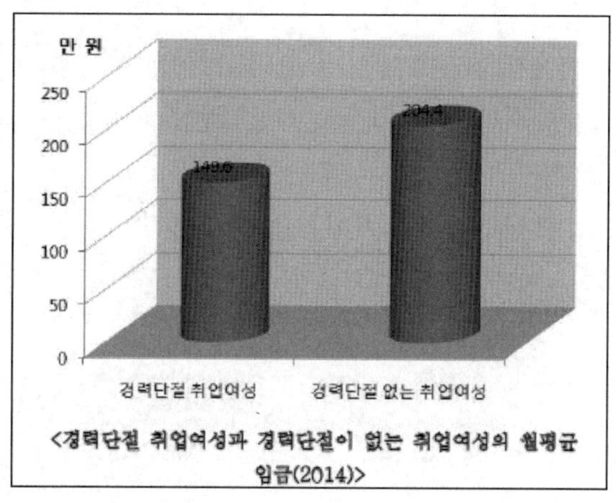

<경력단절 취업여성과 경력단절이 없는 취업여성의 월평균 임금(2014)>

① (가) ② (나) ③ (다)
④ (라) ⑤ (마)

해설 위의 그림은 '경력단절 취업 여성'과 '경력단절이 없는 취업 여성' 간의 평균 임금을 비교한 것이다. 경력 단절 여성이 재취업할 경우 사무직 취업 비율은 줄고, 영세사업장(1~4인) 취업 비율이 늘어나는 등 일자리의 변화가 발생하기 때문으로 해석할 수 있다. 이와 같은 문제에 대해 논의한 것이 (마) 부분이다.

답 ⑤

07 '재직여성의 경력단절을 예방하기 위한 방안'으로 활용할 만한 것을 〈보기〉에서 있는 대로 고른 것은?

> **보기**
> ㉠ 여성 창업 지원 강화
> ㉡ 여성근로자 경력개발지원
> ㉢ 육아휴직자복귀 지원 강화
> ㉣ 여성근로자의 경력단절예방 지원 강화
> ㉤ 경력단절 여성의 재취업실태 등에 대한 통계기반 내실화

① ㉠, ㉡, ㉢
② ㉠, ㉣, ㉤
③ ㉡, ㉢, ㉣
④ ㉡, ㉢, ㉤
⑤ ㉢, ㉣, ㉤

해설 ㉠은 여성의 다양한 일자리 창출과 관련한 것이고 ㉤은 경력단절 여성과 관련한 것이다.

답 ③

Chapter 20

직무 관련 글쓰기

01 직무 관련 글쓰기

1 직무 관련 글쓰기의 종류

① **기획서**: 아이디어와 그 성사 가능성을 기술

② **보고서**: 아이디어, 성사 가능성, 실행 결과를 기술

③ **분석서**: 사건과 그 의미를 기술

④ **지침서**: 업무를 원활히 하기 위한 다양한 지침을 기술

2 직무 관련 글쓰기의 요건(특히 기획서, 보고서의 경우)

① 상사나 동료를 납득시킬 수 있는 의사 전달이어야 한다.

② 아이디어가 올바르고 참신해야 한다.

③ 논리적이고 체계적이어야 한다.

④ 명확하고 간결하여야 한다.

⑤ 목적이 분명하여야 한다.

⑥ 목적 지향적인 전략이 들어 있어야 한다.

⑦ 모든 목적은 증거로 뒷받침하여야 한다.

⑧ 독자의 예상 질문에 대응하여야 한다.

⑨ 관련 상황에 대해 명확한 분석을 드러내야 한다.

⑩ 현재 또는 미래에 생길 수 있는 문제점을 분석해야 한다.

⑪ 변수를 고려한 다수의 대안을 제시할 수 있어야 한다.

⑫ 대안에 필요한 구체적인 항목을 제시하여야 한다.

예 예산, 수행 주체, 책임 분담, 계획 등

02 기획서 쓰기

1 기획서의 개념

어떤 대상에 대해 그 대상의 변화를 가져올 목적을 확인하고 그 목적의 성취에 필요한 행동을 설계하는 것

2 기획서의 구성 내용

① **연구 조건**: 연구 과제명, 연구 기간, 예상 연구비, 담당 연구자의 인적 사항, 연구 업적 등

② **연구 목적**: 연구 필요성, 연구 주제의 독창성, 선행 연구와의 비교, 기대 효과

③ **연구 방법 및 내용**: 연구 방법의 독창성이나 타당성의 구체적 기술, 다년 과제의 경우 연차적으로 분할해 기획

④ **연구 결과 활용 방안**: 연구 결과의 의미나 기대 효과를 밝힘.

⑤ **연구 추진 계획**: 연구를 추진하기 위한 세부 계획, 개략적 연구 수행 일정, 연구비 규모, 연구 결과 발표 예정 등 기술

⑥ **기타 사항**: 연구에 필요한 기타 내용을 기술

3 기획서 작성 시 유의 사항

① 설득하려는 대상을 명확히 선정한다.

② 기획서의 목적이 무엇인지 분명히 확인한다.

③ 기획서의 가정이 합리적이고 타당성이 있어야 한다.

④ 변수에 따른 대응 사항이 분명히 드러나야 한다.

⑤ 기획의 가치와 의미를 명확히 제시해야 한다.

4 기획서 작성을 위한 기본

① 상황의 변화에 유연하게 대응해야 한다.

② 자신의 기획에 대한 확고한 비전을 가지고 있어야 한다.

③ 객관성을 유지해야 한다.

④ 핵심 내용이 지속적으로 강조되어야 한다.

⑤ 이해하기 쉽도록 체계적, 조직적으로 작성되어야 한다.

Chapter 20 기출문제 풀어보기

(가)는 어느 전자 회사 업무 지침서의 일부이며, (나)는 이를 다르게 표현한 사례이다. 이 글을 읽고 물음에 답하시오. (1~2)

(가) Line rejection은 process defect와 material defect로 구분되며, process defect는 mishandling 또는 자재를 잘못 사용하는 것과 같은 공정상 문제로 인해 reject된 자재를 의미하며, Material defect란 vendor에게 송부된 자재 자체의 결함으로 인해 reject된 자재를 의미함.

(나) 공정 불량은 공정 결함과 자재 결함으로 구분한다. 공정 결함은 취급 부주의 또는 자재의 잘못된 사용 등과 같은 공정상 문제로 생긴 불량품을 의미한다. 자재 결함이란 업체로부터 납품받은 자재 자체의 결함으로 인한 불량품을 의미한다.

01 (가)에 대한 설명으로 적절하지 않은 것은?

① 영어 단어를 많이 사용하여, 문장 구조가 어색하다.
② 전체가 한 문장으로 되어 있어 의미를 파악하기 어렵다.
③ 서로 다른 내용이 비분절적으로 기술되어 단계적 이해를 방해한다.
④ 중복되는 표현이 많고, 문장 구조가 복잡하여 쉽게 뜻을 이해할 수 없다.
⑤ 전문 용어를 통한 정확한 의사소통을 위해 영어 단어를 그대로 사용하였다.

해설
- 전자 회사 등에서는 외국에서 온 기자재나 문건이 많아 외국어를 그대로 사용하는 경우가 빈번하다. 꼭 필요한 경우가 아니면, 우리말로 번역하여 사용하는 것이 좋다.
- 하나의 문장에는 하나의 내용이 들어 있어야 간결하고 명확하다. (가)는 하나의 문장 속에 공정 불량(line rejection), 공정 결함(process defect)의 개념, 자재 결함(material defect)의 개념이 전부 나타나 있어 어디에 집중해야 하는지를 명확히 알 수 없는 글이 되어 버렸다.
- 적절한 내용으로 분절하여 독자에게 내용이 단계적으로 이해될 수 있도록 해 주어야 한다.

답 ⑤

02 (나)에 대한 설명으로 가장 적절한 것은?

① (가) 글의 핵심을 제대로 전달하지 못했다.
② 전문 용어를 자의적으로 해석하여 의미가 불분명하다.
③ 문장을 너무 짧게 나누어, 전체적 이해가 쉽지 않다.
④ 일부 용어에 괄호를 넣어 영문 표기를 병기하는 것도 해석의 혼란을 줄이는 방안이다.
⑤ 자연스러운 내용 연결을 위해, 각 문장 사이에 간단한 내용을 추가하는 것이 좋겠다.

해설 이 문제의 주안점은 수정된 (나)를 더 보완하는 방안에 대해 사고하라는 것이다. 인간은 하나의 지점에서 더 나아간 지점에 대해서도 사고할 수 있다는 점을 고려하여 개선안을 지속적으로 내놓을 수 있도록 하자.

답 ④

03 다음은 어느 반도체 회사에서 신제품을 개발하면서 각 언론사에 배포한 보도 자료의 일부이다. 일반적인 신문 구독자들을 염두에 두고 내용을 좀 더 알기 쉽게 수정하시오.

> 이번에 새로 도입한 SoC는 최근 개발 및 양산 완료된 0.18micron 제조 공정에 의해 제작되어 전력 소모가 기존 제품에 비해 절반 밖에 되지 않고 칩 사이즈 역시 1/3 밖에 되지 않아 동일한 수율을 가정할 때 약 3배의 생산성과 6배의 경제성을 가진다. 이로 인해 새로 개발되는 소형 멀티미디어 가전 제품에 광범위하게 사용될 것으로 사료된다.
> * SoC : 멀티미디어 통합 칩(Silicon on a Chip)
> * 수율(收率) : 원자재에 어떤 화학적 과정을 가하여 원하는 물질을 얻을 때, 실제로 얻어진 분량과 이론상으로 기대했던 분량을 백분율로 나타낸 비율

조건

1. 주요한 내용을 하나라도 빼거나 변경하지 말 것
2. '이는 … 때문에 가능했다.'라는 문장을 반드시 넣을 것
3. 글 전체가 4문장이 되도록 구성할 것

예시 답안

드디어 멀티미디어 통합 칩(SoC : Silicon on a Chip)의 양산이 시작되었다. 이 칩은 기존 제품에 비해 소비 전력은 1/2, 크기는 1/3에 불과하고, 동일 수율을 가정할 때 약 3배의 생산성과 6배의 경제성을 가진다. 이는 첨단 반도체 기술인 선폭 0.18마이크론 공정 기술을 사용하였기 때문에 가능했다. 따라서 멀티미디어 통합 칩은 최근 수요가 급증하는 소형 멀티미디어 가전제품 시장에 다양하게 활용할 수 있을 것이다.

Chapter 21 광고, 홍보, 계약 거래 글쓰기

01 광고, 홍보, 글쓰기를 대하는 자세

1 광고나 홍보 글쓰기의 현황

현대 사회를 살아가는 일반인들은 광고 문서나 홍보문을 작성하는 경우가 거의 없다고 생각할 수 있다. 광고나 홍보 대행사의 발달로 실질적으로 개인이나 회사가 담당해야 할 홍보 광고의 영역이 축소되었기 때문이다. 그러나, 광고나 홍보 대행사를 활용한다 할지라도 광고의 목적이나 홍보의 목적은 광고나 홍보를 맡기는 주체에 있다는 점을 기억해야 한다.

또 소규모 행사나 기획에 활용되는 광고문이나 홍보문은 광고 및 홍보의 주체가 되는 사람들이 작성해야 하는 경우가 더 많다. 광고문이나 홍보문에 들어가게 될 제목이나 행사명, 구성 요소 등이 무엇인지에 대해 고려하여 대행사에 맡겨야 하기 때문이다. 또 컴퓨터 기술이 발달하면서 포스터나 현수막 리플릿 등을 직접 제작하는 경우도 많다. 또 메일 등을 활용하여 홍보문이나 광고문을 배포하는 경우도 늘고 있다.

이런 현황에서 광고나 홍보의 주체가 되는 개인은 광고나 홍보가 포함해야 할 요소가 무엇인지를 꼼꼼히 체크하는 버릇을 들이는 것이 중요하다. 또 주변에서 흔히 접하게 되는 포스터나 전단, 리플릿, 팸플릿 등을 보면서 어떤 방식의 광고나 홍보가 진행되고 있는지를 확인해 보는 과정도 광고나 홍보 글쓰기를 하는 데 도움을 준다. 파워 포인트를 활용하여 광고나 홍보문을 작성해 보는 훈련도 필요하다.

2 광고 및 홍보문이 갖는 특성

무엇보다 중요한 것은 광고 및 홍보문이 갖는 특성을 제대로 이해하는 것이 좋다. 광고나 홍보문의 문구들은 정보 전달 글이나 설득을 목적으로 하는 글보다 함축적이고 상징적인 내용을 포함하는 경우가 많다. 요즈음에는 독자의 정서적인 측면에 호소하는 경우도 점점 많아지고 있다. 이러한 현황은 광고나 홍보 문서가 두 가지 특성을 갖고 있다는 사실을 반영한다.

저자의 동기에 따라 글의 종류를 구분하면 아래와 같다.

❶ 표현 동기에 충실한 글
❷ 전달 동기에 충실한 글

광고 및 홍보문은 ❶, ❷의 속성을 둘 다 가지고 있다. 광고나 홍보의 목적을 전달한다는 측면에서는 ❷의 속성을 갖지만 그 표현이 함축적이고 내포적일 수 있다는 측면에서는 ❶의 특성을 갖는다. ❶의 측면을 훈련하기 위해서는 글을 쓰는 사람들이 다양하고 의미 있고 재미있는 경험을 많이 해 보는 것이 좋다. 그리고 자신의 경험을 어떤 방식으로 풀어 갈 것인가를 분석해 보는 것이다. 이와 관련된 구체적인 방법들은 이 책의 제21장에서 소개하였다. 시나 소설, 수필, 만화나 영화들을 많이 보고 의미를 찾아내는 것도 도움이 된다.

02 광고, 홍보 글쓰기

1 광고, 홍보의 목적

① 제품이나 행사 등을 대중에게 알리는 일련의 작업
② 알리고자 하는 정책이나 행사, 제품의 목적을 특정 대상에게 전달하거나 참여하도록 유도

2 광보, 홍보의 대상

① 소비자, 시청자, 독자, 관객 등
② 광고나 홍보의 대상이 되는 특정 층을 미리 정하고 광고나 홍보를 하는 경우도 많음.

3 광보나 홍보의 과정

① 홍보나 광고의 내용과 목적을 확정
② 홍보 효과에 대한 예측
③ 홍보나 광고의 매체 선정 – 영상, 신문, 잡지, 인터넷 등
④ 예산의 수립
⑤ 홍보나 광고를 위한 정보 수립 및 계획
⑥ 홍보나 광고문 작성
⑦ 홍보나 광고 효과에 대한 분석

4 광고나 홍보 매체의 종류

① **포스터**: 그림이나 설명을 포함한 게시물의 일종, 영화 포스터, 연극 포스터 등

② **카탈로그**: 상품의 목록, 도서 목록, 상품 목록, 기관 홍보물 등

③ **리뷰**: 전문가 집단을 대상으로 하여 비평문을 포함한 소책자를 만드는 것

④ **팸플릿**: 선전을 위한 소책자, 제품 설명서 등

⑤ **리플릿**: 2~4면 정도의 작은 판형의 인쇄물, 전단지를 지칭하기도 함.

⑥ **브로슈어**: 팸플릿의 일종, 팸플릿과 리플릿의 장점을 모은 소형 책자

⑦ **전단**: 한 장으로 되어 있는 광고 홍보를 위한 인쇄물

⑧ **웹진**: 웹과 잡지의 합성어, 인터넷상의 읽기 전용 잡지를 가리키는 말

⑨ **영상 광고**: TV나 인터넷 등에 영상물을 배포하는 방식

⑩ **기타**: 신문 · 잡지 광고, 버스 · 택시 등의 게시물 등, 매체 발달에 따라 다양한 방식의 광고 매체 발달

광고나 홍보 대행사의 발달로 실질적으로 개인이나 회사가 담당해야 할 홍보 광고의 영역이 축소됨.

기출문제 풀어보기

01 조건에 유의하여 포스터 하단의 내용을 참조하여 (ㄱ), (ㄴ)에 알맞은 말을 넣은 홍보 문구를 완성하시오.

조건

1. 문장 두 개를 완성할 것
2. 두 개의 문장이 대구와 대조를 이루게 할 것
3. 언어 규범을 준수할 것

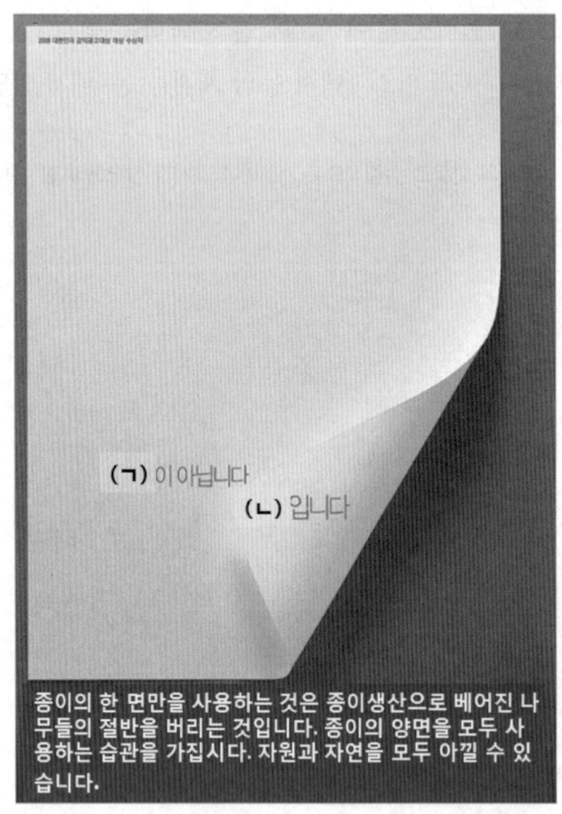

예시 답안

(ㄱ) 한 면 (ㄴ) 양면(두 면)/(ㄱ) 한 장 (ㄴ) 두 장

해설 주관식 문제는 조건을 준수하는 것이 중요하다. 두 문장이 대구와 대조를 이루게 한다는 정보를 중심으로 그림의 하단에 있는 정보를 읽으면 답을 이끌어 낼 수 있다.

02 다음 글은 인터넷의 홈페이지에 올라온 광고 문안이다. 이에 대한 설명으로 옳은 것은?

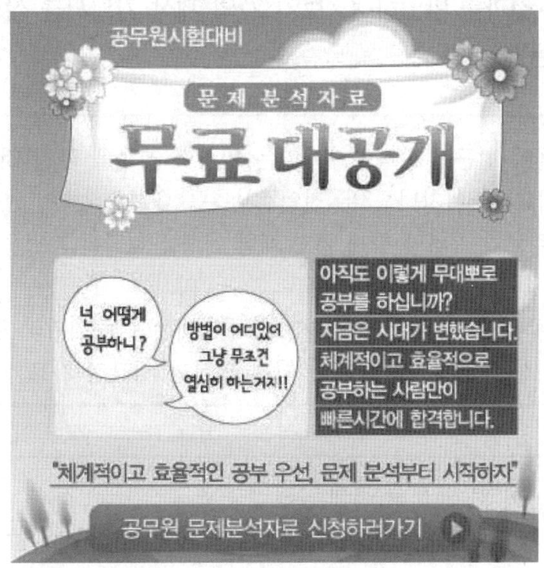

① 이 광고를 보면 핵심적인 내용이 무료 공개 강좌임을 알 수 있다.
② 이런 광고는 오직 돈벌이만을 위한 것으로 불법 영업 행위에 해당한다.
③ 문제 분석 자료를 신청하라는 것으로 보아 모든 것이 무료는 아니라는 것을 알 수 있다.
④ 광고의 내용은 무조건 열심히 하는 것보다는 체계적인 공부 방법을 강조한 것임을 알 수 있다.
⑤ 이 광고는 공무원 시험의 대비에 대한 아무런 정보도 제공하지 못하고 있다고 판단할 수 있다.

해설
- 이 광고의 핵심적인 내용은 '공무원 문제 분석 자료의 공개'이다. 어떤 홍보 광고를 보았을 때 그 핵심이 무엇인지를 파악하는 것이 중요하다.
- 이 광고가 불법 영업 행위인지 아닌지는 이 광고를 통해서는 알 수 없다.
- ③의 내용 또한 이 광고만으로는 알 수 없다. 경험으로 얻은 지식 등과 혼동해서는 안 된다.
- 체계적이고 효율적인 공부가 공무원 시험 대비와 관련된다는 정보를 제시하고 문제 자료를 신청할 수 있는 곳에 대한 정보도 제공하고 있다.

답 ④

03 **주부를 대상으로 자녀 교육에 있어서 환경 교육의 중요성을 홍보하는 영상물을 만들려고 한다. 〈보기 1〉의 기획 회의 결과를 반영하여 〈보기 2〉의 제작 기획서를 작성했다. 제작 기획서의 내용 중 올바르지 못한 것은?**

보기 1

제　　목 : 주부들이 친근하게 느낄 수 있는 일상적 제목을 붙일 것
주대상층 : 초등학교 학생 자녀를 둔 전업주부층을 대상으로
내　　용 : 실제 주부가 자녀와 함께 환경 체험 여행을 떠나는 과정을 보여 주면서 자녀 교육의 방법을 제시
구성 방식 : 실제 주부와 자녀의 여행 과정을 전달하는 다큐멘터리 형식
전달 방식 : 내레이션, 외국의 자녀 교육 사례 영상과 시각적 자료를 활용할 것

보기 2

(가) 제목 – **이네의 환경 체험 여행
(나) 제작 의도 – 주부들에게 환경 교육의 중요성을 알리고 자녀 교육 방법의 사례를 제시한다.
(다) 전체 구성 – 실제 주부가 자녀와 함께 떠나는 환경 체험 여행을 보여 준다. 실제 주부가 여행 과정에서 겪는 시행착오를 통해 자녀에게 도움이 될 수 있는 교육 방법을 제시한다.
(라) 해설 – 아동 교육에 대한 전문적인 지식과 학술 용어를 최대한 활용한 내레이션을 곁들인다.
(마) 영상 편집 – 여행의 과정과 함께 외국에서 이루어지는 어린이 환경 교육 사례를 함께 보여 준다. 자연 친화적인 삶의 가치에 대해 알기 쉬운 그래픽 화면을 제시한다.

① (가)　　② (나)　　③ (다)
④ (라)　　⑤ (마)

해설
- 광고나 홍보를 직접 제작하지 않고 대행사에 맡긴다 할지라도 홍보 대상이나 목적 등은 광고나 홍보를 하려는 주체에 의해서 결정되어야 한다. 때문에 위와 같은 전략 회의 등에서 논의되어야 할 것이 무엇인지를 확인해 둘 필요가 있다.
- 홍보 영상물에서 내레이션의 지적 수준은 주 시청자층을 고려해서 결정해야 한다.
- 일반인을 대상으로 한 홍보물에서 전문 지식이나 학술 용어의 사용은 자제되어야 한다.

답 ④

04 다음 홍보 포스터에서 추가해야 할 주요 정보를 두 가지 이상 찾아 '~해야 한다'로 끝나는 하나의 문장으로 쓰시오.

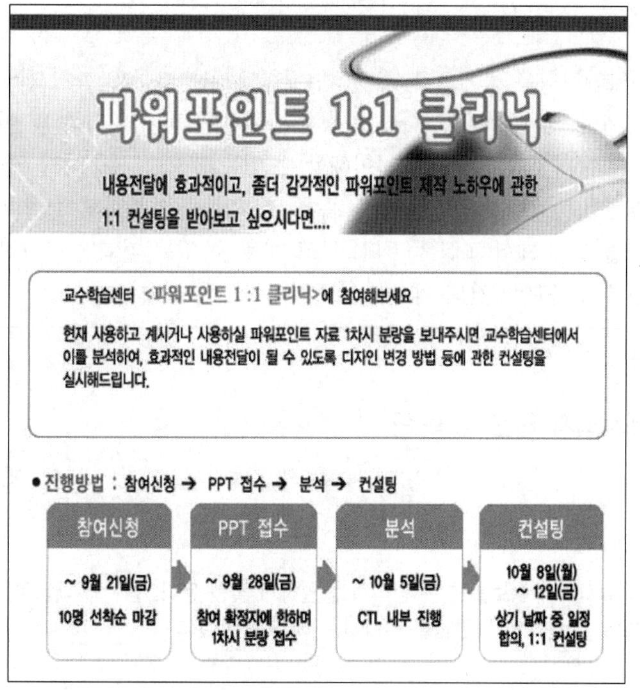

예시 답안

행사의 일시 정보가 명확하여야 하고(연도가 없음.) 모집 대상이 분명하게 드러나야 한다.

해설

- 행사의 일시 정보가 명확히 드러나야 한다. 이 문서는 연도가 나타나 있지 않아서 시기가 불분명하다.
- 또한 모집 대상이 분명히 드러나지 않고 있다.
- 주관식 문제를 풀 때는 문제에 드러나 있는 조건을 하나씩 확인하는 습관을 들이자. 이 문제는 '하나의 문장으로', '~해야 한다'라는 단서를 달고 있는데 이를 준수하여야만 좋은 점수를 받을 수 있다.

⏱ 다음 안내문을 읽고 물음에 답하시오. (5~6)

> **자생자원 전시회 안내**
>
> 농촌진흥청과 식품의약안전청은 공동으로 20○○년 7월 14일부터 24일까지 한국의 자생자원(버섯, 약용식물) 전시회를 갖는다. 이번 전시회는 우리나라 자생자원에 대한 전시와 가족 및 어린이들을 대상으로 주변에서 쉽게 접할 수 있는 야생버섯과 야생식물을 이해할 수 있는 기회를 제공하기 위해 개최된다. 또한 우리나라 자생버섯 및 약용식물 사진, 독버섯과 식용버섯, 독초 판별법 등이 준비되어 있다. 그리고 어린이와 숲 해설가들을 위한 버섯·식물 생태 체험 교실 등 직접 보고 배울 수 있는 기회가 다양하게 제공될 예정이고, 「알기 쉬운 독초와 독버섯」 핸드북과 약간의 재배버섯도 나누어 줄 계획이다.

05 위 안내문에 제시되지 않은 항목은?

① 행사 주체 ② 행사 목적 ③ 행사 장소
④ 행사 기간 ⑤ 행사 내용

해설 독해 문제의 일치하는 정보를 찾는 방식과 동일하게 풀면 된다. 선지와 내용을 함께 보면서 문제를 풀되, ○, ×, ?를 적극적으로 활용하면 객관성을 확보하는 데 도움이 된다.

답 ③

06 위와 같은 글에 대한 설명으로 적절한 것은?

① 단체나 기관에서 업무를 수행하는 과정에서 생산되는 문서이다.
② 문서로 효력을 발생시키기 위해 발신자 명의의 날인이 필요한 문서이다.
③ 사업 내용을 소개하면서 사업이 지닌 가치와 의의를 나타내고 책을 평가하는 글이다.
④ 어떠한 정보를 널리 알리고 읽는 사람으로 하여금 어떤 행위를 하도록 요구하는 글이다.
⑤ 느끼고 생각한 것을 쓰는 글로, 대개의 경우 무엇을 읽거나 보거나 듣거나 사용하거나 한 후에 그 느낌과 생각을 쓴 글이다.

해설
- ① 보고서, 기안문
- ② 시행문
- ③ 사업설명서
- ④ 홍보문
- ⑤ 감상문

답 ④

07 **다음과 같은 글을 쓸 때 유의해야 할 점으로 가장 중요한 것은?**

> 항상 귀댁의 평안과 만복을 기원합니다.
>
> 아뢰올 말씀은
> 지난번 저의 집 장남의 혼사에
> 바쁘신 중에도 불구하고 참석해 주시어
> 무사히 혼례를 마치게 하여 주신 데 대하여
> 진심으로 감사드립니다.
>
> 찾아 뵙고 인사드리는 것이 도리이오나 우선
> 서신으로 대신하게 됨을 송구스럽게 생각하오며
> 내내 건강하시고 뜻하시는 모든 일이
> 형통하시기를 기원합니다.

① 시기를 놓치지 않고 보내는 것이 중요하다.
② 반드시 장문(長文)으로 작성하는 것이 예의에 맞다.
③ 정해진 형식이 있으므로 형식을 갖추어 쓰는 것이 좋다.
④ 유머와 위트를 사용하여 집중을 유도하는 문구를 써야 한다.
⑤ 반드시 축하하는 말과 앞으로의 발전을 기대한다는 내용으로 작성하여야 한다.

해설 답례장이나 감사장은 시기를 놓치지 않는 것이 중요하다. 형식이 명확히 정해져 있지 않으나 감사의 마음이나 기원의 마음을 진심으로 담아야 한다는 점이 중요하다.

답 ①

Chapter 22 친교, 의례, 생활문 쓰기

01 친교, 의례, 생활문 쓰기

1 친교, 의례, 생활문의 종류

① 소개장 ② 축하장 ③ 조문 쓰기 ④ 의식문
⑤ 연설문 ⑥ 편지글 ⑦ 초청문 ⑧ 일기문
⑨ 메모 ⑩ 수기 ⑪ 기행문 ⑫ 감상문
⑬ 독후감 ⑭ 메일 쓰기

2 정서 표현을 위한 글

① 수필 ② 일기 ③ 기행문 ④ 감상문
⑤ 편지글 ⑥ 시 ⑦ 소설 ⑧ 희곡
⑨ 시나리오 ⑩ 평론

3 정서 표현의 글의 효과

① 자기 정리 ② 자아 고백 ③ 자기 성찰 ④ 자기 기록
⑤ 정서적 균형 ⑥ 개성의 발견 ⑦ 자아의 확장

4 친교, 의례, 생활문을 잘 쓰기 위한 방안

① 청자에 대한 배려
② 상황에 대한 정확한 분석
③ 의도와 목적 분석
④ 표현 방식의 다양성을 시도

⑤ 인상적인 표현을 위한 지속적 수정

⑥ 표현 동기에 충실한 글을 접할 수 있는 기회의 확대

⑦ 연상 훈련 및 결과의 분석

⑧ 다양한 정서적, 이성적 체험과 분석

⑨ 자기 분석 및 표현의 기회 확대

짧은 문장 만들기

정서적 표현에 익숙해지기 위해서는 재미있는 연상들을 다양하게 해 보는 것이 좋다. 일단 즐거운 활동들을 해 보고 활동의 의미를 분석해 보라. 자신이 어떤 것을 좋아하는지, 왜 좋아하는지, 그것을 어떤 방식으로 표현하고 싶은지를 지속적으로 생각하는 과정이 정서적 글쓰기를 잘하게 하는 결과로 이어진다.

다음은 대학생들이 쓴 짧은 문장이다. 이들 중 재미있는 연상들을 뽑아내어 이 연상이 재미있었던 이유가 무엇인지를 짚어 보도록 하자.

짧은 문장 만들기

[연상 문제]

① ________________________________ 미련하다.

[연상 결과 예시]

㉠ 만취할 때까지 술 마시고, 산 지 일주일도 안 된 핸드폰 잃어버린 지 하루 만에 또 술을 마시고 있는 너는 참 미련하다.

㉡ 현금 인출기에서 돈 뽑으려다 명세서만 가져온 나는 참 미련하다.
(내 뒤에 줄 서 있다 그 돈 가져간 그 누구는 참 좋겠다.)

㉢ 바퀴 달린 걸 들고 오다니 너도 참 미련하다. 끌어라, 끌어.

㉣ 이렇게 잘난 나를 몰라 주는 세상은 참 미련하다.

㉤ 나한테 어떻게 하면 피부 하얘질 수 있는지 물어보는 너는 참 미련하다.

ⓑ 오랜만에 공부하려고 책상 앞에 앉았다 책상 정리만 하고 자는 나는 [미련하다].

ⓢ 얼굴에 비누칠을 잔뜩하고 수도꼭지 찾으려 눈뜨는 나는 [미련하다].

ⓞ 시험 전날 무거운 전공 책 두 권이나 들고 집에 왔는데 졸아서 한 자도 못보고 그걸 들고 학교로 가는 나는 [미련하다].

ⓩ 인출기에서 뺀 돈을 종이 분쇄기에 넣다니 참으로 [미련하다].

ⓒ KTX를 타면 기내식 준다는 친구말을 곧이 듣고 기내식 왜 안 주냐고 항의하며 소란 피웠던 나는 참 [미련하다].

ⓚ 2호선 지하철에 앉아 졸고 있다 깨 보니 홍대역, 또 잠들다 눈 떠 보니 홍대역…… 세 번째 깼을 때도 홍대역이어서 둘러보니 지하철 역에 앉아 있다니 참 [미련하다].

ⓟ 거울에 비친 나를 보고 화들짝 놀라는 나, 그러고는 웃어야 할지 울어야 할지 고민하는 내가 [미련하다].

ⓗ 군대에 중대장이 보급병 할래 박격포병 할래 물어보았을 때 다 잘할 수 있다고 말했다가 박격포병이 되어 2년 내내 무거운 포 들고 고생한 내가 [미련하다].

[연상 문제]

② ______________________________ 좋겠다.

[연상 결과 예시]

ㄱ 세계 공용어가 영어 대신 한국어라면 참 [좋겠다].

ㄴ 장학금 빼돌려서 내 용돈으로 쓰기 위해서라도 장학금 한번 타 봤으면 [좋겠다].

ㄷ 이 세상의 모든 커플이 이별했으면 [좋겠다].

ㄹ 다가오는 애인과의 100일날 커플링을 맞출 수 있게 금값이 뚝 떨어졌으면 [좋겠다].

ㅁ 돈 없어도 되고 시간 없어도 되고 입을 옷 많이 없어도 되고 많이 못 먹어도 되니 제발 예쁜 여자 친구 하나 있었으면 [좋겠다].

ⓑ 김남미 선생님이 갑자기 손뼉을 치시며 급한 일이 있다고 여기서 그만하자고 하면 정말 참 [좋겠다].

ⓢ 여기는 지하철, 나는 10cm짜리 힐을 신었다. 앞에 앉은 사람이 제발 좀 내렸으면 [좋겠다].

ⓞ 열두 시간을 자고 일어났더니 전지현 몸매에 김태희 얼굴이 되어 있으면 [좋겠다].

ⓩ 내 친한 친구가 기숙사 벌점을 받아서 학교 근처에서 자취를 했으면 [좋겠다].

ⓒ 보험료 안 내고 기름값 안 드는 차 한 대 있으면 [좋겠다].

ⓚ 우리나라가 미국보다 강대국이 되었으면 정말 [좋겠다].

문장 바꿔 쓰기

멋진 문장들을 모으고 이를 바꾸어 써 보는 훈련을 해 보는 것도 표현력을 기르는 데 도움을 줄 수 있다. 아래의 내용은 책에 나온 문장 바꿔 쓰기 훈련용 예시문들이다.

1. 악을 수동적으로 받아들인 사람은 악을 영속시키는 사람만큼이나 악에 관여하고 있는 것이다. (마틴 루터 킹)

2. 자유란 네가 다른 사람에게 기꺼이 주려 하지 않는다면 너도 가질 수 없는 유일한 것이다. (윌리엄 앨런 화이트)

3. 나는 사람들이 왜 새로운 생각에 놀라는지 그 이유를 이해할 수 없다. 나는 낡은 생각들에 놀란다. (존 케이지)

4. 정부의 합법적인 권력은 다른 사람에게 해를 주는 사람에게만 행사되어야 한다. (토머스 제퍼슨)

그림 보고 연상하기

그림이나 사진 등을 보고 재미있거나 의미 있는 내용을 연상해 보는 것도 정서 표현 훈련이 될 수 있다.

역시 어떤 연상을 거쳤는지, 왜 그런 생각을 했는지, 자신의 결과물이 일반적인 것인지 아닌지에 대해 고려해 보는 과정이 중요하다.

아래의 결과물들은 그림을 보고 연상한 예들이다. 어떤 요소가 글을 재미있게 하는지 궁리해 보자.

〈그림 1〉

〈그림 2〉

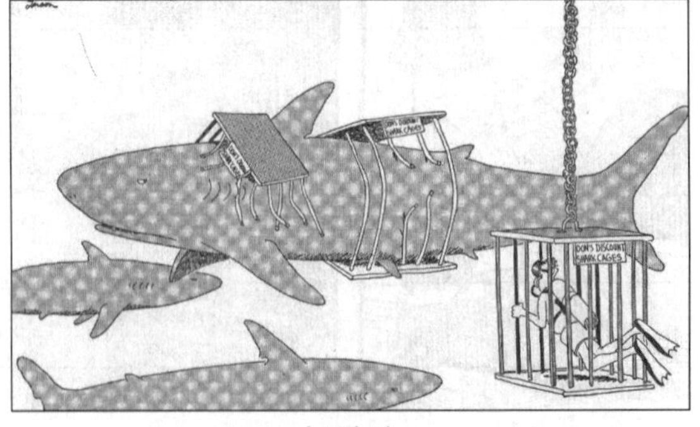

〈그림 3〉

예시답안 및 해설

• 〈그림 1〉 연상 예시 – 학생글

1. 고영준은 해수욕장에서 모래찜질 중이었다. 한참 즐기고 있던 중에 태풍 매미가 상륙하는 바람에 모래가 다 날아가 버렸다. 그림에 보이는 장소는 사막이 아닌 해수욕장(해운대)이다. 태풍에 의해서 서울에 있던 간판이 부산까지 날라왔다. 땅 속 50M 아래 묻혀 있던 신라 왕의 유골이 출토(?)되었다. 그 유골은 아직까지 발견되지 않은 시가 1000억의 귀중품이었다. 그는 한마디로 '땡'잡은 것이다.

---

2. 지구별에 착륙한 어린 왕자는 사막에서 여우와 만나 행복한 가정 생활을 꾸렸다. 누구보다 행복했던 그들의 결혼 생활은 여우의 죽음으로 끝이 났고 어린 왕자는 사막 한가운데에 여우를 묻고 큰 묘비를 만들고 그림도 그렸다. 어린 왕자는 매일매일 여우의 무덤을 찾아와 죽은 여우와 대화를 하곤 했다. 시간은 흘러흘러 어린 왕자는 할아버지가 되어 제대로 걷지도 못하지만 오늘도 그는 사막을 기어 와 여우의 무덤에 엎드려 이야기를 한다.

• 〈그림 2〉 연상 예시 – 학생글

2303년 9월, 개구쟁이인 고명준이라는 아이가 살고 있었다. 그 아이는 유난히도 젤리를 좋아했다. 슈퍼만 갔다 하면 젤리를 한 뭉텅이씩 집어 들고 온다. 오늘도 슈퍼에 가서 코뿔소 모양의 젤리를 15개를 사왔다. 아이는 14개를 혼자서 다 먹고 한 개를 또 남겨 두었다. 버릇이 나쁜 아이라 젤리를 또 포장도 뜯지 않은 채로 앞마당 잔디에 던져 버렸다. 그렇게 버려진 젤리가 잔디밭에 수두룩하다. 곰, 얼룩말, 기린 모양까지……(그림의 나무는 나무가 아닌 풀일 뿐이다.) 개미 부부인 개돌이와 개순이는 혹시나 뚜껑 열린 젤리가 있나 둘러보는 중이다.

• 〈그림 3〉 연상 예시 – 학생글

우리 아버지는 도사이다. 무엇이든지 보면 그것과 똑같게 변한다. 그런데 몇 년째 아버지가 집에 돌아오지 않는다. 나는 아버지를 찾기 위해 이곳저곳 가 보았지만 찾지 못하였다. 그러던 중 바닷가에서 아버지의 신발을 찾는다. '아하! 아버지가 바다에 계시는구나' 나는 아버지를 만나기 위해 장비를 모두 갖추고 바닷속으로 들어간다. 아버지를 발견했다. 이번에는 상어로 변신한 것이다. 여전히 어울리지 않는 옷을 입고 돌아다니는 모습에서 단번에 알아맞혔다. 나는 아버지께 물었다. "왜 집으로 안 돌아오세요?" 아버지께서 대답하신다. "지금 나와 함께 있는 친구들을 보아라(-.-;) 너 같으면 이 상황에서 인간으로 다시 변신하겠냐? ㅠㅠ" 불쌍한 우리 아버지. "마지막 순간까지 바다를 지켜주세요. 틈틈히 물고기 사 가지고 놀러 올게요." ㅠㅠ

Chapter 22 기출문제 풀어보기

01 다음은 서울 관광을 위한 안내서의 초안이다. 관광 안내서가 갖춰야 할 바람직한 요건을 생각할 때 다음 중 고쳐야 할 부분에 대한 지적으로 올바르지 못한 것은?

> 계동의 본모습은 북촌문화센터부터 시작한다. 계동 한옥의 첫인상이다. 북촌문화센터는 개방된 공간이다. 북촌의 거리는 열려 있으나 한옥의 속내를 들여다볼 수 있는 공간은 뜻밖에도 많지 않다. 북촌문화센터는 2002년 서울시가 전개한 북촌 한옥 살리기의 상징이다. 북촌에서 한옥을 속속들이 돌아보기에 이만큼 맘 편한 곳은 없다.
>
> 북촌문화센터는 1921년에 지어진 한옥으로 대궐 목수가 비원의 연경당을 본떠 지었다. 북촌에서도 제법 규모 있는 한옥이다. 20세기 초에 지어졌지만 전형적인 양반가의 구성을 따르고 있다. 크게 'ㄷ'자형을 띠는데 문간채를 지나 사랑채와 안채로 연결된다. 계동에서 오래 살았던 이들이나 옛 어른들은 계동마님 댁이라고도 부른다. 원래 민형기 대감의 며느리였던 이규숙 씨가 살던 집이다. 그녀는 반가 음식과 서울 음식에 대해 구술한 이 계동마님의 여든 살이라는 책으로도 잘 알려져 있다.
>
> — 박상준, 『서울 이런 곳 와 보셨나요? – 당신이 몰랐던, 서울의 가 볼만한 곳 100』, 한길사, 2008, 137~139쪽

① 서울 지리를 잘 알지 못하는 독자를 위해 문화센터로 가는 교통편을 더 상세히 알릴 필요가 있겠다.
② 문화센터의 연락처를 밝혀서 독자가 안내서 내용 외의 정보를 입수할 수 있게 도와야겠다.
③ 문화센터를 방문하면 어떤 구체적 활동이 가능한지 독자에게 알려 줄 필요가 있겠다.
④ 문화센터의 역사를 입증할 보다 상세한 학술 자료를 제시해야겠다.
⑤ 문화센터에 입장하려면 방문객에게 어떤 요건이 필요한지 알려줄 필요가 있겠다.

해설 관광 안내서라는 목적에 부합하도록 방문할 장소에 대한 실용적 정보를 정확히 알리는 것이 가장 중요하다.

답 ④

02 **초대장을 작성하기 위해 다음과 같이 계획을 세웠다. 이에 대한 설명이나 평가로 옳지 않은 것은?**

제목	풀뿌리 장학 재단이 문을 엽니다.
내용	소년 소녀 가장의 학업을 돕기 위해 설립된 풀뿌리 장학 재단이 역사적인 첫 걸음을 내딛습니다. 부디 개업식에 참석하시어 의미 있는 장학재단의 발전을 축복해주시기 바랍니다. 일시: 2013. 4. 2.(목) 오후 2시 장소: 종로구 인사동 풀뿌리빌딩 9층 회의실
부가	아울러 풀뿌리 장학 재단 이사장 홍길동 님의 수필집 <장학 재단이 살아야 나라가 산다> 출판 기념회도 참석해 주시기 바랍니다. 일시: 2013. 4. 2. (목) 오후 3시 장소: 위와 같음.
회비	회비는 없습니다. 화환도 받지 않습니다.
교통	지하철 1호선 3번 출구. 주차장이 협소하오니 대중교통을 이용하시기 바랍니다.

① 행사 제목은 간단명료하게 기재한다.
② 전화번호를 적는 것이 친절하다.
③ 두 가지 행사를 함께 알리는 것이 경제적이다.
④ 회비에 대한 안내를 미리 하는 것이 예의에 맞다.
⑤ 교통에 대한 안내, 주차장 정보 등을 제공하는 것이 좋다.

해설 하나의 문서에는 하나의 초대 내용을 싣는 것이 원칙이다.

③

03 인터넷에 다음과 같은 질문이 올라왔다. 가장 적절한 답변을 한 사람은?

> **질문**
>
> 제가 현장 체험 학습 보고서 느낀 점을 쓰려고 하는데요 ... ㅜㅜ
> 느낀 점을 어떤 형식으로 써야 되는지 모르겠어요 ㅜㅜ
> 내공 겁니다!
> 꼭 좀 가르쳐 주세요.

> **답변**
>
> 갑: 잘 쓰면 됩니다.
> 을: 느낌은 개인의 주관적 경험이므로 도와드릴 수가 없네요. 편안한 마음으로 솔직하게 잘 써 보세요.
> 병: 체험 학습의 대상이 무엇이냐에 따라 답변이 달라집니다. 우선 어떤 체험 학습을 하셨는지 알려 주시면, 그에 맞게 느낀 점 쓰는 방법을 알려 드리겠습니다.
> 정: 어떤 목적으로 체험 학습에 참가했는지, 좋았던 점과 안 좋았던 점은 무엇이었는지 등 체험 학습과 관련된 내용을 자유 연상 기법으로 기술해 보세요. 그러면 체험 학습 당시의 느낌을 기억하실 수 있을 겁니다.
> 무: 인터넷을 잘 뒤져 보시면 체험 학습에 대한 보고서 예제가 있습니다. 그것들 중에서 적당한 내용을 옮겨다 적으시면 무난할 겁니다.

① 갑 ② 을 ③ 병
④ 정 ⑤ 무

해설
- 체험 학습 보고서가 포함하고 있어야 할 내용에 대하여 가장 적절히 답한 것은 ④이다.
- 체험 학습 보고서에는 참가 목적과 체험 학습의 내용에 대한 서술이 포함되어야 한다. 체험 학습을 통해 얻은 점에 대한 논의를 포함하는 것도 좋다. 체험 학습 당시의 느낌을 덧붙이는 것도 보고서를 풍부하게 하는 데 도움을 준다.

답 ④

Chapter 23

학술적 글쓰기

01 논문 쓰기

1 논문의 개념

어떤 주제에 대해 생각이나 주장, 뜻을 세워 논리적으로 짜임새 있게 서술하여 독자에게 설득력 있게 전달하는 학술적인 글

2 논문의 가치

① 밝혀지지 않았던 진리를 구명
② 인간적 사고의 지평을 확대
③ 잘못 알려진 사실에 대한 수정

3 논문의 요건

① **사고의 독창성**: 결론의 창의성, 자료의 창의성, 방법의 창의성
② 주장의 합리성
③ 논거의 타당성
④ 구성의 체계성

4 논문 쓰기의 과정

① 문제의 발견과 선정
② 주제 설정
③ 자료의 수집
④ 자료의 선정 및 정리

⑤ 개요 작성

⑥ 집필 및 수정

⑦ 심사

⑧ 퇴고

⑨ 학위 수여(학위 논문의 경우), 학술지 수록(학술지 논문의 경우), 출간(학술 저서의 경우)

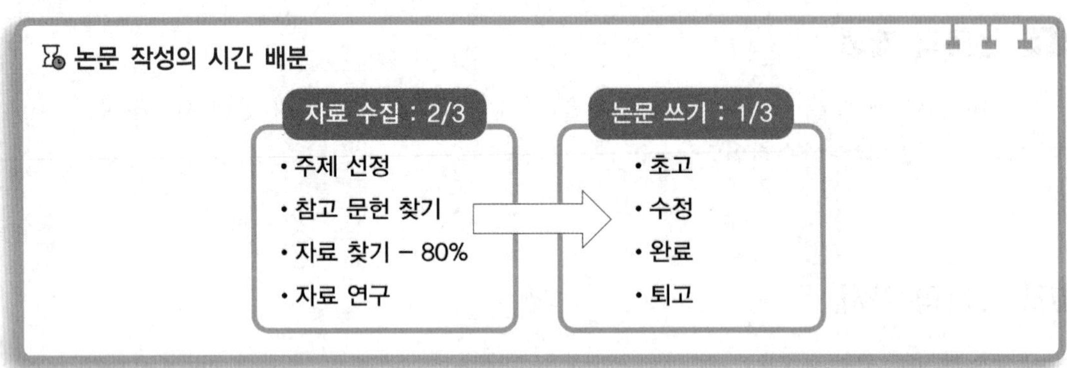

논문 작성의 시간 배분
자료 수집 : 2/3
• 주제 선정
• 참고 문헌 찾기
• 자료 찾기 - 80%
• 자료 연구
논문 쓰기 : 1/3
• 초고
• 수정
• 완료
• 퇴고

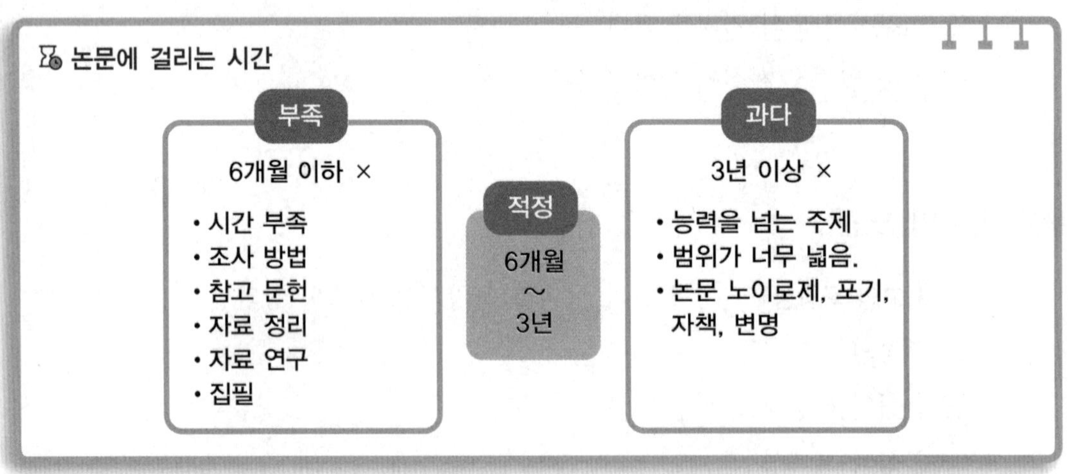

논문에 걸리는 시간
부족
6개월 이하 ×
• 시간 부족
• 조사 방법
• 참고 문헌
• 자료 정리
• 자료 연구
• 집필
적정
6개월
~
3년
과다
3년 이상 ×
• 능력을 넘는 주제
• 범위가 너무 넓음.
• 논문 노이로제, 포기,
자책, 변명

5 논문 주제의 요건

① 주제를 풀어내는 데 필요한 자료는 있는가?

② 자신의 능력으로 다룰 수 있는 것인가?

③ 새로운 연구 주제인가?

④ 연구 주제에 대한 흥미와 관심이 있는가?

⑤ 의미 있는 주제인가?

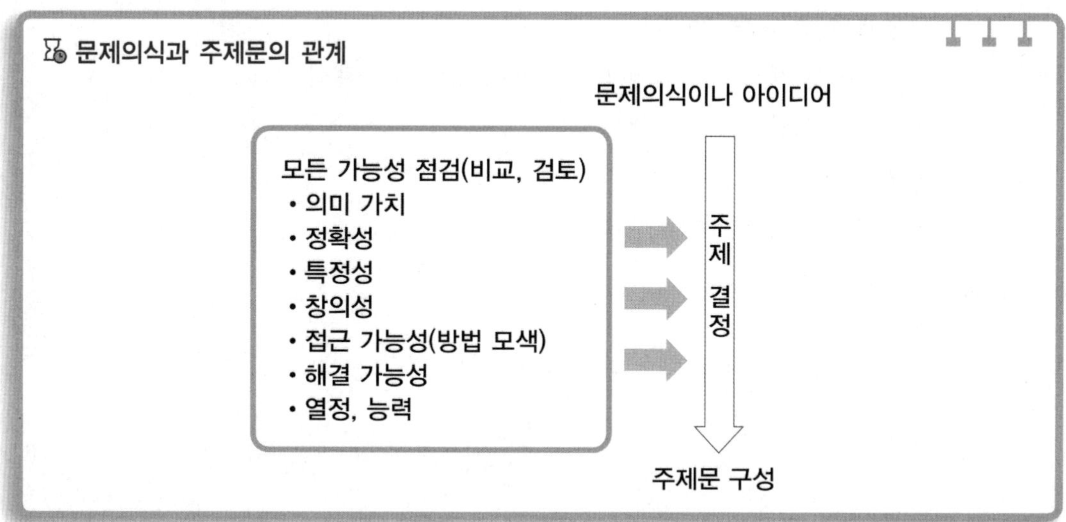

6 논문 주제를 정하기 위해 해야 할 일

① 연구사 정리

② 자료의 성격 이해

③ 자료를 바라보는 관점의 이해

④ 주장과 논거의 관계 이해

⑤ 방법, 주제, 자료의 창의성 확인

7 논문의 구성

① **서론**
- 논문의 목적 및 필요성
- 연구사 및 문제 제기
- 자료 수집 방법 및 분석 방법
- 이론적 배경

② **본론**
- 주제에 대한 논거의 제시
- 서론에서 제시된 방법에 따른 자료의 분석 및 해석
- 주제에 대한 논리적 해명

③ **결론**
- 논의의 정리 및 주제 부각
- 남은 문제

④ 참고 문헌

⑤ 부록

⑥ 초록

기출문제 풀어보기

01 논문 작성 시 서론에서 다루어야 할 내용만 묶은 것은?

(가) 가설을 세우고 근거 자료를 수집하여 최대한 논증한다.
(나) 용어의 개념에 대하여 정의를 내리거나 설명한다.
(다) 기존 논의에 대한 연구사를 종합적으로 고찰하고 연구 동향을 소개한다.
(라) 이 연구의 미진한 점을 밝히고 앞으로의 연구 과제에 대해 설명한다.
(마) 반대 주장에 대해 상세히 설명하고 반증한다.

① (가), (나)　② (나), (다)　③ (다), (라)
④ (라), (마)　⑤ (가), (마)

해설
- 근거 자료를 통해 논증하는 과정은 '본론'에서 이루어져야 하는 작업이다.
- 용어의 개념에 대한 정의는 서론에서 다룰 수 있다. 특히 논문의 주요 용어는 서론에서 다루어져야 한다.
- 기존 논의에 대한 검토 및 문제 제기는 서론에서 다루어야 한다.
- 연구의 미진한 점을 밝히는 것은 결론의 '남은 문제'에서 다룬다.
- 반대 주장에 대한 반증은 주로 본론에서 이루어진다. 문제 제기 단계에서 활용할 때는 서론에서도 가능하나 이때는 상세히 설명하는 단계가 생략되어야 한다.

글쓰기의 실제

답 ②

02 다음 중 논문 작성 과정에 대한 설명으로 바르지 못한 것은?

① 자기주장에 담긴 핵심적인 발견을 주제로 삼는다.
② 연구 주제는 추상적인 범위에서 정하고 연구 과정에서 구체화한다.
③ 개요 짜기는 건축의 설계도와 같이 전체 구도를 정하는 것이다.
④ 논리적으로 입증할 수 없는 근거는 객관적 가치가 없다.
⑤ 퇴고는 꼼꼼하게, 많이 할수록 좋다.

해설 논문의 연구 주제는 가능한 한 범위를 한정하여야 한다. 그래야 심층적인 논의가 가능해진다.

답 ②

ⓛ 다음 표는 TV 프로그램 〈미녀들의 수다〉에 대한 사회학적 분석을 담은 논문을 쓰기 위해 계획을 세운 것이다. 이 표를 잘 보고 물음에 답하시오. (3~5)

㉠ 주제	
㉡ 문제 제기	1. 외국 여성을 성적 대상으로 보게 함. 2. 한국의 음주, 놀이 문화에 대한 반성 없는 우월감 자극
㉢ 방법론	1. 문화 비교학 2. 오리엔탈리즘
㉣ 분석	1. 의상과 대화 주제 2. 출연자들의 지향성 3. 남성 패널의 태도
㉤ 결론	의도한 방송 목표와 달리 한국 문화의 세계화보다는 한국 문화의 폐쇄화를 더 부추기고, 민족주의에 대한 비판적 자각보다는 우월적 자만에 갇히게 함.

03 주제에 해당하는 칸에 들어갈 내용으로 적절한 것은?

① <미녀들의 수다>는 우리 사회의 퇴폐성과 폐쇄성을 부추긴다.
② <미녀들의 수다>는 반성이 없는 민족주의의 산물이다.
③ <미녀들의 수다>는 글로벌 시대를 오도한다.
④ <미녀들의 수다>는 여성의 가치를 성적 상품화로 대체한다.
⑤ <미녀들의 수다>는 오리엔탈리즘에 빠져 있다.

해설
- 주제는 논자가 말하고자 하는 궁극적인 생각이다. ㉡~㉤을 모두 포괄할 수 있는 내용에 주목하여 주제를 정하는 것이 좋다.
- 특히 주제는 결론의 내용과 일치하는 경우가 많다. 그러므로 ㉤의 내용에 주목하면서 주제의 범위를 한정하는 것이 좋다.
- ㉤에 나타난 '폐쇄화', '우월적 자만'에 주목한다면 ①의 폐쇄성을 도출해 낼 수 있다. 또한 ㉡의 문제 제기에 주목하면 '퇴폐성'을 도출할 수 있다.

답 ①

04 **표를 바탕으로 글을 완성했다고 가정할 때 그 글이 반드시 지녀야 할 성격은?**

① 창의성, 예술성 ② 논리성, 객관성 ③ 선명성, 주관성
④ 독창성, 참신성 ⑤ 사상성, 선정성

해설
- 이 글은 논문이므로 논문의 기본적인 성격을 갖추어야 한다.
- 논문이 기본적으로 갖추어야 할 성격은 사고의 독창성, 주장의 합리성, 논거의 타당성, 구성의 체계성이다.
- 특히 논문은 타당성과 체계성, 합리성을 기반으로 하기 때문에 객관성과 논리성을 중시한다 할 수 있다.
- ④의 독창성과 참신성 역시 논문의 속성이라 할 수 있지만 논리성과 객관성이 나타나 있지 않으므로 답으로 충분하지 않다.

답 ②

05 **㉠~㉤의 단계 중 논리 전개에 필요한 가정과 단서를 갖추는 것은?**

① ㉠ ② ㉡ ③ ㉢
④ ㉣ ⑤ ㉤

해설
- 논리 전개에 필요한 가정과 단서를 갖추는 것은 서론에서 이루어지는 일이다.
- 본론은 이를 기반으로 가설을 검증하고 단서를 체계화하는 과정이다.
- 근거를 제시하기 위한 단서를 갖추기 위해 프로그램의 분석이 필요한 것이다.

답 ④

Part

5

취업 및 진학 글쓰기

Chapter 24

자기소개서

01 자기소개서

1 자기소개서란?

자기소개서는 자기를 특정 대상에게 소개하는 글이다. 자기소개서의 목적은 단체에 가입하거나 진학, 입사 채용 등을 성취하려는 것이다.

2 자기소개서의 형식 및 내용

① 응시하려는 학교나 기업에 따라 그 형식이 달라진다. 학교나 기업마다 단체 자체의 형식을 지원자에게 제공하는 경우가 일반적이다. 특히 글자 수를 제한하여 간결성과 명확성을 요구하는 경우도 있다. 이 경우에는 제한된 글자 수 안에서 자신의 특성을 밝히기 위한 전략을 수립할 필요가 있다.

② 자기소개서의 형식을 특별히 제한하지 않을 때도 있다. 동아리 소개서나 교환 학생 신청서, 장학금 신청서 등은 형식이 자유로운 경우가 많다. 이 경우에는 자기소개서에서 요구하는 일반적 내용이 무엇인지를 확인하고 내용별로 기술하는 것이 좋다. 성장 배경, 성격의 장단점, 지원 동기, 학교생활 등의 내용을 포함하는 것이 일반적이다.

③ 전문적 분야에 응시하기 위한 자기소개서의 경우에는 '연구 목표'나 '연구 과정'을 요구할 때도 있다. 이 경우에는 대상 단체의 설립 목적이나 연구 동향 등에 대한 면밀한 조사를 거쳐 전문적인 로드맵을 그려 본 후 이를 반영해야 하는 경우도 있다.

02 자기소개서의 장르적 특성

1 설득하는 글

자기소개서는 독자를 설득하는 글이다. 자기소개서의 궁극적 목적은 응시자인 자신을 선발하기를 요구하는 것이기 때문이다. 독자를 설득하기 위해서는 상황에 알맞은 목표를 설정하고 주장이 명확히 드러나야 한다. 여기서 설득의 내용은 '나는 이 자리에 알맞은 사람이니 내가 선발되어야 함'이다. 그래서 자기소개서는 '무엇을, 어떻게' 기술해야 하는지에 대한 전략이 중요한 글이다. 자기소개서를 제대로 쓰기 위해 독자를 설득하는 내용으로서 '자신'에 대해 진지하게 모색하고 또 자기소개서의 독자가 될 응시 기관 등을 진지하게 탐색해야 하는 까닭이 여기에 있다.

2 정보 전달을 목적으로 하는 글

자기소개서는 객관적인 증명이 드러나야 하는 글이다. 그래서 정보 전달에 충실한 글 중의 하나이다. 자기소개가 단순히 선언적인 자기 자랑에 그치는 경우 오히려 설득력을 잃을 수도 있다. '자신이 어떤 사람'이라고 말하기 위해서는 그렇게 말하는 근거가 무엇인지 체계적으로 제시해야 한다. 독자에게 그 근거가 객관적으로 전달될 수 있어야 독자를 설득할 수 있기 때문이다. 객관적인 증명이 없는 참신한 기법이나 과장을 통한 자기 과시의 기술은 진정성의 측면에서 의심받아 역효과를 낼 수도 있다. 이 점에서 자기소개서는 간결성이나 명확성이 요구되는 객관적인 글이다.

3 차별성을 드러내야 하는 글

자기소개서에는 다른 응시자와의 차별성이 분명히 드러나야 한다. 그래야 진학이나 취업에 이르려는 목표를 달성할 수 있다. 그런데 여기서 걸림돌이 되는 것은 자기소개서에 나타나는 요소가 거의 비슷할 수밖에 없다는 점이다. 성실성, 책임감, 사명감, 의사소통 능력 등의 항목들이 거의 모든 자기소개서에서 등장한다. 더 큰 문제는 이러한 항목들을 배제할 수도 없다는 점이다. 이러한 항목들이 학교나 기업에서 요구하는 속성들이기 때문이다. 그러니 자기소개서를 통해 다른 응시자들과의 차별성을 드러내는 것은 어려울 수밖에 없다. 자기소개서를 계획하고 작성하는 과정에서 끊임없이 '나의 차별성은 무엇인가'에 대해 질문하고 답을 내야 하는 까닭이 여기에 있다.

4 개인의 가치나 신념이 반영되는 글

자기소개서는 전달 동기에 충실한 글이지만 정서적 요소가 관여하는 글이다. 자기소개서에는 글을 쓰는 사람의 가치나 신념이 반영되고 이런 요소들은 주관적이다. 그래서 문학적인 표현을 활용하게 되는 경우도 많다. 보고서를 쓰듯 딱딱하게 서술하기만 해서는 읽는 이에게 깊은 인상을 남길 수 없기 때문이다. 그래서 '다른 사람과 다른 나'의 신념이나 가치가 무엇인지를 발견하는 과정이 중요하다. 그 고민의 과정 속에는 어떤 표현 방식을 활용하여야 나의 신념이나 가치를 더 잘 드러낼 수 있는가에 대한 내용도 포함되어야 한다.

03 좋은 자기소개서란?

1 좋은 자기소개서의 글쓰기 요건

① **간결성**: 간결한 서술
② **솔직성**: 진정성, 진솔함을 기본으로 함.
③ **참신성**: 진부한 표현 등을 삼갈 것
④ **명료성**: 내용이 분명하고 뚜렷하게 드러나도록 서술
⑤ **타당성**: 사리에 맞고 근거가 타당성을 가질 수 있도록 서술
⑥ **일관성**: 내용의 일관성, 문체의 일관성을 지킬 것
⑦ **객관성**: 의사소통이 목적임을 염두에 둘 것, 보편적이고 객관적으로 서술
⑧ **통일성, 체계성, 완결성**: 자기소개서 역시 완결된 글이므로 글의 구성 요소를 갖출 수 있도록 서술

2 좋은 자기소개서의 상황 맥락적 요건

① 독자에게 깊은 인상을 남기는 글
② 자기 확신이 객관적으로 반영된 글
③ 사고의 깊이와 넓이를 확인할 수 있는 글
④ 독자가 글쓴이를 만나고 싶게 만드는 글
⑤ 독자를 충분히 배려하는 글
⑥ 자신의 차별성이 분명하게 드러나는 글

⑦ 조직의 목적과 특성을 이해하고 있음이 반영된 글

⑧ 조직 활동을 원활히 수행할 수 있음을 증명하는 글

⑨ 조직의 성과에 기여할 수 있는 역량을 분명히 제시한 글

⑩ 조직에 대한 충성도가 분명하여 이직의 우려가 없음을 보이는 글

04 자기소개서의 상황 맥락

1 상황 맥락이란?

글을 둘러싸고 있는 상황을 상황 맥락이라 한다. 글을 쓰고 있는 필자나 글을 읽게 될 독자, 글쓰기의 목적 등이 이들 맥락에 포함되어 있는 요소들이다. 모든 글쓰기는 이 상황 맥락을 명확히 이해하면서 수행되어야 글의 목적이나 의도를 성취할 수 있다.

2 자기소개서의 상황 맥락

자기소개서는 특정 목적을 이루기 위한 글이기 때문에 글에 관련된 요소를 정확히 분석하고 글쓰기를 시작해야 한다. 즉, 글을 둘러싼 상황 맥락을 명확히 이해하는 것이 중요하다. 자기소개서에 관련된 맥락이 무엇이고 여기에 관여하는 요인이 무엇인가를 살피는 것이 자기소개서를 효과적으로 작성하는 데 도움을 준다는 의미다. 자기소개서를 둘러싼 맥락은 무엇인지, 여기에 관여하는 요인은 무엇인지를 표로 정리해 보자.

글쓰기 맥락	관여 요인
필자	서술자로서의 '나'
독자	① 취업: 기업, 공관 등의 인사 관리자 ② 진학: 대학, 대학원 등의 교수 ③ 기타 자기소개서 접수자 또는 결정권자
서술 대상	서술 대상으로서의 '나'
서술 목적	독자를 설득하여 취업이나 진학을 성취

표에서 보듯이 자기소개서의 필자와 서술 대상은 동일하게 글을 작성하고 있는 '나'이다. 그러나 이 둘이 동일한 것은 아니다. 필자인 '나'는 '서술 대상'을 고려하면서 자신이 성취하고자 하는 바를 이루기 위해 어떤 '나'를 어떤 방식으로 드러내야 하는가를 고민하는 주체이다. 이 말은 '소개서'에 나타나야 하는 '나'는 글의 소재로서 구조화 그리고 조직화되어야 한다는 의미이다.

05 독자가 주목하는 자기소개서

1 독자를 고려한 자기소개서 쓰기 1

'대학 입학처의 관계자나 입사 기관의 인사 담당자는 자기소개서를 대할 때 무엇을 기대할까' 이런 생각을 해 보는 것은 자신의 소개서에 무엇을 어떻게 드러낼 것인가에 대한 방향을 잡을 수 있는 통로가 된다. 자기소개서를 쓸 때 응시 기관의 특성을 제대로 이해하는 것이 필요하다는 말은 이러한 통로를 확보하라는 말과 다르지 않다.

2 독자가 주목하는 자기소개서

자기소개서를 보는 독자가 관심이 있는 사항들을 항목별로 제시하면 아래와 같다.

① 함께 일할 만한 사람인가? / 함께 일하고 싶은 사람인가?
② 자신만의 소신과 가치를 가진 사람인가?
③ 일에 대한 열정과 사명감이 분명히 드러나는가?
④ 소개서에 나타난 내용들이 논리적으로 증명되고 있는가?
⑤ 조직의 업무에 대한 기초 지식이나 전공 지식이 충분한가?
⑥ 조직 내에서 일을 배우겠다는 의지가 충분한가?
⑦ 소개서의 내용들이 진정성 있게 느껴지는가?
⑧ 조직 내에서 융화할 수 있는 사람인가?
⑨ 조직에서 충분한 역량을 발휘할 수 있는 사람인가?
⑩ 이력서에 나타나지 않는 중요 정보를 얻을 수 있는가?
⑪ 색다른 경험의 신청자는 없는가?
⑫ 조직에 대한 충성도를 분명히 확인할 수 있는가?
⑬ 자기소개서에서 응시자의 차별성을 확인할 수 있는가?
⑭ 면접과 연계할 만한 질문 거리를 던지는 글인가?
⑮ 자신의 포부를 조직의 미래와 연관시키고 있는가?

> 지원자 자신도 모르는 핵심 역량을 인사 관리자가 발견하는 경우도 있다.
>
> **능력과 역량의 차이**
>
> 능력: 개인적 측면에서 본인이 계발한 후천적 자질이나 선천적 자질
>
> 역량: 조직의 측면에서 성과를 창출할 수 있는 자질

3 독자를 고려한 자기소개서 쓰기 2

대학의 입시 담당자든 기업의 인사 담당자든 그들이 보게 되는 자기소개서의 양은 상상을 초월한다. 때문에 자신의 자기소개서가 뜻하지 않게 냉대를 받게 되는 일이 많다. 독자의 입장에서 읽기 싫은 자기소개서가 어떤 것인지를 아는 것은 독자에게 통하는 자기소개서를 만드는 방법 중의 하나가 된다.

06 독자가 싫어하는 자기소개서

1 독자가 싫어하는 자기소개서

① 근거 없는 자신감만을 피력하는 글
② 자신을 드러내는 데 소심하여 지나치게 조심스러운 글
③ 조직의 이탈 가능성이 엿보이는 내용이나 기미가 나타나는 글
④ 조직에 대한 이해를 갖추지 않은 두루뭉술한 접근을 보이는 글
⑤ 질문에 부합하지 않은 내용의 글
⑥ 다른 자기소개서와 비슷하고 어디선가 본 듯한 글
⑦ 장점만을 너무 많이 나열하여 강조점이 명확하지 않은 글
⑧ 상투적인 비유가 남발되는 글
⑨ '자신'이 아닌 다른 요소를 '주인공'으로 만든 글
⑩ 비유만 있고 비유를 통해 드러내려는 요소가 무엇인지 알 수 없는 글
⑪ 일관성 없는 글
⑫ 사례만 병렬적으로 나열된 글
⑬ 응시처가 어디든 동일한 내용의 글
⑭ 다른 사람이나 기관에 의해 손보았다는 티가 많이 나는 글

2 입사 담당자가 싫어하는 말

① 저는 초등학교 때 이런 경험을 했습니다.

② 저의 좌우명은 '하면 된다'입니다.

③ '피할 수 없다면 즐겨라'라는 소신을 가졌습니다.

④ 어렸을 때부터 화목한 가정에서 자라난 저는 ~

⑤ 이 회사에 몸 바쳐 충성하겠습니다.

⑥ 모든 일에 열심히, 최선을 다하겠습니다.

⑦ 불필요하거나 식상한 한자성어, '군계일학, 낭중지추, 초지일관 등'

3 입사 담당자가 이런 말들을 싫어하는 이유

① 저는 초등학교 때 이런 경험을 했습니다.

- 초등학교의 일을 언급하는 것은 절실함을 약화시킨다. 즉, 대학을 위한 자기소개서라면 6년 전, 취업을 위한 자기소개서라면 10년 전이라는 시간상의 거리가 생긴다. 시간상의 거리는 구체성과 영향력의 감소로 나타날 수 있다. 자기소개서에 최근의 일을 부각하여야 하는 이유가 여기에 있다.

② 저의 좌우명은 '하면 된다'입니다.

- 자기소개서를 읽게 될 인사 담당자는 적어도 40대이며, 자기소개서를 통해 당락에 영향을 줄 수 있는 사람은 그보다 더 나이가 많은 사람들이다. 이들에게 '하면 된다'는 너무나 진부한 표현으로 다가올 수 있다.

③ '피할 수 없다면 즐겨라'라는 소신을 가졌습니다.

- ②와 마찬가지로 식상한 표현이다. 특히 이 말은 특정 시기에 특정 서적을 통해 유행했던 말이다. 때문에 이 표현은 유행이 지났다는 인상이 짙게 나타날 수 있다.

④ 어렸을 때부터 화목한 가정에서 자라난 저는 ~

- 자기소개서에도 유행이 있는 것으로 보인다. '화목한 가정'에서 자란 반듯한 사람이 반듯한 성품을 가졌으리라는 생각이 통하던 시대가 있었다. 그래서 이 말이 자기소개서의 정석처럼 흔히 쓰이던 시기가 있었다. 하지만 이제는 그런 생각이 더 이상 먹히지 않는 것처럼 보인다. 지금은 그런 것 말고 당신의 가치에 영향을 끼친 성장 과정이나 환경을 궁금해 하는 시대다.

⑤ **이 회사에 몸 바쳐 충성하겠습니다.**

- 대학이든 회사든 조직은 충성을 보이는 사람을 요구한다. 그만큼 단체에서 이탈하는 사람들이 많아졌기 때문이다. 그런데 충성은 말로 하는 것이 아니다. 다른 것을 보이는 과정에서 저절로 내비쳐야 오히려 믿음이 간다. 충성을 말로만 하는 사람들에게 질린 시대에 이런 방식의 직설 화법은 역효과를 내는 경우가 많다.

⑥ **모든 일에 열심히, 최선을 다하겠습니다.**

- 모든 일에 열심히, 최선을 다하겠다는 것은 애초에 불가능한 일이며 그것을 바라지도 않는다. 중요한 것은 어떤 일을 어떻게, 왜 하는가를 보이는 것이다. 요즘은 무턱대고 열심히 하는 사람들이 만든 부작용이 만연한 세상이다. 따라서 이러한 말은 방향을 파악하지도 못하고 열심히 밀어붙인다는 인상을 줄 뿐이다.

⑦ **불필요하거나 식상한 한자성어, '군계일학, 낭중지추, 유비무환 등'**

- 응시자는 신선하다고 생각하는 어구나 한자성어라도 취업에 성공한 사람이나 대학의 관계자들에게는 지나치게 익숙한 말일 수 있다는 점을 고려해야 한다. 어쭙잖은 문자를 쓰는 것은 자기 지식의 얕음을 드러내는 일이 되기도 한다.

07 자기소개서 작성

1 자기소개서를 잘 쓰기 위하여

① **깊이 있는 자기 탐색**: 자기 확인, 자기 확신, 비전의 확인, 비전에 대한 확신, 가치의 발견, 가치의 확대, 가치의 공유

② 무엇을 어떻게 서술할 것인가에 대한 끊임없는 고려

③ 초고 – 재고 – 수정 과정의 반복을 통한 자기 확인 및 개선 과정을 지속

④ 형식적 요건을 준수하기 위한 방법론을 익히고 이를 문서에 반영

⑤ 일반적 경향에 대한 예측과 이를 기반으로 한 차별성의 확보

2 자기소개서 작성을 위한 과정(거시적 과정)

① 질문하기

② 확인하기

③ 확신하기

④ 쓰고 고치는 과정에서 끊임없이 ①~③을 반복하기

⑤ 다른 사람에게 보이기

⑥ 일정 시간이 경과한 후 다시 들여다보면서 ①~③을 반복하기

3 자기소개서 작성의 과정(미시적 과정)

자기소개서 양식 확인

▼

지원 기관에 대한 정보 수집

▼

주제 정하기

▼

내용 구상과 정리

▼

집필

▼

다듬기

▼

평가와 수정

08 자기소개서를 잘 쓰기 위한 팁

1 마인드맵의 활용

자기소개서를 쓰기 위한 자기 탐색의 과정을 마인드맵으로 그려 보는 활동을 해 보자. 각각의 요소의 위계를 그려 보고 연관되는 사항들을 묶는 과정에서 무엇을 어떻게 나타내야 하는가에 대한 행동 방식을 발견할 수 있다.

다음은 '기자 지망생'의 자기소개서를 위한 마인드맵이다.

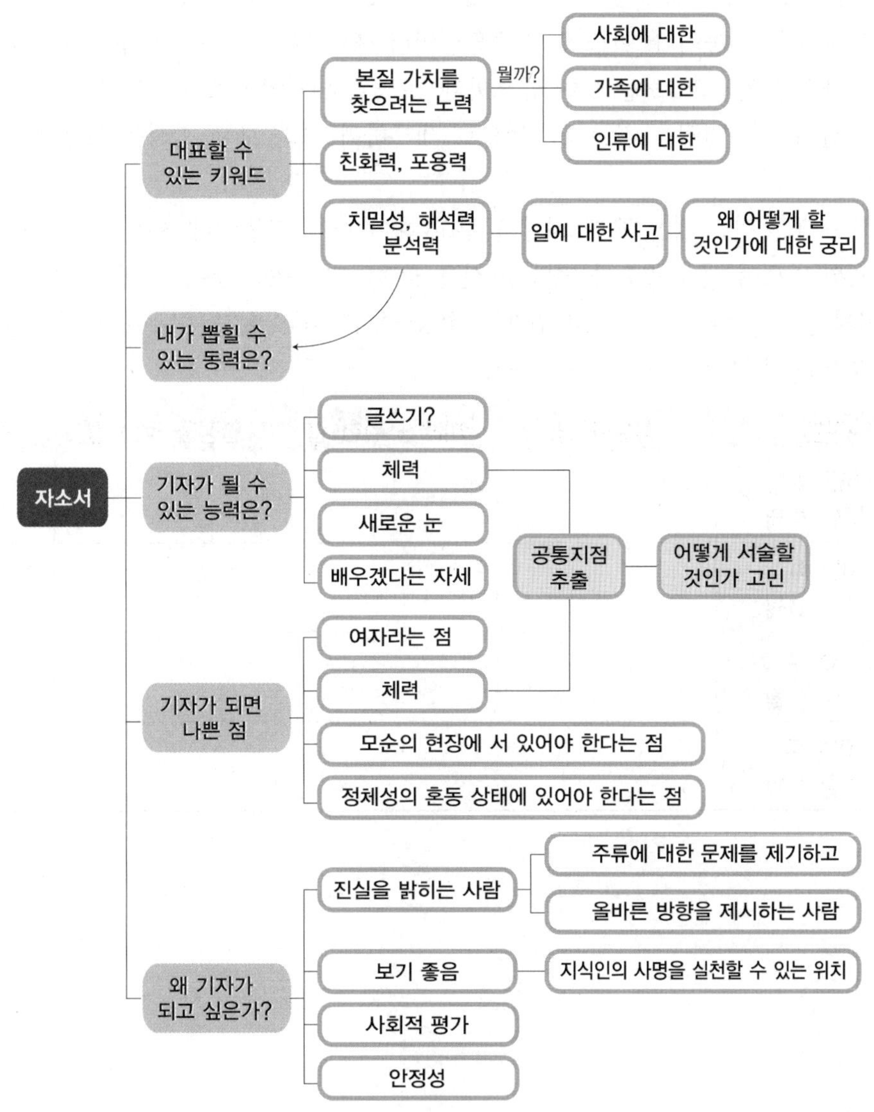

대등한 가지에 짝을 이루는 요소들을 넣는 방식을 활용하여 미처 생각하지 못하였던 요소들을 발견해 내는 활동을 할 수 있다. 다양한 색이나 기호를 활용하여 생성된 요소들 간의 위계를 점검하는 과정을 거칠 수 있다는 강점을 갖는다. 특히 자기 탐색 과정에서는 해당 지원 기관에 합격하였을 때 생길 수 있는 부정적인 상황도 포함해야 한다. 그래야 해당 기관에 가고 싶은 이유가 더 명확해진다.

2 인생 로드맵의 활용

자기소개서에 유용한 도구 중의 하나가 5년 후 / 10년 후 / 15년 후 / 30년 후 / 40년 후의 자기의 삶을 그려 보는 활동이다. 이를 인생 로드맵이라 표현한다. 이런 경우에는 각각의 해당 시기를 구분하여 자기 삶을 그려 보는 것이 중요하다. 로드맵을 영역별로 구체화하거나 '성취한 일', '더 성취하고 싶은 일', '열정을 갖는 일' 등으로 세분하여 그려 보는 방식을 활용할 수도 있다.

인생 로드맵을 적는 것은 오랜 시간을 두고 해야 하는 활동이다. 명확히 떠오르지 않는 분야에 대해 채워 넣으려 애쓸 필요가 없다. 자신을 발견하고 자신의 욕구를 발견하는 일은 짧은 시간에 이루어지는 것이 아니다. 그리고 언제든 수정이 가능한 일이다. 차분히 장기적인 안목을 가지고 부분 부분을 채워 가는 것도 중요하다.

구분	성취한 일	미래를 위한 일	열정을 갖는 일	행복을 주는 일
5년 후 ○○년 ○월				
10년 후 ○○년 ○월				
20년 후 ○○년 ○월				
30년 후 ○○년 ○월				

09 자기 탐색을 위한 질문들

1 성격

① 나의 성격은 어떤가?

② 모순되는 성격이 있다면 왜 그러한가?

③ 특정 성격이 드러나는 상황이나 지점은 어디인가?

④ 자랑할 만한 나의 성격은 어떤 것인가?

⑤ 스스로 마음에 드는 나의 성격은 어떤 것인가?

2 능력

① 내가 이곳에 뽑힌다면 무엇 때문일까?

② 내가 이곳에서 떨어진다면 무엇 때문일까?

③ 내가 가진 장점은 무엇인가?

④ 내가 숨기고 싶은 것은 무엇인가?

⑤ 내가 드러내고 싶은 것은 무엇인가?

⑥ 앞서 고민한 결과들 간의 위계는 어떠한가?

⑦ 앞서 고민한 결과들이 다른 사람들과 차별되는가?

3 숨겨진 욕구의 발견

① 나는 언제 즐거운가?

② 즐거울 때 나의 표정은 어떠한가?

③ 하기 싫지만 하고 있는 일은 무엇인가?

④ 어떤 상황에서도 나는 괴로움을 감수할 수 있는가?

⑤ 절대로 감수하고 싶지 않은 괴로움은 무엇인가?

4 비전

① 나는 무엇이 되고 싶은가?
② 그것이 되기 위해 필요한 것은 무엇인가?
③ 그것이 되기 위해 나는 무엇을 하고 있는가?
④ 그것이 되기 위해 어떤 강점을 더 강화하여야 하는가?
⑤ 꼭 그것이어야 하는가?
⑥ 그것이 되면 좋은 점은 무엇인가?
⑦ 그것이 되기 위해 버려야 할 것은 무엇인가?
⑧ 나는 왜 그것이 되고 싶은가?

10 자기소개서를 쓰다 생기는 궁금증들

1 왜 자기소개서를 요구하는 거죠?

학교나 기업 등의 단체에서 사람을 선발할 때 자기소개서를 요구하는 이유는 이력서만으로는 응시자의 특성 전체를 파악하기가 어렵기 때문이다. 그래서 응시자의 정보를 더 얻기 위하여 자기소개서를 요구한다. 응시자는 자기소개서를 이력서나 응시 원서에서 다 말하지 못한 자신의 특성을 피력하는 기회로 삼는 것이 중요하다.

2 자기소개서를 쓸 때 낯간지러운 경우가 많아요. 이럴 때는 어떻게 하지요?

자기소개서를 쓸 때 낯간지러운 경우가 있다면 그 이유가 무엇인지를 고려해야 한다. 그 이유가 자기 자신에 대해 쓰는 것 때문이라면, 자기소개서라는 장르에 익숙하지 않은 것이니 서술을 계속하고 남에게 보이는 과정을 거치면 된다. 혹 지나치게 자기 자랑 중심으로 치우치고 있어서 낯간지러울 수 있다. 이때는 자신이 쓰고 있는 부분의 목적이나 역할이 무엇인지 살피는 과정을 거쳐야 한다. 그래야 지나치게 자기 PR 일변도로 서술하는 것을 방지할 수 있다.

3 자기소개서에서 가정 환경을 쓰라고 하는 이유는 뭔가요?

가정 환경이나 성장 과정은 개인의 가치관을 형성하는 데 중요한 역할을 한다. 응시자가 서술한 가정 환경 부분을 통해 응시자의 가치가 무엇인지를 간접적으로 판단할 수 있게 되는 것이다. 또 성장 과정을 기술한 부분에서는 응시자의 대인 관계가 어떠한지를 파악할 수 있다. 즉, 서술된 가정 환경이나 성장 과정에서 응시자의 성실성, 적응력, 창의성, 원만성 등을 간접적으로 살필 수 있는 것이다.

4 자기소개서에서 입사 동기, 입사 후의 자세 등을 쓰라고 하는 이유는 뭐지요?

자기소개서에서 기술된 내용을 통해 응시자의 장래성을 살피는 것이 일차적인 목표다. 때문에 자신의 응시 목적이 무엇인지, 입사나 진학 이후에 무엇을 하려고 하는지에 대해 진지하게 접근하는 것이 중요하다. 이차적인 목표로 가정 환경이나 성장 과정에서와 마찬가지로 응시자의 가치를 간접적으로 확인하려는 의도도 포함되어 있다. 기술된 내용을 통해 근무 태도나 인간관계, 일에 접근하는 태도 등을 간접적으로 확인할 수 있는 것이다.

5 에피소드 중심으로 자기소개서를 써야 좋은 것인가요?

자기소개서를 쓸 때 에피소드를 중심으로 기술하는 것이 좋다고 가르치는 경우가 많다. 그래서 차별된 에피소드가 없는 사람들은 무엇을 써야 하는지 당황하는 경우가 많다. 여기서 중요한 점은 '에피소드를 쓰는 것이 왜 좋은가'이다. 자기소개서에 제시되는 에피소드는 '나는 어떠한 사람'이라는 점을 증명하는 도구다. 그러니 중요한 부분은 '에피소드를 통해 드러나는 것이 무엇인가'이다. 그 무엇이 나타나지 않은 채로 '좋은 에피소드'만 나열하는 것은 오히려 부작용을 낳을 수 있다. 특별한 에피소드가 없는 사람도 진지한 자기 탐색을 통해 자신이 어떤 사람인지를 보일 수 있다는 점을 명심하자.

Chapter 24

기출문제 풀어보기

2013년 ○○그룹에 지원한 '자기소개서'를 읽고 물음에 답하시오. (1~2)

1 취미 및 특기 (15자)
특기는 문서 작업, 취미는 컴퓨터입니다.

2 성장 과정 및 학교생활 (400자)
㉠ 저희 부모님께서는 제가 어렸을 때부터 꾸짖기보다는 많은 격려와 칭찬을 아끼지 않으셨습니다. 항상 저를 믿어 주시고 옆에서 든든하게 지원해 주시는 이런 부모님 밑에서 자란 저는 지적을 받거나 혼이 났을 때 주눅이 들어있기보다는 좋은 쪽으로 받아들여 저의 잘못을 인정하고 스스로 반성하며 그 일을 계기로 발전하려는 긍정적인 자세를 갖게 되었습니다. 또한 칭찬을 자주 들으면서 자신감도 얻게 되었고 모든 일에 긍정적이고 밝은 아이로 성장할 수 있었습니다.

3 나의 장점 (200자)
어떠한 일을 할 때마다 다른 사람에게 칭찬을 이끌어 내는 것도 하나의 장점이라고 생각합니다. 저는 특히 학교생활을 하면서 ⓐ 볼 때마다 언제나 얼굴이 밝고 잘 웃어보여서 주위사람들을 기분 좋게 한다는 말을 자주 듣습니다. 학교에서도 친구들의 이야기를 제 일처럼 잘 들어주는 성격이라서 ㉡ 신뢰감도 쌓이고 원만하고 좋은 관계도 형성되었습니다. 이러한 저의 장점은 귀사에 입사하면 분명 사내의 분위기를 ㉢ 좋게 만들어 좋은 영향을 줄 것입니다.

4 나의 보완점 (200자)
㉣ 저는 말수가 많은 편도 아니고 무표정한 얼굴을 하고 있으면 차가워 보여서 오해를 사기도 합니다. 그래서 처음에는 먼저 다가오기 힘들어 하는 사람들이 많습니다. 그래서 저는 이런 부분을 고치기 위해 제가 다가가려고 노력합니다. 예를 들면 항상 웃는 얼굴을 하고 공통 관심사를 찾거나 요즘 이슈가 되는 것들을 주제로 먼저 대화를 이끌어 가려고 노력하고 있습니다.

5 지원 동기 및 장래 포부 (400자)
㉤ 저는 누구보다 제가 맡은 일에 대해 높은 자부심과 강한 책임감을 갖고 있다고 확신합니다. 다른 사람보다 조금 일찍 사회생활을 시작하는 만큼 철없는 학생이란 고정관념을 깨고 회사의 발전에 기여하는, 능력 있고 존경받는 사람이 되고 싶습니다. 세계적으로 큰 발전을 이룩한 귀사는 아직 경험이 부족한 저에게 소중한 기회와 더불어 꼭 필요한 발판이 될 것입니다. 한 순간에 반짝 피어올랐다가 금새 꺼져버리는 불같은 결심은 하지 않습니다. 누구보다 성실하고 적극적인 자세를 갖고 어떠한 궂은 일에도 포기하지 않고 웃으며 노력하고 배우려는 저의 꾸준한 열정과 발전하는 모습을 보여드리겠습니다. 그리고 전 이리저리 시대에 이끌려 다니지 않고 사람들의 눈과 귀를 사로잡아 시대를 앞서 이끌어 나가며 대한민국을 넘어 세계적인 기업인 귀사를 더욱 빛내 보일 당차고 알찬 사원이 되겠습니다.

01 **이 글을 작성하기 위해 유의할 사항 중 적절하지 않은 것은?**

① 드러내고자 하는 주제를 중심으로 통일성 있고 일관되게 서술해야 한다.

② 직무에 적합함을 드러내기 위해서 자신의 신조나 신념과 관련지어 기술할 필요가 있다.

③ 지원자의 사고력과 논리력, 표현력을 강조하기 위해 되도록 호흡이 긴 문장을 활용하는 것이 좋다.

④ 단순한 사실의 연대기적 나열은 바람직하지 않으므로 지원 회사의 이념에 부합하는 내용과 관련 있는 부분에 초점을 두어 기술한다.

⑤ 지원하는 기업의 정보를 바탕으로 자신의 전공 내지는 특기를 직무 수행 능력과 연관시켜 구체적으로 밝히는 것이 중요하다.

해설
- 자기소개서 역시 드러내고자 하는 주제를 중심으로 통일성 있고 일관되게 서술되어야 한다.
- 자기소개서에는 자신의 신조나 신념이 분명하게 드러나야 한다. 취업을 위한 자기소개서의 경우 직무에 적합함과 연계하여 자기 역량을 확신시키는 전략이 중요하다.
- 지원자의 사고력과 논리력, 표현력이 강조되는 것은 좋은 일이다. 다만 호흡이 긴 문장으로 그런 능력이 증명되는 것은 아니다. 호흡이 긴 문장은 글쓴이가 말하고자 하는 바를 약화시키는 부정적 효과를 가져올 수도 있다.
- 자기소개서에서 '연대기적 나열'은 바람직하지 않다. 자신이 말하고자 하는 바를 중심으로 초점화하는 기술이 필요하다.
- 자기소개서는 기업이나 대학이라는 조직을 독자로 하는 글이다. 그렇기 때문에 독자에 대해 충분히 이해하고 있다는 사실을 반영하는 글이 될 필요가 있다.

 ③

02 **위의 '자기소개서'를 수정 · 보완하기 위한 내용으로 적절하지 않은 것은?**

① ㉠은 추상적인 서술 위주인데다 학교생활도 빠져 있으므로 '구체적 사례'로부터 시작해서 학교생활과도 연관 짓는 방향으로 수정할 필요가 있다.

② ㉡은 친구들의 이야기를 잘 들어주는 것과 '신뢰감이 쌓이는' 것과는 무관하므로 삭제해야겠다.

③ ㉢은 막연하고 추상적이므로 직무와 관련지어 '친화감 넘치는 분위기로 이끌어 동료 간의 협력과 효율성 향상에 큰 도움이 되리라고 생각합니다.'로 고친다.

④ ㉣은 <나의 장점>에 제시된 ⓐ와 모순되어 일관성이 없다. 그러므로 '이런 나의 단점은 오히려 냉철한 사무 집행'을 위한 장점으로 작용될 수 있다는 점을 부각시켜야겠다.

⑤ ㉤은 지원 동기로 시작해야 하는데, '장래 포부'만을 추상적으로 나열하고 있다. '지원 동기'와 '장래 포부'로 나누어서 구체적이고 분명한 내용을 보완해야 한다.

해설 • 자기소개서는 구체적이고 객관적인 기술이 필요한 글이다. ㉠은 기술한 내용을 통해 무엇을 말하고자 하는지가 불분명한 글이다. 즉 목표가 구체적이지 않은 채 추상적인 서술 위주로 이루어져 있다.

• 자기소개서를 쓸 때는 요구하는 문제가 무엇인지를 분명히 확인해야 한다. ㉠에는 성장 과정과 학교생활을 요구하고 있는데 학교생활에 대한 논의가 생략되어 있다. 이를 보충하여야 한다.

• 자기소개서에서는 특히 부분과 부분이 논리적 연결되어 있는지를 확인해야 한다. 글을 통해 논리성을 의심받을 수 있기 때문이다. ㉡의 경우 '친구들과의 원만한 관계'와 '신뢰감이 쌓인다' 사이에 논리적 관계가 충분하지 못하다는 문제가 발생한다. 따라서 인과 관계가 분명하도록 수정해야 한다.

• ㉢의 분위기를 좋게 만들어 좋은 영향을 줄 것이라는 기술은 포괄하는 범위가 넓어서 오히려 신뢰감이 약화될 수 있다. 범주를 좁혀 구체화하는 방향으로의 수정이 필요하다.

• 자기소개서가 여러 개의 항목으로 구분되어 있다 할지라도 전체 내용이 일관되게 구성되는 것은 중요하다. 이런 면에서 볼 때 ㉣과 ⓐ의 내용이 모순되는 것은 문제가 크다. 일관되지 않은 사람이라고 평가될 수도 있다. 이 둘 간의 관계를 조율하는 전략이 필요하다. 이때 '단점을 장점으로 부각하는' 전략을 활용한다 할지라도 ㉣과 ⓐ의 모순이 해결되지는 않는다.

• ㉤ 역시 ㉠과 마찬가지의 문제가 발생하고 있다. 요구되는 문제를 확인하고 이를 충족하는 기술이 필요하다.

답 ④

03 자기소개서에 대한 설명으로 잘못된 것은?

① 자기소개서는 타인에게 자신의 진면목을 드러냄으로써 상대방의 주목을 이끄는 것이 목적인 글이다.

② 자신의 강점을 지속적으로 반복하고 과장하여 부각될 수 있도록 하는 전략을 사용하는 것이 좋다.

③ 자기소개서의 형식과 내용은 대상 독자가 누구인가에 따라 달라지는 것이 좋다.

④ 자신의 성격이나 능력이 관련 업무에 적합하다는 것을 논리적으로 드러내는 과정이 나타나야 한다.

⑤ 대상 직무에 대해 철저히 조사, 검토하여 대상 독자의 요구를 분석하고 이에 알맞은 내용을 마련해야 한다.

해설 • 자기소개서는 특정 대상에게 자신의 진면목을 드러냄으로써 상대방의 주목을 이끄는 것이 1차적 목적인 글이다. 궁극적인 목적은 주목을 끄는 것을 통해 해당 기관이나 학교의 진입에 성공하는 것이 된다.

• 자기소개서는 자기 강점을 부각해야 하는 글이다. 그러나 이를 위해 자신의 강점을 과장하는 것은 바람직하지 않다. 글은 글쓴이가 보이지 않은 측면까지도 반영하는 속성을 갖는다. 따라서 응시자가 과장하고 과시하고 있다는 점을 인사 담당자가 포착할 가능성이 높다. 그러면 ①의 목적을 달성하기 어려워진다.

• 중요한 요소에 비중을 두고 기술하면 그 중요도가 강조되는 것이 사실이다. 그러나 지나치게 반복하면, 응시자가 응용력 없이 단순 반복하고 있다는 사실을 노출하게 된다. 더 중요한 것은 단순 반복은 자기소개서가 보여야 할 깊이에 대해 의심받게 된다는 점이다. 반복 기술은 피하는 것이 좋다.

• 자기소개서의 형식과 내용은 대상 독자가 누구인가에 따라 달라진다. 이 말은 자기소개서를 구성하는 여러 요소 중 독자가 누구인지에 따라 서술 대상의 특정 지점을 선정해 표현하는 과정이 필요하다는 의미이다.

• 독자 분석의 과정의 하나로 대상 직무에 대해 철저히 조사, 검토하여 대상 독자의 요구를 분석하고 이에 알맞은 내용을 마련해야 한다.

답 ②

04 다음 중 아래의 자기소개서를 고쳐 쓰기 위한 전략으로 적절하지 않은 것은?

> 성격 및 가치관
> 저는 항상 얼굴에는 미소가 떠나지 않는 사교적인 성격입니다. 그래서인지 처음 만나는 사람과도 쉽게 친해질 만큼 사교성이 좋습니다. 주위 사람들과 매우 좋은 대인관계를 맺고 있으며, 어떠한 환경에도 쉽게 적응할 수 있을 만큼 적응력이 빠른 편입니다. 일찍 일어나는 새가 벌레를 잡을 수 있고, 부지런한 사람만이 성공할 수 있다고 믿기에, 저는 남들이 자고 있는 새벽녘의 고요함 속에서 하루의 시작을 준비하곤 합니다. 일찍이 아침형 인간으로 살아온 지 어느덧 20년이 되었습니다. 사회생활에서 무엇보다 가장 중요한 것은 서로 간의 신의입니다. 아무리 사소한 약속이라도 소홀히 하지 않는 태도를 통해 주위 사람들에게 깊은 신뢰를 받고 있습니다. 앞으로도 더욱 부지런하고 정직한 자세로 상대방에게 신뢰를 받을 수 있는 전문인이 되도록 노력하겠습니다.

① 사례를 통한 성격 진술보다는 '사교적이다', '외향적이다', '내성적이다' 등으로 표현하도록 한다.
② 지원하는 부서의 업무와 관련 있는 자신의 성격과 가치관, 성격의 장단점을 기술한다.
③ 직무 적합성을 드러내기 위해서 자신의 신조나 신념 등을 강조한다.
④ 자신에 대한 성찰과 이를 통한 적극적인 노력을 드러낸다.
⑤ 성격 및 가치관에 맞는 주제를 설정하여 통일성과 일관성을 지키면서 내용을 고쳐 쓴다.

해설
- 자기 글을 수정할 때에는 자신의 글쓰기가 갖는 강점이 무엇인지를 짚어 내는 것이 필요하다. 이 글의 경우 구체적 기술을 할 때 문장이 자연스러워지는 경향이 있다. 이런 사람의 경우에는 직접적인 사례를 중심으로 기술을 이끌어 나가는 것이 유리할 수 있다. '사교적, 외향적' 등의 표현을 고집하는 경우에는 서술이 일반화되기 때문에 자신의 강점이 약화될 수 있다.
- 자기 글을 수정할 때는 상대방이 요구하는 사항을 점검하고 이 중 자신이 충족하고 있는 부분과 그렇지 않은 부분이 무엇인지 검토하는 것이 필요하다. 이 자기소개서의 경우 비유적 표현이 길어짐에 따라 자기소개서가 일반적으로 요구하는 '가치관, 지원 동기, 직무 능력' 등에 대한 기술이 약화되었다. 이에 대한 구체적 논의가 필요하다.
- 자기 자신의 소개를 더 확장하기 위해서는 자신에 대한 성찰을 통해 자기 탐색 과정을 거쳐야 한다. 그 성찰의 결과 중 대상 독자에게 드러내고자 하는 것을 중심으로 주제를 설정하고 일관성 있게 기술하는 단계가 수정 과정에서 필요하다.

 ①

05 다음 중 직무별 자기소개서 작성 포인트를 잘못 짝지은 것은?

① 사무 관리 – 대화와 교류를 활발히 하고 모든 일(사무)처리를 향상시키고 발전시키려고 노력하는 점을 강조한다.

② 매니저 – 함께 일하는 구성원들의 장점을 파악하고, 성과를 공정하게 평가하여 그들의 능력을 인정하는 모습을 강조한다.

③ 기획 – 자료를 수집・분석하여 핵심 정보를 추출하고 아이디어를 생성할 수 있음을 강조한다.

④ 연구, 기술 개발 – 시장 조사, 정보 수집, 상황 판단 등의 활동을 효율적으로 수행할 수 있음을 강조한다.

⑤ 영업 – 목표를 성취하기 위해 집념과 도전 정신을 갖고 꾸준히 노력하는 점을 강조한다.

해설
- 자기소개서가 독자(입사 담당자, 입시 담당자 등)라는 맥락을 중시하는 글이다 보니 대상 독자의 특성에 따라 부각해야 할 강점이 달라지는 경우가 있다.
- 특정 독자에 한정되지 않는 일반적 기술이 무엇인지, 특정 독자에 한정되어야 하는 특수한 기술이 무엇인지를 명확히 구분하는 과정이 필요하다.
- 독자의 특성에 특히 더 의존하는 항목은 지원 동기나 입사 후 계획을 보이라는 항목이다. 이 경우에는 대상 기관에 대한 치밀한 조사가 필요하다. 학업 계획서의 경우에는 전문적인 역량을 드러내는 것도 중요하다.
- 대상 독자에 대한 분석이 중요한 이유는 글을 쓰는 사람이 스스로 자신이 지원하는 기관의 업무가 적성에 맞는지 확인하는 과정이기 때문이다. 자신의 성향과 대상 기관이 요구하는 역량을 비교・검토하는 과정에서 자신의 미래에 대한 생각을 보다 구체적으로 할 수 있게 되는 것이다.
- ④의 연구, 기술 개발 직종은 직접적인 시장 조사나 현장 파악을 요구하는 직종은 아니다. 보다 전문화된 지식을 축적하고 실무와 어떻게 연계할 수 있는가에 대한 연구를 지속하는 곳이다. 치밀성과 끈기, 대상에 대한 해석 능력 등이 중요한 직종이다.

답 ④

06 〈바람직한 자기소개서 작성 방법〉이란 제목으로 설명문을 작성하되, 〈개요 짜기〉를 완성한 다음, 아래 요구 조건을 충족하도록 유의하여 작성하시오.

조건
1. 작성한 <개요 짜기>를 반영하여 전체 글을 완성할 것
2. <개요 짜기>에서 각 항은 한 문장으로 쓸 것
3. 전체적으로 논리적 구조를 지니도록 구성하는 데 주의를 기울일 것
4. 800자~1,000자 범위 내에서 작성할 것(개요 짜기 제외)

〈개요 짜기〉
1. 서론
 (1) 자기소개서의 용도: ①
 (2) 자기소개서의 중요성: ②
2. 본론
 (1) 자기소개서의 주요 요소: ③
 (2) 자기소개서 작성의 원칙
  i) 진실성: ④
  ii) 참신성: ⑤
  iii) 명료성: ⑥
  iv) 객관성: ⑦
  v) 타당성: ⑧
 (3) 자기소개서의 형식: ⑨
3. 결론: 개성 있는 나를 알리기 위해서 개성적인 자기소개서가 필요하다.

예시 답안 〈개요 짜기〉

1. 서론
 (1) 자기소개서의 용도: ① 특별한 의도를 가지고 자기를 드러내는 데 필요한 양식이다.
 (2) 자기소개서의 중요성: ② 자신을 깊이 있게 이해하도록 하는 중요한 자료가 된다.
2. 본론
 (1) 자기소개서의 주요 요소: ③ 성장 과정, 성격, 특기, 포부와 희망, 지원 동기 등으로 구성한다.
 (2) 자기소개서 작성의 원칙
  i) 진실성: ④ 자신을 꾸미지 않고 솔직하게 표현한다.
  ii) 참신성: ⑤ 상투적인 표현을 피하고 자신의 인상을 감각적으로 심을 수 있도록 한다.
  iii) 명료성: ⑥ 모든 문장은 그 뜻이 명료하도록 간결하게 쓴다.
  iv) 객관성: ⑦ 객관적인 표현과 언어로 작성한다.
  v) 타당성: ⑧ 자신의 주장을 논리적이고 보편적으로 이해할 수 있도록 펼친다.
 (3) 자기소개서의 형식: ⑨ 정해진 양식이 없으면 자유롭게 작성하되 필수적인 요소를 빠뜨리지 않도록 한다.
3. 결론: 개성 있는 나를 알리기 위해서 개성적인 자기소개서가 필요하다.

〈예시 답안 본문〉

자기소개서는 특별한 의도를 가지고 자신을 표현하는 중요한 양식으로 요즘은 다양한 용도로 쓰이고 있다. 각종 학교 입학시험의 서류 전형, 기업체의 입사 시험, 인터뷰가 필요한 여러 경우의 전형 자료로 활용되고 있다. 기업을 예로 들면, 각 기업이 필요한 인력을 선발하기 위해 그 기업에서 알고자 하는 당사자의 실제적인 정보들, 대인 관계나 조직 적응력, 인화력, 기초적인 성격 등의 정보를 자기소개서를 통해 취득하려고 한다. 따라서 자기소개서는 상대방이 자신을 깊이 있게 파악하고 이해하게 하는 중요한 자료가 된다. 최근에는 각 기업의 입사 시험에서 면접과 더불어 입사의 당락에 중대한 영향을 미치는 요소로 부상하고 있다. 그러므로 자기소개서는 자신을 다각도로 표현할 수 있는 정보 자료로서, 그 비중이 매우 크다.

자기소개서에는 대체로 다음과 같은 내용이 갖추어져야 한다. 자신의 성장 과정, 성격, 특기, 포부와 희망, 지원 동기 등이다. 성장 과정에는 부모나 다른 가족에 대한 내용, 학창 시절의 경험 등을 담을 수 있다. 성격은 객관적으로 남들이 바라보는 자신의 본 모습을, 특기는 자신이 스스로 자신감을 가지는 내용을, 포부와 희망은 자기소개서를 제출하는 상황에 맞추어 자신이 진실되게 원하는 바를 적되, 지원 동기와 연계하여 설명하는 것이 좋다.

자기소개서를 작성하는 데 있어 다음과 같은 원칙을 지키는 것이 좋겠다. 첫째, 자신을 꾸미지 않고 솔직하게 표현한다. 둘째, 상투적인 표현을 피하고 자신의 인상을 감각적으로 심을 수 있도록 한다. 셋째, 모든 문장은 그 뜻이 명료하도록 간결하게 쓴다. 넷째, 객관적인 표현과 언어로 작성한다. 다섯째, 자신의 주장을 논리적이고 보편적으로 이해할 수 있도록 펼친다.

자기소개서에 특별한 양식이 주어질 때가 있는데, 그런 경우에는 그 양식에 맞추어 작성하여야 한다. 그 외에는 특별한 양식이 없으므로 자기의 개성껏 작성해도 된다. 위에 나열한 원칙을 지키면서 필수적인 요소를 빠뜨리지 않도록 주의를 기울이면 될 것이다.

개성 있는 나를 잘 표현하려면 개성 있는 자기소개서가 필요하다. 자기소개서 작성법을 잘 익히고 여러 형태로 연습을 해서 자신을 효과적으로 부각시키도록 노력하자.

Chapter 25

논술

01 논술과 논술 시험

1 포괄적 의미의 논술

논술은 어떤 주제에 관하여 자신의 의견이나 생각을 논리적으로 서술하는 글이다. '내가 존재한다는 것을 어떻게 아는가', '절대적 가치란 존재하는가'와 같은 철학적 질문에서부터 '언어 규범이 필요한 이유가 무엇인가', 'IT 기술에서 UX의 중요성은 무엇인가'와 같은 전문적 지식까지 논술에서 다룰 수 있는 질문은 무한하다. 제시된 질문에 대한 자신의 의견을 제시하고 그렇게 생각하는 이유를 체계적으로 풀어내는 것이 논술인 것이다.

2 제시문이 주어지는 현행 논술 시험

취업이나 진학을 위해 응시자가 치르게 되는 '논술'은 제시되는 형식의 측면에서 앞서 말한 포괄적인 의미의 논술과는 약간의 차이가 있다. 취업이나 진학을 위해 치르게 되는 좀 더 좁은 의미의 논술에 대해 알아보자. 다음을 보고 일반적 의미의 '논술'과 '입시나 취업을 위한 논술'의 차이를 찾아보자.

논술(論述)

제시된 주제에 관하여 필자의 의견이나 생각을 논리적으로 서술함.

— 표준국어대사전(국립국어원)

논술 고사(論述考査)

1. 서울대 입시 보도 자료
   비판적 읽기 능력과 창의적 문제 설정 및 해결 능력, 논리적 서술 능력을 종합적으로 평가하는 시험
2. 교육과학기술부 보도 자료
   주어진 지문에 대한 이해력, 분석력, 비판적 사고력, 사고 내용에 대한 논리적 서술력 등 종합적인 문제 해결 능력을 평가하는 것

'논술'과 현행 '논술 시험'의 대표적 차이는 '제시문이 주어진다'는 점이다. 제시문이 주어지기 때문에 현행 '논술 시험'들은 포괄적인 논술보다 '읽기 능력'이 특히 중요한 시험이다. 그래서 시험장에서 제시문 자체의 내용과 제시문들 간의 관계를 제대로 읽어 내는 능력이 성패를 가르게 된다. 논술 시험을 위해 비판적 읽기 훈련을 토대로 읽기 능력을 확장하는 훈련이 필요한 이유가 이 때문이다.

제시문이 주어지는 논술의 이점은 평소에 알지 못했던 내용이라도 제시문을 제대로 읽어 내면 논술을 작성할 수 있다는 것이다. 이 말은 응시자가 가진 배경지식에 따른 의존도가 일반 논술보다 줄어든다는 의미다. 그래서 논제에 대해 잘 알지 못하는 응시자도 시험장에서 논술을 포기하지 않을 수 있다. 제시문의 질서 이해와 문제 분석을 통해 논제에 대한 부족한 지식을 보완할 수 있는 기회가 주어지는 것이다. 입시나 취업을 위해 논술을 준비하는 사람들은 이러한 강점을 알고 훈련 과정에 이를 십분 활용하여야 한다.

02 논술의 범주

1 전달 동기에 충실한 글

논술이라는 글의 종류는 무엇일까? 글은 저자의 동기에 따라 표현 동기에 충실한 글과 전달 동기에 충실한 글로 나뉠 수 있다. 논술은 이 중 후자에 해당하는 글이다.

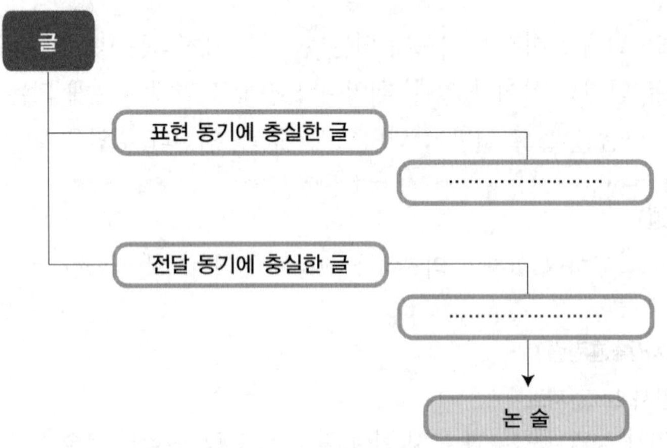

논술은 위 두 가지 동기 중 '전달 동기'에 충실한 글이다. 즉, 다른 사람에게 정보나 견해를 전달하기 위해서 쓰는 글이다. 그래서 객관적이고 정확한 정보의 선정과 이를 전달하기 위한 전략이 중요한 글이다. 비판적 사고력과 논리적 서술력, 문제 해결력, 창의적 대안 창출 등이 중요한 글이기도 하다.

03 논술의 유형적 특성

1 논설문? 설명문?

전달 동기에 충실한 글의 대표 장르는 '논설문'과 '설명문'으로 알려져 있다. 논술 전형으로 진학이나 취업을 성취하려는 사람들은 논술을 '논설문'이라 생각해서 '주장과 설득'만이 중요한 글이라 생각하기 쉽다. 그래서 심지어 논설문의 대표 장르라 할 수 있는 신문사 사설만으로 논술 준비를 하는 입시생이나 취업 준비생도 있다.

논술은 설명문이라기에는 논설적이고 논설문이라기에는 설명적인 글이다. 더 간단히 말하면 논술의 특성은 '논설문이냐, 설명문이냐'로 간단히 양분해 낼 수 없는 복잡한 것이다. 논술이라는 글쓰기의 유형적 특성은 아래의 그림으로 표현할 수 있다.

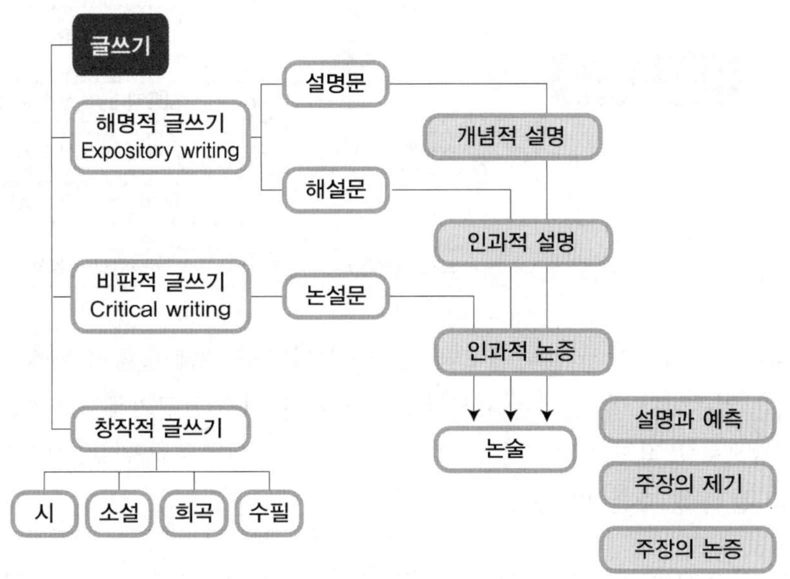

위 그림을 그대로 해석하면 논술은 '설명문, 해설문, 논설문'의 속성을 모두 가지고 있다. 주장 자체를 제기한다는 측면에서는 논설적이지만, 사실이나 이론에 대한 설명과 추론 과정을 거친다는 점에서는 해설적 성격이나 설명적 속성도 가지고 있다. 그래서 일반적으로 알려진 것보다 차갑고 객관적인 글의 일종이다. 신문사 사설로 논술을 공부하려는 사람은 이 점을 충분히 고려하면서 사설을 대해야 한다. 신문사 사설은 논설문적 경향이 강한 글이며, 글 속에 생략된 전제나 함축이 많은 글인 동시에 격정적이고 뜨거운 글이다. 이러한 속성을 고려하면서 사설을 '논술'의 도구로 읽어야 객관적인 논술이 가능해진다.

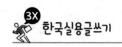

04 논술의 평가 항목

논술의 평가 기준을 말할 때 가장 중요한 용어가 '비판적 사고'와 '창의적 사고'이다. 이들 사고가 무엇이고 그 하위 영역이 어떤 것인지에 대해서는 이 책의 10강에서 자세히 다룬 바 있다. 즉, 논술에서든 일반 글쓰기에서든 이들 사고 영역이 중요하게 관여한다. 그런데 입시생이나 취업 준비생의 입장에서는 그 평가 기준이 보다 명확해지기를 기대할 수 있다. 그렇다면 논술의 평가 기준을 가장 명확히 드러낸 입시 전형 자료를 분석해 보는 것도 의미가 있다. 아래는 서울대 입시 전형에서 제시된 논술 평가를 항목별로 세분한 것이다.

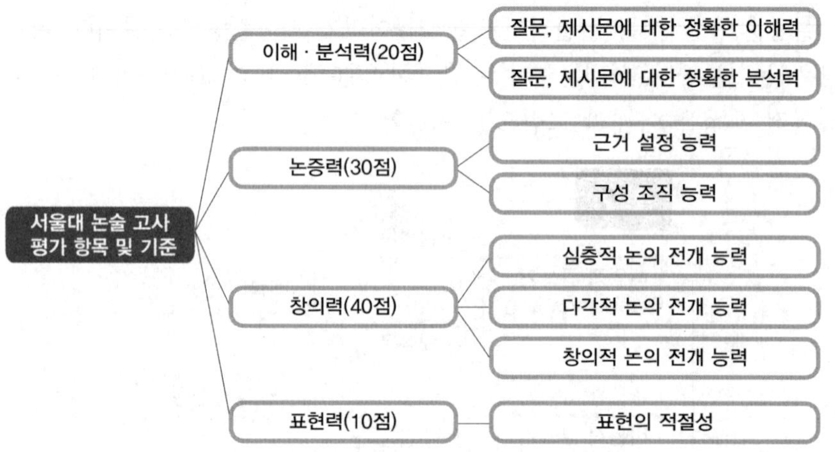

첫 번째 항목인 이해·분석력은 '제시된 지문이나 질문'에 대해 명확히 이해하고 분석하고 있는가를 확인하는 기준이다. 두 번째는 자신의 주장에 대해 적절한 근거를 제시하고 있는지, 그리고 내용을 효과적으로 조직하고 있는지를 확인하는 기준이다. 이 두 가지는 '비판적 사고'의 하위 항목인 이해력, 분석력, 추론 및 종합력에 해당한다.

평가 항목에서 입시생이나 취업 준비생을 가장 당황하게 하는 항목은 40점이나 되는 '창의력' 부분이다. 논술은 전달 동기에 충실한 글이라 했다. 그러니 평가 항목이 요구하는 창의력이 시나 소설의 창의력과는 다를 것임은 예측할 수 있다. 그런데 그것이 무엇인지를 파악하기가 어렵다는 것이 문제가 된다.

일반적으로 창의적 사고의 하위 항목은 '심층성, 다각성, 영역 전이성'이다. 논술에서 이들 항목은 깊이와 넓이 그리고 발상의 전환으로 나타난다. 그러므로 논술을 잘하기 위해 더 깊이 생각하고 더 폭넓게 생각하는 훈련이 필요하다.

마지막 항목은 문장의 적절성이나 어휘 사용의 풍부성과 정확성, 그리고 언어 규범과 관련된 것이다. 논술을 위해 문법 공부가 중요하다고 생각하는 사람들에게 그 비중을 알려주는 대목이다.

05 논술을 위한 소양

읽기의 측면과 쓰기의 측면으로 나누어 논술을 위해 필요한 능력을 제시해 보면 아래 그림과 같다.

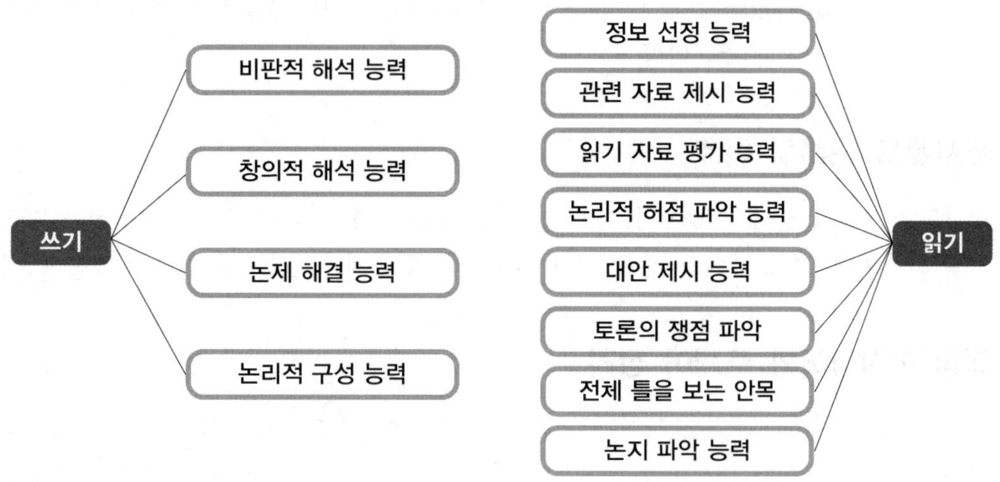

읽기를 통해 정보를 선정하고 관련된 자료를 찾아내는 과정은 비판적으로 자료를 해석하고 창의적인 대안을 내는 활동 중의 하나가 된다. 읽기 자료의 수준과 논리적 허점을 파악하고 이에 대한 대안을 제시하는 능력 역시 효과적인 논술을 위한 적극적 사고 훈련 과정이 될 수 있다. 읽기 자료에서 논지를 파악하는 연습과 이를 확장하는 훈련은 거시적 입장에서 사안을 보는 눈을 키워 주게 된다. 위 그림의 우측에 표현된 읽기 활동 능력은 읽기를 넘어서 토론으로까지 확장될 수 있는 능력들이다.

쓰기의 측면에서 제시된 해석 능력, 해결 능력, 구성 능력들 역시 비판적 사고와 창의적 사고를 논술을 통해 확장하는 과정이 된다. 중요한 것은 논술이 읽기와 쓰기, 발표하기, 토론하기의 과정과 접목되어 이루어질 때 효과적이라는 점이다. 읽기와 듣기를 통한 이해·확장 과정과 쓰기와 말하기를 통한 표현 과정이 통합적으로 이루어져야 사고와 표현이 효과적으로 이루어질 수 있다는 말이다. 제시된 논술을 위한 능력들을 함양하는 과정이 개인적 차원에 머물지 말고 조직 활동과 이어져야 이러한 능력들의 계발이 더 수월해진다.

06 논술을 위한 일반적 주의점

다음 내용은 대학의 논술 전형에서 일반적으로 제시하는 논술문 쓰기의 전략들이다. 좋은 논술을 쓰기 위해 무엇이 중요한가를 보여 주는 자료가 된다. 이러한 전략들은 취업 준비 논술에서도 유용하게 쓰일 수 있는 것들이다.

1 제시문을 정확히 이해

제시문 이해는 논술에서 필수적이다. 제시문을 이해한다는 것은 제시문의 핵심 키워드가 무엇인지를 파악하고 그들 간의 논리적 연관 관계를 명확하게 분석할 수 있다는 것을 의미한다.

2 핵심 아이디어와 주제어 정리

좋은 논술은 거시적 구조를 잡아내는 안목을 가질 때 산출될 수 있다. 거시적 구조를 파악하기 위해서는 전체 글에서 핵심 아이디어가 무엇인지 간단히 추릴 수 있어야 하고 이를 핵심어나 핵심 어구를 통해 표현할 수 있어야 한다.

3 질문의 의도와 목적을 정확하게 파악

논술의 목적은 제시된 문제에 알맞게 기술하는 것에 있다. 이를 위해서는 논제가 의도하는 바가 무엇인지를 파악하여야 하고 의도에 부합하기 위해 어떤 활동을 해야 하는가를 알아야 한다는 것을 의미한다.

4 제시문과 질문의 관계 파악

우선 주어진 문제를 해결하는 데 필요한 논거를 제시문에서 적절히 파악하는 것이 중요하다. 그리고 문제 해결을 위해 무엇이 더 필요한가로 확장하는 과정이 필요하다. 여기서 발견한 논거들과 문제를 효과적으로 통합하여 논술에 반영하여야 한다.

5 논지와 주장 간 관계의 합당성 확인

자신의 논지와 주장을 위해 제시하고 있는 논거들이 논리적 연관 관계를 맺고 있는지, 한계를 갖고 있지는 않은지를 고려하는 과정이 중요하다. 이러한 판단은 다른 사람의 글을 읽는 과정에서 훈련된다는 점에 주목하고 그 훈련의 결과가 자신의 글을 보는 데도 확장될 수 있도록 하여야 한다.

6 효율적인 개요 활용

논술에서는 개요 작성이 중요하다. 짧은 글이기 때문에 개요 자체가 글의 완성도를 보이는 경우가 많다. 효율적인 개요를 작성하기 위해서는 질문에 제시된 내용을 구성 요소별로, 위계별로 정리하는 과정이 선행되어야 한다. 그리고 실전에 들어가기 전에 자신의 개요 유형에 따라 어떤 결과가 나타나는지를 파악하는 것이 필요하다. 실전에 들어가서 효과적인 개요를 고민하게 되면 몸에 배지 않은 행동들이 나와서 자신의 논술 결과를 예측하기 어려운 경우도 있다.

7 서론 · 본론 · 결론의 구조 활용

서론 · 본론 · 결론이 분명하게 갖추어진 글을 구성해야 한다는 의미다. 하지만 논술은 짧은 글이기 때문에 서론에 무엇을 쓸지 오래 고민할 필요가 없는 경우가 많다. 무리하게 흥미로운 서론을 구성하려 할 경우 본론의 내용과 스타일이 달라지거나 범주에 비약이 생길 수 있다는 점을 명심해야 한다. 짧은 논술의 경우에는 별도의 서론을 구성하지 않고 본론부터 쓴다고 생각하는 것이 좋을 때도 많다.

8 단락을 활용, 구성을 탄탄히

단락은 내용을 구별해 주는 단위인 동시에 독자의 호흡 단위다. 논술의 질문 자체가 하나의 내용이 아닌 바에야 몇 개의 단락으로 소주제문을 나누고 이를 긴밀히 연결하는 전략이 필요하다. 2,000자 내외의 글에서는 적어도 3~4개의 단락이 구성되어야 하고 각 단락은 긴밀히 연결되어야 한다.

9 어문 규정 및 규범 준수

맞춤법, 띄어쓰기를 준수하고 올바른 문장을 사용하는 것이 중요하다. 논술에서 어문 규정이 비판적 사고나 창의적 사고만큼의 평가 비중을 차지하는 것은 아니다. 그러나 규범에 어긋난 어휘 사용이나 비문은 글쓴이의 치밀성을 확인하는 평가 기준이 되기도 한다. 평소에 논술을 완성한 후 비문이나 오타를 수정하는 훈련을 거듭하여 오류를 줄이는 것이 중요하다. 또 자신의 글에서 자주 생기는 오류의 유형을 익혀 두는 것도 실수를 줄이는 방법이 될 수 있다.

10 분량 준수

대개의 논술은 정해진 시간 내에 정해진 분량을 작성하는 형식을 취한다. 입시 논술의 경우 일반적으로 시간당 1,000자에서 1,500자의 글을 작성해야 한다. 취업 논술의 경우에는 이보다 글자 수가 더 많은 것이 일반적이다. 분량 제한이 없는 논술을 치르게 되는 경우에도 분량을 지정하여 훈련하는 것이 좋다. 논술에서 중요한 것은 분량이 아니라 논리라는 점에 주목하여 적정 시간 동안 어느 정도의 분량을 작성할 수 있는가를 확인해 두어야 한다.

07 논술과 분량

"당신의 문장은 띄어쓰기를 포함해 몇 자 정도입니까?" 논술 강의에서 이런 질문을 던지면 일반인이든 학생이든 당황하고 놀란다. 무슨 그런 질문이 있느냐는 표정으로 바라본다. 문제는 이러한 반응을 보이는 사람들이 논술을 할 때는 분량을 채우지 못할까 걱정을 한다는 거다. 자신의 문장이 몇 글자인지 모르는데 분량을 채울 수 있을지 그러지 못할지는 무엇으로 아는가?

일반적으로 우리는 글자 수에 대해 민감하지 않다. 그래서 2,000자라는 논술 분량이 주어지면 그것이 얼마만큼의 분량인지 실감나지 않는다. 때문에 이를 문장의 수나 A4 용지 매수로 바꾸어서 측량 가능한 수치로 전환하는 과정이 필요하다. 자신이 실감할 수 있는 수치여야 이에 대한 대응이 가능하다.

얼마나

A4 용지 한 장의 글자 수는? 대략 2,000자

A4 용지 한 장에서 문장의 수는? 50자인 경우 40문장

한글 문서에서 편집을 하지 않고 빈틈없이 글자를 꽉 채우면 띄어쓰기를 포함해 2,000자 정도의 분량이 나온다. 그러나 실제로 이렇게 문서를 작성하는 경우는 거의 없다. 단락 나누기나 소제목 등을 넣어 문서를 작성하기 때문이다. 단락 나누기만 고려해 A4 용지를 채우면 대략 1,800자 정도의 분량이 나온다.

입시 논술 시험이 길어야 1,500자 정도인 점을 고려하면 논술의 분량은 A4 용지 1장의 2/3밖에 안 되는 분량이 된다. 짧은 논술인 경우에는 반 페이지가 안 되는 것이다. 이 정도의 분량은 몇 문장이나 될까? A4 용지보다는 문장의 개수가 보다 실감되는 단위이기 때문에 평소 자신의 평균적인 문장 분량을 측정해 둘 필요가 있다. 방법은 간단하다. 자신이 작성한 논술문 중 '긴 문장', '중간 문장', '짧은 문장'을 골라서 평균을 내어 보면 된다. 이때 띄어쓰기를 포함하여 숫자를 세어야 한다.

한글의 문서 정보를 활용하면 자동으로 문장 통계에서 문장의 글자 수를 확인할 수 있다.

글자 수 확인 방법
상단의 파일 >> 문서 정보 >> 문서 통계

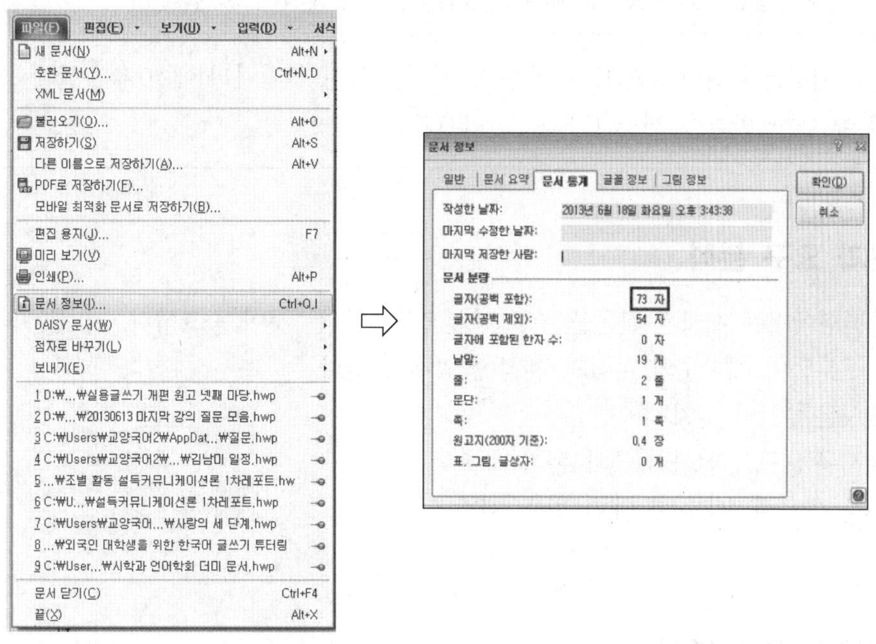

일반적으로 인문·사회 계열 관계자들의 문장은 대략 60~70자 정도인 것으로 나타난다. 입시나 취업을 위한 논술은 읽기에 기반한 글이기 때문에 문장의 길이가 길어진다는 점도 명심할 필요가 있다. 자기 문장의 길이가 평균 70자라면 1,000자 논술인 경우 15문장 내외가 된다. 단락 개념을 이에 반영하면 5개의 문장으로 이루어진 3개의 단락으로 구성된 글이나 4개의 문장으로 구성된 4개의 단락으로 구성된 글을 써야 되겠다는 예측이 가능해진다. 자신의 글쓰기 습관을 활용한 이러한 계량 작업을 자기 글의 분량 배분과 내용 배치 전략에 반영할 수 있다.

08 논술과 읽기

논술을 하기 위해서는 독해를 잘해야 한다는 점을 강조해 온 바 있다. 여기서는 논술을 위한 읽기란 무엇인지 일반적인 논술 문제의 유형을 들어 구체화해 보자.

> 다음 제시문 [가]의 논지를 파악하고, 제시문 [나], [다], [라]에서 추출한 논거를 활용하여 [가]에 대한 반론을 제기하라. (800~1,000자)

1 질문과 요구 분석

논술 시험에서는 제시된 질문을 주요 부분으로 나누는 것이 중요하다. 위 질문의 경우는 다음과 같이 구분하여 제시문의 분석과 해석에 임해야 한다.

❶ 제시문 [가]의 논지 파악
❷ 제시문 [나], [다], [라]에서 논거 추출
❸ ❷를 활용하여 [가]에 대한 반론 제기

2 제시문의 구조 분석

앞서 질문 분석을 통해 확보한 방법을 중심으로 제시문들의 구조를 파악하여야 한다. 그래서 제시문의 구조 분석은 다음의 3가지 항목으로 구체화할 수 있다.

① **공통 논제 파악**

제시된 [가]~[라]의 공통된 논제가 무엇인지 파악하는 과정을 거쳐야 한다. 이 작업은 4개의 제시문을 큰 틀에서 읽는 활동을 통해 추출해야 한다. 여기서 훑어 읽기와 키워드 추출 방법을 활용할 수 있다.

② **유사점, 차이점 분석**

[가]~[라]의 제시문을 통해 유사점과 차이점을 분석하는 과정을 거쳐야 한다. 이때 질문이 제시하는 제시문들 간의 관계는 다음과 같다.

[가]~[라]의 공통점	대조를 수행할 때는 먼저 전체 항목들이 가지는 공통점이 무엇인가에 주목해야 한다. 이것이 '공통 논제'나 '공통 대상'이 된다.
[가] ↔ [나] [다] [라]	큰 틀에서 입장의 차이를 확인할 수 있게 된다.
[나] ↔ [다] ↔ [라]	[가]에 반론할 수 있는 항목들 각각을 추출하게 된다.

③ **의의나 한계 분석**

위에서 제시된 문제는 [가] 논제의 한계를 분석하고 [나], [다], [라]에서 이 한계를 극복할 수 있는 지점을 찾으라고 요구하고 있다. 여기서 [나], [다], [라]의 한계 극복 방안이 어떤 입장인지, 어떤 영역을 다루고 있는지에 대해서도 고려할 필요가 있다. 여기서 입장이란 '경제적, 사회적, 문화적, 기술적, 정치적' 등의 해석이나 논의가 가리키는 범주를 말한다. 제시문에서 이런 입장이 분명히 제시되는 경우는 거의 없다. 전체 글을 읽으면서 저자가 어떤 영역에 관여하고 있는지, 어떤 입장에서 논의하고 있는지를 추출하여야 논제를 보다 효과적으로 풀어낼 수 있다.

09 논술과 방식의 확인

1 행동이나 사고방식의 확인

글을 쓰면서 자신의 행동 방식과 사고 과정을 확인하는 과정이 중요하다. 이 확인 과정을 거쳐야 수정 전략을 마련할 수 있기 때문이다. 자신의 행동 방식이나 사고방식을 활용하는 순간은 글을 쓰는 과정일 수도 있고 글을 고치는 과정일 수도 있다. 자신의 글쓰기 방식을 확인하기 위해서는 아래와 같은 질문들을 던져 보는 것이 좋다.

① 논술을 쓸 때 어떤 지점이 특히 어려운가?

② 그 어려움은 무엇 때문에 발생하는가?
- 제시문 해석이 어려워서인가?
- 요약하기가 어려워서인가?
- 구조 짜기가 어려워서인가?
- 어휘나 문장이 만들어지지 않기 때문인가? 등

③ 문제를 해결하기 위한 방안을 갖고 있는가?

④ 논술을 쓸 때 상대적으로 쉬운 지점은 어디인가?

⑤ 그것이 쉬운 이유는 무엇 때문인가?
- 제시문의 내용에 익숙해서인가?
- 핵심 키워드를 추출하기가 쉬워서인가?
- 구조가 문제에 이미 노출되어 있기 때문인가? 등

⑥ ⑤의 수월함을 ①에 적용할 방법은 없는가?

2 행동 방식의 습득

글을 쓰는 과정이나 고치는 과정에서 새로운 행동 방식을 습득할 수도 있다. 새로운 행동 방식에 익숙해지기 위해 무엇을 어떻게 해야 하는가에 대해 논의해 보자.

어떻게 : 행동 방식의 습득

- 자기주장의 명료화 ➡ 단어 < 핵심어
- 자기주장의 논리성 ➡ 문장 < 단락
- 자기 글쓰기의 객관화 ➡ 약점 < 강점
- 주제의 초점화, 치밀한 기술 ➡ 무엇이 < 어떻게

3 핵심 어구를 통한 자기주장의 명료화

글을 쓸 때 자신이 말하고자 하는 것이 무엇인지 확신하기 어렵다는 생각이 들 수 있다. 이것은 당연한 것이다. 이미 주제문이 명확해진 상태에서 글을 쓰는 경우도 있지만, 글을 쓰는 과정에서 주제문이 명확해지는 경우도 많다. 자기주장을 명료화하기 위해서는 자신이 사용하고 있는 단어에 집중하지 말고 활용하고 있는 핵심어나 핵심 어구에 집중하는 것이 좋다. 주제문을 구성하고 있는 요소가 핵심 어구이기 때문이다.

4 단락 관계를 통한 논리성 강화

자신이 쓴 논술이 평가될 때 가장 많이 지적 받는 요소가 '논리성'일 것이다. 당연한 일이다. 논술에서 논리적 연결 관계를 구성하는 것이 가장 어려운 일 중의 하나다. 자기주장이 논리적으로 구성되기를 원한다면 문장 간의 관계보다 단락과 단락 간의 관계에 주목해야 한다. 단락과 단락 간의 관계는 자기 글의 거시적 구조를 보여 주는 요소다. 때문에 글을 읽을 때도 단락 간의 관계에 주목해서 읽는 훈련이 필요하다. 읽기를 통해 확인한 단락 연결의 원리를 자신의 글에도 반영해 보는 연습을 통해 논리적 연결 관계를 훈련할 수 있다.

5 자기 글의 강점 확대

논술에 익숙하지 않은 사람들은 흔히 "나는 이런 점이 약하다, 이런 것을 못한다."는 방식의 자책을 한다. 약점을 찾는 것이 훈련되어 온 것 때문이기도 하지만 약점은 강점보다 찾기가 쉽다는 점 때문이기도 하다. 그런데 약점을 찾아 개선하는 것보다 강점을 찾아 부각하는 것이 더 효과가 크다. 글을 쓰면서 자신이 잘하는 것이 무엇인가를 확인하고 그 효과가 글에서 어떻게 나타나는가를 찾는 일에 집중하자. 흔히들 '그런 것은 없다'고 말한다. 하지만 그럴 리는 없다. 어떤 경우든 자신이 최악인 경우는 없다. 단지 강점을 발견할 상황을 만나지 못했기에 찾아낼 생각을 하지 못하고 있을 뿐이다.

6 방법 모색을 통한 주제의 부각, 기술의 치밀성 확보

우리는 흔히 '무엇'을 쓸까에만 관심을 둔다. 논술은 분량과 논제가 제한된 글이다. 때문에 '무엇'은 제한될 수밖에 없다. '무엇'을 고민하는 동시에 '어떻게'를 고민하는 것이 중요하다. 나의 주제를 부각시키기 위해서는 어떻게 해야 하는지, 어떻게 구성해야 의견이 분명해지는지를 더 많이 고민해야 치밀한 글쓰기를 할 수 있게 된다.

10 논술과 다시 쓰기

1 '다시 쓰기'로서의 글쓰기

글쓰기는 그 자체가 '다시 쓰기'라는 말이 있다. 이 말은 글을 쓰고 난 후 '퇴고'를 해야 한다는 의미와는 좀 다르다. 모든 글쓰기는 완성된 결과물이 아니고 고쳐 쓰는 과정 자체가 글쓰기라는 말이다. 이 말은 글을 쓰고 고치는 과정에서 일어나는 사고가 중요하다는 의미로 쓰이는 경우가 많다. 지속적으로 수정하는 과정에서 무엇을 어떻게 해야 자신의 글이 더 나아질 수 있는지를 배우는 것이 중요하다는 의미다.

2 다시 쓰기를 통한 행동의 습득

글을 고치는 과정은 자신의 글쓰기 행동을 확인하고 행동 방식을 확보하고 다시 글을 쓸 때 반영하거나 새로운 글을 쓸 때 반영할 수 있게 하는 활동이다. 다시 쓰기 과정에서 어떤 방법을 배울 수 있는지 살펴보자.

어떻게 : Writing is Rewriting

- 단락 내 문장의 비중 ➡ 내용의 위계에 따라 문장 분배
- 문장 간결성 ➡ 중요한 것일수록 더 간결히, 더 명확히
- 자기 관점의 확인 ➡ 텍스트에서, 자기 사고에서 거듭 확인
- 주제의 초점화, 치밀한 기술 ➡ 자기 글의 분석 ⇨ 확인 ⇨ 수정

3 단락 다시 쓰기

자신이 이미 써 놓은 단락을 분석하고 다시 쓰는 활동이다. 먼저 가장 중요한 문장을 찾아보자. 출력본인 경우는 색깔이 있는 펜을 활용하고 워드 문서인 경우에는 형광펜 기능이나 메모 기능을 활용할 수 있다. 그리고 단락 속의 문장들이 '중요한 문장'과 내용상 연결되는지를 확인해 보자. 단락 속의 문장은 중요한 내용이라고 생각하는 것(소주제문)을 중심으로 모여야 한다. 당연해 보이는 이론이지만, 실제 글에서는 내용상의 분리가 일어나거나 소주제문이 부록처럼 쓰인 경우가 많다. 자신의 단락이 어떤 상태인지 확인하고 이를 재편하는 과정을 훈련하는 것이 좋은 논술을 쓰는 데 필요하다.

4 문장 다시 쓰기

간결한 문장을 써야 한다는 말은 낯선 말이 아니다. 그런데 자신의 글에서 문장을 간결하게 하는 것은 어렵다. 모든 문장을 단문으로 쓴다고 글이 좋아지는 것은 아니기 때문이다. 간결한 문장을 만드는 연습은 단락 속에서 중요한 문장을 찾고 이를 간결하고 명확하게 하는 일부터 하는 것이 좋다. 즉, 중요한 문장은 간결하게 제시하는 습관을 들이는 것이다. 중요한 문장을 간결히 하고 나면 무엇인가 빠진 느낌이 들 수 있다. 이를 다음 문장에서 보충해 가는 것이다. 이 방법이 소주제문과 뒷받침 문장의 관계를 구성하는 방식이다.

5 관점의 확인

초고를 완성한 후나 글을 쓰는 과정에서 지속적으로 자신의 관점이나 주제를 확인하는 것이 중요하다. 대개 주제문을 완성하고 글을 쓴다고 생각하지만 그렇지만도 않다. 많은 사람들이 글을 쓰면서 미처 발견하지 못하였던 자신의 관점이나 주장을 발견한다. 그래서 글쓰기가 사고의 도구라고 말하는 것이다. 글을 쓰면서 지속적으로 자신의 주장이나 관점이 무엇인지 확인해야 한다. 주장이나 관점은 자신이 써 놓은 글에서 발견하는 경우도 있고, 쓰는 과정에서 이루어지는 사고를 확인해서 확정하는 경우도 있다. 이 과정을 거쳐야 탄탄한 논술을 쓸 수 있게 된다.

6 주제의 초점화

자신의 관점이나 주제를 확인하였으면 나머지 요소들이 그 관점이나 주제를 강화하는 방식으로 기술되었는지 확인하고 조정하는 과정이 뒤따라야 한다. 이를 위해 필요한 사고가 '역할이나 기능'에 대한 판단이다. 자기 글을 구성하고 있는 부분이 주제 부각을 위해 어떤 기능을 하고 있는가를 판단해야 그 부분의 위계를 결정하고 글 속에서의 비중을 고려할 수 있게 된다. 이러한 과정이 자신의 글쓰기 개선을 위한 방법론을 익혀 가는 과정이 된다.

11 논술을 위한 팁 : 절차의 회귀성

1 글쓰기 절차의 회귀성

글쓰기의 일반적 과정은 쓸거리를 모으고 쓸거리 분석을 통해 주제문을 작성하고 개요를 쓰고 집필한 후 수정하는 절차를 거친다. 중요한 것은 이 순서가 일회적으로 나열되는 것이 아니라는 점이다. 개요를 작성하다가 주제문을 수정할 수도 있고 집필 과정에서 개요를 수정할 수도 있다. 개요 수정 과정에서 새로운 쓸거리가 필요할 수도 있다. 이 단계들은 끊임없이 서로가 서로를 조망하고 수정하는 과정이다. 이러한 회귀성을 반영하여 글쓰기의 절차를 재조명하면 아래 그림과 같다.

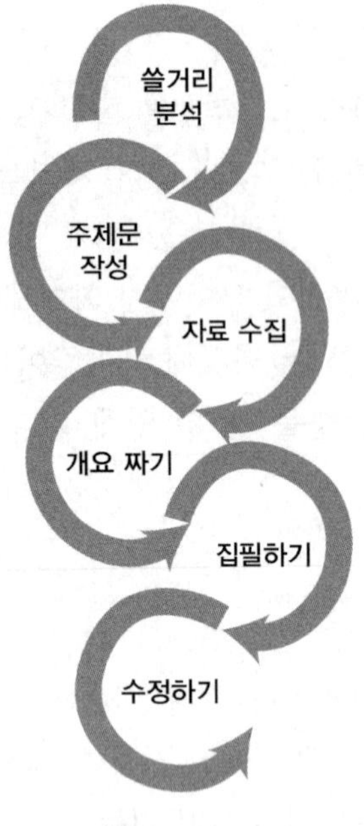

① **쓸거리 분석 및 한정**: 자신이 써야 할 대상에 대한 자료를 모으고 이를 분석하여 쓸거리의 범위를 한정하는 과정이다. 범주화된 대상 관련 항목들의 의미를 따지는 과정도 여기에 포함된다. 분석 과정을 통해 자신에게 의미 있고 자신이 감당할 만한 부분을 한정하여 주제문 작성에 반영한다.

② **주제문 작성**: 주제문은 전체 글에서 자신이 하려는 말을 단적으로 표현하는 문장이다. 앞서 한정한 의미 있고 가치 있는 대상에 대한 자신의 견해를 주제 문장으로 설정해야 한다. 또 본문의 내용 전체를 포괄할 수 있는 구체적인 내용으로 서술하여야 한다.

③ **개요 짜기**: 글 전체를 구성하는 설계도를 작성하는 단계이다. 짧은 글의 경우에는 단락 수준까지 표시된 구체적인 개요를 짜는 훈련을 하여야 한다. 긴 글의 경우에도 소절 단위까지 개요에 포함시켜야 한다. 개요를 짜는 것 자체가 집필을 위한 밑그림을 완성하는 과정이 되어야 한다. 이때 쓸거리 분석에서 모았던 자료가 활용되기도 하고 개요를 짜기 위해서 다시 자료를 모으는 과정이 수행되기도 한다.

④ **집필하기**: 본격적으로 문장 단위의 글을 기술하는 단계다. 사고 단계는 결론, 본론, 서론의 순으로 이루어지는 경우가 많다. 서론은 결론과 본론의 내용이 확정되어야 기술할 수 있기 때문이다.

⑤ **수정하기**: 집필한 원고를 수정하여 완성도를 높이는 단계다. 수정하기 단계는 집필한 원고를 완성한 후에 이루어지기도 하지만, 개요 짜기 단계, 초고 집필 단계, 재고 집필 단계에서 이루어지기도 한다. 심지어는 주제문에 대한 수정이 이루어질 필요가 있는 경우도 있다. 이때 주제문의 수정은 주제문의 범위를 한정하거나 주장의 강도를 조정하는 등의 방식으로 이루어진다.

12 논술 연습 방법

논술을 하기 위해서는 비판적 사고 능력을 함양해야 한다고 했다. 그런데 비판적 사고 능력은 하루아침에 길러지는 것이 아니다. 글쓰기 전문가들은 비판적 사고 능력의 계발을 위해 문제를 제기하고 이에 대해 깊이 있게 사고하는 것이 중요하다고 말한다. 일상에서 이루어질 수 있는 문제 제기 연습 방법을 소개한다.

[예시] 문제 제기 연습

논술에 관여하는 사람들이 궁금해 하는 것은 '논술 시험을 객관적으로 채점할 수 있는가'이다. 몇 해 지난 보도이긴 하지만 KBS에서도 이에 대해 문제를 제기한 바 있다. 아래 보도를 보고 문제를 제기해 보기로 하자.

- 논술 학원의 교실마다 수험생들로 초만원
- 학원식 논술 답안에 불이익을 주겠다는 대학의 공언도 무색
- 학교 논술 수업도 불안하긴 마찬가지
- 선생님의 가르침대로 글을 쓰더라도 대학에서 제대로 평가해 줄지 걱정
- 논술 채점에 공정성과 일관성이 있느냐는 질문에 응답 교수의 45%가 그렇지 않다고 응답
- 교수의 개인적 특성과 취향에 따라 결과가 크게 좌우되고 채점 기준도 여전히 명확치 않아
- 대학마다 논술 작성 시간과 글자 수, 출제 경향이 제각각
- 일선 고교에서 대입 논술 문제 출제와 채점 기준을 객관화해야 한다는 목소리가 나와
- 논술, 공정성과 객관성 확보 시급

1 초점화된 논의의 포착

문제 제기를 할 때 주목할 점은 상대방이 중요하게 다루는 부분이 무엇인가이다. 말하는 사람과 논의 지점을 통일시켜야 관련 논의가 가능해진다. 그래서 논술의 시작은 거시적 관점에서 주제에 주목하는 것이다. 이 보도에서 논의의 초점은 '논술, 공정성과 객관성 확보' 문제다.

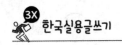

2 주장의 근거 분석

논의의 초점을 잡았다면 상대방이 근거로 삼은 것이 무엇인지를 잡아야 한다. 건전한 논의는 주제문에 대한 반박이라기보다 주제문의 근거에 대한 반박인 경우가 많다. 그래서 논점의 근거가 무엇인지 선정하는 과정을 거쳐야 한다. 주요 논거를 판단하는 데도 주관성이 관여한다. 예를 들어 보도에서 논술에 대한 불안감을 논의하는 것은 현황의 심각성을 보인 것이라 판단된다. 그런 경우 이는 논거에서 제외된다. 또한 일선 고교에서 논술의 객관화를 요청한 것이 문제 해결이 시급함을 보인 것이라 판단된다면 근거에서 제외할 수 있다. 그렇다면 핵심 주장의 근거는 2가지로 추릴 수 있다.

① **논술 공정성에 대한 인터뷰**: 45% 부정적 응답 → 개인적 특성 취향에 따라 결과 변화

② 채점 기준 불명확, 대학마다 논술 시간 글자 수 경향이 다름.

3 근거의 타당성 분석

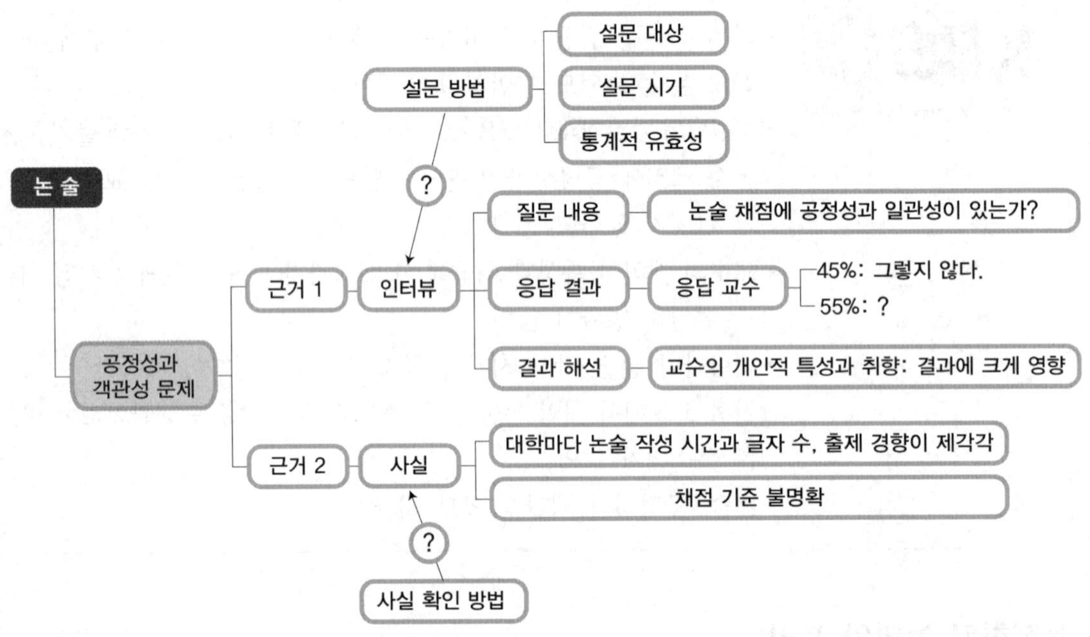

위 구조도는 이 보도의 근거가 충실하지 않다는 점을 보여 준다. 먼저 첫 번째 근거인 인터뷰는 통계적 수치의 유용성을 판단할 정보가 갖추어지지 않았다. 그래서 이로부터 도출된 결과가 타당한 것인지 그렇지 않은 것인지 판단하기 어렵다. 도출 결과 역시 '개인의 특성과 취향'이 구체적으로 가리키는 바가 무엇인지 분명하지 않다. 두 번째 근거는 '사실'처럼 보이지만 사실인지 아닌지 알 수 없는 정보다. 어떤 방식으로 그것을 확인했는지, 그 객관성은 어느 정도인지가 나타나지 않았기 때문이다.

4 문제 제기

이제 문제 제기의 단계가 되었다. 앞선 단계에서 수많은 의문점들이 제기되었다. 그러나 이 질문들은 그냥 문제일 뿐 그 자체가 문제 제기가 되는 것은 아니다. 자신의 글이나 논의에서 중요하게 다루고자 하는 문제를 선택해야 자신의 글에서 문제 제기를 할 수 있다. 이 선택 과정에는 자신의 글 속에서 해결 가능한지 여부를 판단하는 과정도 포함되어 있다.

이러한 과정을 거쳐 선정된 문제 제기의 사례를 정리하면 아래와 같다.

〈현황〉

논술 평가의 객관성, 공정성이 의심됨.

〈문제 제기〉

논술 평가의 객관성, 공정성에 대한 의심이 객관적 근거를 갖는가

〈문제 해결 방안〉

- 학교별 실제 평가 기준, 평가 항목 분석, 채점 시행 현황 파악
- 학교별 출제 기준, 시험 시간, 글자 수 확인 비교·검토

⇨ 객관성, 공정성 평가

Chapter 25 기출문제 풀어보기

다음 글을 읽고 물음에 답하시오. (1~3)

(가)

등록금으로 곳간 채운 사학에 경종 울린 법원

대학이 등록금을 올바로 사용하지 않았다면 그 일부를 학생에게 되돌려주어야 한다는 판결이 처음으로 나왔다. 지난 24일 서울중앙지법은 ○○대 학생들이 학교법인, 이사장, 총장을 상대로 낸 등록금 환불 소송에서 "원고에게 30만 원에서 90만 원씩 지급하라."며 원고 일부 승소 판결을 내렸다. 대학이 등록금을 받아 교육환경 개선에 투자하기보다 적립금을 쌓는 데만 치중함으로써 학생들에게 기대나 예상에 현저히 미달하는 교육서비스를 받도록 하는 등 정신적 고통을 가했다는 것이다. 1심 판결이긴 하나 사학비리 개선과 학생 권리 보호 측면에서 경종을 울린 주목할 만한 판결로 볼 수 있다.

세계 최고 수준의 비싼 등록금을 받으면서 교육 투자에 인색하고 사학비리와 과도한 적립금 축적 등으로 눈총을 받는 것은 비단 ○○대만이 아니다. 사립대학들이 정부의 등록금 인상 억제 정책으로 재정의 어려움을 호소하면서도 뒤로는 막대한 적립금을 쌓아왔다는 것은 새삼스러운 얘기가 아니다. 지난해 유○○ 의원이 156개 사립 4년제 대학 적립금 현황을 분석한 결과 등록금 억제 정책이 시행된 2008년부터 5년 동안 적립금이 2조 원 이상 늘어난 것이 확인되기도 했다.

㉠

(나)

국가장학금 신청 방법

1. 공인인증서 발급
- 시중 은행에서 계좌개설 및 인터넷뱅킹 가입 후 해당 은행 홈페이지에서 공인인증서 발급

2. 사업 이용자 등록 후 국가장학금 신청
- 신청동의 및 서약: 동의서 및 서약서 서명 동의
- 신청정보 입력: 개인 인적사항, 가족정보, 학교정보, 개인 계좌 입력
- 신청정보 확인: [신청정보 확인]에서 입력한 신청정보 확인 시 신청완료
- 가구원 동의: 신청인의 가구원(부모 또는 배우자)을 대상으로 정보제공 등의 완료(가구원의 공인인증서 필요)

3. 증빙 서류제출
- 신청완료 후 필수 및 선택서류 홈페이지 업로드 또는 모바일 업로드 등
- 사이버창구 > 서류제출 > 서류제출현황에서 신청 후 1일 이내(휴일 제외) 서류제출 대상여부 확인 가능

01 위의 (가)와 (나)에 대한 설명으로 적절한 것은?

① (가)는 시사 문제에 대해 신문사의 책임 있는 의견 표명이 필요한 글이다.
② (가)는 읽는 사람이 구체적인 행위를 할 수 있도록 다양한 정보를 알려야 한다.
③ (나)는 독자의 흥미를 유발할 수 있도록 참신하게 써야 한다.
④ (나)는 전문가 집단을 대상으로 하기 때문에 내용을 압축하여 써야 한다.
⑤ (가)와 (나) 모두 설득을 목적으로 하는 글이므로 육하원칙 준수가 필요한 글이다.

해설 (가)는 기사문의 일종인 사설이며 (나)는 안내문이다. 둘 모두 행동을 유발하는 글이지만 주관적 태도의 반영의 측면에서 차이가 난다. (가)는 신문사의 책임 있는 의견 표명의 글로 주장과 근거가 중요한 글이지만 (나)는 사실 그대로의 객관적 정보를 제시함으로써 독자가 이를 따라서 구체적 행위를 수행할 수 있도록 이끄는 글이 된다.

답 ①

02 위의 (가)에 있는 ㉠에 들어갈 내용으로 가장 적절한 것은?

① 등록금 억제 정책의 부작용
② 사립 4년제 대학의 적립금 내역
③ 국공립 대학의 적립금 대책 마련
④ 등록금을 환불해 주어야 할 대학 목록
⑤ 4년제 대학의 학생 권리 보호의 필요성

해설 이 글은 신문 사설이므로 첫 문단에 전체 기사의 내용이 요약되어 있으므로 제목과 첫 문단과 거리가 먼 내용은 적절하지 않다. 또한 바로 위 문단에 사립 4년제 대학 적립금 현황을 분석한 결과에 대한 내용이 나오므로 그와 관련 깊은 내용이 가장 적절하다.

답 ②

03 위의 (나)에 반드시 추가로 포함되어야 할 내용으로 적절한 것은?

① 신청 서류 제출 방법
② 정보제공 동의가 필요한 사람
③ 증빙서류 대상 여부 확인 방법
④ 가구원의 공인인증서 발급 방법
⑤ 국가장학금 신청 홈페이지 주소

해설 이 글은 국가장학금 신청 방법(또는 절차)만 나와 있다. 국가장학금을 어디에서 신청해야 하는지를 써 주어야 한다.

답 ⑤

04 다음은 어떤 논제에 대해 찬성 측에서 논거를 정리해 놓은 표이다. ㉠과 ㉡에 들어갈 문장을 기호와 함께 쓰시오.

> **조건**
> 1. (가)와 (다)의 내용과 관련되는 내용으로 쓸 것
> 2. ㉠은 긍정문으로 한 문장, ㉡은 (가)와 (다)의 내용만을 활용하여 근거와 주장이 드러나도록 두 문장으로 쓸 것

논제	㉠
(가) 자신의 주장과 근거	• 아르바이트를 통해 사회 적응력을 기를 수 있다. 그러므로 청소년 아르바이트는 바람직하다.
(나) 예상되는 반론	㉡
(다) 재반박할 내용	• 아르바이트는 단순한 업무가 주가 되지만 청소년에게는 적절한 수준이다. 단순 업무라 할지라도 일에 대한 대가를 받는 것이기 때문에 책임감을 갖고 임해야 한다.

예시 답안

㉠ 청소년 아르바이트는 바람직하다.
㉡ 아르바이트는 사회 적응력을 길러 주기에 부족하다. 아르바이트는 단순한 업무이므로 책임감을 기르기 어렵기 때문이다.

해설 ㉠은 논제이다. 평서문으로 서술되어야 한다. 하단의 내용을 통해 무엇에 대한 찬성측 논거라는 점을 추출하여야 한다. 예상되는 반론은 (다)에서 무엇을 재반박하는가를 통하여 추출하여야 한다.

05 **다음 글쓴이는 '노동력 착취로 저렴하게 생산된 옷을 구매하는 행위'를 어떻게 평가하고 있는지 쓴 후 Ⓐ에 들어갈 말을 쓰시오.**

조건

1. 말하는 이의 평가는 '노동력 착취로 저렴하게 생산된 옷을 구매하는 행위는 ㉠에 동의하는 ㉡ 행위이다.' 형식의 한 문장으로 쓸 것
2. ㉠은 첫 문단의 구절, ㉡은 두 번째 문단의 단어를 활용하여 쓸 것
3. Ⓐ에 들어갈 말을 첫 번째 문단에서 찾아서 쓸 것

품질이 같은 두 상품이 하나는 비싸고, 다른 하나는 싸다면 저렴한 상품을 구매하는 것이 상식적인 선택이다. 이런 소비자를 합리적인 소비자라고 한다. 그러나 요즘엔 환경 보호나 저개발국가의 인권에 대한 사람들의 관심이 커지면서 합리적 소비자와는 다른 윤리적 소비자가 생기기 시작했다. 윤리적 소비자란 상품 선택 기준으로 가격과 품질뿐만 아니라 상품이 제조되는 과정을 고려하고, 건강·환경·사회를 생각하는 소비자를 말한다. 윤리적 소비자는 상품의 제조 과정에서 환경을 해치거나 노동력을 착취하는 등 비윤리적 방법이 사용된다면 저렴하고 품질이 좋아도 구매를 거부하고, 환경 보호에 적극적인 기업, 이해관계자에게 책임을 다하는 기업, 윤리적 요소에 따라 경영 활동과 정책을 결정하는 기업이 만드는 제품을 선택한다.

윤리적 소비자는 이전 소비자와는 다른 관점으로 돈을 사용한다. 물건을 사는 것은 일종의 투표이므로 중요하다는 신념을 가지고 있다. 물건을 사는 것은 상품을 소유하거나 생활을 윤택하게 하는 수단이 아니라, 물건을 사는 매 순간 올바른 선택을 해야 하는 투표로 인식한다.

세계적 빈곤과 환경 문제는 갈수록 심각해지고 있다. 이러한 문제들을 장바구니에 담아 덜어 낼 수 있다면 세계를 더 좋게 만들 수 있을 것이다. 소비자는 자신이 장바구니에 무엇을 담을지 결정함으로써 세계를 지킬 수 있다.

현대 자본주의 사회의 소비자는 윤리적이어야 할 의무가 있다. 구매할 때 (Ⓐ)을 계산에 넣어야 한다. 기업이 생산·유통 과정에서 환경을 오염시키거나 근로자를 착취하지 않는지 감시하고, 비윤리적 기업에 대하여 불매 운동을 벌이는 적극적이고 이타적인 소비자로 변해야 한다. 그렇다면 이전의 합리적 소비자라는 말에서 합리적이라는 말은 수정되어야 할 것이다.

예시 답안

노동력 착취로 저렴하게 생산된 옷을 구매하는 행위는 (노동력 착취)에 동의하는 (투표)행위이다.
Ⓐ 윤리적 요소(가격 이외의 다른 요소)

해설 조건을 준수하는 것이 중요하다. 이런 문제를 풀 때는 일단 〈조건 1〉의 형식대로 문제 하단의 풀이 공백에 빈칸을 포함한 문장을 만들어 두는 것이 좋다.
즉, 말하는 이의 평가는 '노동력 착취로 저렴하게 생산된 옷을 구매하는 행위는 (㉠)에 동의하는 (㉡)행위이다.'를 써 두고 〈조건 2〉의 ㉠은 첫 문단의 구절이라는 점을 염두에 두고 읽는 것이다. 또 ㉡은 두 번째 문단의 단어라는 점에 주목하면서 읽어야 한다. Ⓐ의 경우에는 선행하는 문장의 의미에 주목하면서 이에 해당하는 내용을 첫 번째 문단에서 찾아야 한다. 〈조건 3〉을 주목하면서 읽고 답을 찾아가는 것이다.

06 다음의 내용을 200자 이하로 요약하시오.

> 후기 근대의 성과 주체는 의무적인 일에 매달리지 않는다. 복종, 법, 의무 이행이 아니라 자유, 쾌락, 선호가 그의 원칙이다. 그가 노동에서 기대하는 것은 무엇보다도 쾌락의 획득이다. 그의 노동은 향유적 노동이다. 그는 타자의 명에 따라 행동하지 않고 그 누구보다 자기 자신에게 귀를 기울인다. 그는 자기 자신의 경영자가 되어야 한다. 그렇게 하여 명령하는 타자의 부정성에서 벗어난다. 그런데 이러한 타자로부터의 자유가 해방적이기만 한 것은 아니다. 자유에서 새로운 강제가 발생한다는 데 자유의 변증법이 있다. 타자의 자유는 나르시즘적 자기 관계로 전도되며, 이는 오늘날 성과 주체가 겪는 많은 심리적 장애의 원인이 된다.
>
> 타자와의 관계가 사라지면서 보상의 위기가 찾아온다. 인정으로서의 보상은 타자 또는 제3자라는 심급을 전제한다. 스스로를 보상하거나 스스로를 인정하는 것은 불가능하다. 보상 구조에 이상이 생기면서 성과 주체는 점점 더 많은 성과를 올려야 한다는 강박 관념에 빠진다. 따라서 타자 관계의 부재는 보상의 위기가 발생할 수 있는 초월적 조건인 것이다.
>
> (중략)
>
> 문제는 개인 사이의 경쟁이 아니고 경쟁의 자기 관계적 성격이다. 그로 인해 경쟁은 절대적 경쟁으로 첨예화된다. 즉 성과 주체는 자기 자신과 경쟁하면서 끝없이 자기를 뛰어넘어야 한다는 강박, 자기 자신의 그림자를 추월해야 한다는 파괴적 강박 속에 빠지는 것이다. 자유를 가장한 이러한 자기 강요는 파국으로 끝날 뿐이다.
>
> — 한병철, 「피로 사회」

조건

1. 8문장 이내로 구성할 것
2. 아래의 핵심어가 포함되게 할 것 (성과 주체, 타자로부터의 자유, 보상의 위기, 자기 강요)
3. 200자 이내라는 분량을 준수할 것

예시 답안

후기 근대의 성과 주체는 타자의 명령에 따라 행동하지 않고 스스로 명령하는 일을 한다. 이 타자로부터의 자유가 새로운 강제를 발생한다. 이 자유의 이중성이 심리적 장애의 원인이 된다. 타자와의 관계가 사라지면서 보상의 위기가 찾아온다. 이 위기는 더 많은 성과를 올려야 한다는 강박 관념을 불러일으킨다. 자유를 가장한 자기 강요는 파국으로 이어지게 된다.(197자)

해설 요약하기 활동의 의미는 글을 명확하게 이해할 수 있다는 점과 이해에 기반하기 때문에 기억이 수월하다는 점에 있다. 진학이나 취업을 위한 글에서 요약하기를 제시하는 이유는 응시자의 이해력과 분석력을 확인하기 위해서다. 요약하기가 직접적으로 문제로 제시되지 않았다 할지라도 요약하기는 논술을 위해 기본적으로 이루어져야 하는 과정이다. 논술이 제시문의 이해에 기반한 글쓰기 활동이라는 점을 고려할 때 제시문 이해에 기반한 확장 역시 요약을 기반으로 이루어진다는 점이 분명하다.

요약하기 위해 필요한 독해 활동은 '훑어 읽기, 거시적 구조 읽기, 핵심어 중심의 관계 읽기'다. 아래는 핵심 어구를 추출하여 인과 관계를 도해한 것이다. 이러한 거시적 구조 읽기 작업이 끝나면 원문을 보면서 문장을 구성하는 활동을 진행할 수 있게 된다.

> 후기 근대의 성과 주체는 의무적인 일에 매달리지 않는다. 복종, 법, 의무 이행이 아니라 자유, 쾌락, 선호가 그의 원칙이다. 그가 노동에서 기대하는 것은 무엇보다도 쾌락의 획득이다. 그의 노동은 향유적 노동이다. 그는 타자의 명에 따라 행동하지 않고 그 누구보다 자기 자신에게 귀를 기울인다. 그는 자기 자신의 경영자가 되어야 한다. 그렇게 하여 명령하는 타자의 부정성에서 벗어난다. 그런데 이러한 타자로부터의 자유가 해방적이기만 한 것은 아니다. 자유에서 새로운 강제가 발생한다는 데 자유의 변증법이 있다. 타자의 자유는 나르시즘적 자기 관계로 전도되며, 이는 오늘날 성과 주체가 겪는 많은 심리적 장애의 원인이 된다.
> 타자와의 관계가 사라지면서 보상의 위기가 찾아온다. 인정으로서의 보상은 타자 또는 제3자라는 심급을 전제한다. 스스로를 보상하거나 스스로를 인정하는 것은 불가능하다. 보상 구조에 이상이 생기면서 성과 주체는 점점 더 많은 성과를 올려야 한다는 강박 관념에 빠진다. 따라서 타자 관계의 부재는 보상의 위기가 발생할 수 있는 초월적 조건인 것이다.
>
> (중략)
>
> 문제는 개인 사이의 경쟁이 아니고 경쟁의 자기 관계적 성격이다. 그로 인해 경쟁은 절대적 경쟁으로 첨예화된다. 즉 성과 주체는 자기 자신과 경쟁하면서 끝없이 자기를 뛰어넘어야 한다는 강박, 자기 자신의 그림자를 추월해야 한다는 파괴적 강박 속에 빠지는 것이다. 자유를 가장한 이러한 자기 강요는 파국으로 끝날 뿐이다.
>
> — 한병철, 「피로 사회」

이 문제와 같이 핵심 어구가 주어진 경우에는 핵심 어구 부분을 먼저 표시한 이후에 이들의 관계를 조망하는 방법도 취할 수 있다. 여기서 중요한 것은 핵심 어구를 활용해 문장을 만들 때는 생략된 정보들을 되살려 주어야 한다는 점이다. 예를 들어 '성과 주체는 타자로부터 자유롭다'라는 문장을 만들었다면, 원문을 확인하여 '후기 근대의'와 같은 시기적 정보를 넣어 주어야 한다. 그렇게 하지 않으면 의도하지 않은 왜곡이 발생할 수 있다.

요약문을 작성할 때에는 예시문의 조건에도 유념하여야 한다. 200자 이내에 8문장 이내라는 조건에도 관심을 두라는 말이다. 자신의 문장이 띄어쓰기를 포함하여 50자 내외라면 4개의 문장만 만들어도 200자가 된다. 그보다 짧은 문장인 경우 6~7개도 가능하지만 그 이상의 문장을 만들기는 어렵다. 이를 염두에 두고 문장의 수로 분량을 조정할 수 있다.

07 다음 〈보기 1〉, 〈보기 2〉를 읽고 〈보기 3〉의 개요와 조건에 맞는 SWOT 분석 보고서를 작성하시오.

보기 1

날고 싶지만 날 수 없는 펭귄. 그래서 언젠가 날 수 있을 거라 믿고 공군 모자와 고글을 항상 쓰고 다니는 펭귄. 이 펭귄이 전 세계 아이들을 열광시키고 있다. 바로 토종 캐릭터 뽀로로다. 뽀로로는 웬만한 기업을 능가하는 경영 성과를 내고 있다. 2003년 국내 첫 방영 이후 뽀로로 캐릭터 상품은 약 8,300억 원(2009년까지 누적)의 매출을 올렸다. 이는 2004년 이후 연평균 54.0%(2005~2009년)의 성장을 한 셈이다. 또한 프랑스 지상파 채널인 TF1에 방영돼 47%의 시청률을 기록했고, 디즈니의 아시아 채널에도 판매되는 등 해외 110여 개국에 수출됐다.

뽀로로의 탄생은 2001년으로 거슬러 올라간다. 당시 인기 있던 애니메이션 '마시마로' 등의 시청자층은 주로 유치원생이나 초등학생이었다. 유아 대상 프로그램으로 텔레토비가 있었지만 인형극이어서 표현에 한계가 있었다. 이때 아이코닉스 최 사장은 2~5세 대상의 '유아용 애니메이션' 시장이 무주공산임을 발견했다. 또한 유아가 집중력을 발휘할 수 있는 시간이 기껏해야 7분이라는 연구 결과를 보고 분량을 5분으로 확 줄인 차별화된 애니메이션 뽀로로를 개발했다. 짧은 분량을 극복하기 위해 기획팀은 유아들이 좋아하는 상황을 관찰했다. 그 결과 뽀로로 캐릭터와 그것들의 다소 우스꽝스러운 행동을 선보이게 되었고, 몸이 작은 가분수의 모습으로 유아들에게 친근감을 주었다. 때문에 뽀로로는 유아층의 절대적 지지를 받게 되었다.

한편, 수익 구조 역시 차별화했다. 방송 10%, 캐릭터 상품, 라이선스 등에 90%의 수익구조를 갖추었다. 이는 캐릭터의 프리미엄은 물론 라이선스를 철저하게 관리한 브랜드 이미지를 창출하여 높은 수익을 가능하게 했다. 그래서 뽀로로는 로열티를 준다고 해서 무조건 라이선싱을 허락하지 않았다. 까다로운 품질 기준을 통과하지 못하면 라이선스를 주지 않았던 것이다. 또한 유아들에게 긍정적인 영향을 미치는 게 아니라면 뽀로로 이름을 붙이지 않는다는 원칙도 고수했다. 피자나 아이스크림 업체에서 라이선스 요청이 적지 않게 밀려들어 오지만, 건강에 좋지 않다는 이유로 고사하고 있다.

그러나 현재 해외 애니메이션 시장이 포화 상태에 있고, 각국이 자국 산업을 보호하기 위해 견제하고 있는 상황과 불법 다운로드의 증가 등 시장 변화를 겪고 있다. 또한 일본의 경우처럼 애니메이션 산업이 쇠퇴기에 접어든 상황에서 뽀로로는 보다 많은 연구와 기획, 마케팅 전략이 필요하다. 아직까지 애니메이션 시장을 주도하는 일본을 상대로 틈새시장 공략 등의 다각적인 마케팅 기법이 개발되어야 한다. 아울러 단조로운 캐릭터, 즉 착하고 교훈적인 캐릭터를 개선할 필요가 있다. 그래서 앞으로 이러한 작품성의 한계를 극복할 고급 인력과 애니메이션 산업에 대한 정부의 지원 등이 절실히 필요하다. 물론 앞으로도 뽀로로는 3D 기술을 적용하여 보다 다채로운 캐릭터를 만들 것으로 기대된다.

보기 2

SWOT 분석 [SWOT analysis]

어떤 기업의 내부 환경을 분석하여 강점과 약점을 발견하고, 외부 환경을 분석하여 기회와 위협을 찾아내어 이를 토대로 강점은 살리고 약점을 극복, 기회를 활용하고 위협은 억제하는 마케팅 전략을 수립하는 것을 말한다. 이때 사용되는 4요소를 강점·약점·기회·위협이라고 한다. SWOT는 강점(Strength), 약점(Weakness), 기회(Opportunity), 위협(Threat)의 약자로 SWOT 모델은 기본적으로 자신의 강점과 약점을 파악하는 것이다. 즉 강점은 경쟁 기업과 비교하여 소비자로부터 강점으로 인식되는 것은 무엇인지 파악하는 것이고, 약점은 경쟁 기업과 비교하여 소비자로부터 약점으로 인식되는 것은 무엇인지를 파악하는 것이다. 그리고 기회는 외부 환경에서 유리한 기회 요인은 무엇인지, 위협은 외부 환경에서 불리한 위협 요인은 무엇인지를 찾아내는 것이다. 다시 말해 SW는 내부 환경과 자원을 대상으로 하고, OT는 외부 환경을 대상으로 분석한다. 아울러 SW(내부 환경)와 OT(외부 환경)를 두 개의 축으로 하는 매트릭스를 만들면 강점 활용과 약점 보안을 위한 4가지 영역이 도출된다.

보기 3

〈개 요〉

제목 : 뽀로로에 대한 SWOT 분석

Ⅰ. 강점(Strength)

Ⅱ. 약점(Weakness)

Ⅲ. 기회(Opportunity)

Ⅳ. 위협(Threat)

조건

1. 자료를 분석하여 뽀로로에 대한 SWOT 분석을 하시오.
2. <보기 3>의 개요 항목을 쓰고, 세부 내용에 번호를 붙여 간명하게 작성하시오.
3. 글의 분량은 900±50자 이내로 작성하시오.

예시 답안 Ⅰ. 강점(Strength)

① 유아용 애니메이션 특화(차별화) + 5분 분량

② 뽀로로 캐릭터 – 몸이 작은 가분수

③ 우스꽝스런 행동 – 친근감

④ 브랜드 이미지 창출 – 까다로운 품질 기준 + 긍정적 영향(만 허용하는 원칙)

Ⅱ. 약점(Weakness)

① 착하고 교훈적인 캐릭터 = 작품성의 한계

② 기획, 마케팅 전략 보완 필요

③ 3D 기술 개발 미흡

Ⅲ. 기회(Opportunity)
① 애니메이션 틈새시장 공략
② 프랑스, 디즈니 아시아 채널 판매
③ 일본 애니메이션의 쇠퇴
Ⅳ. 위협(Threat)
① 해외 애니메이션 시장 포화
② 불법 다운로드 + 각국의 자국 산업 보호
③ 고급 인력과 정부 지원 부족

해설 경제·경영 계열 분야의 글쓰기 중 하나인 SWOT 분석을 요구하는 문제다. 경제·경영 계열이 아닌 응시자의 경우 문제를 읽는 것 자체만으로 당황할 수도 있다. 그러나 이런 종류의 문제 역시 '논술'의 방법론에서 벗어나는 것이 아니다. 제시문들 간의 관계를 읽고 문제에서 요구하는 방식에 따라 사고하고 그 결과를 정리하는 과정을 풀면 경제·경영과 관련 없는 사람들도 쉽게 접근할 수 있는 문제다.

또한 논술의 전형적인 방식처럼 '현황 분석을 통해 대안을 모색하라'는 행동을 요구하고 있지 않기 때문에 응시자가 접근하기에 수월한 측면이 있다. 여기서 중요한 것은 이런 문제 유형이 '대안 모색'을 위해 거쳐야 하는 활동임을 확인할 수 있는 기회가 된다는 것이다. 대개의 논술 문제는 특정 사안에 연관되는 요소들을 짚어 내고 그들을 비교·대조하여 새로운 관점을 도출해 내는 것을 요구한다. 일반적인 응시자들은 '새로운 관점'에만 주목하여 그 이전에 이루어지는 연관 요소의 파악과 관계 조명에 집중하지 않는 측면이 있다. 새로운 관점 도출을 위해서라도 관계 조명이 필수적인데 말이다.

관련 요소들 간의 관계 조명을 위해서는 아래와 같은 도표나 틀을 활용하는 것이 유용하다. 시각적 자료는 요소 간의 관계를 바라보는 것을 수월하게 해 주기 때문이다. 문제가 주어지면 틀을 만들고 제시문을 읽으면서 틀을 채워 나가는 방식을 활용하면 된다. 이때 표를 채우는 내용은 문장 단위가 아닌 어구 단위를 활용하는 것이 유용하다. 특히 글 속의 키워드를 활용하는 것이 좋다. 틀을 활용해 어구를 채우는 방식은 내용을 키워드를 중심으로 조직화해 낸다는 측면에서도 유용하다. 또 이런 틀의 유용성은 하나의 칸 안의 항목에 대해 다른 칸에서는 어떤지를 조망할 수 있는 기회가 되기도 한다.

강점(Strength)	약점(Weakness)
① 유아용 애니메이션 특화(차별화) + 5분 분량 ② 뽀로로 캐릭터 – 몸이 작은 가분수 ③ 우스꽝스런 행동 – 친근감 ④ 브랜드 이미지 창출 – 까다로운 품질 기준 + 긍정적 영향(만 허용하는 원칙)	① 착하고 교훈적인 캐릭터 = 작품성의 한계 ② 기획, 마케팅 전략 보완 필요 ③ 3D 기술 개발 미흡

기회(Opportunity)	위협(Threat)
① 애니메이션 틈새시장 공략 ② 프랑스, 디즈니 아시아 채널 판매 ③ 일본 애니메이션의 쇠퇴	① 해외 애니메이션 시장 포화 ② 불법 다운로드 + 각국의 자국 산업 보호 ③ 고급 인력과 정부 지원 부족

08 **최근 10대들의 범죄 수법이 점점 잔인해지고 대담해지고 있다. 다음 제시문과 '범죄 원인에 대한 사회학적 이론'을 참고하여 청소년 범죄가 점점 더 잔인해지고 대담해지는 원인을 분석하시오.**

제시문 1

대전 지역으로 추정되는 중학교 졸업생들이 교복을 찢은 채 뒤풀이를 하는 사진이 인터넷에 유포돼 대전 지방 경찰청이 사실 확인에 나섰다. 이 사진에는 교복 치마가 찢겨 속옷이 노출됐거나 입에 청테이프를 붙인 채로 나무에 묶인 학생 등 6명의 모습이 등장한다. 지난 달에는 경기도 양주에서 개 9마리를 도살한 고교생 2명이 구속되고, 5명이 불구속 입건되기도 했다. 이처럼 10대들의 범죄가 잔혹해지는 이유는 무엇일까? 경찰대 박지선(범죄 심리학) 교수는 "하고 싶은 것을 현실적으로 이룰 수단이 없을 때 현실과 이상 사이의 간극이 가져오는 긴장감을 부정적인 방법으로 해소하는 것 중 하나가 범죄"라며 "패자와 낙오자에 대해 배려할 수 있는 사회적 장치가 필요하다."고 말했다. 송파 경찰서에 따르면 초등학생 납치 사건의 피의자인 10대 소녀들은 지난 15일 열린 영장 실질 심사에서 가족이 있는데도 "가족이 없다"고 말하거나, 조사 과정에서 경찰관에게 욕설을 하기도 했다. 최 양은 지난해 부모가 이혼한 뒤 자퇴했으며, 또 다른 최 모양도 잦은 가출을 한 것으로 알려졌다.
성인과 10대 간의 법의식 사이에 점차 괴리감이 생기는 것도 이유로 꼽힌다. 이는 청소년기에 동년배 사이의 '또래 의식'이 강한 데서 비롯된다. 최근 정보 기술(IT) 발달 등으로 '그들만의' 법의식과 윤리 규범이 점차 견고해져 성인의 법의식과의 격차가 크게 벌어지고 있다는 게 전문가들의 우려다. 10대 범죄자들이 범죄의 심각성을 알지 못하는 경우도 종종 발생한다. 서강대 전상진(사회학) 교수는 "같은 시대에 살지만 다른 시대에 사는 것 같은 '동시대인의 비동시성' 현상이 심화되고 있다."고 표현했다. 예컨대 최근엔 가족과 식사를 하는 자리에서도 부모와 대화하기보다는 각자 스마트폰 등을 이용해 또래끼리만 소통하는 장면을 쉽게 볼 수 있다.

제시문 2

범죄 원인에 대한 사회학적 이론	
긴장 이론	합법적인 방법으로는 사회적으로 승인된 목표를 성취할 수 없는 상황에 처하게 되면 인간에게는 긴장이 발생하며 그 목표를 성취하기 위해 불법행위, 즉 범죄·비행을 선택하게 된다고 보는 견해
비행 하위문화 이론	사회 내에 존재하는 어떤 일부의 소집단은 사회 전반의 가치에 반하는 가치관을 가지며 이들 소집단 중 일부는 범죄적이고 비행적인 행위를 묵과하거나 심지어 이를 조장시킴으로써 범죄나 비행이 발생한다고 보는 견해
통제(연대) 이론	애착(attachment), 전념(commitment), 참여(involvement), 믿음(belief) 등 사회와 개인의 유대가 약화되거나 파괴될 때 범죄나 비행이 발생한다고 보는 견해
비행 표류 이론	대부분의 비행 청소년들은 자유와 규범 사이에서 방황하는 존재들로 이러 한 표류 상태에서 범죄나 비행이 발생한다고 보는 견해
낙인 이론	특정 형태의 규범 위반은 낙인 기관에 의하여 공식적인 낙인을 유발하여 그 결과로서 자아 낙인을 강화시켜 2차적 일탈 행동으로 나아간다는 이론

조건

1. 제시문에 나타난 분석적 시각들이 '범죄 원인에 대한 사회학적 이론들' 중 어디에 해당하는지 구체적으로 연결시켜 밝힐 것
2. 제시문에 나온 청소년 범죄의 가장 중요한 원인이 무엇인지 분석하고, 이를 논증할 것 (위의 '사회학적 이론'을 활용하되, 자신의 분석이 타당하다는 점을 자신만의 참신한 방식으로 분명하게 논증할 것)
3. 제시문과 사회학 이론에 나온 표현을 그대로 옮기지 말 것 (연속해서 세 어절 이상 그대로 사용하면 감점)
4. 서론과 결론을 적지 말고, 곧장 '본론'을 적을 것

예시 답안

기사문에 나타난 범죄 원인에 대한 분석은 범죄 사회학의 주요 이론들을 골고루 활용하고 있다. 제시문에서 박지선 교수는 욕구를 충족시킬 방법이 없는 청소년들이 극단적인 범죄를 저지른다고 분석했다. 이는 범죄 사회학의 긴장 이론에 해당한다. 하지만 이어서 그는 낙오자에 대한 사회적 배려를 해결책으로 내세웠다. 이는 사회 기관의 공식적 낙인이 자아 낙인을 강화시켜 2차적인 범죄로 이어진다는 낙인 이론을 염두에 둔 것이다. 또 제시문에는 청소년들의 또래 의식에 대해 다양하게 분석했는데, 이것은 사회의 특정 소집단이 자신들만의 연대의식에 기반하여 사회적 규범에 대항하는 비행 하위 문화 이론에 근거한 것이다. 이 밖에도 이들의 잦은 가출과 취조 과정에서의 저항은 연대 이론과 비행 표류 이론 등을 통해 설명할 수 있을 것이다.

위에서 서술한 것처럼 청소년 범죄는 하나의 단일한 원인으로 설명하기 어려운 복합적 요소를 갖고 있다. 그럼에도 불구하고 오늘날 우리 사회에서 청소년 범죄가 점점 더 잔인해지고 대담해지는 것에 대한 가장 설득력 있는 분석은 비행 하위 문화 이론이라고 할 수 있다. 이러한 분석의 가장 큰 이유는 오늘날의 청소년들이 정보 통신 기술의 발전에 힘입어 과거 그 어느 때보다 그들만의 문화적 정체성을 공고히 하고 있기 때문이다. 거리 어디에서나 우리들은 쉴 새 없이 카카오톡이나 문자 메시지를 보내고 있는 청소년들을 만날 수 있다. 그들은 자신들만의 채팅방에서 자신들만의 감수성으로 자신들만의 문화적 정체성을 강화시키고 있는 것이다.

이처럼 SNS의 발달로 인해 자신들만의 문화적 정체성을 확보한 청소년들은 기성세대나 사회 일반의 가치관을 쉽게 무시하고, 사회적 규범을 어겼을 때에 죄책감도 매우 약한 경우가 많다. 하지만 그렇다고 해서 청소년들에게 정보 통신 기기를 빼앗는 것은 바람직한 해결책이 아닐 것이다. 빠르게 변화한 우리 사회에서 정보 통신 기기를 없애는 것은 불가능하기 때문이다. 오히려 SNS의 바람직한 가능성을 믿고, 청소년들과 기성세대들이 연대할 수 있는 새로운 SNS 운동을 하는 것이 더 효과적일 것이다.

해설 질문에서 요구하는 방식을 이해한 후 제시문의 구조를 읽고 논술을 쓰는 전형적인 유형이다. 일단 〈조건 1〉에 주목하여 '제시문의 분석적 시각들에 어떤 것들이 있는지를 추려 내는 작업이 필요하다. 이때 〈제시문 2〉의 사회학적 이론들을 구분짓는 활동을 먼저 진행하는 것이 좋다. 논술을 위한 읽기 활동은 문장으로 이루어진 제시문에 한정되지 않는다. 도표나 그래프 등 시각 자료를 읽어 내는 것 역시 제시문 읽기에 포함된다. 이 경우에는 표 속에 정리된 내용들을 핵심어 중심으로 요약해서 이해하는 과정이 수행되어야 〈제시문 1〉의 시각 분석이 가능해진다.

범죄 원인에 대한 사회학적 이론	
긴장 이론	합법적인 방법으로는 사회적으로 승인된 목표를 성취할 수 없는 상황에 처하게 되면 인간에게는 긴장이 발생하며 그 목표를 성취하기 위해 불법행위, 즉 범죄·비행을 선택하게 된다고 보는 견해
비행 하위문화 이론	사회 내에 존재하는 어떤 일부의 소집단은 사회 전반의 가치에 반하는 가치관을 가지며 이들 소집단 중 일부는 범죄적이고 비행적인 행위를 묵과하거나 심지어 이를 조장시킴으로써 범죄나 비행이 발생한다고 보는 견해
통제(연대) 이론	애착(attachment), 전념(commitment), 참여(involvement), 믿음(belief) 등 사회와 개인의 유대가 약화되거나 파괴될 때 범죄나 비행이 발생한다고 보는 견해
비행 표류 이론	대부분의 비행 청소년들은 자유와 규범 사이에서 방황하는 존재들로 이러한 표류 상태에서 범죄나 비행이 발생한다고 보는 견해
낙인 이론	특정 형태의 규범 위반은 낙인 기관에 의하여 공식적인 낙인을 유발하여 그 결과로서 자아 낙인을 강화시켜 2차적 일탈 행동으로 나아간다는 이론

논술의 또 다른 유형에서는 〈제시문 2〉와 같은 표를 제시하지 않고 이론에 해당하는 제시글이 제공될 수 있다. 이때는 제시문이 범죄 원인을 어떤 이론에 입각해서 보고 있는지 추론하는 과정이 이루어져야 한다. 평소에 논술을 할 때 위 표와 같은 정리가 이루어져 있으면 관련 논술 지문이 나왔을 때 해석할 수 있는 기준을 갖게 된다는 점도 기억하자.

〈조건 2〉에 제시된 청소년 범죄의 가장 중요한 원인을 분석하는 일이 응시자들에게 어렵게 생각될 수 있다. 일반적으로 이런 유형의 논술에서는 응시자가 어떤 이론을 선택했는가 자체를 보고 평가에 임하지 않는다. 평가에 관여하는 것은 그 이론을 선택한 근거가 응시자들의 선택을 타당하게 만들고 있는가이다. 그렇기 때문에 자신이 타당한 근거를 적어도 세 개 정도 기술할 수 있는 이론을 선택하는 것이 중요하다. 이 경우 다른 이론으로 설명하면 더 좋은 점이 무엇인지도 고려하는 것이 좋다. 이 고려를 논술에 그대로 반영하라는 것이 아니다. 다른 논점의 좋은 점에도 불구하고 내가 선택한 이론이 더 타당하다는 것을 증명하기 위해 분석이 필요하다는 것이다.

09 다음 〈자료 1〉의 개요를 모두 활용하여 조건에 맞게 글을 쓰시오.

조건

1: 제목을 쓰지 말 것.

2: 서론, 본론 1, 본론 2, 결론은 각각 한 문단씩, 총 4문단으로 쓸 것.

자료 1

구분	개요	분량
서론	– <자료 2>의 사건 소개 – 문화재범죄 발생 원인: 황금만능주의로 문화재를 치부와 거래의 방편으로 봄.	120~150자 이내
본론 1	– <자료 3>을 바탕으로 연도별 도난 건수, 추이 소개 – <자료 3>을 기준으로 2014년 도난 점수 회수율 17% 제시 – 회수율이 낮은 이유: 공소시효(10년)가 끝나고 물건을 매매하거나 해외로 빼돌리기 때문임.	270~300자 이내
본론 2	– 문화재범죄를 막기 위한 근본적이고 강력한 대응책 • 문화재 매매업현행 신고제 → 허가제로 강화: 건전, 투명한 유통질서 확립 • '일이 잘못된 뒤에 뉘우쳐도 소용없다.'는 의미의 속담 활용: 문화재 범죄의 지속적 단속과 사전 예방교육 실시 • <자료 4>의 주장과 문화재범죄 특성을 반영한 근거	300~330자 이내
결론	– 우리의 책무: 전통문화와 문화유산을 잘 보존·전승하여 후세에 물려주기 – 문화재 범죄가 사라지려면 국민의 관심, 문화재의 참다운 가치 알기 위한 노력의 자발적 확산 필요	150~180자 이내

자료 2

매장문화재 도굴·미신고 등 피의자 검거

– 통일신라 시대 석조약사여래좌상 등 236점 회수 –

문화재청(청장 나○○)은 서울지방경찰청(청장 강○○)과 공조 수사하여 경상북도 구미, 칠곡 등의 매장문화재 유존 지역 토지에 매장되어 있던 통일신라 시대 석조약사여래좌상과 도·토기류등 문화재를 도굴하여 유통시킨 ○○문화지킴이 대표 장모 씨(57세) 등 4명을 「매장문화재 보호 및 조사에 관한 법률」위반 혐의로 검거하고, 도굴하여 거래되었던 매장문화재 236점을 회수하였다.
문화재청은 앞으로도 비전문가가 연구목적, 취미, 보호활동을 명분으로 유적답사를 하면서 역사적·학술 가치가 있는 매장문화재를 무단 도굴, 수습하여 보관·유통하는 사건에 대해 지속적인 단속활동을 펼칠 것이다. 또 매장문화재를 신고하면 상당한 보상금을 받을 수 있지만, 미신고 시 처벌과 더불어 해당 유물도 몰수된다는 점에 대한 홍보를 지속적으로 강화할 예정이다.

자료 3

문화재 도난 및 회수 현황

출처 : e-나라지표

상태별	지정여부별	2008		2009		2010		2011		2012		2013		2014	
		건수(건)	점수(점)	건수(건)	점수(점)	건수(건)	점수(점)	건수(건)	점수(점)	건수(건)	점수(점)	건수(건)	점수(점)	건수(건)	점수(점)
도난	계	569	16,919	603	17,722	627	22,193	653	26,743	671	27,428	680	27,468	696	27,647
	지정문화재	148	2,066	156	2,100	156	2,100	156	2,100	157	2,101	158	2,126	165	2,293
	비지정	421	14,853	447	15,622	471	20,093	197	24,643	514	25,327	522	25,342	531	25,354
회수	계	146	3,788	164	4,318	175	4,697	179	4,699	182	4,706	187	4,712	187	4,712
	지정문화재	61	857	64	876	64	876	65	876	65	876	65	876	65	876
	비지정	85	2,881	100	3,442	111	3,821	114	3,823	117	3,830	122	3,836	122	3,836

자료 4

문화재 도굴 공소시효 25년으로 연장 – 현행법 최장 기간

문화재 도굴 및 손상・절취・은닉 범죄의 공소시효를 기존 10년에서 25년으로 늘리는 방안이 국회에서 추진된다. ○○○ 김○○ 의원은 이 같은 내용을 골자로 한 '문화재보호법 일부개정법률안'과 '매장문화재 보호 및 조사에 관한 법률 일부개정법률안'을 대표발의했다고 10일 밝혔다.

통상 문화재는 도굴이나 도난을 당한 후 오랜 시간 적발되지 않고 은닉・유통되는 경우가 많다. 시간이 지나 적발된다 하더라도 문화재를 직접 은닉하거나 유통한 사람만 처벌되고 애초에 문화재를 도굴・도난한 사람은 처벌하지 못하는 사례도 발생한다. 이에 대해 김 의원은 "문화재 관련 범죄에 대한 공소시효가 짧기 때문"이라고 진단했다. 김 의원이 대표발의한 개정안은 문화재를 도굴하거나 손상・절취・은닉하는 범죄에 대한 공소시효를 25년으로 연장하는 내용을 담고 있다. 공소시효 25년은 현행법상 가장 긴 기간으로 개정안이 통과될 경우 문화재를 대상으로 한 범죄가 적발돼도 공소시효가 만료돼 처벌하지 못하는 사례가 급격히 줄어들 것으로 김 의원은 기대했다.

김 의원은 "문화재 관련 범죄는 특성상 상당한 시간이 지나야 적발이 가능하기 때문에 타 범죄와 다른 법 적용이 불가피하다."며 법안 발의 취지를 설명했다.

예시 답안

최근 문화재 지킴이가 매장 문화재 236점을 도굴 거래하려던 혐의로 검거되었다. 이러한 문화재범죄의 발생 원인은 우리 사회의 황금만능주의 풍조 때문이다. 즉, 문화재를 문화적 차원이 아닌 치부와 거래의 방편으로 보았기 때문이다.
e-나라지표가 제공한 '문화재 도난 및 회수 현황'에 의하면, 연도별 문화재 도난 건수는 지난 2008년 569건에서 해마다 603건(2009), 627건(2010), 653건(2011), 671건(2012), 680건(2013)으로 증가하고 있다. 이 수치는 해마다 조금씩 증가해 2014년엔 696건으로 집계됐다. 그러나 회수는 2014년 기준으로 187건으로 회수율이 17%밖에 미치지 못했다. 이는 피의자들이 문화재를 은밀히 숨기고 있다가 공소시효(10년)가 완성되면 (끝나면) 조용히 물건을 매매하거나 해외로 빼돌리기 때문으로 생각된다.
문화재범죄를 막기 위해 근본적이고 강력한 대응책 마련이 필요하다. 먼저, 문화재 매매업을 현행 신고제에서 허가제로 강화(전환)하여 건전하고 투명한 유통 질서를 확립한다. 다음으로 더이상 '소 잃고 외양간 고치기'가 되풀이 되지 말아야 한다. 문화재 범죄에 대하여 지속적인 단속활동과 함께 문화재 범죄에 대한 처벌에 대한 홍보를 지속적으로 강화하여 사전 예방 교육이 이루어질 수 있도록 한다. 이와 함께 문화재 범죄는 공소시효가 끝나면 물건을 매매하거나 해외로 반출해서 상당한 시간이 지나야 적발이 가능하다는 특성 때문에 현행 10년인 공소시효를 문화재범죄 사범에 대하여는 공소시효를 25년으로 늘려야 한다.
우리의 전통문화와 문화유산을 잘 보존 · 전승하여 후세에 고스란히 물려주어야 하는 것은 오늘을 살아가는 우리들의 당연한 책무이다. 따라서 문화재 범죄는 사라져야 한다. 그것이 가능하려면 우리 문화재에 대한 국민의 관심과, 우리 문화재의 참다운 가치를 알고 찾아 가꾸는 자발적 노력이 확산될 필요가 있다.

해설 조건이 제시하는 바를 충실히 지키는 것이 중요하다. 시험 상황이 아니라면 글쓴이가 직접 자료를 모으고 그 유의미성을 밝히면서 개요를 작성하여야 하지만, 시험 상황에서는 이를 위한 충분한 시간을 제공하기 어렵다. 그렇기 때문에 수험생을 위하여 미리 개요와 자료를 제시한 것이다. 수험생들의 입장에서는 이미 주어진 자료와 개요를 준수하여 단락을 구성하기 때문에 일상의 논술쓰기보다 좀 더 쉽게 접근할 수 있다는 장점이 있다. 이것이 장점이라는 사실을 인지하고, 조건을 준수하는 것을 꼼꼼히 수행하면서 200점 논술에 대한 부담을 스스로 줄여가는 것이 글쓰기에 도움이 된다.

Memo

한국 실용글쓰기
3배속
끝내기

Part

6

글쓰기의 윤리

Chapter 26

글쓰기의 윤리

01 표 절

1 표절의 정의

① 다른 사람의 생각이나 저작을 적절한 절차 없이 사용하는 것

② 의도하지 않은 베끼기도 표절에 해당

2 표절에 해당하는 경우

① 다른 사람의 글 전부를 자신의 이름으로 발표한 경우

② 다른 사람의 글의 일부를 가져와 자신의 것처럼 제시한 경우

③ 다른 사람의 생각이나 아이디어를 가져와 자신의 것처럼 제시한 경우

④ 다른 사람의 글에 사용된 중요한 개념이나 표현을 출처를 밝히지 않고 그대로 사용한 경우

⑤ 다른 사람의 말을 편집하거나 표현을 바꾸어 자신의 것처럼 서술한 경우

⑥ 일반적으로 통용되는 보편적인 지식이 아닌 사실, 통계, 그 밖의 증거 자료를 출처를 제시하지 않고 사용한 경우

⑦ 그림이나 표, 사진 등을 허락 없이 사용한 경우

3 표절을 피하기 위해 주의해야 할 점

① 꼼꼼한 자료 정리 – 출처를 밝혀 놓음.

② 저자의 말과 자신의 말을 명확히 구분

③ 자료 조사의 원칙 준수 – 정확한 출처의 자료(연도, 주체 등을 기록)

④ 저작권 유무 확인을 습관화

⑤ 기존 논의 검토에 충실

⑥ 연구 분야의 성과에 대한 치밀한 검토

⑦ 인터넷 자료 사용 시 주의

⑧ 인용의 원칙과 방법을 확실히 알아야 함.

4 자료 정리 및 기록 방법

① 저자, 제목, 출판 정보 등 필수적인 서지 사항을 정확히 기록한다. 특히 인터넷에서 가져온 자료에 대해서는, 후에 출처를 제시하거나 정보를 더 탐색하기 위해 되돌아가야 할 경우를 대비하여 사용한 웹 페이지의 주소(URL)를 옮겨 두어야 한다.

② 직접 인용할 가치가 있는 부분은 원래의 표현이 훼손되지 않도록 적어 두고, 출처도 쪽수까지 정확하게 기록한다.

③ 책이나 논문에서 직접 인용한 부분, 간접 인용한 부분, 요약하거나 자신의 표현으로 바꿔 쓴 부분, 그리고 자신의 해석이나 논평 등을 구분하여 적어야 한다.

5 보고서 작성 시의 정직성 원칙

① 다른 사람의 글에서 도움을 받았을 때에는 반드시 그 출처를 제시해야 한다.

② 다른 사람의 단어나 문장을 사용할 때에는 그것들을 정확하게 인용하고 인용 부호로 표시해야 한다. 아울러 출처도 정확히 제시해야 한다.

③ 다른 사람의 단어나 문장을 바꿔 인용할 때에는 그 사람의 문체를 모방하지 않는 것이 좋다. 이때에도 출처를 제시해야 한다.

④ 다른 사람의 글을 자기 것처럼 보이게 해서는 안 된다.

⑤ 같은 보고서를 서로 다른 수업에 제출해서는 안 된다.

⑥ 보고서는 사지 말고, 팔지 말고, 빌려서도 안 된다. 보고서는 스스로 써야 한다.

6 실험실에서 지켜야 할 정직성의 원칙

① 공동 실험 진행 가능, 논의 가능

② 실험의 전 과정과 결과는 스스로 정리하고 기록

③ 자신의 데이터만을 사용하여 실험 결과 기록

④ 데이터 조작이나 표절 금지

⑤ 부정적 결과의 생략, 은폐 금지

⑥ 실험 과정에서 발생한 실수도 기록

⑦ 실패한 실험 결과도 정확하게 기록

⑧ 가정과 모순되는 결과도 정직하게 제시

Chapter 26 기출문제 풀어보기

다음 글은 기사문의 일부이다. 글을 읽고 물음에 답하라. (1~2)

> 교과부, [㉮]
>
> 연구자가 논문을 쓰면서 자신이 이전에 발표했던 논문이나 연구 결과를 인용해 오던 자기 표절 관행이 금지된다.
>
> 교육과학기술부는 16일 그동안 훈령으로 운영해 온 연구 윤리 확보 지침의 일부 조항을 보완해 교과부 부령으로 격상한 '연구 윤리 확보를 위한 규칙'을 제정, 지난 15일자로 입법 예고하고 내년 1월 법제처 심사를 거쳐 공포 · 시행하기로 했다고 밝혔다. 이로써 중복 게재한 저작물을 자신의 성과 · 업적 등으로 사용하는 행위가 원천적으로 금지된다.
>
> 규칙 7조에는 '연구자는 연구논문 등을 작성함에 있어 이전에 발표하지 않은 자신의 연구 결과를 사용해야 한다'고 전제한 뒤 '이전 연구결과와 동일하거나 실질적으로 유사한 저작물을 게재 · 출간해 본인의 연구결과 또는 성과 · 업적 등으로 사용해서는 안 된다'고 못 박았다. 기존 훈령에는 위조 · 변조 · 표절 · 부당한 논문저자 표시 등 주로 타인의 연구성과를 도용하는 부정행위를 규정했을 뿐 자기 표절에 대한 언급은 없었다. 교과부 관계자는 "극히 상식적인 내용이기는 하지만 자신의 연구결과 사용에 대한 기준을 명확하게 규정하고자 조항을 신설한 것"이라고 설명했다.
>
> 규칙에는 그러나 연구자가 자기 논문을 인용한다는 사실을 표시한 경우, 처음 게재한 학술지 등의 편집자 또는 발행자 허락을 얻은 경우, 학계나 연구계 등에서 통상적으로 정당하다고 인정되는 경우에는 중복 게재를 허용한다는 예외 규정을 뒀다. 또 대학이나 연구기관이 연구부정행위에 대한 조사위원회(5인 이상)를 구성할 때 해당기관 소속이 아닌 외부인사를 반드시 50% 이상 두도록 했다. 이는 기존 훈령의 외부인 참여비율(20%)을 대폭 끌어올려 조사의 객관성을 강화하기 위한 것이다.

01 ㉮에 알맞은 제목은?

① 연구 윤리 도용 방지법 제정
② 자기 표절 금지 연구 규칙 제정
③ 교육과학기술부의 윤리 훈령
④ 중복 게재 허용의 예외 규정
⑤ 객관성 강화를 위한 조정 규칙

해설
- 제목에는 핵심어가 반영되어 있어야 한다. 이 기사문의 핵심어는 '자기 표절 금지'이다. 이 말이나 내용이 들어가 있는 것이 제목으로 설정되어야 한다.
- ①의 연구 윤리 도용도 본문의 내용과 관련있어 보일 수 있지만 그 영역이 너무 넓다. 이 기사문은 '자기의 성과를 도용'하는 경우에 한정된다. ③ 역시 범위가 너무 넓다.

답 ②

02 이 글을 참조하였을 때 금지 사항이 아닌 것은?

① 이전 논문을 모아 저서를 내서 이를 성과에 포함시켰다.
② 타인의 연구 성과를 정당한 절차나 표시 없이 사용하였다.
③ 현재의 성과가 자신의 이전 연구 성과와 동일한 결과를 포함하였다.
④ 학계에서 일반적으로 받아들이고 있는 사항이어서 인용 표식 없이 사용하였다.
⑤ 자기 논문이어서 인용한다는 사실을 표시하지 않고 그대로 인용하였다.

해설
- 학계에서 통상적으로 인정하고 있는 사실에 대해서는 인용 표지 없이 인용할 수 있다.
- 일반적이고 보편적인 상식에 해당하는 내용 역시 인용 표지 없이 인용할 수 있다.
- 이전 연구 결과를 모아서 저서를 내고 이를 성과에 포함시켰다면 이는 자기 표절에 해당된다.
- 타인의 연구 성과는 정당한 절차나 표시를 통해 인용임을 밝혀야 한다. 자신의 이전 논문의 연구 성과 역시 마찬가지다.

답 ④

03 표절을 피하기 위한 방법으로 적절하지 않은 것은?

① 다른 사람의 아이디어나 자료를 사용할 경우에는 반드시 저작권 유무를 확인해야 한다.
② 인터넷상의 자료는 출처를 알기 어려우므로 절대로 인용하지 않도록 주의해야 한다.
③ 책을 읽으면서 기록을 정확하게 하여 나중에라도 자기의 말과 원래 저자의 말을 구분할 수 있어야 한다.
④ 자료의 출처를 자신이 직접 확인하지 않고 다른 사람이 제시한 것을 그대로 베끼는 행위를 하지 않는다.
⑤ 실수를 하지 않으려면 연구하는 분야에서 어떤 성과들이 축적되어 있는가에 대해 분명하고 풍부한 지식을 갖는 것이 필요하다.

해설
- 표절을 피하는 방법을 잘 알아 둠으로써 표절로 인한 피해를 당하지 않도록 해야 한다.
- ①, ③, ④, ⑤의 예들을 익혀 이 이론이 다시 문제화될 때를 대비할 수 있도록 하자.
- ②의 인터넷상의 자료 역시 출처나 인용을 명확하게 표시하고 인용할 수 있다. 다만 신뢰성과 충실성을 면밀히 따져 보고 인용하도록 한다.

답 ②

04 보고서를 작성할 때 지켜야 할 윤리적 원칙으로 가장 적절한 것은?

① 다른 사람의 글에서 도움을 받았다고 항상 그 출처를 제시하기는 어렵다.
② 다른 사람의 글에서 한두 개의 단어만 사용할 때에는 출처를 밝히지 않아도 된다.
③ 다른 사람의 단어나 문장을 바꿔 인용할 때에는 그 사람의 문체를 모방하지 않는 것이 좋다.
④ 보고서 작성이 어려우면 친구나 선배들이 작성한 보고서를 빌려서 모방하는 연습을 하는 것도 좋다.
⑤ 자신이 쓴 보고서는 컴퓨터에 저장해 놓았다가 나중에 다른 수업 때에 다시 제출할 수 있다.

해설
- ① 다른 사람의 글에서 도움을 받았을 때는 반드시 출처를 명시해야 한다.
- ② 다른 사람의 단어나 문장을 사용할 때에는 그것을 정확히 인용하고 인용 부호로 표시야 한다.
- ④ 보고서, 기획서 등을 사고 파는 현 시점의 문제를 비판하는 문제이다. 보고서는 사지도 팔지도 빌려서도 안 된다. 글쓰기는 스스로가 가치를 만드는 일이다.
- 자신이 쓴 보고서 역시 다른 과목의 과제로 낼 수 없다. 자기 표절에 해당된다.

답 ③

05 실험실에서 지켜야 할 원칙이 아닌 것은?

① 데이터를 베끼거나 조작해서는 안 된다.
② 실험 과정에서 발생한 실수도 기록해야 한다.
③ 좋지 않은 결과를 생략하거나 숨기지 말고 노트에 기록해야 한다.
④ 가정과 모순되는 결과가 나왔다면, 가정이 입증될 때까지 실험을 계속해야 한다.
⑤ 특별한 언급이 없다면, 자신의 데이터만을 사용하여 실험 결과를 기록해야 한다.

해설
- 가정과 모순되는 결과가 나왔다 할지라도 정직하게 제시할 수 있어야 한다.
- 실험 과정에서 지켜야 할 윤리가 무엇인지를 명확히 이해할 수 있도록 한다.

답 ④

인용 및 주석의 방법

01 자료의 인용

1 자료 검색 시 유의 사항

① 학술 자료는 학술 서적과 저널을 중심으로 검색한다.

② 웹 자료를 검색할 때에는 먼저 정보의 질을 평가하여 선택 여부를 결정한다.

③ 웹상의 자료 가운데 출처 불명의 글을 사용해서는 안 된다.

④ 단편적인 웹 문서보다는 정보의 배경과 맥락을 알려 주는 깊이 있는 자료를 찾아야 한다.

2 인용의 원칙

① 인용은 꼭 필요한 경우에만 한다.

② 인용은 기본적으로 다른 연구자들의 견해를 존중하는 태도에서 시작되어야 한다.

③ 모든 인용은 그 출처를 정확하게 밝혀야 한다.

④ 공식적으로 검증되었거나 권위를 인정받고 있는 자료를 인용한다.

⑤ 주장의 맥락과 인용한 자료가 어떤 관련이 있는지 분명히 한다.

3 직접 인용하기

① 다른 사람의 자료를 1차 자료로 인용할 때

② 원문의 직접 인용이 아니면 독자들이 오해할 우려가 있을 때

③ 원문의 글쓴이가 표현하고 있는 글의 모습 그대로를 인용할 필요가 있을 때

④ 단어나 핵심 어구, 3행 이내의 짧은 문장을 인용할 때에는 큰따옴표로 표시

⑤ 그 이상의 글을 길게 인용할 때에는 새로운 단락을 만들어 위아래로 한 행을 띄고 본문보다 안으로 들여 써서 표시

⑥ 인용한 구절이나 문장의 끝 부분에 주석을 달아 출처를 밝힘.

4 직접 인용 예시

① 본문을 문장 안에 넣어 인용하는 경우

예시

글쓰기 영역에서 사고의 역할이 점점 더 중요해지고 있다. "인간의 사고가 선형적 평면적 구조로 이루어지지 않는다는 것은 명백해 보인다."[1] 글에 나타나는 문자는 선형적 평면적 구조를 가진다고 한다면, 어떻게 비평면적인 사고를 평면적인 구조 속에 넣는가가 문제가 될 수 있다.

---

1) 노명완, 박영목, 권경안(1988), 『국어과 교육론』, 갑을 출판사, 19면.
또는, 노명완, 박영목, 권경안, 『국어과 교육론』, 갑을 출판사, 1988, 19면.

⏱ 연도를 앞에 넣는가 뒤에 넣는가는 학문 분야나 학회 특성에 따라 달라진다.

② 단락의 형태로 인용하는 경우

글의 독해에 있어서 구조의 중요성에 대한 논의가 심화되고 있다. 이러한 논의 중 하나로 개념도를 활용한 조직의 파악에 관심을 갖는 연구가 있다.

전체를 이루는 개념이나 사안들 간의 관계와 조직 방식, 또 그들 간의 관계를 시각화한 것이 개념도이다. 이 개념도가 독서 과정에 적절히 활용된다면 학생들은 복잡한 읽기 자료의 내용을 구조적으로 체계화할 수 있게 된다.[1]

개념도를 활용한 독서 방법을 구체화하면 아래와 같다.

---

1) 김남미(2009 : 196), 「개념도를 활용한 독서와 작문 교수법」, 『독서연구』 22호, 한국독서학회, pp.189-214.

5 간접 인용의 방법

① 저자가 보인 내용을 인용자 자신의 용어로 바꾸어 인용한다.

② 인용할 때 원문의 본래 의미가 훼손되지 않도록 주의하여야 한다.

6 간접 인용의 종류

① 요약 인용하기

② 바꿔 인용하기

- 독자를 고려하여 개념을 보다 쉽게 설명할 필요가 있을 때 활용한다.
- 저자의 표현을 다른 스타일로 바꿔야 할 때 활용한다.
- 저자의 자료 내용을 개념화하여 다시 서술하려 할 때 활용한다.
- 자신의 논지를 풀어내는 과정에서 더 정확한 학술적 문장이나 표현으로 바꿀 필요가 있을 때 활용한다.

02 주석 달기

1 주석의 종류

① **각주**: 서술하는 페이지의 하단에서 출처를 밝히는 방식이다.

- 종류
  - 내각주: 본문 내에 출처나 주를 쓰는 방식
  - 외각주: 본문과 분리하여 출처나 주를 쓰는 방식

② **미주**: 글의 끝에서 출처를 밝힌다.

2 각주 작성 예시

① **단행본**

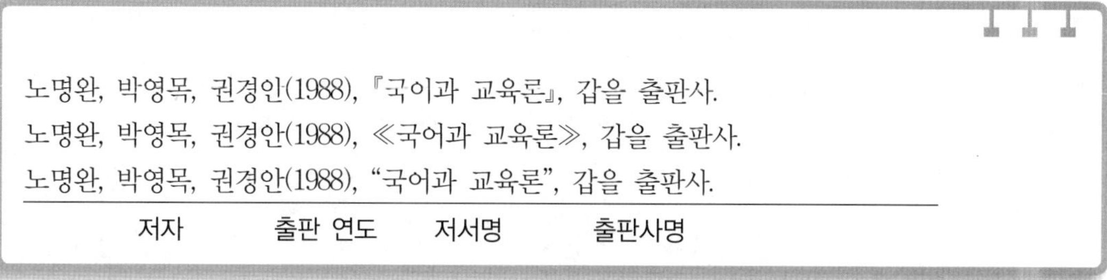
노명완, 박영목, 권경인(1988), 『국이과 교육론』, 갑을 출판사.
노명완, 박영목, 권경안(1988), ≪국어과 교육론≫, 갑을 출판사.
노명완, 박영목, 권경안(1988), "국어과 교육론", 갑을 출판사.

저자 / 출판 연도 / 저서명 / 출판사명

⏲ 출판 연도를 맨 뒤에 두는 경우도 있음.

⏲ ≪≫, " ", 『 』 중 어떤 것을 사용하느냐는 학문 영역 및 학회 성향에 따라 달라짐.

외국 서적인 경우에는 저서명을 이탤릭체로 쓴다. 출판사 앞에 출판 지역을 쓰는 경우도 많다.

Monroe K. Spears(1970), *Dionysus and the City*, New York · Oxford University Press.

② **소논문**

학술지에 포함된 여러 논문 중 하나를 참조하였을 때, 소논문임을 표현하는 방식

김영하(2010), 「다문화사회와 새터민 청소년의 교육문제」, 『윤리교육연구』 21집, 한국윤리교육학회, pp.223-248.
김영하(2010), '다문화사회와 새터민 청소년의 교육문제', "윤리교육연구" 21집, 한국윤리교육학회, pp.223-248.
김영하(2010), <다문화사회와 새터민 청소년의 교육문제>, ≪윤리교육연구≫ 21집, 한국윤리교육학회, pp.223-248.

저자 연도 소논문 제목 학술지명 학술지 호수 학회명 수록 면수

⏰ 출판 연도를 맨 뒤에 두는 경우도 있음.
⏰ ≪ ≫, " ", 『 』 중 어떤 것을 사용하느냐는 학문 영역 및 학회 성향에 따라 달라짐.

03 참고 문헌

1 참고 문헌 정리 방식

① 공동 저서인 경우, 대표 필자 몇 명만 적고 나머지는 '외(外)'로 표기한다.

② 국문으로 된 문헌을 먼저 적고 외국 문헌은 그 뒤에 알파벳 순서로 정리하여 표기한다.

③ 한 필자의 문헌이 여러 개 있을 경우 연도순으로 적는다.

④ 한 필자의 문헌을 여러 개 나열할 필요가 있을 때에는 처음에만 이름을 적고 나머지는 줄표를 그어 이름을 대신한다.

2 참고 문헌 단행본 예시

김광해(1997), ≪국어지식교육론≫, 서울대학교 출판부.
김남미(2010), ≪친절한 국어문법≫, 사피엔스.
박영목 · 한철우 · 윤희원 (2002), ≪국어과 교수 학습론≫, 교학사.
이진호(2009), ≪음운교육 변천사≫, 박이정.

김광해(1997), 『국어지식교육론』, 서울대학교 출판부.
김남미(2010), 『친절한 국어문법』, 사피엔스.
박영목 · 한철우 · 윤희원 (2002), 『국어과 교수 학습론』, 교학사.
이진호(2009), 『음운교육 변천사』, 박이정.

김광해(1997), "국어지식교육론", 서울대학교 출판부.
김남미(2010), "친절한 국어문법", 사피엔스.
박영목 · 한철우 · 윤희원 (2002), "국어과 교수 학습론", 교학사.
이진호(2009), "음운교육 변천사", 박이정.

3 참고 문헌 소논문 예시

김남미(2007), 「재외국민반 학생을 위한 교양국어 수업 방안」, 『국어교육』 124, 한국어교육학회, pp.55-86.

김석향(2005), 「남북한 언어 이질화 정도에 대한 집단별 인식의 차이 고찰: 남북관계 전문가 집단과 새터민(북한이탈주민) 비교를 중심으로」, 『현대북한연구』 8-2, 경남대학교 극동문제 연구소, pp.85-124.

김영하(2010), 「다문화사회와 새터민 청소년의 교육문제」, 『윤리교육연구』 21집, 한국윤리교육학회, pp.223-248.

김남미(2007), <재외국민반 학생을 위한 교양국어 수업 방안>, ≪국어교육≫ 124, 한국어교육학회, pp.55-86.

김석향(2005), <남북한 언어 이질화 정도에 대한 집단별 인식의 차이 고찰: 남북관계 전문가집단과 새터민(북한이탈주민) 비교를 중심으로>, ≪현대북한연구≫ 8-2, 경남대학교 극동문제 연구소, pp.85-124.

김영하(2010), <다문화사회와 새터민 청소년의 교육문제>, ≪윤리교육연구≫ 21집, 한국윤리교육학회, pp.223-248.

김남미(2007), '재외국민반 학생을 위한 교양국어 수업 방안', "국어교육" 124, 한국어교육학회, pp.55-86.

김석향(2005), '남북한 언어 이질화 정도에 대한 집단별 인식의 차이 고찰: 남북관계 전문가 집단과 새터민(북한이탈주민) 비교를 중심으로', "현대북한연구" 8-2, 경남대학교 극동문제 연구소, pp.85-124.

김영하(2010), '다문화사회와 새터민 청소년의 교육문제', "윤리교육연구" 21집, 한국윤리교육학회, pp.223-248.

Zamach, D. E. & Islam C.(2005), Paragraph Writing , Macmillan, New York.

Jacobus, L. E.(1989), *Writing as Thinking*, Macmillan, New York.

George, D.(1984), Working with Peer groups in the Composition Classroom, *College Composition and Communication*, vol.35, No.3, pp.23-45.

Chapter 27 기출문제 풀어보기

01 다음 중 간접 인용의 방법을 설명한 것으로 옳지 않은 것은?

① 원문의 본래 의미가 훼손되지 않도록 주의해야 한다.
② 원문의 주요 어휘들을 인용자 자신의 용어로 바꾸어서는 안 된다.
③ 간접 인용 역시 인용한 부분 끝에 주석을 달아 출처를 정확하게 밝혀야 한다.
④ 간접 인용은 요약 인용하기와 바꿔 인용하기로 나누어진다.
⑤ 요약 인용을 한 부분은 필자와 출처를 분명히 밝혀 주어야 한다.

해설
- 간접 인용인 경우에는 어휘를 글쓴이 자신의 용어로 바꿀 수 있다.
- 이런 문제 풀이를 할 때는, 틀린 부분을 수정하거나 올바른 부분을 지속적으로 읽어 가면서 이론에 익숙해지도록 하는 것이 좋다.

답 ②

02 다음 중 참고 문헌의 표기가 잘못된 것은?

① 강영안, 「주체는 죽었는가」, 문예출판사, 1996.
② 방브니스트, 에밀, 「일반언어학의 제문제」, 김현권 옮김, 한불문화사, 1988.
③ "한국 대중 예술의 현주소", <문화일보>, 2005년 9월 21일, 제14면.
④ 아리스토텔레스, 「시학」, 문예출판사, 1990.
⑤ 김호기 · 임경순 · 최혜실 외 49인, 「지식의 최전선」, 한길사, 2002.

해설
- 출판 연도는 가장 나중에 쓸 수도 있고, 저자 바로 뒤에 쓸 수도 있다.
- 번역서인 경우에는 ②처럼 옮긴이를 밝혀 주어야 한다.
- 엄밀한 의미에서는 ③의 "한국 대중 예술의 현주소"는 ' '으로 대체되어야 할 것처럼 보인다. 그러나 기사문의 일부는 편의상 이와 같은 표식으로 인용이 가능하다. 앞서 제시된 참고 문헌이나 각주는 학술지의 형식을 보인 것이다.
- ④는 번역서이므로 옮긴이를 적어 주어야 한다.

답 ④

03 **다음 중 참고 문헌 정리 방법으로서 올바른 것은?**

① 책이름, 저자 이름, 출판사, 출판 연도순으로 적는다.
② 정기 간행물인 경우 출판사 이름을 적지 않아도 된다.
③ 정기 간행물인 경우 출판 연도만 적지 말고 책의 호수를 분명히 적는다.
④ 외국 문헌을 먼저 적고 국문 문헌을 그다음에 적는다.
⑤ 공동 저서인 경우 모든 저자의 이름을 다 적는다.

해설
- 저자 이름, 출판 연도, 책이름, 출판사 이름 등의 순서로 적는다.
- 학계의 경향에 따라 출판 연도는 가장 나중에 쓸 수도 있고, 저자 바로 뒤에 쓸 수도 있다.
- 국문 문헌을 먼저, 외국 문헌을 나중에 적는다.
- 국문 문헌은 저자 이름의 가나다순으로, 외국 문헌은 저자 이름의 알파벳순으로 적는다.
- 소논문은 1년에 여러 번 출간되는 경우도 있으므로 책의 호수를 분명히 밝혀 주어야 한다.

답 ③

Memo

한국 실용글쓰기
3배속 끝내기

부록

주관식 합격 전략 Zip

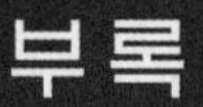

부록 주관식 합격 전략 Zip

01 아래 기사문을 읽고 ○대통령이 연설문을 중요하게 생각하는 이유를 써 보자.

조건

1. 기사문에서 대통령이 중요하게 생각하는 요소를 찾아 활용할 것
2. 이유를 분명히 드러내고 이를 위해 무엇이 필요한지를 서술할 것
3. 두 문장 이하로 서술하고 분량은 총 100자를 넘기지 말 것

○대통령은 일요일까지 2박 3일 동안 일절 외부와의 접촉을 끊고 온전히 혼자만의 시간을 가질 예정이다. 이렇게 시간을 비워 둔 것은 ○○방문 때 할 연설문을 쓰기 위한 것이다. ○대통령은 공식 연설만 18차례, 비공식 연설을 포함하면 모두 26번의 연설이 예정되어 있다. 과거 대통령들이 참모들이 써준 연설문을 읽기만 하면 됐지만 ○대통령은 직접 쓰지 않으면 마음에 들지 않는 스타일이다.
대통령의 연설문은 복잡한 과정을 거쳐 작성된다. 먼저 각 수석실에서 의견과 자료를 토대로 공보수석실 연설담당 비서관이 초고를 정리해 대통령에게 보고하면 대통령이 1차 지침을 내린다. 공보수석실은 대통령의 지침을 받아 초고를 수정한 뒤 해당 수석의 검토를 거쳐 다시 대통령에게 보고한다. 그러면 대통령이 이를 보고 직접 수정 보완해 연설문이 완성된다.
○대통령은 이때 처음부터 다시 쓰다시피 하는 경우도 적지 않다. ○대통령은 연설문에 자신의 체취가 담기지 않으면 청중들을 설득할 수 없다는 생각을 갖고 있기 때문이다.

예시 답안

○대통령이 연설문을 중요하게 생각하는 이유는 연설문에 자신의 체취가 담겨 있어야 청중을 설득할 수 있기 때문이다. 연설문에 자신의 체취를 담으려면 스스로 수정하는 과정을 거쳐야 한다.

해설 조건을 충실히 이행하는 것이 중요하다. 이를 위해 조건을 읽으면서 그 흐름대로 사고하여 답안을 작성하는 방법을 활용할 수 있다. 먼저 대통령이 중요하게 생각하는 요소를 찾아내고 이유를 밝히는 것으로 문장 하나를 만들 수 있다. 다른 한 문장은 중요 요소를 드러내기 위해 무엇을 하는지를 찾아 완성할 수 있다.

02 아래의 단어를 포함한 문장을 각각 만들어 보자.

혼동되는 어휘의 명확한 구분

가름하다
사물이나 상황을 구별하거나 분별하는 일

갈음하다
다른 것으로 바꾸어 대신함.

예시 답안

- 가르치는 자와 배우는 자의 도리는 저마다 가름이 있어야 한다.
- 이것으로 주례사에 갈음합니다.

해설 주어진 어휘의 뜻을 힌트로 삼아 문장을 만들면 된다. '사물이나 상황의 구별'을 의미하는 '가름'을 포함한 문장의 주어를 '사물이나 상황'의 예로 만드는 방식이다. 반대로 갈음하다에서는 '대신하다'에 주목하여 문장을 만들면 된다. 다양한 문장이 나올 수 있으므로 예시 답안과 비슷하지 않다는 것을 고민할 필요는 없다.

03 제시된 경고문 두 개를 조건에 따라 올바르게 고쳐 쓰시오.

조건

1. ㉠, ㉡은 각각 6어절로 쓸 것
2. 답안은 기호를 먼저 쓰고 ㉠과 ㉡에 들어갈 말을 쓸 것

1. 이 지역은 쓰레기 무단투기자에 대하여는 폐기물관리법 제8조에 의거 처벌받게 됩니다.
   → 이 지역에 쓰레기를 (㉠) 처벌받게 됩니다.
2. 폐기물을 함부로 버리는 자는 80만 원 이하의 과태료가 부과됩니다.
   → 폐기물을 함부로 버리는 자에게는 80만 원 이하의 과태료가 부과됩니다.
   → 폐기물을 함부로 버리는 자는 (㉡).

예시 답안

㉠ 무단으로 투기하는 자는 폐기물관리법 제8조에 의거하여
㉡ 80만 원 이하의 과태료를 내야 합니다.

해설 조사를 바꾸어 쓸 때 무엇을 어떻게 수정할 수 있는가를 묻는 질문이다. 새로운 유형이라 생각하여 어렵게 생각하지만 않는다면 오히려 쉬운 문제이다. 국어를 모국어로 하는 사람들이 흔히 사용하는 방식을 반영하는 것이기 때문이다. 조건을 준수하는 것이 중요하다는 점을 꼭 기억하자. 어절 수를 정하여 주었기 때문에 '무단투기자'라는 하나의 어절을 '무단으로 투기하는 자'로 늘리는 과정이 요구된다. ㉡은 숫자의 띄어쓰기를 고려하여 어절 수를 맞추는 것이 어렵게 느껴질 수 있다. 하지만 ㉡의 위에 이에 대한 띄어쓰기 예시가 있으므로 그를 그대로 준수하면 된다.

04 **다음 글을 읽고 ㉠에 들어갈 알맞은 말과 그 이유를 쓰시오.**

조건
1. '~강아지'의 형식으로 쓸 것
2. 그 이유를 2번째 문단의 내용에서 찾아 간결하게 쓸 것

어느 퀴즈 프로에서 "하룻강아지 범 무서운 줄 모른다."는 속담에 나오는 '하룻강아지'의 뜻을 묻는 말이 있었다. 흔히 '하룻강아지'라고 하면 '태어난 지 하루 정도밖에 안 된 강아지'로 알고 있으나, 실은 '하릅강아지' 즉 '(㉠)'를 뜻하는 말이다.
우리말에 짐승의 나이를 셀 때 사용하는 특수한 수사가 있다. '하릅, 이듭(두릅), 사릅, 나릅, 다습, 여숩, 니릅, 여드릅(여듭), 아숩(구릅), 담불(나여릅)' 등이 그것이다. 따라서 '하룻강아지'는 본래 '하릅강아지'가 정확한 말이다. 그렇다면 우리가 '하룻강아지'의 뜻도 모르면서, 이를 부끄러워할 줄 몰랐던 셈이다.

예시 답안
• ㉠ 한 살짜리 강아지
• 우리말에 짐승의 나이를 셀 때 사용하는 특수한 수사 중 한 살을 뜻하는 단어가 '하릅'이기 때문이다.

해설 내용은 낯설 수 있지만, 그 낯선 내용을 사실 그대로 수용하면 어렵지 않은 문제가 된다. 시험에 임할 때 일단 내용을 제대로 이해하는 것이 중요하다는 점을 그대로 반영한 문제다. 두 번째 단락에서 '짐승의 나이를 세는'이라는 말에 주목하고, '하릅'이 그 첫 번째라는 지점에 유의하면 하릅 강아지가 한 살짜리 강아지라는 사실을 쉽게 이해할 수 있다. 이 사고를 그대로 반영하여 이유를 설명하면 된다.

05 **아래 문장은 두 가지로 해석될 수 있다. 각각 어떻게 해석될 수 있는지 두 문장으로 보이시오.**

대머리 총각과 키다리 처녀는 결혼하기 어렵다.

예시 답안
① 대머리 총각과 키다리 처녀가 결혼하여 한 쌍의 부부가 되기 힘들다.
② 대머리 총각도 결혼하기 힘들고, 키다리 처녀도 결혼하기 힘들다.

해설 국어의 조사 '와/과'가 가지는 두 가지 특성 때문에 생기는 중의성이다. 국어의 '와/과'는 앞에 놓인 것과 뒤에 놓인 것을 대등하게(AND 관계로) 연결하는 역할을 하는 접속조사가 있다. 접속조사인 '와/과'는 이를 쉼표로 바꾸어 표시할 수도 있고, 앞뒤에 놓인 두 가지 중 하나가 빠져도 문장을 구성할 수 있다.

예 철수와 명희가 숙제를 한다.
철수가 숙제를 한다.(○)
명희가 숙제를 한다.(○)
철수, 명희가 숙제를 한다.(○)

또 다른 역할을 하는 '와/과'는 이와 달리 서술어가 문장을 이루는 데 꼭 필요한 요소다.

예 명희와 철수가 만났다.(○)
명희가 만났다.(?)
철수가 만났다.(?)

이 조사는 영어의 전치사 'with'에 해당하므로 구분하기 어렵지는 않다.

06 다음 글을 읽고 논지를 쓰고 ㉠이 의미하는 바를 쓰시오.

조건

1. 글의 논지는 '~일수록 ~가 ~다.' 형식의 1문장으로 쓸 것
2. ㉠부분을 이해한 내용은 '인간성의 차이', '사회'라는 단어가 들어가게 쓸 것
3. ㉠부분을 이해한 내용은 '~는 ~에 의해 형성되며 ~는 ~에 의해 형성된다.' 형식의 1문장으로 쓸 것

인류학자들은 보통 원시인이 문명인보다도 훨씬 덜 개인적이며 더욱 철저하게 사회에 의해 형성된다고 말한다. 이것은 하나의 기본적인 진리를 말해준다. 단순한 사회는 복잡하고 발달한 사회보다 훨씬 더 획일적이다. 이는 단순한 사회에서는 개인의 기술이나 직업의 다양성이 훨씬 적게 요구되고, 그러한 계기도 훨씬 적다는 걸 말한다. 발전된 근대사회는 불가피하게 개인화를 증대시키며 사회 활동의 구석구석에서 그런 과정이 진행된다. 그러나 이 개인화의 과정이 사회의 힘 및 결합력을 약화한다고 생각한다면 그것은 매우 그릇된 생각이다. 사회의 발전과 개인의 발전은 병행하며 서로를 제약한다. 사실 복잡하고 발달한 사회라는 것은 그 속에 사는 각 개인 사이의 상호 의존 관계가 더 깊어지고 복잡해진 사회를 말한다.

'인간성'이라는 포착하기 어려운 실체는 나라와 시대에 따라 매우 다르므로, 지배적인 사회적 조건이나 관습에 의하여 형성된 하나의 역사적 현상을 인간성으로 보는 것이 자연스럽다. 원시인과 마찬가지로 문명인도 실질적으로 사회에 의하여 형성되며 이것은 사회가 그들에 의하여 형성되는 것과 다를 바 없다. ㉠ 달걀 없이는 암탉이 있을 수 없는 것처럼 암탉 없이는 달걀도 있을 수 없다.

예시 답안

- 글의 논지: 발달한 사회일수록 개인 사이의 상호 의존관계가 더 깊어진다.
- ㉠: 인간성의 차이는 (실질적으로) 사회에 의해 형성되며 사회는 인간들에 의해 형성된다.

해설 조건에 특히 유념하면서 문장을 구성하는 것이 중요하다. 조건 자체가 '사회'와 인간성에 대해 논의할 것이라는 것을 암시해 준다. 이를 기반해 '글의 논지'를 파악하는 과정을 거져야 한다. 논지는 글에서 하고자 하는 말이 무엇인지를 짚으라는 것이다. 앞 부분에서 사회와 개인과의 관계에 대해 말한다는 것을 포착하면서 '그러나' 이후에 전개되는 더 중요한 내용에 집중하는 과정을 거쳐야 사회가 발달할수록 개인 사이의 상호 의존관계가 깊어진다는 주제를 포착할 수 있게 된다. ㉠은 비유적 설명이 의미하는 바를 보다 직설적으로 풀이하는 문제이다. 앞서 포착한 '개인'과 '사회'라는 말을 '달걀'과 '닭'의 관계로 환언하면서 조건에 제시된 '인간성의 차이'와 '사회'라는 단어를 사용하면서 문장을 만들어야 한다.

07 **다음은 병원 개업식에서 낭독할 축사다. 〈보기〉의 내용을 모두 포함하여 ㉠에 들어갈 내용을 조건에 맞게 서술하시오.**

> **조건**
> 4문장으로 간결하게 쓸 것

> 축 사
>
> [㉠]
>
> 현대사회에서 우리는 각종 질병과 재해의 위협을 받으며 살고 있습니다. 무릇 문명의 설비 중에서 가장 중요한 것 중의 하나가 의료시설입니다. 오늘날 우리가 안심하고 일할 수 있는 것은 우리 주위에 설비가 잘 된 의료시설이 있고 훌륭한 의사 선생님들이 계시기 때문입니다. 부귀도 영화도 건강해야만 비로소 빛이 날 수 있습니다. 건강해야만 행복해질 수 있습니다. 이렇게 행복을 보장해주는 건강 지킴이인 의사 선생님들을 저는 존경하며 진심으로 병원 개업을 환영합니다.
> 앞으로 원장님을 비롯하여 여러 의사 선생님, 간호사님께서는 질병의 예방과 치료에 최선을 다해 주시기를 부탁합니다. 오늘 이 성대한 개업식에 초대해 주신 데 대하여 깊이 감사드립니다.

> **보기**
> ▲ 개업 축하를 강조할 것
> ▲ 훌륭한 병원이 개업하여 행복함.
> ▲ 낙후된 우리 지역에 병원이 개업하기를 지역민 모두 기다림.
> ▲ 최고의 의료시설, 훌륭한 인품과 뛰어난 능력을 갖춘 원장, 의사, 간호사로 구성된 병원 개업을 다행으로 여김.

예시 답안

개업을 진심으로 축하합니다. 우리 지역민들은 낙후된 우리 지역에 이런 병원이 개업하기를 오랫동안 기다렸습니다. 우리 지역에 이처럼 훌륭한 병원이 개업하게 되어 얼마나 행복한지 모릅니다. 최고의 의료 시설에 훌륭한 인품과 뛰어난 능력을 갖추신 원장님과 여러 의사 선생님들, 간호사님들로 구성된 병원이 개업하여 참으로 다행입니다.

해설 조건에서 문장 4개를 만들라는 점에 주목하면서 〈보기〉에 주어진 내용 역시 4가지라는 점을 유념하는 것이 좋다. 보기에 주어진 4가지의 특성을 그대로 각각의 문장으로 만들면 된다. 정답이 있는 것은 아니지만 〈보기〉의 내용에 충실한 문장을 만드는 것이 시간상으로든, 객관성 확보의 측면에서든 유리하다 할 수 있다.

08 제시된 표를 보고 조건에 따라 내용을 서술하시오.

조건

1. 전체 점유율의 추세를 언급할 것
2. 전체 제품 중 높은 점유율을 차지한 상위 종목 두 가지를 들어 의견을 덧붙일 것
3. 전체 제품 중 낮은 점유율을 보이는 하위 종목 두 가지를 들어 의견을 덧붙일 것
4. 가장 우려가 되는 종목과 가장 기대되는 종목을 들고 그 이유와 함께 마무리할 것
5. 상사에게 말로 보고하는 형식으로 쓸 것
6. 특정 종목을 반복하여 언급하지 말고 소수점 자리를 언급하지 말 것

〈전자제품별 시장점유율〉

종목명	2014년	2013년	2012년	2011년
청소기	45.8%	42.4%	39.9%	38.5%
정수기	28.3%	27.9%	27.6%	27.4%
세탁기	35.9%	36.2%	36.0%	35.4%
냉장고	53.8%	52.4%	50.7%	48.6%
컴퓨터 본체	36.2%	38.2%	39.7%	42.3%
컴퓨터 모니터	41.2%	41.0%	40.8%	40.3%
전기 레인지	45.3%	38.2%	30.5%	18.5%
휴대전화	52.8%	50.5%	50.0%	49.2%
냉방기	31.9%	31.5%	31.2%	30.8%

우리 회사의 전자제품 종목별 시장점유율에 대해 보고하겠습니다.

예시 답안

2011년부터 우리 회사의 제품 점유율은 전체적으로 높아지는 추세입니다. 휴대전화와 냉장고는 다른 종목에 비해 높은 점유율을 차지하고 있으며, 특히 2012년부터는 50%가 넘는 점유율을 보여 현재 가장 큰 성과를 내는 종목입니다. 반면 정수기와 냉방기는 2011년부터 큰 변화 없이 가장 낮은 점유율을 보이고 있습니다. 그런데 이보다 더 우려되는 종목은 컴퓨터 본체입니다. 함께 팔리는 모니터의 경우는 점유율이 약간씩 상승하고 있는데도 본체의 점유율은 오히려 떨어지고 있어 2011년 대비 현재 6% 차이가 납니다. 이에 비해 전기 레인지의 성장추세는 매우 빨라 2011년 대비 두 배 이상의 점유율을 보여 가장 기대가 되는 종목입니다.

해설 6가지의 조건을 그대로 준수한다는 생각으로 문장을 구성하여야 한다.

09 **(가)~(라) 문단을 논리적인 순서대로 배열한 후, (다)의 ㉠역설적인 원리가 뜻하는 바를 〈보기〉를 참고하여 조건에 맞게 서술하시오.**

> **조건**
>
> 1. (가)~(라) 기호만 순서대로 쓸 것
> 2. ㉠이 뜻하는 바는 다음을 참고로 하여 두 가지만 쓸 것
>
> | ① 평등은 인간과 사회의 존립 근거이면서도 지속해서 부정당함.
② 평등은 이미 주어진 것임에도 투쟁을 해야만 주어지는 것임. |
> |---|
>
> 3. '평등이라는 원리는 ~점에서 역설적이다. (역설적인 원리이다.)'와 같은 형식으로 쓸 것
> 4. 2~4문장으로 간략하게 쓸 것

(가) 이런 점에서 평등이란 '인간'이란 말을 가능하게 해주는 '근거'이고 지반이며, 지금 우리가 사는 사회를 가장 밑바닥에서 떠받치고 있는 기둥이다. 그래서 아무리 완고한 보수주의자라도 만인의 평등을 드러내놓고 부정하지 못한다. '나치'나 '파시스트', '인종주의자'라는 말이 가장 극심한 욕이 되는 이유는 만인의 평등성을 부정하기 때문이다. 즉, 사람의 어떤 성질을 들어 사람들 간에 우열을 구분하고 그 우열에 따라 위계적 지위를 세우거나 종종 열등한 자들을 '개조'하거나 제거하려는 발상 때문이다. 그런데도 평등은 현실에서 지속해서 부정당하고 있다.

(나) 평등이란 '자유'와 더불어 지금 사회의 가장 기본적인 권리이자 가장 근본적인 전제다. "모든 인간은 평등하게 태어났다."라는 잘 알려진 문장처럼, 평등은 자연에 속하는 태생적 권리라고 간주한다. 이런 평등 관념은 평등하지 못한 시절과의 대비 속에서 쉽게 이해된다. 인간이 신분에 의해 분할되고 분리되어 있던 시절, 그래서 심지어 양반의 씨를 받았건만, "아버지를 아버지라 부르지 못하고 형을 형이라 부르지 못하는" 설움에 집을 나서야 했던 홍길동을 떠올리는 것으로 충분하다. '평등'이란 개념은 이런 현실적 상상을 통해 우리가 속으로 긴 안도의 한숨을 내쉴 수 있게 해준다. 오, 이 얼마나 고마운 것인지!

(다) 분명한 사실은 평등이란 하나의 개념일 뿐 아니라 권리라는 점이다. 개념으로서의 평등은 태어나는 모든 인간에게 이미 주어져 있다. 하지만 텅 빈 채 주어질 뿐이다. 그것은 권리로 채워지는 만큼만 개념이 된다. 가령 모든 인간은 태어나면서부터 평등하다고 선언했던 혁명 이후에도 여성들에게는 선거권조차 주어지지 않았고, 아이들에게는 지금까지 주어져 있지 않다. 흑인들 또한 마찬가지다. 그 텅 빈 개념을 채우는 것은 운동이고 투쟁이다. 남녀평등, 인종 간 평등, 빈부 간의 평등도 모두 아직 끝나지 않은 운동과 투쟁 속에 있다. 끝없는 개념, 시작을 보기는 쉬워도 끝을 보기는 어려운 개념, 그것이 평등이다. 그래서 현대 사회에서 평등, 그것은 이 사회에 주어진 근본 원리지만, 그냥은 주어지지 않는 ㉠ <u>역설적인 원리</u>다.

(라) 이렇게 자연학적 자명성 속에서 언제나 사용할 수 있다고 믿고 있는 '인간'이란 개념은 평등이란 개념 없이는 사실 불가능했다. 그리스인들에게 물어보라. 하나의 가정을 영위하며 '정치'를 두고 토론하는 폴리스의 성원인 자유인과 '말할 줄 아는 도구'인 노예를 하나의 '인간'이란 개념으로 명명할 수 있을지. 자신의 몸에 흐르는 피를 자랑스레 여기는 귀족들에게 물어보라. 매일 땅을 파고 소를 몰며 농사를 지어야 하는 농민들과 자신이 '인간'이란 하나의 개념으로 묶일 수 있다고 생각하는지. 자유인이나 노예, 귀족과 농노, 양반과 평민 같은 신분과 상관없이 그들 모두를 '인간'이라는 하나의 개념으로 묶을 수 있었던 것은 그런 신분적 차별을 없애버린 '평등'이란 관념 때문이었다.

보기

역설(逆說): 외관상 자가당착적인 진술, 그 저변에 깔린 의미를 파악하려면 주의 깊은 음미가 필요하다. 역설의 목표는 듣는 사람의 흥미를 끌고 신선한 사고를 일으키는 데에 있다. '더 적은 것이 더 많은 것이다.'가 그 예이다. 또한 "가장 많이 고친 사본이 대개 가장 부정확한 사본이다."라는 프랜시스 베이컨의 직언은 오래된 문학적 역설의 본보기이다.
조지 오웰이 쓴 반(反) 이상향 풍자소설 『동물농장』에서 동물들의 집단농장에 내려진 제1계명은 다음과 같은 재치 있는 역설로 바뀌어 있다. "모든 동물은 평등하다. 그러나 어떤 동물은 다른 동물보다 더 평등하다."
표면적으로는 모순되어가 부조리한 것 같지만, 그 표면적인 진술 너머에서 진실을 드러내고 있는 수사법이다. "찬란한 슬픔의 봄", "소리 없는 아우성" 등의 예에서처럼 앞뒤 진술이 논리적으로 모순된 이른바 '모순 형용'도 이 역설법의 범주에 들어간다.

예시 답안

(나) – (라) – (가) – (다)
평등이란 원리는 인간이라는 말을 가능하게 해주는 근거이고 사회를 떠받치는 기둥임에도 현실에서는 지속해서 부정당하고 있다는 점에서 역설적이다. 또한, 모든 인간에게 이미 주어져 있는 것이지만 텅 빈 채 주어져 있으므로 투쟁을 통해서만 주어지는 것이라는 점에서 역설적이다.

해설 순서를 조정하는 문제가 주관식으로 제시되는 경우는 그리 흔하지는 않다. '이런 점, 이렇게' 등의 접속어에 유념하면서 읽는 것이 순서 파악에 유리하다. 조건 2, 3, 4가 하나의 질문을 위해 제시된다는 점에도 주의하여야 한다. 이를 구성하는 작업을 수행하면서 본문의 순서를 조정하는 것이 시간 관리에 유리할 수 있다.

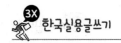

10 **다음 자료를 모두 활용하여 조건에 따라 기고문을 쓰시오.**

조건

1. 900자 내외로 쓸 것
2. 네 개의 문단으로 쓸 것
3. 글을 쓰기 위해 메모한 <자료 3>을 참고하여 각 항목을 모두 글에 반영할 것

자료 1

진행자: 안녕하세요? 오늘은 보행 중 스마트폰 사용의 위험성을 주제로 교통안전공단의 김○○ 연구원님을 모시고 인터뷰를 진행하도록 하겠습니다. 연구원님이 지금 이 자리에 나와 계시는데요. 시청자분들에게 간단한 소개와 인사 말씀 부탁하겠습니다.

– 중략 –

김 연구원: 결과적으로 보행 중 스마트폰 사용은 보행자의 주변 사물과 상황 인지 능력을 크게 떨어뜨리는 것으로 나타났습니다. 다음 표를 보시죠.

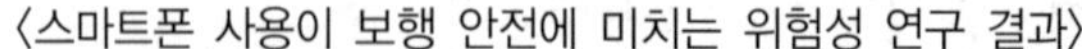
〈스마트폰 사용이 보행 안전에 미치는 위험성 연구 결과〉

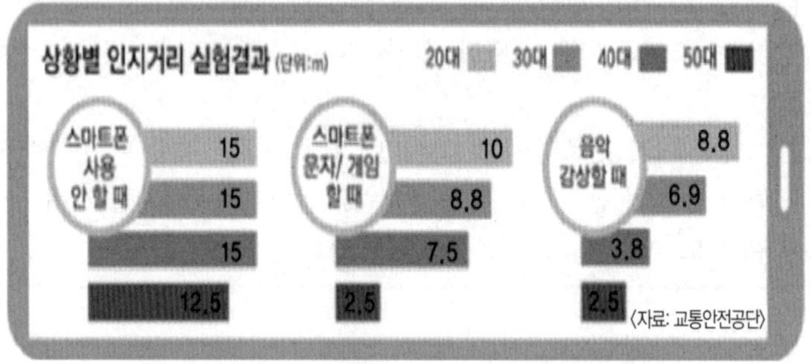

스마트폰을 사용하지 않은 경우, 20~40대 보행자는 평균 15m, 50대 보행자는 12.5m 구간에서 자전거 소리를 들었지만, 보행 중 스마트폰으로 문자를 전송하거나 게임을 했을 때는 이 거리가 눈에 띄게 짧아졌습니다. 20대의 인지 거리는 스마트폰 사용 시 33.3%(10m) 감소했고, 30대는 41.3%(8.8m), 40대는 50%(7.5m) 각각 줄었습니다. 특히 50대 이상은 겨우 2.5m 앞에서 자전거를 인지, 그때는 이미 자전거를 피하기 어려운 것으로 조사됐습니다.

진행자: 보행 중에 스마트폰을 사용하는 것은 정말 위험하군요.

김 연구원: 문제는 스마트폰 이용자의 대부분이 보행 중 스마트폰을 사용한 경험이 있다는 것입니다. 300명을 대상으로 추가 설문조사를 한 결과, 보행 중 스마트폰을 하루 1회 이상 사용한 사람이 전체의 95.7%에 달했고, 하루 16회 이상도 11.3%나 됐습니다. 특히 5명당 1명꼴로 건널목에서 스마트폰을 사용하다가 사고가 날 뻔한 경험이 있다고 응답했습니다.

자료 2

보행 중 스마트폰 사용은 사고 위험뿐 아니라 사용자의 뇌 기능과 신체에도 악영향을 미친다는 경고와 지적이 나오고 있다.

김실용 정신건강의학과 교수: 운전할 때 휴대전화를 금지하는 이유는 그 순간 뇌가 휴대전화에 전적으로 몰입하기 때문입니다. 보행자의 경우 이어폰을 꽂으면 청각까지 차단해버리기 때문에 그 위험은 배가 될 수 있습니다. 뇌 건강에 미치는 영향도 있습니다. 우리 뇌는 쉬는 시간이 필요합니다. 뇌에는 걷는 시간이 쉬는 시간이고 뇌는 습득한 정보들을 걷는 시간 등 쉬는 시간을 통해 통합하는 일을 하는데 걸을 때조차 스마트폰을 사용하면 단편적인 정보만 습득해 뇌의 정보통합 기능이 떨어질 수 있습니다.

권용실 재활의학과 교수: 작은 글씨를 보려면 목을 스마트폰 쪽으로 길게 빼야 하는데, 이처럼 이른바 '거북목'이 된 상태에서 몸을 움직이다 보면 목 부근 근육과 양쪽 어깨 근육에 무리가 생깁니다. 또 몸이 일자로 정렬된 상태에서 걸어야 하는데 목이 앞으로 나온 상태에서 팔이나 어깨도 계속 긴장 상태에 놓이면 근막통증후군이 생길 수 있고, 에너지가 불필요하게 많이 소모돼 몸도 쉽게 피로해집니다.

자료 3

■ 첫 번째 문단 – 〈자료 1〉 참고
- 교통안전공단의 연구 결과를 찾아서 제시
- '~을 연구한 결과~ 나타났다'로 써야겠다.

■ 두 번째 문단 – 〈자료 1〉 참고
- 스마트폰을 사용하지 않은 경우와 스마트폰으로 음악을 감상했을 때의 결과를 비교 제시
- 김 연구원의 인터뷰 내용과 문장을 활용하여 대구적으로 쓰고, '상황별 인지 거리 실험결과'의 구체적인 수치들을 활용해야지.

■ 세 번째 문단 – 〈자료 2〉 참고
- 보행 중 스마트폰 사용의 또 다른 문제점 찾아서 제시
- 사고 위험성과 관련된 내용은 앞 문단에서 언급했으니 다시 언급하지 말고, 뇌의 기능과 관련된 내용만 쓰고, 신체에 미치는 악영향은 결과적인 것만 간략하게 쓰자.
- 인용이니까 이를 밝혀야겠어.

■ 네 번째 문단 – 결론 쓰기
- 첫 번째 문단에서 세 번째 문단까지의 내용을 간략하게 정리한 후, 개인적 차원의 바람직한 태도에 대해 언급하며 마무리해야겠다.
- 장황한 글은 좋지 않으니 150자 내외로 간략하게 써야지.

※ 주의사항 – 원고지에 써서 제출해야 하니까 숫자는 한 칸에 두 자씩 쓰고, 문단을 시작할 때는 한 칸 들여 써야겠다.

예시 답안

교통안전공단이 '스마트폰 사용이 보행 안전에 미치는 위험성'을 연구한 결과 보행 중 스마트폰 사용은 보행자의 주변 사물과 상황 인지 능력을 크게 떨어뜨리는 것으로 나타났다.

조사 결과 스마트폰을 사용하지 않은 경우, 20~40대 보행자는 평균 15m, 50대 보행자는 12.5m 구간에서 자전거 소리를 들었지만, 보행 중 스마트폰으로 음악을 감상했을 때는 이 거리가 눈에 띄게 짧아졌다. 20대의 인지 거리는 스마트폰 사용 시 41.3%(8.8m) 감소했고, 30대는 54%(6.9m), 40대는 74.7%(3.8m) 각각 줄었다. 50대 이상은 겨우 2.5m 앞에서 자전거를 인지, 그때는 이미 자전거를 피하기 어려운 것으로 조사됐다.

보행 중 스마트폰 사용의 또 다른 문제점은 사용자의 뇌 기능과 신체에도 악영향을 미친다는 것이다. 김실용 정신건강의학과 교수는 "우리 뇌는 쉬는 시간이 필요한데, 뇌엔 걷는 시간이 쉬는 시간"이라며 "뇌는 습득한 정보들을 걷는 시간 등 쉬는 시간을 통해 통합하는 일을 하는데 걸을 때조차 스마트폰을 사용하면 단편적인 정보만 습득해 뇌의 정보통합 기능이 떨어진다"고 충고했다. 또한 보행 중 스마트폰의 사용은 신체 기능에도 악영향을 미친다. 권용실 재활의학과 교수는 "작은 글씨를 보려고 목을 스마트폰 쪽으로 길게 빼는 자세는 목 부근 근육과 양쪽 어깨 근육에 무리가 된다"고 밝혔다. 또 "근막통증후군이 생길 수도 있고, 몸도 쉽게 피로해진다"고 충고했다.

이처럼 보행 중 스마트폰의 사용은 주변 사물과 상황인지능력을 떨어뜨려 사고로 이어질 위험성이 크고, 사용자의 뇌 기능과 신체에도 악영향을 미치는 것으로 나타났다. 이러한 보행 습관이 얼마나 위험한 것인지 스스로 인식하고 걷는 중에는 스마트폰 사용을 자제하는 것이 바람직하겠다.

해설 현장에서 글을 쓸 때 가장 공들여야 할 부분은 '계획하기'의 과정이다. 가주제를 정하고 자료를 찾고, 개요를 만드는 데까지 드는 시간이 전체 글쓰기의 80%라고 말하는 학자들도 많다. 시험에서 이 80%의 시간을 줄여주는 것이 주어진 보기들이다. 수험에 임하는 사람들이 새로이 자신의 기획을 수행하기에는 시간이 턱없이 부족하다는 것을 알기에 미리 자료와 개요를 제시하는 것이다.

이 말은 수험생들이 주어진 자료를 모두 제대로 활용하여 글을 쓴다면 높은 점수를 받을 수 있다는 것을 의미하기도 한다. 먼저 개요를 분석하고 개요 안에 넣을 자료가 어떤 것인지를 미리 표시를 해 둔 후에 단락을 만들어 가는 과정을 거쳐야 한다. 연습할 때 미리 자신의 단락이 어느 정도의 분량을 차지하는지, 문장으로 환산하면 몇 문장인지를 알아두는 것이 시험 안에서 자신이 해야 할 일을 가늠하는 데 도움이 된다.

원고지 작성법 연습하기

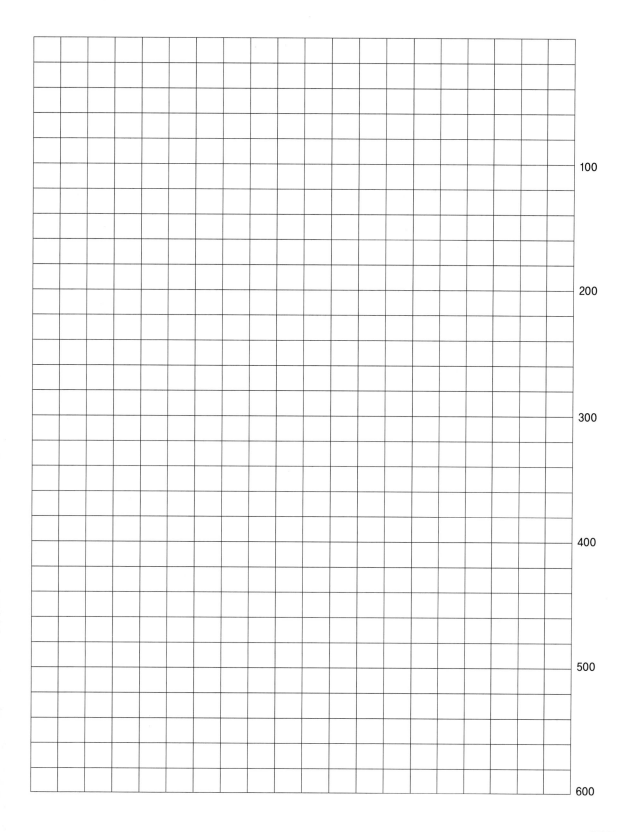

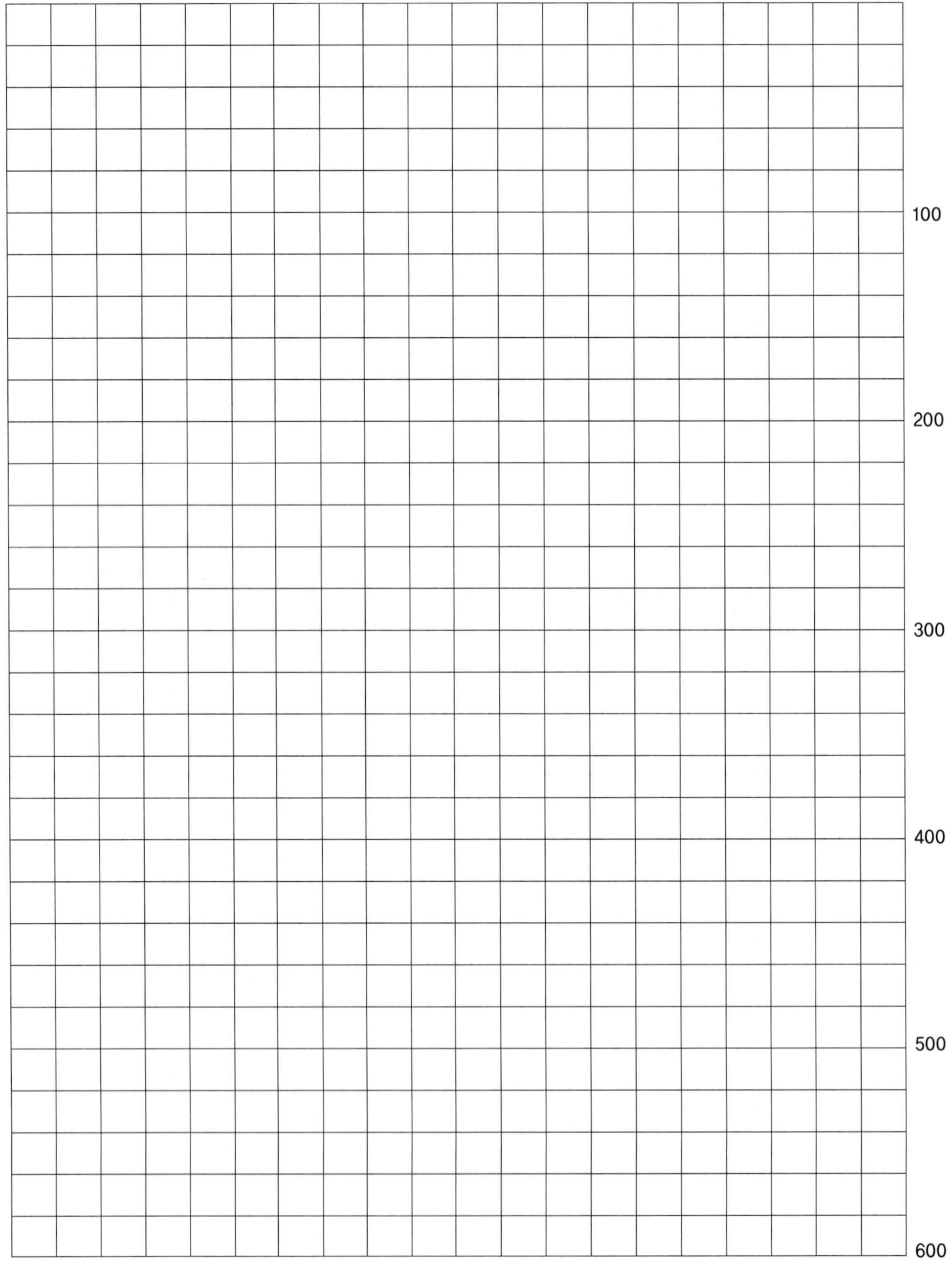
100
200
300
400
500
600

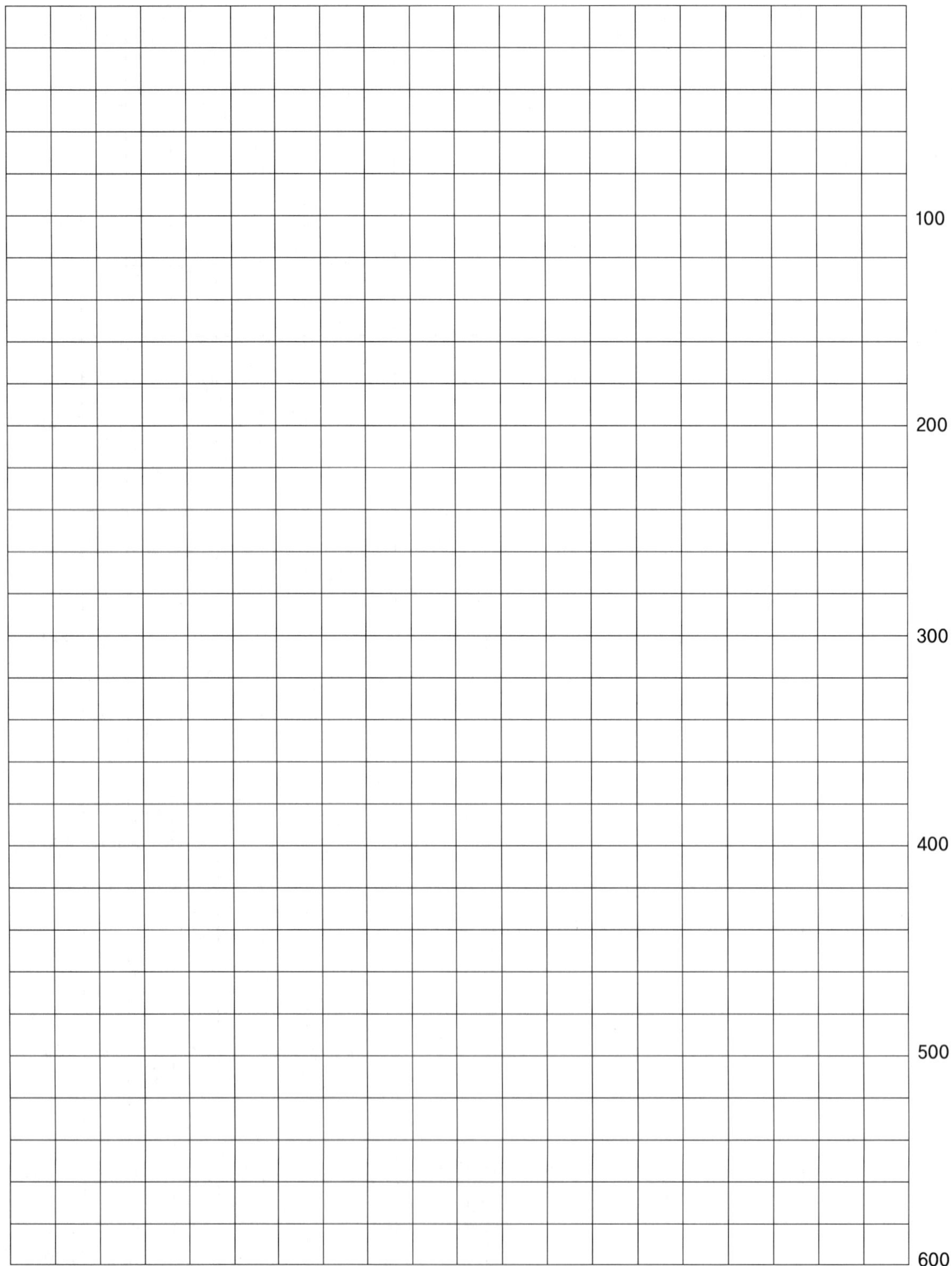
100
200
300
400
500
600

Memo

저자 김남미

약력

강릉 출생
서강대학교 국어국문과 졸업
동국대 대학원 국어국문과 문학 박사
홍익대학교 · 서강대학교 · 가톨릭대학교 강의
문지 문화원 정확한 글쓰기 · 분석적 읽기와 논리적 글쓰기 · 학술적 글쓰기 강의
전 한국실용글쓰기검정협회 연구원
현 서강대학교 대우교수
현 홍익대학교 교수

저서

- 15세기 중모음 연구, 서강대학교 박사논문, 2005
- 친절한 국어문법, 사피엔스, 2010
- 독해의 정석, 블랙박스, 2010
- 단끝 한국실용글쓰기, 박문각, 2023

한국 실용글쓰기

초판인쇄 | 2023. 8. 30. **초판발행** | 2023. 9. 5. **편저자** | 김남미
발행인 | 박 용 **발행처** | (주) 박문각출판 **등록** | 2015년 4월 29일 제2015-000104호
주소 | 06654 서울특별시 서초구 효령로 283 서경 B/D 4층 **팩스** | (02) 584-2927
전화 | 교재 주문·내용 문의 (02) 6466-7202

저자와의 협의하에 인지생략

정가 17,000원 **ISBN** 979-11-6987-433-5